Noa C. Walker

Die Weite des Horizonts

TINTE & FEDER

Das Buch

Sommer 1942: Gegen ihren Wunsch wird Cara Biber als Wehrmachtshelferin aus dem Schwarzwald in die besetzte Normandie entsandt. Die herrliche Alabasterküste kennt die junge Deutsche von früheren Familienurlauben. Damals war sie in den jungen Nic Poulin verliebt – der inzwischen als Radar-Ingenieur für die Engländer im Einsatz ist. Ziel seiner nächsten gefährlichen Mission ist ausgerechnet der Ort, an dem Cara stationiert ist.

Auch über ihrer Familie im Schwarzwald braut sich Unheil zusammen: Ihr Bruder Alexander wird wegen kritischer Äußerungen von den Nazis inhaftiert, also muss ihre Schwägerin mit den Kindern allein zurechtkommen. Und dann überschlagen sich die Ereignisse … Noch kann niemand sagen, ob sich die Bibers je wiedersehen.

Werden Liebe und Hoffnung den Krieg überdauern?

Die Autorin

Noa C. Walker wurde 1969 geboren und erlernte den Beruf der Bürokauffrau im Groß- und Einzelhandel. Anschließend absolvierte sie die Ausbildung zur examinierten Altenpflegerin. Inzwischen ist sie verheiratet, hat fünf Kinder und widmet sich seit einigen Jahren hauptberuflich ihrer großen Leidenschaft, dem Schreiben. Mit ihrem Roman »Du, ich und die Farben des Lebens« erreichte sie viele begeisterte Leser/innen und war mit weiteren Büchern in den Top 10 der BILD-Bestsellerliste.

Als Elisabeth Büchle hat sie bereits zahlreiche gut recherchierte, spannende und romantische Romane veröffentlicht, die mehrfach ausgezeichnet wurden, unter anderem mit dem 2. Platz des DELIA-Literaturpreises.

NOA C. WALKER

Die WEITE des HORIZONTS

Roman

TINTE & FEDER

Deutsche Erstveröffentlichung bei
Tinte & Feder, Amazon Media EU S.à r.l.
38, avenue John F. Kennedy, L-1855 Luxembourg
November 2023

Umschlaggestaltung: bürosüd° München, www.buerosued.de
Umschlagmotiv: © gyn9037 © Lukasz Szwaj © AlecTrusler2015
© Annuitti / Shutterstock; © Abigail Miles / ArcAngel
1. Lektorat: Ute Köhler
2. Lektorat und Korrektorat: VLG Verlag & Agentur, Haar bei München, www.vlg.de
Gedruckt durch:
Amazon Distribution GmbH, Amazonstraße 1, 04347 Leipzig /
Canon Deutschland Business Services GmbH, Ferdinand-Jühlke-Straße 7, 99095 Erfurt /
CPI books GmbH, Birkstraße 10, 25917 Leck

ISBN 978-2-49671-189-9
e-ISBN 978-2-49671-190-5

www.tinte-feder.de

Für Mama und Daddy,

die ihre Reisen nach Frankreich so sehr geliebt haben.

Ihr seid immer in meinem Herzen.

INHALT

Sommer 1927

Prolog

~Nicolas, bei Pourville-sur-Mer, Normandie/Frankreich~

Nicolas ruderte mit den Armen, um nicht von der Klippe zu stürzen. Unter seinen Füßen wirbelte feiner Kalkstaub hoch. Der Wind, der über den Ärmelkanal hinwegblies, nahm den Staub auf und trug ihn davon. Betreten sah Nicolas sich um, doch weder Waldemar und Alexander, die Gäste aus Deutschland, noch Nics Nachbar Henry hatten etwas bemerkt.

Sie waren zu sehr mit ihren selbst gebastelten Papierdrachen beschäftigt, die in den Böen hin- und herrasten.

Nic atmete erleichtert auf und blickte von der hohen alabasterfarbenen Klippe hinunter zum Strand mit seinen nassglänzenden großen Findlingen. Sie waren von schwarzen Miesmuscheln und grünen Algen bewachsen, die kleineren Kiesel schimmerten in verschiedenen Braun- und Grautönen. Sein Blick wanderte zu dem schmalen Sandabschnitt, den die Ebbe freigegeben hatte. Dort erblickte er Henrys jüngere Schwester Isabelle, deren Schulfreundin Louise und Alexanders und Waldemars Schwester Carolina, die Kinder der Familie Biber.

Isabelle und Louise schlenderten untergehakt über den Sandstreifen, eingehüllt in flatternde weiße Kleider, die freien Hände an den Strohhüten, damit der Wind sie nicht forttrug.

Carolina, von den jungen Leuten auch Cara genannt, stand bis zu den Oberschenkeln in den anrollenden Wogen. Schäumend umgaben sie das Mädchen, das ihr weißes Kleid weit hochgerafft hatte. Ihr Hut mit dem hellblauen Band dümpelte auf den Wellen, deren Donnern bis zu Nic heraufdrang.

Er war hier aufgewachsen und wusste, dass Cara mit jeder sich wieder ins Meer zurückziehenden Woge das Klimpern der Kiesel hörte, die an ihren Füßen und Beinen entlangstrichen.

Nic zog sich vorsichtig von der Abbruchkante zurück. Immerhin wollte er nicht noch einmal so leichtsinnig sein. Gerade hatte sein Blick ausschließlich auf dem deutschen Mädchen geruht – nicht, wie es hätte sein sollen, auf dem Ende der Wiese, dem Beginn der schroffen Felsen und der von dort ausgehenden Gefahr. Er hatte Cara dabei zugesehen, wie sie tänzelnd über den Strand gesprungen war. Wie ihre wilden roten Locken unter den Sonnenstrahlen aufglühten, als die Sonne hinter einer der schnell ziehenden Wolken hervorkam. Wie sie die Arme ausbreitete, sich fröhlich lachend im Kreis drehte und ihr Hut plötzlich davonwehte, bevor er im Wasser landete. Er wollte ihr zu Hilfe eilen, sah dann aber, wie Cara ihren Sonnenhut heimlich noch ein wenig weiter aufs offene Meer hinausschubste. Deshalb wäre er fast mit einem breiten Grinsen im Gesicht über die Klippen gestürzt.

Cara hatte die Situation sofort genutzt, um das Badeverbot ihrer Eltern zu umgehen. Das war so typisch für den schelmischen Wildfang, dass Nic überlegte, ob sie ihren Hut vielleicht absichtlich dieser einen kräftigen Windbö überlassen hatte. Der Gedanke ließ seine Faszination für die Zwölfjährige noch größer werden, obwohl er stets mit den anderen tönte, wie nervtötend die kleinen Mädchen doch seien, allen voran die neugierige Cara. Da war es nur gut, dass die anderen Jungen nicht durchschauten, dass er allein ihretwegen Deutsch lernte …

~Carolina, bei Pourville-sur-Mer, Normandie/Frankreich~

Der Tadel der Eltern, weil ihr das Kleid nass am Körper klebte, fiel wie erwartet harmlos aus. Immerhin hatte sie ja ihren neuen Sommerhut retten müssen. Sie verstand nur nicht, weshalb der fünfzehnjährige Nic sie bei dieser Erklärung mit jenem schelmischen Grinsen bedachte, das von einem Ohr zum anderen zu reichen schien, wobei man seine Ohren wegen der deutlich zu langen tiefschwarzen Haare nicht sehen konnte.

Auf sie wirkte er ein wenig wie ein Korsar. Ein bedauernswerter Korsar, denn gerade saß er wieder neben ihrer Mutter und paukte. Cara wusste nicht genau, wie dieser Unterricht zustande gekommen war, aber sie vermutete, dass Nic, der im Nachbarhaus lebte, sich darüber ärgerte, dass seine Freunde Henry und Isabelle der deutschen Sprache mächtig waren und er nicht. Deren Vater machte seit vielen Jahren Geschäfte mit Deutschland – daher kannten sich ihre Familien, und so hatte sie auch den Nachbarsjungen Nicolas Poulin kennengelernt.

Seit Beginn der 1920er Jahre kam Caras Familie jeden Sommer in diesen aus drei Häusern bestehenden Weiler an der Alabasterküste. Im Winter, wenn auf ihrem Gutshof im Schwarzwald Schnee lag, gab es dann einen Gegenbesuch der französischen Bekannten – allerdings ohne Nic und dessen Eltern.

Cara betrat das graue Backsteinhaus auf den Klippen, um sich umzuziehen. Wieder zurück, setzte sie sich auf die große Terrasse mit Blick über den gepflegten Garten hinaus auf die See. Jenseits der drei Gebäude, die abseits der kleinen Küstenortschaft Pourville-sur-Mer lagen, wogte ein anderes blassblaues Meer, das – je nach Lichteinfall – manchmal auch violett wirkte. Es bestand aus Flachsblüten, die wunderschön anzusehen, aber zugleich so zerbrechlich waren wie das Leben. Rote Tupfer rahmten das über mehrere Bodenwellen verlaufende

Flachsfeld ein, ehe es in ein Getreidefeld überging. Dort nickten die Mohnblüten ebenfalls heiter im Wind.

Genießerisch ließ sich Cara in das Polster zurücksinken. Über ihr kreisten Möwen, Schmetterlinge flatterten wie filigrane Tänzer vorbei, in der bunten Blumenpracht brummten die Insekten. Es roch nach Rosenblüten und Meer. Nach Freiheit und Leichtigkeit. Cara liebte die Unbeschwertheit dieser Sommertage in der Normandie, die unkomplizierte Freundschaft mit der Gastfamilie und das Gefühl, die ganze Welt umarmen zu können.

Nur dieser Nachbarsjunge, der brachte sie ein wenig durcheinander. Weil sie das eigentümliche Gefühl, das sie für ihn empfand, nur schwer einordnen konnte, war er gern mal das Ziel ihrer spitzen Zunge – die sie sehr zum Leidwesen ihrer Mutter hatte.

Während alle anderen auf Stühlen und Liegestühlen lümmelten, dösten, lasen oder sich leise unterhielten, musste Nic Deutsch lernen. Caras Mutter war in dieser Hinsicht unerbittlich. Wenn Johanna etwas begonnen hatte, dann machte sie es richtig. Mit viel Elan und Ausdauer ... Was Nic nicht hatte ahnen können, als er seine Bitte um Deutschunterricht vorgetragen hatte.

Eigentlich bedauerte Cara den ruhigen, beinahe schüchtern anmutenden jungen Mann. Immerhin hatte auch er Ferien. Sie musterte ihn, während er gerade stotternd einen Satz zu übersetzen versuchte. Als hätte er bemerkt, dass sie den Kopf nach ihm umgewandt hatte, sah er sie mit Augen an, in denen sich der Himmel zu spiegeln schien, und sagte in absolut fehlerfreiem Deutsch und nahezu akzentfrei: »Ja, ich weiß: Das kannst du aber besser!«

Cara kicherte. Sie hatte ihm das schon so oft gesagt, ein wenig spöttisch, meist aber aufmunternd, sodass er zumindest den Satz »Das kannst du aber besser« inzwischen perfekt aussprach.

Mai – August 1942

1

-Carolina, zwischen Rouen und Dieppe, Normandie/ Frankreich-

Zum ersten Mal seit rund zehn Jahren war Cara zurück in der Normandie. Damals, als sie regelmäßig bei Henrys und Isabelles Familie zu Gast gewesen war, hatte sie sich hier heimisch gefühlt. Glücklich. Land und Leuten verbunden. Sie hatten die Wochen mit Lachen und Spielen verbracht, ihre Freundschaften und die Leichtigkeit ihres Daseins genossen. Nun war sie eine Fremde in einem Landstrich, der sie früher gern willkommen geheißen hatte. Mit wildromantischem Flair, satter Sommersonne und tobenden Stürmen.

Cara blickte aus dem Zugfenster auf von Buschwerk und Bäumen begrenzte Felder und vorbeiziehende Dörfer, die sich unter den dichten grauen Wolken duckten. Das trübe Maiwetter passte zu ihren verwirrenden Emotionen. Vorfreude stritt sich mit Traurigkeit. Hoffnung umtanzte Erinnerungen und duellierte sich dennoch mit einer leisen Angst, der sich Schuldgefühle beimengten.

Sie strich den blaugrauen Rock ihrer Wehrmachtshelferinnenuniform glatt und lehnte sich zurück, wobei sie mit dem schmucken Schiffchen auf ihrem Haar gegen das Polster stieß. Auf der anderen Gangseite saß eine verhärmt wirkende ältere Dame in Schwarz, die sie grimmig musterte. Cara schenkte ihr ein Lächeln, doch die Augen der Reisenden blieben kalt. Offenbar war sie eine der Französinnen, die den Deutschen nicht wohlgesonnen waren. Es gab beides, was irgendwie verwirrend war. Denn die Frau mittleren Alters einen Sitz weiter hatte Cara vorhin wohlwollend zugenickt. Sie gehörte wohl zu jenen, die die Deutschen für ihre Vormachtstellung in Europa … bewunderten? Die nichts gegen ihre Besatzer hatten, ihnen vielmehr … zuspielten? Ihre Söhne freudig an der Seite der Wehrmacht gegen die Sowjets kämpfen ließen?

Cara wandte den Blick wieder hinaus auf die vorbeihuschende Landschaft. Obwohl sie früher gern ihre Zeit hier verbracht hatte – vor Alexanders Sturz von den hohen Klippen, von dem er sich nie mehr ganz erholt hatte –, war sie jetzt gezwungenermaßen hier.

Sie hatte sich, nachdem der Krieg ihre Karriere als Pianistin beendet hatte, gemeinsam mit vier Freundinnen zur Wehrmachtshelferin ausbilden lassen – wobei Cara lediglich ihrer Verpflichtung zuvorgekommen war. Zwei der unverheirateten Frauen waren inzwischen Flakhelferinnen, eine arbeitete als Stenotypistin, sie selbst war in einem mehrwöchigen Kurs zur Funkerin ausgebildet worden.

Nun hatte man sie umgeschult und vom Funkmeldedienst im Schwarzwald zum Funkmessdienst in die Normandie versetzt, was überraschend gekommen war. Vor allem, weil es sie genau dorthin verschlug, wo sie vor Jahren die wunderbarsten Sommer erlebt hatte, die ein junges Mädchen sich nur vorstellen konnte. Lediglich eines hatte damals plötzlich – sie war gerade sechzehn geworden – die leichtlebige Heiterkeit getrübt: Nic war nicht mehr da gewesen. Nachdem ihre Familie in jenem Jahr an der Alabasterküste bei der befreundeten Familie angekommen war, hatten Alexander und sie zu Nic hinübergewollt. Doch das Haus hatte leer gestanden. Es hieß, die Poulins seien nach Kanada ausgewandert. Seither hatten weder die Bibers noch die Aubertins je wieder etwas von Nic gehört.

Während der Zug stampfend und ratternd die ersten Häuser von Dieppe passierte, spielte Cara – tief in Erinnerungen versunken – mit ihrem dicken, geflochtenen Zopf. Ein Jahr nach dem Wegzug der Poulins war Alexander von den Klippen gestürzt. Jener Unfall hatte das Ende der jährlichen Besuche in der Normandie bedeutet. Ihre Eltern hatten alle Kontakte abgebrochen – und Hitler war zum Reichskanzler avanciert. Deutschland hatte sich verändert, so wie das Leben ihrer Familie und damit auch das von Cara. Ihr Herzenswunsch jedoch war ihr geblieben: Sie wollte brennend gern wissen, was aus Nic geworden war. Dieser Wunsch ging einher mit einem Gefühl, das die jugendliche Cara nie hatte einordnen können, wohl aber die inzwischen Siebenundzwanzigjährige: Sehnsucht.

Irgendwann in den vergangenen Jahren war ihr klar geworden, dass ihr Sehnen nichts mit dem Ende einer bezaubernden Ära – angefüllt mit wunderschönen Erinnerungen – zu tun hatte, sondern mit ihrer leisen Sorge darüber, wie es den Poulins wohl erging, insbesondere Nic.

~Carolina, Dieppe, Normandie/Frankreich~

Cara meldete sich bei ihrem Vorgesetzten Leutnant Willi Weber, dem Chef der 23. Funkmesskompanie des Luftgau-Nachrichtenregiments Belgien-Nordfrankreich und erbot pflichtschuldig den Deutschen Gruß. Der gebürtige Berliner, den Cara auf Ende zwanzig schätzte, hatte Physik, Mathematik und Chemie studiert. Nachdem sie sich einander vorgestellt hatten, reichte er Cara an Evelyne, eine wunderschöne, hellblonde

Deutsch-Französin weiter. Die Dreißigjährige erklärte stolz, dass sie als Führerin der Luftwaffenhelferinnenschaft in der Luftwaffen-Führerinnenschule in Bad Kreuznach ausgebildet worden sei. Sie habe wie Cara einst als Helferin begonnen, sei zur Oberhelferin, Unterführerin und jetzt zur Führerin aufgestiegen. Ihr nächstes Ziel sei es, Oberführerin zu werden.

Cara unterdrückte angesichts von Evelynes ungebremster Leidenschaft ein halb belustigtes, halb genervtes Schmunzeln. Dennoch hörte sie aufmerksam zu, als die Frau ihr eindrücklich klarmachte, dass sie mit niemandem über ihre Tätigkeit beim Flugmeldegerät Freya sprechen durfte. Nicht einmal mit ihrer Familie oder Militärs, die nicht selbst mit dem Radarsystem arbeiteten.

Evelyne wies sie in ihren Aufgabenbereich ein. Etwa eine Stunde lang übte Cara an den Geräten, die zu einem mannshohen, komplex aussehenden grauen Metallkasten mit weit mehr Anzeigen und schwarzen Bedienknöpfen gehörten, als sie gewohnt war. Ein beständiges Brummen umgab sie, das sich nicht einmal durch die Kopfhörer ganz ausblenden ließ.

Sobald Evelyne mit Caras Einweisung zufrieden war, zeigte sie ihr die gesamte, gut bewachte Anlage auf dem Caude Côte, einer Anhöhe auf den Klippen zwischen Dieppe und Pourville. Vor dem Krieg hatte sich Cara gelegentlich auf dem Caude Côte aufgehalten wie andere Einheimische und Touristen auch. Nun bildete die dort betriebene Radarstation eine von vielen Abwehrbefestigungen des riesigen Atlantikwalls, der über mehrere Tausend Kilometer entlang der Atlantikküste, der Nordseeküste und des Ärmelkanals verlief. Fortan sollte diese Caras ganze Aufmerksamkeit fordern.

Evelyne ratterte herunter, wo – neben der Antenne und dessen Kabine und dem mit Beton abgedeckten Haus, das von der Organisation Todt errichtet worden war – die Flugmeldezentrale lag, nämlich im nahe gelegenen Golfhotel, in dem Caras Familie gelegentlich gespeist hatte. Sie erklärte ihr die Zugehörigkeit zu weiteren Ortungsanlagen, zu denen vier Würzburg-Geräte zwischen Les Petites Dalles und St.-Valery-sur-Somme gehörten. All diese Systeme nahmen feindliche Flugzeuge und Schiffe auf, sobald sie in ihren Bereich eintraten. In ihrem ungebremsten Redeschwall sprach Evelyne auch von Dickhäutern, Gemsen, Würzburg-Riesen und Petit Ailly, einer bezaubernden Bucht inmitten der steil aufragenden Klippen unweit von Pourville.

Inzwischen schwirrte Cara der Kopf. Eines jedoch war ihr deutlich bewusst: Sie war plötzlich Teil einer Gruppe, die für die Luftwaffe ein hochgeheimes Radarsystem bediente. Das erklärte wohl auch, weshalb ihre Versetzung so seltsam überhastet und nahezu geheimnisumwittert abgelaufen war. Und warum sie mit zehn Kolleginnen völlig abgeschottet von anderen in Nordfrankreich dienenden Wehrmachtshelferinnen untergebracht war.

Zum Abschluss fuhr ein Soldat Evelyne und sie wieder nach Dieppe hinunter. Einige der Straßen, durch die der Fahrer sie chauffierte, waren Cara fast schmerzlich vertraut. Vor einem Krankenhaus entließ Evelyne sie mit den Worten, sie solle sich bei Doktor Biber melden. Ihr war anzuhören, wie wenig es ihr gefiel, dass die Neue bereits Kontakte außerhalb der ausgewählten Clique von Luftwaffenhelferinnen hatte. Evelyne war für die ihr unterstellten Helferinnen verantwortlich, unter anderem hatte sie dafür Sorge zu tragen, dass sie sich Männern gegenüber zurückhaltend verhielten.

Cara betrat den Flur der Klinik. Medizinisches Personal, darunter auch Rotkreuzschwestern aus Deutschland, huschte an ihr vorbei. Es roch nach Desinfektionsmittel und Urin. Um sie her schwirrten ein Stimmengemisch aus deutschen und französischen Satzbrocken und eine lästige Fliege. Zugleich umgab sie das Gefühl, völlig fehl am Platz zu sein – und das nicht nur in einer Hinsicht.

Hatte man sie denn auf Anraten von Doktor August Biber, ihrem Cousin zweiten Grades, hierher versetzt? Der Gedanke ließ sie irritiert den Kopf schütteln. War August ein Mann mit solch großem Einfluss? Das war kaum möglich, immerhin war sie keine Rotkreuzschwester oder Ärztin, sondern als Helferin der Luftwaffe unterstellt.

»Ah, du bist angekommen. Herzlich willkommen, liebe Carolina.« Augusts Fistelstimme war Cara noch erstaunlich vertraut, immerhin hatte sie den Mann zuletzt vor sechs Jahren gesehen und davor immer nur sporadisch. Dieser Zweig der Biber-Familie wohnte schon lange nicht mehr auf dem Gutshof im Schwarzwald, sondern hatte sich in Richtung Baden-Baden orientiert. Inzwischen lebte Augusts Vater in Berlin. Die Verbindung zwischen Caras Familie und der von August als lose zu bezeichnen, käme einer Übertreibung gleich.

»Grüß Gott, August«, erwiderte sie reserviert. Ihre Finger spielten mit dem Krätzchen, das sie abgenommen hatte, bevor sie ins Automobil gestiegen war.

Der Mann mit dem rotblonden Haar und dem Höcker auf der Nase stand kurz vor seinem vierzigsten Geburtstag, sah aber deutlich älter aus – was wohl an seiner aufgedunsenen Figur lag. Er trug einen langärmeligen Arztkittel, die Kopfbedeckung hielt er in den Händen, die weiße Gesichtsmaske baumelte aufgeschnürt um seinen Hals, der Läsionsspuren von der Rasur aufwies. Cara betrachtete diese kritisch. Da der Chirurg sich offensichtlich nicht einmal verletzungsfrei rasieren konnte, wollte sie nur ungern bei ihm auf dem Operationstisch landen.

»Ich wusste bis eben gar nicht, dass du hier stationiert bist«, fügte sie unangenehm berührt hinzu, da August sie viel zu eindringlich musterte.

»Ich konnte es mir aussuchen. Und da deine Brüder immer von der Gegend geschwärmt haben, wollte ich hierher.«

Grinsend breitete er die Arme aus, als gehörte die medizinische Einrichtung ihm. Oder ganz Dieppe, die Normandie …

Misstrauisch kniff Cara die Augen zu Schlitzen zusammen. Sie hielt selten mal mit ihrer Meinung hinterm Berg – was ihr in den vergangenen Jahren gelegentlich Schwierigkeiten eingebracht hatte. Also fragte sie auch jetzt direkt nach: »Bin ich auf deine Empfehlung hin hierher versetzt worden?«

Augusts Lächeln gefiel ihr nicht. Es wirkte auf sie selbstgefällig und wenig freundlich. »Ja und nein«, entgegnete er.

Cara stemmte die Hände in die Taille, was ihr erneut ein Schmunzeln einbrachte.

»Ich sehe schon, du bist noch genauso temperamentvoll wie früher.«

Seine Worte veranlassten Cara, den Kopf fragend und irritiert zugleich zur Seite zu neigen. Klang August bewundernd? Oder doch eher spöttisch? Sie kannte ihn nicht gut genug, um das einschätzen zu können. Womöglich war von beidem etwas dabei.

August trat näher und beugte sich ihr entgegen. Cara verspürte den Wunsch, zurückzuweichen, untersagte sich dies aber.

Er raunte: »Sagen wir es so: Ich habe ein wenig nachgeholfen. Über meinen Vater, der eine entscheidende Position im Reichsluftfahrtministerium innehat. Meine Idee war das allerdings nicht. Der Vorschlag kam von Onkel Albert und Tante Johanna.«

Entgeistert starrte Cara August an. Ihre Eltern hatten gewollt, dass die Luftwaffe sie aus der Heimat wegversetzte?

~Nicolas, Malvern College, Worcestershire/England~

Eine Menge Türme, einige davon mit Zinnen geschmückt, dazu spitz zulaufende Dächer und verschnörkelte Kassettenfenster machten die sandfarbenen, an einem grünen Hang erbauten Gebäude des Malvern Jungencolleges aus. Wo vor Kurzem noch Schüler wie einst Lascelles Abercrombie, der 2. Baronet John Reeves Ellerman oder C. S. Lewis unterrichtet worden waren, lebten und arbeiteten nun Forscher des TRE. Sie arbeiteten an verbesserten Funk- und Radarsystemen zur Unterstützung der alliierten Piloten.

Nach dem Überfall einer englischen Spezialeinheit des COHQ, dem Combined Operations Headquarter, auf das normannische Bruneval bei Le Havre, bei dem ein Würzburg-Radarsystem mitsamt einem deutschen Radartechniker mitgenommen worden war, befürchtete man einen Vergeltungsschlag. Nachdem der Geheimdienst vor einem deutschen Fallschirmjägerbataillon gewarnt hatte, war das TRE nach Malvern umgezogen – und damit auch Nicolas Poulin als einer der führenden Radar-Experten der kanadischen Luftstreitkräfte.

Nic wandte sich dem u-förmigen Hauptgebäude mit dem Uhrenturm zu. An jedem Fenster, aus dem man einen herrlichen Blick über das Tal hatte, waren Reflektoren für Kurzwellenradare angebracht. Auf den Sportstätten standen weitere Gerätschaften, aus den Klassenzimmern waren Labore und aus der Bibliothek ein Zeichenbüro geworden. Die Turnhalle diente als Lagerraum.

Nic öffnete zwei Knöpfe seiner blauen Uniformjacke. Er setzte sich auf die von der Sonne aufgeheizten hellen Stufen der Treppe, die vom Park direkt auf den Uhrenturm und das Hauptportal zuführten. Die lange Treppe wurde zweimal unterbrochen, einmal von der Zufahrt und einmal von den Verbindungswegen zwischen den drei Gebäudeflügeln.

Ein Schmetterling in blassem Gelb tanzte an ihm vorbei, und er vernahm das satte Summen einer Biene. Diese musste sich irgendwo inmitten der feuerroten Blüten befinden, die er nicht benennen konnte. Er liebte die Farbe dieser Blumen, erinnerten sie ihn doch an die wilden roten Locken eines bezaubernden Mädchens. Wobei »bezaubernd« damals noch nicht zu seinem Wortschatz gehört hatte. Und sicher auch nicht zu dem des energiegeladenen Wildfangs.

Cara hatte sich ungezwungen frei, mitunter sogar frech gebärdet, es aber niemals an Respekt mangeln lassen. Gemeinheit oder Überheblichkeit hatten nicht zu ihrem Charakter gehört. Vielmehr war sie mit einem großen Gerechtigkeitsempfinden ausgestattet gewesen, gepaart mit etwas … Unberechenbarem. War es Eigenwilligkeit? Abenteuerlust? Oder nichts anderes als jugendlicher Übermut? Vermutlich war sie inzwischen eine treu sorgende Ehefrau und ihren Kindern eine großherzige Mutter.

Der Gedanke schmerzte. Mehr als er das tun sollte. Immerhin hatte er Cara rund zehn Jahre lang weder gesehen noch gesprochen. Dabei konnte er immer noch ihre volle Stimme hören, wenn sie ihm zurief: »Das kannst du aber besser!«

Wenn er in den vergangenen Jahren vor scheinbar unbezwingbaren Herausforderungen gestanden hatte, war es stets die Erinnerung an diese Worte gewesen, die ihn angefeuert hatte, weiterzumachen. Im Grunde verdankte er es Cara und ihrem unerschütterlichen Vertrauen in ihn, wie weit er im Leben gekommen war.

Er hatte nie ihr ansteckendes Lachen vergessen. Oder ihre blitzenden Augen, deren Farbe er lange nicht hatte beschreiben können, bis ihm irgendwann einmal »goldbraun« eingefallen war. Damals hatte er bereits mehrere Jahre bei Vancouver in British Columbia gelebt. Nur zu gut erinnerte er sich daran, wie der Wind ihre Locken aufgewirbelt hatte, und an die weit ausholenden Gesten, wenn sie sprach.

In seiner jetzigen Heimat hatte er zwei Jahre lang einer liebenswerten jungen Frau den Hof gemacht. Bis sie ihm eines Tages eröffnet hatte, dass sie ihn nicht heiraten könne, falls er je auf den Gedanken verfallen würde, ihr diese Frage zu stellen.

Weil, so hatte sie ihm unter Tränen erklärt, sein Herz viel zu sehr an einer anderen hänge. Leider hatte sie damit recht gehabt.

Nic löste sich vom Anblick der roten Blüten, wandte sich halb um und warf einen Blick auf die Turmuhr. Er wartete auf die Ankunft von Jack Maurice Nissenthall, einem britischen Radarexperten, der sich freiwillig für ein Kommando bereit erklärt hatte, das wenig Aussicht auf Erfolg oder Wiederkehr hatte. Zumal die Order hieß: Das South Saskatchewan Regiment gewährleistet dem RDF-Experten Schutz und sorgt dafür, dass er unter keinen Umständen in die Hände des Feindes fällt.

Betreten rieb sich Nic den Nacken. Zwar wollte man dem mutigen Kerl, der die Freya-Station oberhalb von Pourville bei Dieppe auskundschaften sollte, einige Männer zu seinem Schutz mitgeben, doch sie hatten ebenso den Auftrag, ihn zu töten, falls es keine Möglichkeit gab, ihn zurück auf ein Schiff nach England zu geleiten.

Als Nic zum ersten Mal von der Operation Rutter – Söldner – gehört hatte, die als ein Ziel auch das Erkunden der dortigen Freya-Radaranlage beinhaltete, war er davon ausgegangen, dass erneut Flight Sergeant Cox mit dieser Teilmission betraut werden sollte. Cox war als Radar-Experte bei jenem Raid auf Bruneval, einem von mehreren Blitzüberfällen, dabei gewesen. Aber offenbar hatte jemand weit oben in der Kommandostruktur entschieden, dass Cox genug Risiken eingegangen war. Um Informationen über Freya zu beschaffen, sollte ein anderer ran.

Diesmal handelte es sich auch nicht um einen vom COHQ – unter der Leitung von Lord Louis Mountbatten – geplanten Geheimeinsatz einer kleinen Elitetruppe, die nadelstichartige Überfälle ausführte, um an militärische Unterlagen zu gelangen oder militärisch relevante Stätten zu zerstören. Nein, Stalin wollte endlich eine zweite Front, damit die Wehrmacht mehrere Bataillone aus der Sowjetunion abziehen musste, da die Rote Armee allmählich in die Knie ging. Auch Roosevelt in Washington übte Druck auf Churchill aus, der seine Soldaten nicht in aussichtslos erscheinende Schlachten werfen wollte. Dünkirchen ließ grüßen.

Also erarbeitete Mountbatten Pläne für ein groß angelegtes amphibisches Landungsunternehmen an der französischen Küste, die – wie bei allen COHQ-Raids – alle drei Teilstreitkräfte einbezogen.

Ein nahendes Motorengeräusch veranlasste Nic, seinen Sitzplatz zu verlassen. Er nahm die Stufen hinunter zur Auffahrt und sah, wie ein Flight Sergeant in Ausgehuniform aus dem Automobil stieg. Nic schätzte den auffällig hellblonden, sehr großen und hageren Mann auf Mitte zwanzig. Er sei überaus sportlich, hatte man Nic versichert, was für den Weg zur Freya-Station hinauf unabdingbar war. Wie Nic selbst war Jack schon als Kind an allem interessiert gewesen, was mit Radar, Rundfunk und Fernsehen zu tun hatte. Inzwischen waren sie beide Spezialisten mit besonderer technischer Ausbildung.

Neidlos gestand sich Nic ein, dass der im Londoner East End geborene Brite, Sohn eines aus Polen nach England ausgewanderten jüdischen Schneiders, vermutlich um einiges besser war als er. Er selbst dagegen besaß wichtige Ortskenntnisse, schließlich war er in Pourville aufgewachsen. Diesem Umstand verdankte er wohl ihr heutiges Zusammentreffen. Wahrscheinlich musste Nic dem Briten die Beschaffenheit seines Wegs erklären, ihm Tipps geben. Warum sonst sollte Victor Tait, Radarchef der kanadischen Royal Air Force mit Sitz im Luftfahrtministerium in London, ehemaliger Eishockeyspieler und Physikabsolvent der Universität von Manitoba Nic hierher beordert haben?

Nic begrüßte den Jüngeren und Rangniedrigeren mit einem kräftigen Schlag auf die Schulter, was diesen verwundert die Augenbrauen anheben ließ. Innerhalb der kanadischen Armee ging es wesentlich lockerer, ja kameradschaftlicher zu als bei den Briten, das hatte Nic schnell gelernt.

»Ich soll mich hier melden, Sir.«

Jack sprach mit einem leichten Cockney-Akzent, was Nic sicherlich nicht herausgehört hätte, hätte man ihm nicht auch das vorab verraten. Er selbst konnte seine französischen Wurzeln nicht verleugnen, sobald er den Mund aufmachte. So genial er darin war, technische Errungenschaften zu bauen und zu verbessern, so bescheiden waren seine Fähigkeiten, was das Sprachenlernen anbelangte. Die Anfeuerung »Das kannst du aber besser«, hatte ihm dahingehend nicht viel gebracht. Bis auf bittersüße Erinnerungen und eine seit einem Jahrzehnt in ihm verborgene Sehnsucht nach etwas, was er niemals haben konnte.

»Ich führe Sie zuerst zu Mr Preist«, sagte Nic zu seinem britischen Kollegen.

»*Dem* Preist?« Jack strahlte ihn erwartungsvoll an, was Nic ein Schmunzeln entlockte.

»Zu genau dem«, bestätigte er nur und ging voraus, auf eine der Türen des Colleges zu. Preist war ein Pionier, was die Radarentwicklung anbelangte. Obwohl Zivilist, war er als Fliegerlieutenant zur RAF abkommandiert worden. Bei dem Überfall der Elitetruppe auf Bruneval hatte er Cox geholfen, die gestohlenen Instrumente zu überprüfen und abzutransportieren.

Sie trafen den Mann an seinem Arbeitsplatz an. Nachdem Nic die beiden vorgestellt hatte, sagte Preist hörbar aufgeregt: »Finden Sie unbedingt für uns heraus, wie Freya funktioniert. Und ob wir Spezialgeräte entwerfen und bauen können, um das System zu stören.«

»Das ist mein Ziel«, beteuerte Jack mit einem amüsierten Seitenblick auf Nic. Vermutlich hörte der Flight Sergeant heraus, dass Preist gern seinen Platz eingenommen hätte.

»Es ist äußerst wichtig, herauszufinden, welche Bandbreite das Gerät hat. Wie schnell, wie genau und mit welcher Reichweite es arbeitet. Oder ob die Station über ein System zur Abwehr von Radar-Täuschmitteln verfügt.« Preist zog eine Schublade auf und knallte einen Stapel Mappen und Papiere auf den überfüllten Tisch.

Sie enthielten jene Geheimberichte, die über die Freya-Geräte bereits gesammelt worden waren. Nic, der die Unterlagen kannte, ließ die Männer allein, um Kaffee und Tee zu besorgen. Als er zurückkam, brüteten die beiden gerade die beste Vorgehensweise aus. Wie es seiner Art entsprach, setzte sich Nic in einiger Entfernung nieder und hörte einfach nur zu.

~Alexander, In der Nähe von Freudenstadt / Deutsches Reich~

Sein ehemaliger Klassenkamerad Dieter kehrte zu ihrem Tisch in der Gaststätte zurück. Für einen Gang zur Toilette war er recht lange weg gewesen. Aber da der Mann gerade auf Heimaturlaub von der Front war, fragte Alexander Biber nicht nach. Vermutlich hatte er einen weiteren Bekannten getroffen und war in ein Gespräch verwickelt worden.

Alexander nickte dem Kameraden in Uniform ernst zu. Er fragte sich, ob Dieter wirklich keine Ahnung von dem hatte, was da im Osten passierte. Oder wollte er es bloß nicht zugeben, um nicht darüber sprechen zu müssen? Vielleicht, weil er selbst an den Massakern unschuldiger Zivilisten in den nun besetzten Gebieten beteiligt gewesen war? Vermutlich hatte er um sein Herz und seine Seele meterhohe Schutzmauern errichtet, um nicht nur den Krieg selbst auszuhalten, sondern auch das, was im Gefolge der Wehrmacht geschah, sobald diese einen weiteren Landstrich überrollt hatte.

Da Alexander all das nicht einschätzen konnte, ermahnte er sich, das Thema zu wechseln. Er war deutlich gewesen, ohne zu viel gesagt zu haben. Zumindest hoffte er das.

In diesen Zeiten war es schwierig, einzuschätzen, wem man vertrauen und wem man welche Informationen und in welchem Umfang anvertrauen konnte. Das Brandmarken seiner Mitbürger war zum Alltag geworden. Heutzutage kamen Gespräche am Stammtisch oder am Gartenzaun einem Minenfeld gleich.

Kein Wunder also, dass Nachbarn und Freunde sich voneinander entfernten, untereinander nur noch misstrauisch agierten und die zuvor gelebte Hilfsbereitschaft und Nächstenliebe wie ein modernder Baumstumpf zerfiel.

Dieter setzte sich nicht mehr, sondern ergriff im Stehen das Glas Bier, das Alexander ihm spendiert hatte, und trank es in einem Zug leer. »Ich muss los«, sagte er und wischte sich mit dem Handrücken den Bierschaum von der Oberlippe. »War gut, dass wir uns gesehen haben.«

Alexander runzelte die Stirn. Sein früherer Klassenkamerad kam ihm plötzlich seltsam nervös vor, so eilig hatte er es vorher nicht gehabt. Was war geschehen? Hatte er auf seinem Weg zur Toilette eine unangenehme Begegnung gehabt?

Ehe er nachfragen konnte, entfernte sich der Uniformierte einige Schritte und drehte sich dann nochmals zu ihm um. »Grüß mir deine Eltern. Und deine Schwester Cara. Falls du Waldemar schreibst, richte ihm ebenfalls Grüße aus. Und natürlich deiner reizenden Frau.« Dieters Augen flackerten. Er wandte sich ruckartig ab, und Alexander gewann den Eindruck, als träte der Mann die Flucht an. Vor ihm?

Beunruhigt rieb er sich eine Wange, dann erhob auch er sich. Ihm behagte Dieters plötzliche Wesensveränderung nicht. Irgendetwas war in den vergangenen Minuten geschehen. Das Gefühl, dass dieses Etwas mit ihm zu tun haben könnte, jagte ihm einen kalten Schauer über den Rücken. Prompt strahlte sein verkrüppeltes Bein einen stechenden Schmerz aus, der ihm durch den ganzen Körper bis ins Herz schoss. Denn in der Tür stand sein Parteikumpan Franz Polter in seiner SS-Uniform. Er war in Begleitung eines SD-Beamten und zweier weiterer Männer. Alle vier kamen zielstrebig auf ihn zu.

Panik bemächtigte sich seiner. Er hatte ein Gespräch zu viel geführt. Hatte sich einmal zu viel vertrauensvoll gezeigt. Hatte zu viel Kritik an Hitler und seinen Handlangern geübt.

Polter war in wenigen Sekunden bei ihm. »Du bist ein unverbesserlicher Idiot«, zischte er ihm zu und trat dann zurück, um den Weg für Alexanders Verhaftung freizumachen.

Er wehrte sich nicht. Es war besser, seine Lage nicht noch zu verschlimmern, außerdem hätte er gegen die robusten Kerle ohnehin keine Chance gehabt. Seine Gedanken flogen zu Emmi, seiner wunderbaren Ehefrau. Zu seinen drei kleinen Kindern. Zu seinen Eltern. Zu Cara. Er hatte nie Kummer über sie bringen wollen. Alexander hoffte, dass sie das tief in ihren Herzen wussten.

-Nicolas, Worcestershire/England-

Nic gab ordentlich Gas, da er noch vor Einbruch der Dunkelheit das Collegegelände erreichen wollte. In England mit ausgeschalteten Scheinwerfern durch ländliches Gebiet zu fahren, war kein Vergnügen, zumal für einen Mann, der am Meer aufgewachsen war und die letzten Jahre in Kanada verbracht hatte. Die engen Straßen und die dicht stehenden Häuser und Hügel wirkten einengend. Er wollte gar nicht wissen, wie es all den kanadischen Soldaten erging, die auf Farmen groß geworden waren. Nic sah wogende Weizenfelder vor sich, die sich in alle Richtungen erstreckten, so weit das Auge reichte. Einzig unterbrochen von einem rot oder blau getünchten Gebäude. Manche dieser Farmen waren größer als zwei oder drei englische Countys zusammen.

»Sie sind ein schweigsamer Mann, Sir«, stellte Jack fest und riss Nic aus seinen Überlegungen.

»Ich halte mich gern zurück, wenn andere sich unterhalten.«

Jack drehte sich um, als müsste er prüfen, wer da unbemerkt auf der Rückbank Platz genommen hatte. »Aha«, meinte er nur zu den leeren Sitzen.

Nic grinste. Der Kerl gefiel ihm. Eigentlich war er davon ausgegangen, dass Jack mit all dem beschäftigt war, was sich ihm heute und in den vergangenen Tagen eröffnet hatte. Doch wie es aussah, war dem nicht so. Also fragte er: »Warum machen Sie das?«

»Mich den Truppen anschließen, die aufs Festland übersetzen wollen, und versuchen, die Radarentwicklung der Jerries sicherzustellen?«

»Soweit ich weiß, sind Ihnen die Risiken genannt und die Entscheidung freigestellt worden.«

»Ja, sicher.« Jack unterstrich selbst diese knappen Worte mit einer ausholenden Geste.

Sofort sah Nic Cara vor sich. Er vertrieb die Erinnerung und fragte mit spöttischem Unterton: »Sie kennen das ungeschriebene Gesetz aller drei Waffengattungen: Melde dich nie freiwillig zu einem Einsatz?«

»Ja, durchaus, Sir.«

»Jetzt sind Sie wortkarg, Mr Nissenthall.« Aus dem Augenwinkel sah Nic das Schmunzeln seines Beifahrers.

»Ich habe als Kind Captain Bell verehrt, der im ersten großen Krieg gegen Zeppeline gekämpft hat, und habe alle Bücher über die Heldentaten mutiger Männer im Krieg gelesen. Mein Onkel war in Flandern achtundvierzig Stunden lang in seinem Unterstand verschüttet, mein anderer Onkel war vierzehn, als er sich freiwillig gemeldet hat. Wieder nach Hause beordert – seine Mutter hatte an den damaligen Premierminister Lloyd George geschrieben –, brannte er erneut durch, diesmal zum RAMC, dem medizinischen Korps der Armee. Er wurde verwundet, doch kaum gesund, kehrte er nach Frankreich zurück. Ich trug immer den Ehrgeiz in mir, für mein Land, das unserer Familie so viel gegeben hat, zu kämpfen. Bisher geschah das in sicherer Entfernung, jetzt kann ich mehr tun.«

Nic überholte einen Armeelastwagen und gab hinter einer der unangenehm engen Kurven wieder Gas. Er meinte, herauszuhören, dass Jack noch nicht am Ende seiner feurigen Rede über die Helden seiner Kindheit angekommen war.

»Commodore Tait gab mir einen Tag Bedenkzeit. Um mir dies zu ermöglichen, sollte ich mir eine Lebensmittelkarte für vierundzwanzig Stunden geben lassen. Außerhalb von Commodore Taits Dienstzimmer saßen drei Offiziere des Heeres, der Marine und der Luftwaffe hinter einem Tisch. Sie sind zu alt für den aktiven Dienst, also arbeiten sie dort in der Administration. Einer von ihnen schrieb meinen Namen, meinen Dienstgrad und die Nummer meines Soldbuchs auf die Lebensmittelkarte. Ich war bereits an der Tür, als er zu seinem Kollegen sagte: ›Man sollte denken, für einen Sonderauftrag, ganz gleich, um was es sich handelt, ließe sich was Besseres finden als ausgerechnet ein Jude.‹«

Betroffen presste Nic die Zähne zusammen.

»Wissen Sie, Sir, als ich danach die Straße entlangging, fiel mir ein Gebet ein, das ich oft am Freitagmorgen in der Synagoge gehört habe. Es lautet:

Dein Wille, o Herr, mein Gott und Gott meiner Väter, bewahre mich heute und an jedem Tag vor Hochmütigen, vor einem schlechten Menschen, vor einem schlechten Gefährten und vor einem schlechten Nachbarn, vor einem jeden Vergehen und vor Unheil, das zerstöret.

Ich fand Trost in diesem Gebet und entschied, zu beweisen, dass Commodore Tait keinen Besseren hätte finden können als einen Juden.«

»Bewahre mich heute und an jedem Tag vor einem Hochmütigen«, zitierte Nic.

Jack lachte schallend auf. »Gut gekontert, Sir. Vielleicht gefällt es Ihnen besser, zu hören, dass ich, als ich am Leicester Square in der Sonne saß, das Gefühl hatte, dass alles, was mein bisheriges Leben ausgemacht hat, nun vor einer großen Bewährungsprobe steht.«

Er meinte es ernst, wie Nic bei einem kurzen Seitenblick feststellte.

Jack fuhr fort: »Mein Ehrgeiz, mein Wunsch, mich meinen patriotischen Verwandten gegenüber würdig zu erweisen, meine jahrelange Ausbildung zum Radartechniker – sogar unter Robert Watson-Watt – und meine sportlichen Fähigkeiten. Vielleicht war all das nur die Vorbereitung darauf, diese eine Mission antreten und bestehen zu können.«

Nic brummte mehr bewundernd als zustimmend vor sich hin. Falls diese Operation gelang, mussten diesem mutigen Mann eine Menge Menschen ein Leben lang dankbar sein.

»Und ich bin froh, jemanden wie Sie an meiner Seite zu haben«, fügte Jack noch hinzu.

Nic nahm eine Hand vom Steuer und winkte ab. »Ich bin nur Ihr Chauffeur.«

»Das glaube ich nicht.«

»Und der Kerl, der dort aufgewachsen ist, wo jetzt *Ihre* Freya-Station steht.«

»Damit haben auch Sie einen guten Grund, die Jerries endlich aus Frankreich zu vertreiben. Sie haben bestimmt noch Freunde dort. Oder Familie?«

Nic schüttelte erst den Kopf, dann nickte er. Ob Henry und Isabelle in der Nähe von Dieppe lebten? Ihre Eltern wohnten womöglich sogar noch in dem winzigen Weiler – dort, wo auch das Haus seiner Kindheit und Jugend gestanden hatte. Wo er Cara kennengelernt hatte …

»Ich sehe schon, der Gedanke daran ist schmerzlich. Entschuldigen Sie bitte meine Neugier, Sir.«

»Es gibt nichts zu entschuldigen. Und jetzt lassen Sie uns über die dortige Küste sprechen, über mögliche Wege, die Sie nehmen können.«

»Also los!« Jack setzte sich so, dass er ihn anblicken konnte.

»Die Küste, an der das Hauptziel Dieppe liegt, besteht aus bis zu einhundertzehn Meter hohen weißen Kalksteinklippen. Dieppe liegt in einer Bucht direkt am Meer, dort treten die Klippen also etwas in den Hintergrund. Ebenso verhält es sich mit Pourville, der Nachbarortschaft von Dieppe. Laut Plan werden Sie in Pourville anlanden. Diese Bucht ist noch weitaus enger als die von Dieppe. Die Klippen überragen die Ortschaft, quetschen sie regelrecht ein. Pourville hat eine kleine Strandpromenade, der Strand selbst besteht aus Kies mit wenigen sandigen Einschnitten. Viele Häuser von Pourville stehen erhöht, da sie in die Hügelausläufer der Klippen zum Landesinneren hin gebaut sind. Ebbe und Flut sind extrem ausgeprägt, der Tidenunterschied beträgt über acht Meter. Das Wasser geht schnell und kommt auch schnell. Vor der Küste lauern mehrere Felsreihen unterschiedlicher Höhe. Bei Ebbe schauen manche davon heraus. Für jedes Schiff sind sie eine Gefahr.«

»Hört sich wild und romantisch zugleich an. In Friedenszeiten. Wenn ich daran denke, dass wir gleich von zwei Seiten von hohen Felsen eingekesselt sein werden, dass wir vor uns erhöht gebaute Häuser haben und hinter uns das Meer, wird mir tatsächlich ein wenig mulmig zumute.«

»Zumal die Deutschen die Klippen und die erhöht gebauten Gebäude ganz sicher zu ihrer Verteidigung zu nutzen wissen«, pflichtete Nic bei. Der Mann musste wissen, worauf er sich eingelassen hatte. Jack nickte und bedeutete ihm mit einer Handbewegung, fortzufahren.

»Zwischen den beiden Buchten, in denen Dieppe und Pourville liegen, gibt es rund neunzig Meter hohe Klippen auf einer Länge von etwa einem Kilometer. Und genau dort oben, näher bei Pourville als bei Dieppe, steht Freya.«

»Wir landen also in der Bucht von Pourville, müssen den Strand und die Promenade überqueren und uns zwischen den Häusern hindurch einen Weg auf die Anhöhe suchen?«

»Richtig. Und das alles unter feindlichem Beschuss. Wichtig ist, dass Sie so weit wie möglich östlich landen. Dann haben Sie den kürzesten Weg vor sich. Und Sie müssen nicht die Brücke über die Scie nehmen, einen Fluss, der durch Pourville ins Meer fließt. Am besten, Sie nehmen die Flussmündung als Anhaltspunkt. Landen Sie links davon. Dann geht es immer bergauf. Erst zwischen einigen Häusern hindurch, dann an steil abfallenden Wiesen und Feldern vorbei. Ich habe mir Fotografien der Aufklärungsflugzeuge angesehen. Die Station steht so, dass Sie die Radarantenne fast immer sehen können. Sie können die Anlage also nicht verfehlen.«

Jack stellte noch einige Fragen, die Nic beantwortete, so gut er konnte. Dann brachte er Jack zum Bahnhof, von wo der Brite die Bahn nach Hope Cove in Devon nehmen wollte, jenem idyllischen Dorf an der See. Dort, so erzählte Jack ihm, bewohne das Radarteam ein Cottage-Hotel. Jack lebte in einem luxuriösen Appartement, das sich Blaues Zimmer nannte. In dieser Suite, so berichtete Jack, war alles in Blau gehalten. Die Vorhänge, die Bettdecke und sogar das gekachelte Bad mit der Badewanne.

Auf dem Rückweg machte sich Nic Gedanken darüber, dass Jack diesen Luxus – offenbar frischten die RAF-Männer die Mahlzeiten in der Messe mit selbst gefangenen Krebsen und

Hummer auf – gegen den drohenden Tod eingetauscht hatte. Sei es durch die Wehrmacht oder die eigenen Kameraden.

Er gab den Wagen zurück und strebte auf das Gebäude zu, in dem er ein Zimmer zugewiesen bekommen hatte.

Kaum eingetreten, hielt ihn ein Kollege auf. »Du wirst am Telefon verlangt. Ein gewisser Lieutenant Colonel Merritt.«

Verwundert eilte Nic hinter dem Techniker her in eines der zu Büros umgewandelten Studentenzimmer und nahm den grünen Hörer auf, der neben dem Gerät lag. Tatsächlich war Charles Cecil Ingersoll Merritt am Apparat. »Cec«, wie seine Freunde ihn nannten, zu denen auch Nic gehörte, seit sie zusammen Rugby gespielt hatten, war vier Jahre älter als er. Sie ähnelten sich, beide waren sie groß und breitschultrig, allerdings war Cecs Haar nicht ganz so schwarz wie Nics.

»Wie findest du ihn?«

»Mutig«, erwiderte Nic, der sofort wusste, auf wen Cec anspielte. »Übermütig?«, fügte er hinzu. Auch er vermied es, einen Namen zu nennen.

»Letzteres wird ihm vergehen, wenn er erst einmal feststellt, dass die Sache schwer bis kaum durchführbar ist.«

»Dann ist es für ihn zu spät. In jeglicher Hinsicht.« Nic spürte dem Schmerz in seinem Inneren nach, den dieser Gedanke auslöste. Ja, er mochte Jack, obwohl er ihn gerade erst kennengelernt hatte. Aber vermutlich würde es bei dieser einen Begegnung bleiben. »Er ist ein heller Kopf.«

»So wie du«, sagte Cec.

Nic lachte. »Im Gegensatz zu mir hat er Zugang zu weit mehr sensiblen Einrichtungen dieser Art.«

»Das ist irrelevant.«

»Wofür, bitte?« Irritiert fuhr sich Nic durchs Haar, das dringend wieder einen Schnitt brauchte.

»Man will einen Ersatzmann, falls er … ausfällt. Dein Name fiel.«

2

~Carolina, bei Pourville-sur-Mer, Normandie/Frankreich~

Cara stand auf dem Naturpfad oberhalb der karstigen Klippen und der sich sanft im Wind wiegenden Flachsfelder. Deren blassblaue Blüten nickten fröhlich, als wollten sie eine alte Bekannte begrüßen, sie endlich einmal wieder willkommen heißen nach – für Cara – zu vielen Jahren der Abwesenheit.

Tief sog sie die salzige Luft ein, in die sich der Geruch nach trockener Erde mengte. Sie lauschte dem Kreischen der Möwen und dem steten Anrollen der Wellen, ihr Blick war auf die kobaltblaue Wasserfläche gerichtet, die sich durch ein blassrosafarbenes Band mit dem nahezu wolkenlosen Himmel verband. Erinnerungen schwappten herbei wie die Wogen über die Felsen im Wasser. Sie erzählten von jugendlicher Heiterkeit und miteinander geteilten Geheimnissen. Von Picknicks unter weißen Sonnenschirmen und gemütlichen Abenden mit all ihren Freunden und deren Familien. Von den ersten erwachenden Gefühlen für einen jungen Mann. All das dümpelte auf den Wellen eines Gefühlspotpourris daher, das von Heimat und Liebe bis hin zu Frustration und Verlorensein reichte. Und dem eigentümlichen, für Cara nicht nachvollziehbaren Schmerz, den sie plötzlich in sich trug und der verdächtig nach … Verrat schmeckte.

Warum hatten ihre Eltern darauf gedrängt, dass man sie von der unmittelbaren Nähe des heimatlichen Gutshofs hierher, nach Dieppe, versetzte? Es war ihnen offenbar so wichtig gewesen, dass sie sogar August und dessen Vater – einen einflussreichen Mann bei der Luftwaffe, mit dem sie kaum etwas verband – dafür eingespannt hatten.

August jedenfalls hatte ihr diese Frage nicht beantworten können. Er hatte lediglich seine kameradschaftlichen Kontakte zu den Militärs in der Gegend genutzt und sie und ihre Fähigkeiten in den höchsten Tönen gelobt. Was, so hatte er augenzwinkernd verraten, nicht nötig gewesen wäre. Sein Vater habe ihre Versetzung ohnehin in die Wege geleitet.

Cara umgriff fest den Lenker ihres Fahrrads, das ihr als Fortbewegungsmittel zur Verfügung gestellt worden war. Der Wind zerrte an ihrem Rock und der Bluse, die Uniformjacke hatte sie sich umgebunden. Ihr Blick wanderte an der mal vorwitzig nach vorn gewölbten, dann wieder schüchtern zurückweichenden Linie der Kalksteinfelsen entlang. Die festungsartigen Bunker waren früher nicht da gewesen und verschandelten in ihren Augen die wunderbare Küste. Wie schwarze Ungeheuer hoben sie sich vor dem Meer, dem wiegenden Küstengras und den Windflüchtern ab. Die Bunker, Zäune in den Feldern und an den Straßen bereitliegende Straßensperren zeugten davon, wie Caras Realität jetzt aussah: Es herrschte Krieg.

Da war es gleichgültig, dass die Wellen noch immer die Kieselsteine zum Klimpern brachten und an der Kalksteinküste nagten, dass vom Mohn eingerahmte Flachsfelder blühten, über denen die Möwen kreisten und die Luft nach Freiheit und Abenteuer roch.

Das, was Deutschland in die Welt hinausgetragen hatte, war allgegenwärtig: Leid und Unterdrückung. Tod und Verrat.

Gab es Letzteres neuerdings auch in ihrer Familie? Obwohl sie sich zugetan waren, sich liebten?

Cara setzte sich wieder auf den harten Ledersattel und trat in die Pedale. Leicht schlingernd, weil der sandige Boden auf dem schmalen Pfad nachgab, fuhr sie landeinwärts und an der in einer Bucht gelegenen Ortschaft Pourville-sur-Mer vorbei. Wenig später musste sie sich gegen den Wind anstemmen, da sie wieder in Richtung Felsküste zu fahren hatte, ehe sie umgeben von Bäumen und Feldern eine gepflegte Hecke erreichte und schließlich auf den kleinen Weiler zufuhr. Dieser beheimatete wie kaum etwas anderes ihre Vergangenheit und bedeutete für sie pure Lebensfreude. Dass sie ausgerechnet hier untergebracht worden war, war sicher kein Zufall, sondern … Kalkül? Ein Geschenk? Initiiert von ihren Eltern, durchgeführt von Augusts Vater? Und weshalb das alles? Sie wusste es nicht – aber sie würde es bestimmt bald in Erfahrung bringen.

Sie fuhr an dem großen, nahezu herrschaftlichen Gebäude vorbei, das sie als Kind immer »Manoir« genannt hatte, dem Herrenhaus. Die hohe Mauer war überwachsen und bröckelte an manchen Stellen, die weißen Fensterrahmen leuchteten in der Sonne und hoben sich vom Backstein und Feuerstein der Fassade ab. Sie passierte das dagegen schüchtern anmutende Haus der Poulins, das ebenfalls verlassen und sogar noch heruntergekommener wirkte als das Manoir. Kurz darauf lehnte sie das Rad an den grauen Stein des ihr so vertrauten Gebäudes und sah sich prüfend um.

Es war noch immer schön hier, doch erste Anzeichen von Vernachlässigung und Verfall waren nicht zu übersehen. Unkraut spitzte frech zwischen den Pflastersteinen hervor, das Stalltor benötigte einen neuen Anstrich, eines der Remisenfenster war kaputt und nur mit dünnen Holzlatten zugenagelt. Die Bäume waren gewachsen, die Sträucher wucherten unbeschnitten. Die niedrige Mauer, die das Grundstück einzäunte, war von einer dicken Moosschicht bedeckt, einige Grasbüschel wuchsen aus den Fugen zwischen den Natursteinen hervor.

Cara bemerkte eine Bewegung rechts von sich, auf der Treppe zum Haupteingang. Sie wandte sich um und entdeckte dort Isabelle. Sie war – wie Cara selbst – erwachsen geworden. Ihre Hüften waren breiter, die Schultern runder, ihr einst fast weißes Haar hatte einen honiggelben Ton und war streng hochgesteckt. Über einem schwarzen Rock und einer dunklen Bluse trug Isabelle eine weiße Schürze. Die Französin musterte sie und verschränkte die Arme vor der Brust. Die Geste wirkte abweisend. Ob Isabelle sie nicht erkannte? Dabei nahm Cara an, dass ihr feuerrotes Haar Merkmal genug war, um bei Isabelle zumindest den Verdacht aufkeimen zu lassen, ihre ehemalige Sommerfreundin vor sich zu haben. Außerdem hatte man der Herbergswirtin doch sicher den Namen des Neuzugangs mitgeteilt.

Cara ging auf die breiten Steinstufen zu, auf deren Seiten noch immer mehrere weiße Skulpturschalen standen, die allerdings nicht wie früher Hortensien beherbergten, sondern Gras und Löwenzahn. Lächelnd sagte Cara zu Isabelle: »Ich freue mich so sehr, dich zu sehen. Es ist viel zu lange her.«

Isabelles blaue Augen wirkten so kalt, dass Cara stockte. Gänsehaut lief ihr über die Arme. Ihr war nicht bewusst gewesen, dass die Iriden ihrer französischen Freundin ein Herz gefrieren lassen konnten. Aber woher sollte sie das auch wissen? Immerhin hatte Isabelle sie damals nie so angesehen wie jetzt, sondern mit Augen, die den Himmel widergespiegelt hatten, Freiheit, in die sie mit ausgebreiteten Armen hineingeflogen war.

»Ich bin es, Cara«, sagte sie. Isabelles Verhalten verwirrte sie ungemein.

»Dein Zimmer ist im ersten Stock. Gleich rechts neben der Treppe«, erläuterte Isabelle in ihrem stark eingefärbten Deutsch und streckte die Hand mit dem Zimmerschlüssel vor. Weil Cara nicht schnell genug danach griff, zumal sie einige Stufen tiefer stand, fiel der Schlüssel klirrend auf die Treppe.

»Mahlzeiten gibt es immer von kurz vor bis kurz nach den Schichtwechseln. An der Badezimmertür hängt eine Liste. Da kann sich eintragen, wer baden möchte. Ich heize das Wasser aber nur ein Mal auf. Wer zu spät kommt, hat Pech gehabt und muss kalt baden.« Nach dieser knappen Erklärung wandte sich Isabelle um und öffnete eine Seite der zweiflügeligen Eingangstür mit den dicken, gewölbten Glasscheiben. Dahinter saß ein blondes Kleinkind mit laufender Nase, zudem klang das Krähen eines zweiten Kindes aus der Eingangshalle herbei.

Cara stand noch immer auf der unteren Stufe und fragte sich, ob das wohl Isabelles Kinder waren. Vermutlich, denn schließlich waren hier ausschließlich Wehrmachtshelferinnen untergebracht. Jene, die wie sie selbst in der Freya-Station arbeiteten.

Mit dem bedrückenden Gefühl im Herzen, zu viel in Isabelles Leben verpasst zu haben, ging Cara die Stufen hinauf, hob den großen Zimmerschlüssel auf und trat ein. Der vertraute Duft nach Lavendel und altem Holz begrüßte sie. Sie schloss hinter sich die Tür, damit die Kinder nicht hinausgelangen konnten.

»Warte doch bitte, Isabelle«, rief sie und musste dabei ihr eingerostetes Französisch hervorkramen. Ihre ehemalige Freundin ignorierte sie, vielmehr ermahnte sie den etwa dreijährigen Jungen, sich um seine Schwester zu kümmern, und betrat die Küche.

Betroffen verharrte Cara im Foyer mit den beiden geschwungenen Treppen, die links und rechts zum ersten Stock hinaufführten. Das Mobiliar war ihr vertraut, ebenso die goldgerahmten Landschaftsgemälde an den Wänden, der dunkle Fußboden und der wuchtige Kronleuchter. Fremd waren die beiden Kinder, die sie aus großen blauen Augen anschauten. Und die Kälte, die Isabelle ausgestrahlt hatte.

Wohin nur war die kichernde, bewundernd zu ihr – der wilden Hummel – aufsehende Freundin verschwunden? Hatte sie ihrer Familie nie verziehen, dass sie nach Alexanders Sturz über die Klippen die Normandie gemieden hatte? Auch Cara hatte die Entscheidung ihrer Eltern nicht gefallen.

Sie ging zur linken Treppe hinüber, an deren Ende jemand ihr Gepäck abgestellt hatte. Erinnerungen an damals drängten sich ihr auf, als sie noch spielend durch dieses Gebäude getobt war. Während Isabelle und ihre französischen Freundinnen immer die Prinzessinnen gegeben hatten, hatte sich Cara zu dieser Rolle nie durchringen können. Sie hatte stets einen Ritter gespielt, der die Frauen beschützen musste – lieber noch einen verwegenen Kämpfer. Wie Robin Hood.

Traurig, weil die Prinzessin sich von ihr abgewandt hatte – was garantiert an ihrer Uniform lag –, ergriff sie ihren Koffer und die Reisetasche. Sie stapfte die Stufen hinauf, die knarrend ihre vertraute Melodie sangen.

Cara kannte das Zimmer, das Isabelle ihr zugewiesen hatte. Es war Henrys Kinderzimmer, in dem stets auch Alexander geschlafen hatte, manchmal sogar Nic –, obwohl es in dem Haus für jeden von ihnen einen eigenen Raum gegeben und der Nachbarsjunge ja nur einen kurzen Heimweg gehabt hätte.

Bei dem Gedanken an den stillen Nic drängten Tränen in Caras Augen. Irritiert über diese heftige Gefühlsregung steckte sie hastig den Schlüssel ins Schlüsselloch, schloss auf und floh in Henrys frühere Welt – die sich kaum verändert hatte. Dabei fiel ihr ein, dass sie nicht einmal wusste, wo er jetzt war. Sie kannte auch Isabelles Ehemann nicht und hatte keine Ahnung, wie viele Kinder sie hatten und wie sie hießen. Geschweige denn, wo Isabelles und Henrys Eltern waren …

Cara hatte nicht nur ihre Vergangenheit verloren, ihre zweite Heimat und Nic, sondern weit mehr. Warum hatte sie Isabelle eigentlich nie geschrieben? Weil ihr erst nach einem

Jahr klar geworden war, dass ihre Eltern die Sommer nicht mehr in der Normandie verbringen wollten? Weil sie – neben der Schule, dem intensiven Klavierunterricht, dem Reiten und den Unternehmungen mit ihren deutschen Freunden – nicht die Muße gehabt hatte, sich hinzusetzen und zum Stift zu greifen?

Cara ließ den Koffer dort fallen, wo sie gerade stand, legte die Tasche obenauf und stürmte wieder nach unten. Sie musste mit Isabelle sprechen. Jetzt sofort!

~Emmi, Gutshof im Schwarzwald / Deutsches Reich~

Es war eigentümlich still im Haus. Zu still? Emmi Biber legte ihre Näharbeit auf den Beistelltisch, erhob sich und ging hinüber ans Fenster der Hochparterrewohnung. Aus dem Westflügel des in U-Form erbauten Gutshauses konnte sie in das Tal mit seinem kleinen See und auf die sich in Wellen ausbreitenden Mittelgebirgszüge des Schwarzwalds sehen.

Ein Mäusebussard auf der Suche nach Beute kreiste am wolkenverhangenen Himmel. Der urwüchsige Wald mit seinen dunklen Fichten und Tannen, in deren Mitte diverse Laubbäume wie helle Inseln hervorschauten, wirkte wie ein Schutzwall zwischen dem erhöht gelegenen Gutshof und dem Rest der Welt. Doch Emmi war nicht romantisch genug veranlagt, um jenem trügerischen Eindruck zu verfallen. Sie wusste, dass es dort draußen sehr viel Böses gab und der Schwarzwald sie davor nicht bewahren konnte. Allerdings tickten hier die Uhren ein wenig langsamer als in Nürnberg, wo sie herkam.

Die Menschen in dieser ländlich geprägten Gegend lebten ruhiger, mehr auf sich und ihr eigenes Auskommen konzentriert. Politische Themen waren hier Nebensache, etwas, worüber man sich am Gartenzaun oder am Stammtisch aufregte, bevor man wieder zum anstrengenden, nie endenden Tagwerk überging. Aber wie hieß es doch so schön: Keine Regel ohne Ausnahmen.

Emmi seufzte und versuchte, einen Blick auf die sich in verspielten Windungen heraufschlängelnde Straße zu werfen. Das hochstehende Gras, die Getreidefelder und die Laubbäume entlang der schmalen Zufahrtsstraße erlaubten ihr nur sporadisch Einblick. Nicht genug, um zu sehen, ob Alexander endlich zurückkam. Also wandte sie den Blick dem Himmel zu, der inzwischen von violetten und roséfarbenen Streifen durchzogen war. Die Sonne streichelte als glutroter Ball die Wipfel einiger Nadelbäume und versank dann hinter ihnen.

Alexander war Politik wichtig. Wegen seines körperlichen Leidens – er hinkte seit seinem Unfall in Frankreich, was Emmi nicht davon abgehalten hatte, diesen ehrlichen, großherzigen Mann zu heiraten – hatte er sich lange minderwertig, von der Gesellschaft ausgeschlossen und um beruflichen Erfolg betrogen gefühlt. Ihm hatte es gefallen, was jener Österreicher, der im Großen Krieg Gefreiter gewesen und sogar mit dem Eisernen Kreuz 1. Klasse ausgezeichnet worden war, erzählt hatte. Nämlich, dass die Deutschen wieder jemand sein mussten. Ja, dass sie besonders waren, sich hervorhoben … Also war Alexander in die NSDAP eingetreten, hatte für den Reichstagsabgeordneten ihrer Gegend Wahlkampf betrieben und unschlüssige Wähler zu überzeugen versucht. Dann war der Krieg ausgebrochen. Alexanders älterer Bruder Waldemar war einberufen worden, ihn selbst hatte man jedoch als nicht kriegsverwendungsfähig aussortiert. Erneut. Er hatte die Forstwirtschaft seines Vaters übernommen, dazu die Leitung der Erholungsstätte, die seine agile Großmutter lange Jahre geführt hatte, und hätte sich eigentlich nicht gedemütigt fühlen sollen.

Emmi lehnte die Stirn an die Glasscheibe. Ein wenig erinnerte Alexander sie an den Apostel Paulus, der vor seiner radikalen Umkehr einst Saulus geheißen hatte. Von einem feurigen Mitglied der NSDAP hatte Alexander sich in einen Mann gewandelt, der plötzlich nachforschte, nachhakte und all das, was er zu sehen und zu hören bekam, an andere weitergab. Und das, was er zu sagen hatte – das hatte die Familie Biber rasch bemerkt –, war nichts Gutes. Dieser Krieg, den viele Einwohner hier im Schwarzwald schlicht nicht hatten haben wollen, weil ihnen die Verluste aus dem Großen Krieg noch allzu deutlich vor Augen standen, war schon schlimm genug. Er hatte einigen Müttern aus der Region bereits ihre Söhne gekostet. Aber all das, was Alexander zusätzlich an Wissen ausgrub ... war mehr als besorgniserregend. Es war ... furchtbar!

Emmi hatte keine Ahnung, woher er all die Informationen bekam, die sicher nicht für ihn gedacht waren, doch eines wusste sie mit Bestimmtheit: Sie wollte nichts mehr davon hören! Es war zu beängstigend, auch im Hinblick auf ihre drei Kinder. Sie *konnte* einfach nicht glauben, was ihr Mann da herumerzählte.

Erneut schweifte ihr Blick über die sanften grünen Hügel und die im Abendlicht goldgelben Felder, auf der Suche nach Alexander. Da er nicht gut zu Fuß war, nahm er meist ein Pferd, wenn er ins Dorf hinunter oder in die nächstgelegene Stadt wollte. Eigentlich hätte er längst zurück sein sollen. Wo blieb er nur? Hoffentlich hatte er nicht schon wieder von den *grauen Bussen* gesprochen. Von den vor einigen Wochen in Betrieb genommenen Vernichtungslagern, den abgesonderten Wohnvierteln, der ethnischen Flurbereinigung im Osten, den Massakern der Einsatzgruppen in all den Gebieten, wo das deutsche Heer Boden gutmachte.

Mehrmals hatten sie und ihre Schwiegereltern Alexander darauf hingewiesen, dass er sich damit in Gefahr brachte. Erst vor Kurzem hatte man einen alten Mann aus dem kleinen Dorf am Fuße ihres Berges abgeholt, weil er lautstark über Unterscharführer Franz Polter, Metzger und zugleich

Bürgermeister ihrer Gemeinde, gescholten hatte. Polter, der im gesamten Umland für den Luftschutz zuständig zeichnete, hatte ihm gedroht, woraufhin jener Alte – reichlich angetrunken – den Führer als syphiliskrank beschimpft hatte.

Auf Emmis Warnungen und Bitten, vorsichtiger zu sein, erwiderte Alexander stets, dass man doch darüber reden müsse, was falsch laufe. Emmi fragte sich nur, ob er wirklich sicher sein konnte, dass all das, was er unter der Hand erfuhr, der Wahrheit entsprach. Vielleicht war das alles nur eine ausgeklügelte Propaganda ihrer Staatsfeinde?

Das Weinen ihres jüngsten Sohnes Waldemar – er war nach seinem an der Front kämpfenden Onkel benannt – riss sie aus ihren Gedanken. Mit dem unguten Gefühl in ihrem Inneren, dass etwas überhaupt nicht in Ordnung war, warf sie einen letzten Blick auf die bezaubernde, friedlich anmutende Landschaft, ehe sie sich abwandte und zum Kinderzimmer ging. Inzwischen hatte sich das samtblaue Tuch der Abenddämmerung über die bewaldeten Berge, den See und das Dorf gesenkt.

~Carolina, bei Pourville-sur-Mer, Normandie/Frankreich~

Isabelle saß am Küchentisch und schnitt Karotten, als Cara eintrat. Sie sah sich prüfend um und stellte fest, dass an dem Platz, an dem früher eine Eckbank, ein Tisch und mehrere Stühle gestanden hatten, nun ein übergroßes Vorratsregal bis zur Decke hinaufragte. Dieses war gut bestückt, offenbar wollte die Wehrmacht dafür sorgen, dass ihre weiblichen Mitglieder gut versorgt waren.

»Ihr Deutschen habt nichts übrig für Gemütlichkeit. Für Gespräche, Familie …«, raunte Isabelle, die Caras Blick bemerkt haben musste.

»Du weißt, dass das nicht –«

»Die neuen Deutschen. Die Herrenmenschen!«, spie Isabelle aus und wandte ihr demonstrativ den Rücken zu.

Cara zog die Schultern hoch, nicht weil Isabelle sie einschüchterte, sondern weil sie ihr Temperament im Zaum halten musste. Sie wollte nicht anklagend fragen, seit wann die Französin alle Deutschen über einen Kamm scherte. Da sie eigentlich besser hätte wissen müssen, wie die Bibers veranlagt waren, wie Cara dachte und fühlte.

»Dass du diese … Uniform trägst.«

Es war weder eine Frage noch ein Vorwurf. Einfach nur fünf zögerlich hingeworfene Worte, mit denen Cara wohl anfangen sollte, was sie wollte. Aber sie waren wie schon die Sätze zuvor ein Zeichen dafür, dass Isabelle trotz allem darauf vertraute, dass Cara sie schon nicht anschwärzen würde.

»Ja, ich habe mich freiwillig gemeldet. Zum einen, weil man mich ohnehin zwangsverpflichtet hätte, zum anderen, weil ich allein mit meinem Klavierspiel nicht mehr genug verdient habe. Das Ensemble ist letztlich aufgelöst worden.« Cara ballte die Hände zu Fäusten. Der Grund waren die größtenteils jüdischen Wurzeln der Musiker. Zu Beginn hatte man ihr Fehlen noch kompensieren können, irgendwann war das jedoch nicht mehr gelungen. Vor allem, weil man immer mehr Männer eingezogen hatte. Empfindsamen Künstlerseelen hatte man die Instrumente entrissen und Gewehre in die Hand gedrückt.

Cara selbst war angeeckt, weil sie versucht hatte, den Kontakt mit den früheren Musikerkollegen aufrechtzuerhalten. Dies war immer schwerer geworden, bis letztlich alle Verbindungen abgebrochen waren. Ab da hatte sie angefangen, nachzufragen, ja regelrecht nachzubohren. Sie war Sturm gelaufen dagegen, dass man diese wunderbaren Menschen in abgesonderte Wohnviertel und Lager gen Osten abschob. Für ihren Einsatz hatte man ihr kräftig auf die Finger geklopft und ihr Auftrittsverbot erteilt. Zuletzt hatte Alexander ihr angeraten, vorsichtiger zu sein und dem entgegenzusteuern, was »die da oben« inzwischen über sie dachten. Seine Empfehlung lautete, sich aktiv einzubringen. Eine Rotkreuzschwester hatte sie nicht werden wollen, da sie mit dem Anblick von Wunden und Blut nicht gut zurechtkam. Also hatte sie einen anderen Weg gesucht, um wieder aus dem Fokus bestimmter engstirniger Personen zu verschwinden. All das erzählte sie Isabelle, die ihr weiterhin teilnahmslos, ja desinteressiert den Rücken zugewandt hatte.

»Ich muss arbeiten«, kam es schließlich von ihr. »Fehlt was in dem Zimmer?«

»Nein!«, brauste Cara auf und atmete tief durch, begleitet von einem heftigen Schmerz in ihrem Herzen, weil sie beobachten musste, wie Isabelle erst zusammengezuckt war und nun zitterte. Sie legte sogar vorsichtshalber das Messer aus der Hand.

Cara wandte sich um. Bereits an der Tür sagte sie: »Ich freue mich dennoch, dass ich hier sein darf. Jetzt kann ich endlich wieder ein wenig Anteil an deinem Leben nehmen.«

Von Isabelle kam ein Schnauben, das sich ungläubig, vorwurfsvoll und nahezu aggressiv anhörte. Cara hätte es nie für möglich gehalten, aus einem einzigen Laut so viele Empfindungen herauszuhören. Und das von der einst so zarten und stets auf die Gefühle ihrer Mitmenschen bedachten Isabelle.

Bedrückt verließ sie die Küche. Die beiden blonden Kleinkinder spielten noch immer im Foyer. Cara setzte sich einige Meter von ihnen entfernt auf den Parkettboden und sah ihnen zu. Schließlich fragte sie den etwa Fünfjährigen: »Wie heißt du denn?«

Verwundert riss er die Augen auf. Offenbar redeten die anderen Frauen, die jetzt ihr Haus bewohnten, nicht mit ihm, womöglich waren einige von ihnen nicht einmal der französischen Sprache mächtig.

»Cedric«, entgegnete der Kleine schließlich. Sein Blick wanderte ängstlich zur Küchentür, als befürchtete er, Ärger zu bekommen. Hatte Isabelle ihren Kindern eingeschärft, ja nicht mit den deutschen Eindringlingen zu sprechen?

»Salut, Cedric. Verrätst du mir auch, wie deine Schwester heißt?«

»Tayla.«

»Und wie heißt dein Papa?«

Cedrics Blick wanderte nach rechts zum großen offenen Steinkamin. Cara entdeckte auf dem oberen Sims die Fotografie eines Mannes. Trockene Blüten lagen wie eine Art flauschige Decke um den Rahmen herum, darunter befanden sich eine halb verblühte Hortensie und einige frisch geschnittene Rosen. Cara musterte den schmucken jungen Mann in französischer Uniform, dabei stiegen ihr Tränen in die Augen. Dieser … Schrein, Isabelles dunkle Kleidung und ihre abweisende Art ergaben nun Sinn: Ihre Freundin von einst hatte beim Blitzkrieg der Wehrmacht gegen Frankreich ihren geliebten Ehemann verloren. Auch wenn es in diesem Land Menschen gab, die mit den Deutschen kollaborierten – Isabelle gehörte ganz sicher nicht dazu.

Aus der einstigen Freundschaft zu einer deutschen Familie war Hass auf alles geworden, was deutsch war. Cara war der Feind. Nicht nur aufgrund ihrer Herkunft und der Tatsache, dass man Isabelle gezwungen hatte, ihr großes Haus für die Eroberer zu öffnen und die neuen Bewohner zu versorgen. Nein, Cara trug auch noch eine Uniform.

Traurig lächelte sie Cedric zu, der sich wieder mit seinem Holzpferd beschäftigte und dabei über seine kleine Schwester wachte, wofür er eigentlich viel zu jung war. Cara konnte Isabelles Schmerz und die Vorbehalte gegen sie durchaus nachvollziehen. Andererseits wies die Französin gerade jemanden von sich, der ihr wohlgesonnen war. Doch um dies zu sehen, stank es in dieser Welt zu intensiv nach Hass und Misstrauen. Da hatten liebliche Düfte wie die der Blüten auf dem Kamin kaum die Möglichkeit, ein Herz zu erweichen und zu erfreuen.

Traurig erhob sich Cara und straffte die Schultern. Dennoch umspielte ein zaghaftes Lächeln ihre Lippen, als sie mit energischen Schritten die Treppe zu Henrys früherem Zimmer hinaufging. Ganz gleich, wie viele Jahre vergangen waren – jetzt war sie wieder hier! Sie nahm sich vor, sich um Cedric, Tayla und Isabelle zu bemühen, selbst wenn die Gleichaltrige sie weiterhin so gleichgültig behandeln wollte.

- Nicolas, Norris Castle, Isle of Wight / England -

Nic zeigte seinen Sonderausweis vor und verließ das Hafengelände. Niemand kam mehr hierher, es sei denn, er hatte einen speziellen Ausweis, der das Betreten der Isle of Wight erlaubte. Diesen mussten auch die eigentlichen Bewohner der an der Südspitze Englands, gegenüber von Southampton, gelegenen Insel vorweisen.

Auf seinem Weg hinauf zu Norris Castle, einem Herrenhaus, das aufgrund seiner rundum verlaufenden Zinnen wie eine trutzige Burg wirkte – was es nie gewesen war –, schalt er sich selbst einen Idioten.

Was erhoffte er sich davon, nach Pourville zurückzukehren. Vor allem in diesen Zeiten? Warum hatte er nicht Nein gesagt und war in seine Werkstatt zurückgekehrt? Weder Cec noch Tait, weder Montgomery, Mountbatten oder gar Churchill höchstpersönlich hätten es ihm übel genommen. Ebenso wenig ein anderes Mitglied aus dem winzigen Kreis der Eingeweihten. Denn die Planungen für die Operation Rutter waren so geheim, dass Nic nicht darüber sprechen durfte. Also hätte auch nie jemand außerhalb dieses kleinen Zirkels davon erfahren, wenn er sich gegen ein Selbstmordkommando und für das Leben entschieden hätte.

Unwillkürlich zuckte Nic mit den breiten Schultern. Es war, wie Jack Nissenthall es über sich selbst gesagt hatte: Nic war wie geschaffen für diese Aufgabe. Wenngleich er nicht so berüchtigt war wie Jack, so verstand er doch sein Handwerk. Und er kannte die Gegend, in die sie »reisen« würden, wie seine Westentasche.

Zumindest war er dank Cec darauf vorbereitet gewesen, vom kanadischen Air Commander Tait ins Luftfahrtministerium nach London beordert zu werden. In jenen Raum, von dessen Fenster aus man Whitehall sehen konnte. Jemand hatte die Fensterscheiben kreuz und quer mit Klebeband verklebt, als Schutz vor den Druckwellen detonierender deutscher Bomben. Vor dem sommerblauen Himmel hatte Nic Sperrballons tanzen sehen.

Beim Hinausgehen war er an jenem Tisch vorbeigekommen, von dem Jack ihm erzählt hatte. Ob einer der drei alten Offiziere, die ihm grüßend zugenickt hatten, derjenige gewesen war, der sich so abfällig über Jacks Glauben und Herkunft geäußert hatte? Nic hatte sich bemüht, die Herren ordnungsgemäß zu grüßen, immerhin konnten die altgedienten Recken mit ihren vielen Orden und Abzeichen ihm gehörig Ärger machen.

Nic setzte seinen Seesack ab und wischte sich mit dem Ärmel seiner Uniform den Schweiß vom Gesicht. Nun hatte es ihn auf eine wunderschöne Insel verschlagen, auf die ihre Bewohner zu Recht stolz waren. Allerdings fühlte er sich auf diesem für ihn winzigen Eiland eingesperrt. Seine Gedanken wanderten zu jenen Freiwilligen aus Kanada, die seit mehr als achtzehn Monaten in England gedrillt wurden – nachdem sie bereits in der Heimat ein Jahr ausgebildet worden waren. Auch ihnen musste die Insel überaus beengend vorkommen. Doch hier, wo sie nun auf die Militäroperation Rutter vorbereitet werden sollten, konnten sie alle zumindest die Weite der See genießen.

Inzwischen hatte Nic die Anhöhe mit dem Herrenhaus erreicht. Er ging zwischen Buschwerk und einem kleinen Hain aus Laubbäumen hindurch und betrat die Wiesenfläche direkt vor dem Gemäuer. Rosenduft umhüllte ihn, hinter den kakifarbenen Armeezelten, die aussahen wie unförmige, aus dem Boden sprießende Pilze, glitzerte hellblau das Meer. Nirgends schien der Krieg weiter weg als hier, obwohl sie nur durch den Ärmelkanal von der normannischen Küste getrennt waren, wo sich die Deutschen breitgemacht hatten.

Die Schauergeschichten, die er über sie hörte, waren für ihn nur schwer zu glauben. Denn immer hatte er das Ehepaar Biber vor Augen. Freundliche, genügsame Menschen, die sich stets um ihre Mitmenschen bemühten. Dazu Waldemar und Alexander, zwei ganz normale, freche, übermütige Jungen – die heute zwar erwachsen waren, aber doch sicher keine Monster. Und Cara. Wunderschöne, wilde, bezaubernde, kecke Cara. Mit einem Herzen so groß wie der Atlantik, das Ungerechtigkeiten nicht vertrug. Die ungeschönt die Wahrheit aussprach, zugleich jedoch zu trösten verstand. Die einen Platz in seinem Herzen innehatte und diesen nicht mehr hergab. Wie es ihr jetzt wohl erging? Lebte sie in der Nähe des elterlichen Gutshofs im Schwarzwald?

Anders als Henry, Isabelle und deren Eltern war er nie dort gewesen, doch anhand von Fotografien, die er gesehen hatte, und aufgrund der Berichte seiner Nachbarn hatte er ein erhabenes Gebäude auf einem sattgrünen Schwarzwaldhügel vor Augen. Einst hatte er davon geträumt, seine Hochzeit mit Cara unter dem alten Baum auf dem Hof zwischen den drei Gebäudeflügeln zu feiern …

Entschlossen schob Nic diese sentimentalen und romantischen Gedanken zur Seite. Ihrer Generation war es nicht vergönnt, glücklich zu sein, vielmehr war sie dazu verdammt … zu töten?

Er schluckte schwer und blickte – inzwischen im Inneren des Gebäudes angelangt – einem Corporal entgegen. Der eilte auf ihn zu und begrüßte ihn mit den Worten: »Sie sind Warrant Officer Nicolas Poulin?«

»Der bin ich.«

»Der Lieutenant Colonel erwartet Sie in seinem Dienstzimmer, Sir. Ich bringe Sie hin.«

»Danke.«

Nic folgte dem stämmigen Mann in einen Raum, dessen Decke in blaue Kästchen mit Goldrand aufgeteilt war, die viktorianischen Möbel befanden sich in einem desolaten Zustand.

Cec stand mit dem Rücken zu ihm am Fenster und blickte über die Zeltstadt auf der abschüssigen Wiese hinweg aufs Meer.

»Ich gratuliere zum neuen Kommando.« Nic streckte die Hand aus, die Cec so fest drückte, dass Nic das Gesicht verzog. Offenbar war sein Freund sauer auf ihn.

»Ich hatte gerade Captain Osten berichtet, dass er einen Spezialisten über den Kanal bringen muss, da dessen Ziel, eine Radarstation oberhalb von Pourville-sur-Mer, in seinem Abschnitt liegt.« Cec sprach gewohnt bedächtig und mit sonorer Stimme. Dass er aufgeregt war, hörte man ihm nicht an. »Kaum ist Osten aus dem Raum, bekomme ich eine Nachricht deinetwegen. Was hast du dir nur dabei gedacht? Du bist kein Soldat, sondern ein Schraubendreher. Ein intelligenter Kopf, den man nicht den Deutschen hinhalten sollte.«

»Nicht anders ist es bei Jack Nissenthall. Und wir tragen beide Uniform. Er mit britischen Abzeichen, ich mit kanadischen.«

Cec setzte zum Sprechen an, schloss den Mund aber wieder.

»Ich bin in Pourville aufgewachsen. Oder vielmehr in einem winzigen Weiler, der oberhalb von Pourville liegt«, erläuterte Nic.

»So ist das ...« Cec nickte verstehend.

Er hatte gewusst, dass Nic aus der Normandie stammte, Näheres aber nicht. Für einen Kanadier waren England, Deutschland, Frankreich und all die anderen europäischen Länder nahezu unerreichbar weit weg, wobei Cecs Vater 1915 in der zweiten Flandernschlacht in Belgien gefallen war.

»Ich habe Osten gesagt, was man mir mitgeteilt hat, nämlich, dass der RDF-Experte nicht in Gefangenschaft geraten darf. Osten versprach mir, mit allen Mitteln dafür zu sorgen, dass er durchkommt. Ich musste ihn darauf hinweisen, was für ein heller Kopf Nissenthall ist und über welches Wissen er verfügt und dass Osten, falls Nissenthall verwundet wird oder die Gefahr besteht, in Gefangenschaft zu geraten, entsprechend *verfahren* müsse. Dasselbe musste ich ihm dann auch noch über dich sagen. Und ich hoffe bei Gott, dass er mich nicht allzu ernst nimmt!«

Cecs letzter Satz klang wie eines der Schlussplädoyers, die der gelernte Jurist vor Gericht gehalten hatte, ehe er nach Kriegsausbruch zum Militär zurückbeordert worden war. Nic fröstelte, was nicht an dem kühlen Raum hinter den dicken Mauern lag. Tait hatte ihm mit deutlichen Worten erklärt, dass für ihn Operation Freya – eines von insgesamt sechzehn Militärzielen der Mission – die Wichtigste war. Zugleich war Vorhaben Nummer dreizehn aber auch das am ehesten zum Scheitern Verurteilte. Da war es nur gut, nicht abergläubisch zu sein.

»Ihr müsst zuerst unter Feindeinwirkung an einer steinigen Küste die Landung überstehen. Anschließend unter dem Feuer der Verteidiger die Kliffs erklettern und dann in die Anlage eindringen, die seit dem Überfall auf Bruneval schwer befestigt ist. Die Deutschen haben nämlich bemerkt, was für ein prima Ziel die exponiert stehenden Radaranlagen für uns abgeben. Danach solltet ihr auf Anhieb die Arbeitsweise und Funktionsbreite der Instrumente beurteilen, zumal man euch da oben in etwa neunzig Metern Höhe nicht mehr als ein paar Minuten in Ruhe lassen wird. Im günstigsten Fall.«

»Wie gut, dass ich mich dort auskenne.« Nic klang gelassener, als er sich fühlte, was Cec spielend durchschaute.

»Ich würde ja sagen, schreib lieber noch mal deinen Eltern, doch leider zwingt uns die Geheimhaltung, Stillschweigen über die geplante Militäroperation zu wahren. Dieser britische Lord Mountbatten reißt uns sonst den Kopf ab. Wobei …«

Über Cecs Gesicht huschte ein Schmunzeln, das Nic nur schwer einschätzen konnte. War es belustigt oder eher verzweifelt? Oder gar beides?

»Unser Aufenthalt hier und das intensive Training meiner Truppe fallen ja ebenfalls unter diese Geheimhaltung. Nicht einmal die niederrangigen Offiziere wissen, wofür sie hier sind, worauf sie ihre Männer vorbereiten. Doch kurz nachdem ich mein Kommando hier übernommen hatte, kam ein Brief für mich im Divisionshauptquartier an. Mit voller Nennung meines Namens, stationiert auf Norris Castle, Isle of Wight.«

Jetzt verstand Nic dieses seltsame Grinsen. Cec hatte einen Brief erhalten, der ganz offen an ihn adressiert war. Von Geheimhaltung war da keine Spur mehr. »Wer hat dir geschrieben? Deine Frau? Wie geht es Grace denn? Und deiner Tochter?«

»Das wüsste ich auch gern«, murmelte Cec und fuhr dann gewohnt bedächtig fort: »Jedenfalls stammte der Brief von meinem Vorgänger. Er hatte seinen Hund in Norris Castle vergessen und bat mich, ihm das Tier zu seinem neuen Standort zu schicken.«

Fassungslos schaute Nic den Freund an, ehe er losprustete.

Cec schüttelte darüber nur den Kopf. »Dir wird das Lachen spätestens dann vergehen, wenn wir auf See oder bei Ankunft in unserem Abschnitt bemerken, dass die Jerries von unseren Plänen erfahren haben.«

3

~Emmi, Gutshof im Schwarzwald / Deutsches Reich~

Emmi war früh auf, obwohl sie noch lange auf ihren Mann gewartet hatte. Erneut stand sie an einem Fenster und sah zu, wie die aufgehende Sonne die im Tal hängenden Nebelfelder von einem blassen Grau in sanftes Rosé verwandelte. Ein Hahn krähte, dem Knappen eines Auerhahns schloss sich ein zweiter an. Die Schwarzwaldberge verschwammen zu milchigblauen Flächen, die heller waren, je weiter entfernt sie sich dem Himmel entgegenhoben.

Alexander war nicht heimgekehrt. Die Unruhe vom Vorabend steigerte sich noch. Ihr war, als zöge der Nebel von dort draußen in ihr Herz und wandelte sich farblich zurück, allerdings in ein schmutziges, unangenehmes Grau. Dieses griff nach ihrem Herzen. Wo war Alexander? Weshalb war er nicht zurückgekehrt?

Emmi wünschte sich, Cara wäre hier. Obwohl ihre Schwägerin zuletzt nicht mehr auf dem Hof gewohnt hatte, war sie immer erreichbar gewesen. Doch nun war sie versetzt worden, was bedeutete, dass Emmi nicht mit der tatkräftigen und mutigen, wenngleich manchmal etwas zu forschen Unterstützung der jungen Frau rechnen konnte.

Da Emmi nicht länger untätig herumstehen konnte, zumal ihr dabei viel zu viele sorgenvolle Gedanken kamen, eilte sie durch das Schlafzimmer hinüber ins Kinderzimmer. Für einen Moment betrachtete sie die drei schlafenden Kinder. Mit ihren Locken und den friedlichen, pausbackigen Gesichtszügen sahen sie aus wie jene Putten, die es in so manchen katholischen Kirchen oder auf irgendwelchen Karten und Bildern zu sehen gab.

Zitternd vor unterdrückter Panik, strich sie Waldemar eine blonde Strähne aus der Stirn. Der Einjährige seufzte und schmatzte einmal, schlief aber weiter. Emmi berührte kurz Hannas, dann Richards Gesicht, ehe sie das Zimmer wieder verließ.

Vor dem Flurspiegel und trotz des dämmerigen Morgenlichts prüfte sie, ob ihr blondes Haar ordentlich aufgesteckt war. Seit den Geburten der Kinder war sie ein wenig fülliger, was ihre vormals spitzen Gesichtszüge weicher gemacht hatte. Ihr gefiel es.

Leise, um die Kleinen nicht zu wecken, verließ sie die Wohnung und ging die knarrenden Holzstufen des Westflügels hinauf. An der Wohnungstür ihrer Schwiegereltern hielt sie inne und lauschte. Wie erwartet, hörte sie von drinnen Stimmen. Johanna und Albert standen jeden Morgen früh auf. Irritiert runzelte sie die Stirn. Waren da nicht zwei verschiedene Männerstimmen? Für einen kurzen Augenblick flutete Erleichterung ihr Herz, gleich den Sonnenstrahlen, die das Tal unterhalb des u-förmig erbauten Gutshauses erreichten. War Alexander hier? Doch dann schüttelte sie über sich selbst den Kopf. Sie hätte die Stimme des geliebten Mannes erkannt – diese hier klang fremd. Ob jemand hier oben war, weil er Nachricht von Alexander hatte?

Ihr Herz schien regelrecht gegen ihren Brustkorb zu hämmern. Sie bezwang den Drang, es diesem mit der Faust gleichzutun. Vielmehr klopfte sie lediglich mit den Fingerknöcheln an das Türblatt. Die Stimmen verstummten. Dann war ein Scharren zu hören, als verschöbe jemand ein Möbelstück. Oder waren es Stuhlbeine, die über den Holzboden rutschten? Reagierten ihre Sinne übersensibel in ihrer Angst? Jedenfalls klang auch das Quietschen der großen Klinke überlaut in ihren Ohren, ebenso das eigentlich nur verhaltene Knarren, als Johanna die schwere Tür öffnete.

Ihre Schwiegermutter trug über ihrer Alltagskleidung eine weiße Schürze. Sie war klein, noch immer schlank und mit denselben roten Locken wie Cara beschenkt, wobei Johannas Haut blasser war als die ihrer Tochter. Sie lächelte, was einen Strahlenkranz um ihre dunklen Augen hervorrief, und trat sofort zur Seite, um Emmi einzulassen. »Guten Morgen, meine Liebe. Du bist früh auf.«

»Guten Morgen, Mutter. Entschuldige bitte die Störung. Aber wisst ihr etwas von Alexander?«

»Alexander? Was ist mit ihm?« Johanna konnte das Zittern in ihrer Stimme nicht gänzlich verbergen. Immerhin wussten auch sie und Albert um den Gesinnungswechsel ihres Sohnes und dass er sich schwer damit tat, mit seinen neuen Erkenntnissen über die Machenschaften der Politiker hinterm Berg zu halten.

»Er ist gestern nicht zurückgekommen.«

»Oh!« Nun schob Johanna sie förmlich durch den recht dunklen Flur in die Wohnstube. Dort stand Albert am Fenster und blickte ihnen mit gerunzelter Stirn entgegen. Hastig erzählte Emmi, dass ihr Mann am Vortag für ein paar Besorgungen in die nächstgelegene Stadt und anschließend ins Dorf gewollt habe. Dabei wurde sie gewahr, wie Johanna ihre Finger ineinander verknotete, was sie immer tat, wenn etwas sie beunruhigte oder sie schlechte Nachrichten befürchtete. Auch Albert reagierte seltsam. Er wandte sich einfach nur ab und schaute aus dem Fenster, dorthin, wo die Sonne inzwischen den Nebel gefressen hatte und das Tal eroberte.

Das eigentümliche Gefühl, die beiden könnten ihr etwas verheimlichen, schlich sich hinterrücks an und biss Emmi schmerzhaft in den Nacken, den sie sich unwillkürlich rieb. »Habt ihr einen Gast?«, fragte sie, als ihr die zweite männliche Stimme wieder einfiel, die sie vernommen hatte. Und weil sie nicht wusste, wie sie mit dem seltsamen Gefühlschaos in sich zurechtkommen sollte. Vielleicht reagierte sie gerade übermäßig empfindsam, aber die Angst in ihr ließ sie Dinge wahrnehmen, die ihr sonst wohl entgangen wären. Irgendwie verhielten sich ihre Schwiegereltern eigentümlich, im Grunde waren sie nämlich herzliche, offene und äußerst liebenswerte Menschen.

»Da musst du dich verhört haben«, sagte Johanna, und Albert meinte gleichzeitig: »Vielleicht hast du den Radiosprecher gehört.«

»Ist bei euch alles in Ordnung?« Emmi schaute zwischen den beiden hin und her. Sie hörten höchstens mal abends Radio, nachdem das Tagwerk beendet war, und besaßen auch keine Goebbelsschnauze, sondern ein normales Gerät.

Emmi sah den erneuten Blickwechsel des Paares, plötzlich schlang Johanna den Arm um Emmis Hüfte und schob sie sanft in die Küche hinüber. Albert folgte ihnen, und so saßen sie gleich darauf bei einer Tasse Tee am Küchentisch.

»Wir haben – wie du sicher auch – die Befürchtung, dass Alexander wieder ein paar Dinge gesagt hat, die nicht an die falschen Ohren gelangen sollten.«

Emmi stellte die Tasse mit dem heißen Getränk zurück auf die Untertasse. Ihre Hände zitterten zu sehr, um sie zu halten. Man wusste einfach nicht, zu wem jene »falschen Ohren« gehörten.

Erst kürzlich hatte sich Alexander beim Ortsbauernführer darüber beschwert, wie dieser die neue »Verordnung über den Einsatz zusätzlicher Arbeitskräfte für die Ernährungssicherung des Deutschen Volkes« zu seinen Gunsten ausnutzte. Dem Bauernführer war das anhand der Anfang März ausgegebenen Direktive aber auch allzu leicht gemacht worden. Dieser hatte Alexanders Beschwerde prompt Polter zugetragen. Daraufhin war der Unterscharführer in Ausübung seines Bürgermeisteramts mit einer deutlichen Warnung an seinen einst ebenso feurigen Parteikameraden zu ihnen heraufgekommen. Alexander solle nicht länger die vom Staat erlassenen Gesetze infrage stellen.

Vielleicht war es Respekt, den Polter nach wie vor für Alexander verspürte, zumal die beiden gemeinsam zur Schule gegangen waren, der den Unterscharführer davon abgehalten hatte, Alexanders Kritik an entsprechende Stellen weiterzuleiten.

Emmi hatte ihren Mann daraufhin gebeten, fortan zu schweigen, doch der hatte sie nur ernst angeschaut und mit einem kaum merklichen Kopfschütteln reagiert. Was das anbelangte, konnte er genauso temperamentvoll und eigensinnig sein wie seine Schwester Cara.

Unwillkürlich wanderte Emmis Blick zu der Fotografie von Waldemar, dem älteren Bruder von Cara und Alexander. Er war ruhiger als seine Geschwister, handelte stets vernunftbegabt und überlegt. Waldemar hatte die beiden Jüngeren immer ein wenig im Zaum gehalten und beschützt. Nun war er an der Ostfront, und seine Briefe nach Hause fielen zunehmend knapper und belangloser aus. In seinen Berichten an die Lieben daheim musste die Zensurbehörde des Oberkommandos der Wehrmacht neuerdings nichts mehr schwärzen …

Emmi schrak aus ihren Überlegungen hoch, als Albert sich räusperte und seine große Hand mit den schrundigen Fingern über ihre legte. »Wir sind ebenfalls beunruhigt, Emmi. Wie wäre es damit: Du radelst hinunter ins Dorf und hörst dich nach Alexander um, ich reite hinüber in die Stadt und erkundige mich dort nach ihm?«

»Gut, dann machen wir das so. Danke.« Emmi war erleichtert, dass sie nur ins nahe gelegene Dorf zu gehen brauchte. Dort kannte man sie, und wenngleich sie noch immer nur die »Neigschmeckte« war, begegnete man ihr mit einer gewissen Höflichkeit – einfach, weil sie den Namen Biber trug. In der Stadt, obwohl viel kleiner als Nürnberg, war ihr alles fremd.

Leise seufzend schob sie sich von der Eckbank. Sie war nicht so mutig wie Cara. Allein bei der Vorstellung, dass diese mit dem Zug in die Normandie gereist war, schüttelte es sie. Wobei Cara ja zumindest gut Französisch sprach. Sie selbst verstand kein Wort und wäre dort sicher nicht nur völlig hilflos, sondern regelrecht verloren gewesen.

* * *

Noch immer stand Emmi auf dem Gehsteig unter der Markise der Schneiderei. Sie wusste, dass sie nur die gepflasterte Straße überqueren und die Metzgerei betreten musste, um zu erfahren, was mit Alexander geschehen war. Denn der alte Wirt im einzigen Restaurant der kleinen Ortschaft hatte ihr anvertraut, dass Polter und einige SiPo-Beamte in die Gaststube gekommen waren und ihren Ehemann mitgenommen hatten. Das war jetzt über zwölf Stunden her, und niemand hatte es für nötig erachtet, zum Gutshaus hinaufzugehen und die Familie zu informieren.

Vielleicht sollte sie den Leuten zugutehalten, dass sie angenommen haben mochten, Alexander sei nur befragt und belehrt und dann nach Hause geschickt worden. Oder dass einige Bürger ihren einst gewählten Bürgermeister inzwischen mehr fürchteten, als sie zuzugeben bereit waren. Dennoch fand sie das Verhalten der Dorfbewohner nicht eben hilfreich.

Alexander hatte sich zwar von dem Sturz über die Klippe erholt, den er als Jugendlicher wie durch ein Wunder überlebt hatte. Aber er hinkte seitdem nicht nur, nein, auch sein linker Lungenflügel war geschädigt. Dies machte ihn anfällig für Erkältungskrankheiten. Seine Konstitution war nicht die Beste. Ein längerer Aufenthalt in einem Gefängnis – das ahnte Emmi – musste ihm extrem zusetzen.

Also flehte sie den Himmel an, ihr die richtigen Worte in den Mund zu legen und ihr ausreichend Mut zu schenken, dann trat sie über die hohe Bordsteinkante, um die Straße zu überqueren, wobei sie einem älteren Herrn auf einem klappernden Fahrrad ausweichen musste. Dieser sah sie mitleidig an. Ob er mehr wusste …?

Bis Emmi der Gedanke kam, den Mann zum Anhalten zu bewegen, war er bereits in eine Seitenstraße abgebogen. Das Klappern seines Rads verklang zwischen den Häusern. Ohnehin war es seltsam still im Dorf. Es gab keine fröhlichen Kinderstimmen. Keine der Frauen unterhielt sich von Fenster zu Fenster. Emmi kam es vor, als hielte der Ort den Atem an. Weil etwas Ungeheuerliches geschehen war? Oder demnächst geschehen sollte?

Emmi spürte, wie eine Hitzewelle ihren Körper erfasste, gleichzeitig bekam sie Gänsehaut an den Armen. Es kam ihr wie Schwerstarbeit vor, den Fuß über die hohe Bordsteinkante zu heben. Nun stand sie im Schatten der Metzgerei. Die graue Fassade mutete kalt, ja unfreundlich an. Wie eine Bedrohung.

Sie mochte diesen Franz Polter nicht sonderlich. An ihrer und Alexanders Hochzeit hatte er ihr stockbetrunken erst an den Po gefasst, später sogar an die Brust. Dort hatte nie zuvor ein Mann sie berührt – zu diesem Zeitpunkt noch nicht einmal Alexander. Daraufhin hatte sie sich geweigert, mit Polter zu tanzen, was einem Affront gleichgekommen war. Immerhin hatte er damals schon, obwohl recht jung, sein Amt als Bürgermeister innegehabt.

Wie die Bibers waren auch die Polters eine alteingesessene, vermögende und einflussreiche Familie der Gegend. Man respektierte sie. Polter war als Metzger und ehrenamtlicher Bürgermeister nicht einberufen worden, obwohl der Mann vor Kraft, Energie und Gesundheit nur so strotzte und in seiner Freizeit gern jagen ging. Aber die Tiere, die er aus reinem Spaß am Töten erlegte, schossen ja nicht zurück. Emmi schalt sich selbst ob dieser boshaften, aufwieglerischen Gedanken.

Das Läuten der Ladenglocke ließ sie erschrocken den Kopf heben. Polter hatte die ebenerdige Tür geöffnet und stand direkt vor ihr. Auf seiner Stirn mit dem zurückgehenden Haaransatz zeigte sich eine sorgenvolle Falte, die schmalen Lippen hatte er fest zusammengepresst. »Haben Sie von Alexander gehört, Frau Biber?«, fragte er.

Irritiert schüttelte Emmi den Kopf. Er war doch gemeinsam mit den Beamten im Wirtshaus gewesen und hatte ihren Mann abführen lassen, oder etwa nicht?

»Der Laible kam aus der Stadt angefahren und erzählte mir von der Anzeige gegen Alexander. Er befahl mir, ihn zu ihm zu bringen. Ich konnte da leider wenig tun. Aber zumindest habe ich dafür gesorgt, dass er während der Verhaftung anständig behandelt wurde.«

Emmi nickte, zu mehr war sie im Augenblick nicht fähig. Sie hatte Angst vor Polter, der gern seine Uniform zur Schau stellte. Doch der Anblick seiner blutverschmierten Schürze war nicht unbedingt angenehmer.

Ihre Gedanken drehten sich im Kreis, ähnlich dem Kettenkarussell, mit dem sie einmal gefahren war. Alles um sie her verschwamm, wurde zu bunten Schlieren ohne Sinn. Ebenso Polters Worte. Seine Beteuerung, er habe nur zu helfen versucht. Seine sorgenvolle Miene. Nichts passte zusammen.

»Sie wissen auch nicht …? Ich meine …?«, stotterte sie unbeholfen und wünschte sich einmal mehr, sie hätte selbstsicherer auftreten können. Wäre doch nur Cara hier gewesen! Oder Waldemar.

»Wollen Sie nicht lieber hereinkommen und sich setzen. Sie sehen blass aus.«

»Danke, nein«, wehrte Emmi ab. Zu heftig? Zu abweisend? Für gewöhnlich vermied sie ein Gespräch mit diesem Mann. Auch wenn er jetzt nicht betrunken war wie damals, als er sie gedemütigt, ja zutiefst erschreckt hatte, traute sie ihm nicht über den Weg.

Polter beugte sich zu ihr und kam ihr dabei unangenehm nahe. Er raunte: »Ich habe Alexander mehrfach gesagt, dass er seine Zunge im Zaum halten muss. Er wollte ja nicht hören. Deshalb habe ich ihn das letzte Mal offiziell verwarnt. Als Verantwortlicher der Partei in dieser Gegend und als Bürgermeister. Nicht mehr nur als ehemaliger Klassenkamerad und Freund. Ich dachte, dass er dann endlich Vernunft annimmt.« Polter zuckte mit den Schultern und sah tatsächlich betroffen aus.

Emmi biss sich auf die Unterlippe. Hatte sie den Mann falsch eingeschätzt? Der Alkohol mochte damals seine Sinne benebelt haben, und vielleicht war ihm sein Amt ein bisschen zu Kopf gestiegen. Wie Alexander hatte auch er sich viel von der Partei erhofft und war möglicherweise kaum weniger enttäuscht über das, was nun passierte. War er nüchtern ein durchaus zugänglicher und mitfühlender Mensch? Einer, der sich mit einigen Entscheidungen und Geschehnissen ebenfalls nicht anfreunden konnte, dies aber für sich behielt? Immerhin schien er sich um Alexander zu sorgen.

»Wir wussten nicht, dass mein Mann verhaftet wurde. Mein Schwiegervater ist gerade in Richtung Stadt unterwegs, in der Hoffnung, etwas über seinen Verbleib zu erfahren.«

»Wenn ich das gewusst hätte, wäre ich oben vorbeigekommen. Ich bin davon ausgegangen, dass der Laible zuerst bei euch war, um Alexander aufzusuchen. Oder dass er euch zumindest informiert hat. Sie müssen sich schreckliche Sorgen um ihn gemacht haben.« Polter streckte die Hand nach ihrem Arm aus. Noch ehe Emmi zurückweichen konnte, senkte er sie jedoch wieder. Offenbar wollte er sie nicht auf unangebrachte Weise berühren. Ob er sich an das, was damals auf der Hochzeit geschehen war, überhaupt erinnerte? Womöglich war es an der Zeit, zu vergessen und zu vergeben.

»Sie wissen also auch nicht, was ihm vorgeworfen wird? Wohin man ihn gebracht hat? Ob ich ihn sehen kann? Wann er –?«

»Frau Biber«, unterbrach Polter sie sanft, aber bestimmt. »Ich setze mich jetzt ans Telefon und bringe etwas in Erfahrung. Am besten wird sein, Sie gehen zu Ihren Kindern und der Frau Schwiegermama. Sie werden sich ebenfalls sorgen, nicht wahr?«

Auf Emmis Nicken hin fuhr Polter fort: »Versuchen Sie, ruhig zu bleiben und die anderen zu beruhigen. Ich werde sehen, was ich für Sie und Alexander tun kann.«

»Das würden Sie? Das …?«

»Ich bin Ihr Bürgermeister. Natürlich setze ich mich für einen meiner Bürger ein.« Polter klang eine Spur überheblich, aber das sah Emmi ihm gern nach. Wenn er sich für Alexander starkmachte, bestand die Hoffnung, dass er heute oder gleich morgen wieder zu Hause wäre.

»Sie müssen ihn fortan mit ihrer beruhigenden Art besänftigen«, raunte Polter ihr zu, wobei er sich erneut vertraulich zu ihr hinunterneigte. »Er muss mit seinen verqueren Anschuldigungen aufhören. Denn ich kann wohl versuchen, meinen Einfluss geltend zu machen und ihn aus seinen Schwierigkeiten herauszuhauen. Aber ein zweites Mal wird das nicht funktionieren.«

»Ich weiß. Meine Schwiegereltern und ich werden auf ihn einwirken. Vielen Dank für Ihre Unterstützung, Herr Unterscharführer.« Dankbar lächelte Emmi den Mann an, der daraufhin zufrieden nickte.

»Jetzt lächeln Sie wieder. Das ist wunderbar. Wir wollen doch, dass unsere deutschen Frauen glücklich sind und einer frohen Zukunft entgegensehen.«

Cara und Alexander hätten an ihrer Stelle vermutlich darauf hingewiesen, dass die deutschen Frauen glücklich gewesen wären, wenn sie ihre Väter, Ehemänner und Söhne nicht in einem Krieg gewusst hätten. Doch sie wagte es nicht, zumal sie ja nun auf Polters Unterstützung und Einfluss angewiesen war. Und ja, sie wollte fortan dafür sorgen, dass Alexander seine Meinung nicht mehr außerhalb der dicken Mauern des Gutshauses kundtat. Das war er ihr, seinen Kindern und den Eltern schuldig. Vielleicht sogar Polter.

Nun war Emmi froh über Caras Abwesenheit, denn somit gab es eine aufrührerische Stimme weniger, die für erneuten Trubel sorgen konnte.

»Seien Sie unbesorgt. Ich bringe Ihnen Ihren Alexander wieder.« Polter lächelte, nickte ihr zu und zog die mit einer Glasscheibe eingelassene Ladentür auf. Das fröhliche Läuten des Glöckchens schien Emmi aufzufordern, dem Mann zu vertrauen und leichten Schrittes den Rückweg in Angriff zu nehmen.

~Carolina, bei Pourville-sur-Mer, Normandie/Frankreich~

In dem nur notdürftig getarnten Bau der Funkmessgerätanlage in den Hügeln oberhalb von Pourville fühlte sich Cara eingesperrt. Umso erleichterter war sie, als eine Kollegin sie ablöste. Sie nahm die schweren, klobigen Kopfhörer ab, wobei sie sich einige Haare ausrupfte, die sich in dem Metallgestänge verfangen hatten, erhob sich und überließ ihr den Sitzplatz. Die Frau mit der kräftigen Statur und einem erstaunlich eckigen Gesicht, aber interessanten grünen Augen hatte sich ihr beim Frühstück als Frieda vorgestellt.

»Ist alles ruhig gewesen?«, fragte Frieda, knöpfte ihren Arbeitskittel mit dem weißen Kragen zu und ließ sich auf dem Holzstuhl nieder.

»Ruhiger als die See dort draußen.« Cara hatte keine Meldung über funkbasierte Flugzeugortung und Abstandsmessung einfliegender feindlicher Flugzeuge abgeben müssen. Wobei ihr durchaus bewusst war, dass Freya mit Gemse und die mit ihr im Verbund stehenden Würzburg-Riesen, Mammut und Wassermann ihre Grenzen hatten, selbst wenn diese über eine hohe Suchreichweite verfügten. Demnach konnten Flugmaschinen das Radar unterfliegen. Die englischen Mosquitos waren für Freya ohnehin ein Problem. Sie konnten über zehn Kilometer hoch fliegen, waren mit zwei Rolls-Royce-Merlin-Motoren bis zu sechshundert Kilometer pro Stunde schnell und – das war die größte Schwierigkeit – sie waren in Holzbauweise konstruiert. Das Radar war zur Erfassung jedoch auf Metall angewiesen.

»Du hast Post bekommen. Ich wollte dir den Brief mit heraufbringen, damit du ihn an einem hübschen Fleckchen lesen kannst.« Frieda zwinkerte ihr zu, was Cara zu der Annahme verleitete, dass der Umschlag einen männlichen Namen als Absender enthielt. Die etwa Gleichaltrige fuhr fort, während sie sich den Haarreif abnahm und dafür den Kopfhörer aufsetzte: »Aber dieser Hausdrachen hat den Brief schnell an Evelyne weitergegeben. Sie ist eine furchtbar misstrauische Person. Ich habe keine Ahnung, warum sie als Hausdame ausgesucht wurde.«

»Ihrer Familie gehört das Anwesen«, erläuterte Cara. »Außerdem ist ihr Ehemann gefallen.« Vielleicht war es besser, nicht zu viel Mitgefühl und Verständnis zu zeigen, doch Cara gefiel nicht, wie die Kollegin über ihre frühere Freundin sprach.

»Oh!« Frieda wandte sich halb um und schaute zu der stehenden Cara auf. »Das ist schlimm. Auch für die Kinder. Und dass sie uns unter diesen Umständen nicht gerade freudig in ihrem Zuhause beherbergt, irgendwie verständlich, nicht wahr?«

Cara schenkte Frieda ein strahlendes Lächeln. Offenbar hatte die Frau das Herz auf dem rechten Fleck. Nun, da sie ihr einen kleinen Stupser gegeben hatte, empfand sie Verständnis für Isabelles mürrisches Verhalten.

Leutnant Weber betrat den abgedunkelten, kühlen Raum. Cara hatte schnell bemerkt, dass hier ein Aufspringen und Grüßen nicht erwünscht war. Da sie jedoch gerade an keiner der Gerätschaften saß, stand sie zumindest stramm.

»Heil Hitler. Gute Arbeit, Fräulein Biber. Machen Sie Schluss für heute.«

»Jawohl, Herr Leutnant. Heil Hitler.« Cara nickte in Richtung ihres Dienststellenleiters, dann zwinkerte sie Frieda zu, die darüber verschwörerisch kicherte, sich aber schnell ihrer Aufgabe zuwandte.

Nach acht Stunden in der halb unterirdischen Anlage musste Cara erst einmal gegen das Tageslicht anblinzeln, obwohl die Sonne sich hinter einem dünnen Wolkenschleier versteckte. Noch immer brauste der Wind vom Ärmelkanal kommend über die Klippen und Dünen, zauste das Dünengras und spielte mit den struppigen Zweigen des Ginsters. Schaumgekrönte Wellen, mal verspielt blaugrün, dann wieder garstig-grau, rollten über die endlos erscheinende Fläche, als bestürmten sie die Ortschaften in ihren Buchten, die Cara von ihrem erhöhten Standpunkt aus sehen konnte. Sie wandte sich um und warf einen Blick auf die riesige Antenne. Sie bestand aus unzähligen Stangen und Drähten und hatte die Form eines übergroßen Kissens. Langsam bewegte sie sich von links nach rechts.

Cara wusste nicht, wie viele dieser Freya-Antennen es mittlerweile entlang des Atlantiks gab, doch sie erledigten ihre Aufgaben hervorragend. Gerüchten zufolge – vielleicht war das aber auch nur Propaganda – war Freya wesentlich leistungsfähiger als das britische Pendant. Da Freya mit einer Wellenlänge von 1,2 m betrieben war, Chain Home jedoch mit 12 m, hatte das deutsche System eine deutlich bessere Auflösung und konnte damit kleinere Objekte erfassen. Freya war schwenkbar und weniger fehleranfällig als das Gegenstück, so hatte man es ihr beigebracht, allerdings war das System der Engländer leichter zu installieren, da es einfacher aufgebaut war. Die Vermutung lag nahe, dass es deshalb bereits weitaus mehr Chain Homes gab als Freyas.

Cara verließ das Gelände zu Fuß und hob dann ihr Fahrrad auf, das an einem größeren Felsbrocken lehnte, neben dem sich inzwischen drei weitere Räder tummelten, als hätten sie sich hier zu einem Plausch getroffen. Sie zog ein paar lange Grashalme zwischen Pedal und Kette heraus und saß auf.

Wenig später radelte sie einen tief inmitten der Felder eingegrabenen Weg entlang, der stellenweise von Bäumen auf beiden Seiten so beschattet wurde, dass sie das Gefühl hatte, durch einen Tunnel zu radeln. Kurzzeitig kam sie auf eine schlecht befestigte Straße, die sie an den in die Hügel erbauten Häusern von Pourville vorbeibrachte. Obwohl diese steil abwärtsführte und aussah, als würde sie demnächst im Meer enden, bremste Cara nicht. Sie liebte den Rausch der Geschwindigkeit, der in ihrem Inneren perlend kitzelte. In einer Kurve hob sie sogar die Füße von den Pedalen und streckte die Beine links und rechts von sich, dabei stieß sie einen wilden Freudenschrei aus. Ihre Frisur löste sich vollends auf und die roten Locken flatterten im Fahrtwind wie eine Fahne hinter ihr her, unterstützt von den heftigen Böen.

Gerade noch rechtzeitig gelang es ihr, zumindest so weit abzubremsen, dass sie ihre Abzweigung nicht verpasste. Nun musste sie kräftig einen Anstieg hinauf treten, was ihr nichts ausmachte. Das stundenlange Sitzen hatte eine Menge Energie in ihr angesammelt, die sie nun abarbeitete, indem sie überaus flott den mal ansteigenden, dann wieder eben verlaufenden Pfad zwischen den Hügeln hindurch anging, der sie schließlich erneut in lang gezogene Felder entließ. Die Wehrmachtshelferinnen waren stets an anderen Orten stationiert als ihre männlichen Kollegen, bei der Auswahl dieser Unterkunft hatte der zuständige Offizier aber wirklich sichergehen wollen, dass sich beide Partien in der Freizeit nie über den Weg liefen. Cara kicherte bei dem Gedanken, schoss am Manoir und dem ehemaligen Zuhause der Poulins vorbei und lenkte scharf nach links in den Hof von Isabelles Haus. Dort bremste sie so kräftig ab, dass das Hinterrad leicht ausbrach und einige Steinchen aufspritzten.

Cedric, der mit einer Steinschleuder vor dem niedrigen Mäuerchen stand und offenbar die vernachlässigten Rosensträucher beschossen hatte, grinste sie breit an. »Du bist schnell«, rief er halb belustigt, halb bewundernd.

»Das bin ich«, stimmte Cara zu und zwinkerte verschwörerisch.

»Cedric, die Dame wird nicht geduzt.«

Cara konnte Isabelle nicht sehen, wohl aber ihre Stimme hören und beobachten, wie ihr Sohn erschrocken zusammenzuckte.

»Natürlich darf er mich so persönlich ansprechen, Isabelle. Ich könnte … seine Patentante sein, wenn die Situation nicht –«

»Sie ist aber, wie sie ist«, zischte Isabelle und fiel ihr damit ins Wort. »Cedric: Mademoiselle Carolina wird so höflich angesprochen, wie ich es dir beigebracht habe.«

Cara verdrehte die Augen, was dem Jungen ein Glucksen entlockte, ehe er seiner Mutter laut recht gab. Mitsamt seiner

Steinschleuder zwängte er sich durch einen Forsythienstrauch, der zwischen Gebäude und Mauer wuchs, in den ungepflegten Garten. Über Cara knallte ein Fenster zu.

Emmi hatte sie gelegentlich gebeten, es zu unterlassen, Fratzen zu ziehen oder die Augen zu verdrehen. Vor allem, wenn sie oder Alexander ihren Kindern eine wichtige Lektion erteilten. Doch Cara hatte stets dagegengehalten, dass sie das als ledige, leicht durchgeknallte Tante sehr wohl dürfe. Ja müsse.

Traurig schüttelte Cara den Kopf. Sie vermisste ihre Familie – was erneut die beunruhigende Frage aufwarf, warum sie jenen Verwandten kontaktiert und über ihn dafür gesorgt hatte, dass sie von ihr weg hierher versetzt worden war. Aber zumindest war es nicht Russland geworden – oder sonst eine heftig umkämpfte Region.

Kurz fragte sie sich, ob sie mit August verkuppelt werden sollte, verwarf den Gedanken aber sofort wieder. Ihre Eltern hätten sie zwar gern verheiratet gesehen, sich jedoch auf derart dominante Weise in ihr Leben einzumischen, passte nicht zu ihnen. Caras Lächeln geriet reichlich schief, denn immerhin hatten Johanna und Albert sie dennoch hierher verbannen lassen …

Da ein Brief auf sie wartete, lehnte sie das Rad an die Außenmauer des Gebäudes, trat sich ordentlich die Schuhe ab und ging ins Foyer. Tayla hockte auf einem Stuhl und ließ die Beine baumeln. Das Mädchen beobachtete zwei uniformierte Frauen dabei, wie sie ein Päckchen auswickelten. Ob es hoffte, etwas vom Inhalt abzubekommen? Allerdings ignorierten Evelyne und Gertrud die Kleine.

»Bonsoir, Tayla«, begrüßte Cara Isabelles Tochter und ging vor ihr in die Hocke. »Kannst du mir zeigen, wo die Post liegt?«

Das Mädchen nickte so heftig, dass die blonden Locken tanzten. Sie rutschte von der Sitzfläche und tapste vor ihr her zu der alten, vorn gewölbten Schubladenkommode, auf der Cara früher gern gesessen hatte. Tatsächlich lag obenauf ein einzelnes Kuvert. Sie nahm es und las Alexanders Namen. Erstaunt darüber, dass ihr Bruder ihr geschrieben haben musste, noch ehe sie abgereist war, steckte sie den Umschlag in die Tasche ihrer Uniformjacke.

»Vielen Dank für deine Hilfe, Tayla. Wo ist denn deine Mama?«

Wieder wackelte die Kleine vor ihr her, diesmal zur Küchentür. Der Duft nach scharf angebratenen Schalotten schlug Cara entgegen. Sie schloss die Tür hinter sich und nahm das Mädchen vorsichtshalber hoch, da einige Kisten herumstanden, die aussahen, als könnte man sich an ihrem Holz leicht Späne zuziehen. Vermutlich hatte das Haus Nachschub an Lebensmitteln erhalten.

Isabelle stand mit umgebundener Schürze und einem im Nacken gebundenen Kopftuch am Herd, rührte in einem Topf und bewegte mit der anderen Hand das Gemüse in der Pfanne, damit es nicht verbrannte.

»Kann ich dir helfen?«, fragte Cara. An Isabelles Zusammenzucken erkannte sie, dass diese sie über die Geräuschkulisse des Herds hinweg nicht gehört hatte. Ein fragender Blick traf sie, dann wurde er kalt. »Lass gefälligst meine Tochter runter.«

»Ist gut.« Cara wollte keine Konfrontation, immerhin war sie hier der Eindringling. Sie trug Tayla wieder hinüber in die relative Sicherheit des Foyers. Abschrecken ließ sie sich aber dennoch nicht. Da Isabelle sie offenbar nicht in ihrer Nähe wollte, machte sie sich daran, die schweren Holzkisten in die benachbarte Speisekammer zu tragen. Wie erwartet wurde sie noch immer als solche genutzt. Sie orientierte sich kurz und räumte die Konserven in die entsprechenden Regale. Als alle Vorräte aufgefüllt waren, betrachtete sie den Stapel leerer Kisten aus zusammengenagelten Holzbrettern. Sie trug sie durch die

Hintertür in den Garten, stapelte sie dort auf und machte sich auf den Weg zum ehemaligen Werkzeugschuppen.

Aus dem Augenwinkel sah sie Isabelle in der offenen Küchentür stehen, die ebenfalls in den hinteren Garten führte. Da die Französin nichts sagte, ging Cara unbeeindruckt weiter. Sie legte den schweren Metallriegel zurück und zog die rustikale Tür auf. Holzstaub tanzte im einfallenden Licht des allmählich zu Ende gehenden Tages.

Cara musste eine Weile suchen, ehe sie ein brauchbares Werkzeug fand, dann machte sie sich daran – auf der Steinstufe vor der Tür zum Vorratsraum sitzend – die Nägel aus dem minderwertigen, teils gebrochenen Holz zu ziehen. Sie schichtete das dadurch entstandene Brennholz zu den Holzscheiten an der wettergeschützten Hauswand, räumte die Zange wieder auf und ging, ohne Isabelle weiter zu bedrängen, in ihr Zimmer. Erst jetzt zog sie die feldgraue Uniformjacke aus, entnahm den Umschlag und öffnete diesen mit dem Zeigefinger, eine Unart, die ihr das Stirnrunzeln ihrer Mutter eingebracht hätte.

Alexanders Brief enthielt nur einige wenige Zeilen. Darin brachte er zum Ausdruck, dass er hoffe, sie könne mit der Versetzung gut leben, und dass er sie sogar ein bisschen darum beneide, in ihre frühere Wahlheimat zurückkehren zu dürfen. Weiter schrieb er:

> *Ich halte es für angebracht, Dir mitzuteilen, weshalb unsere Eltern – und ich – diese Versetzung über einen Verwandten arrangiert haben. Nicht zuletzt ist das meine Schuld, ich habe sie vorgeschlagen. Wie ich selbst, kannst auch du nicht schweigen. Unrecht muss aufgezeigt werden, das war schon immer unser Credo, nicht wahr, Kleine? In Zeiten wie diesen ist das riskant. Offenbar sahen unsere Eltern*

dich in Gefahr. Dort, in der Normandie, bist du halbwegs sicher, zumal Cousin August vermutlich auf dich aufpassen wird. Der Arme. Du bist und bleibst ein unberechenbarer Wildfang. Mich hätten sie auch liebend gern fortgeschickt, doch ich habe eine Familie … Also: Halte still, sei freundlich zu deinen Vorgesetzten und grüß mir das Meer, die Klippen und die Flachsfelder! In Liebe, Alexander.

Cara ließ das Blatt Papier sinken. Nachdenklich schaute sie aus dem Kassettenfenster über die im Wind wogenden Grashalme hinweg auf das Fleckchen Meer, das sich ihr in sturmgrauer Farbe zum Bewundern darbot. Eine schwarze Trennlinie zeigte auf, wo der Himmel begann, der die Kolorierung des Meeres widerspiegelte, an dem sich jedoch dramatisch beleuchtete graugelbe Wolken jagten wie ein Würger das gegnerische Flugzeug der RAF.

Hatte sie sich in der Heimat wirklich schon fast um Kopf und Kragen geredet? Bedeutete ihr freiwilliger Eintritt ins Heer keinen Schutz mehr für sie? Grübelnd spitzte sie die Lippen und sah zu, wie sich drei Möwen zuerst fallen ließen und dann, vom Wind getragen, davontrudelten. Zuletzt war sie mit ihren Äußerungen ausnehmend vorsichtig gewesen, ja nahezu verstummt. Seit sie mitbekommen hatte, wie das Denunziantentum überhandnahm; oft genug war ein Nachbar oder sogar ein naher Verwandter angezeigt worden, weil er zu unbequem war …

Alexanders Begründung hätte womöglich vor einem oder einem halben Jahr noch den Tatsachen entsprochen, nun aber kam sie ihr seltsam vor. Verspätet und damit falsch. Ein wenig wie eine faule Ausrede. Verheimlichte er ihr etwas? Wollte er mit diesem Brief bewirken, dass sie stillhielt – weil sie eine halbwegs logische Erklärung erhalten hatte. Kannte Alexander sie wirklich so schlecht? Oder wusste er nicht mehr als sie, wohl aber ihre Eltern? Immerhin hatten sie den Kontakt zu dem Verwandten bei der Luftwaffe aufgenommen …

Cara ließ sich auf ihr Bett fallen. Das Metallgestänge quietschte protestierend über die rüde Behandlung. Henrys Holzbett war das einzige Möbelstück, das fehlte.

Cara stützte die Ellenbogen auf die Oberschenkel und das Kinn in ihre Handflächen. Grübelnd saß sie da, und jeder Gedanke daran, was ihre Eltern dazu bewogen haben könnte, sie fortzuschicken, steigerte ihre Unruhe. Am liebsten wäre sie in den nächsten Zug gestiegen und zurück in den Schwarzwald gefahren. Doch das war nicht möglich, da sie unter der Befehlsgewalt der Wehrmacht stand.

Bestürzt schüttelte sie den Kopf. Die Nachricht, dass sie eine der ledigen jungen Frauen war, die zwangsverpflichtet werden sollte, war von ihrem Vater gekommen. Er hatte ihr empfohlen, dem zuvorzukommen und sich freiwillig zu melden, was ihr ein besseres Ansehen verschaffen würde. Zu ihrem Schutz, falls jemand aus ihrem Bekanntenkreis darüber plauderte, dass Cara gern mal das Regime kritisierte.

Nun fragte sie sich, ob sie wirklich kurz vor der Dienstverpflichtung gestanden hatte. Immerhin hieß es, aus einem Jahrgang würden stets nur 150 000 von etwa 600 000 Frauen eingezogen werden. Hatte ihr Vater da schon begonnen, sie zu manipulieren. Zu ihrem Schutz? Und wenn ja, weshalb …?

4

~Emmi, Gutshof im Schwarzwald / Deutsches Reich~

Der einjährige Waldemar drückte sich an Emmi, konnte den Blick aber nicht von dem Fremden abwenden, der sich bei Johanna und Albert eingefunden hatte. Hanna, bereits vier, kam eindeutig nach ihrer mutigen Tante. Sie stand unweit des Gastes und beäugte ihn neugierig, nun, da er nicht die Metzgerschürze, sondern seine Uniform trug. Oder war das gar eine Spur Misstrauen in ihrem Blick? Ihr ältester Sohn Richard ging mit Polters Tochter in die erste Klasse, weshalb er den Mann vermutlich kannte. Jedenfalls ließ er sich nicht dabei stören, seine Rechenaufgaben zu erledigen. Er saß am Küchentisch, während sich die kleine Gesellschaft in der nebenan gelegenen Alltagsstube versammelt hatte.

»Ich komme gerade aus Rottweil. Alexander war bis in die Morgenstunden dort inhaftiert. Leider war er bereits fort, als ich eintraf.«

Emmi presste die Lippen zusammen in dem verzweifelten Versuch, ihre Tränen zurückzuhalten, ebenso wie einen erschrockenen Ausruf. »Fort? Aber wohin denn?«, brachte sie mühsam hervor.

»Hm.« Polter drehte sich zu ihr um und strich Waldemar übers Haar. Dabei berührte er versehentlich Emmis Arm, was sie zurückschrecken ließ. Er hob entschuldigend die Hand, ehe er sie gemeinsam mit der anderen in seinem Rücken verschränkte, eine Haltung, die stolz, ja beinahe überheblich anmutete.

»München.«

Von Emmis Schwiegervater kam ein seltsam erstickter Laut. Sie blickte Albert mit weit aufgerissenen Augen an, doch der schüttelte kaum merklich den Kopf. Also schwieg Emmi, wenngleich es ihr das Herz zu zerreißen drohte. Warum brachte man Alexander von hier fort? Nach Bayern? Sie verstand das einfach nicht.

»Ich wollte nur kurz Bescheid geben. Sobald ich zurück in meinem Büro bin, setze ich alles daran, Alexander wieder nach Hause zu holen.« Polter wippte auf den Fußballen, ehe er knapp grüßte und sich der Tür zuwandte. Da sowohl Johanna als auch Albert zu entsetzt wirkten, um zu reagieren, beeilte sich Emmi, ihren Gast zu überholen und ihm die Eingangstür der Wohnung und gleich darauf die Haustür zu öffnen. »Entschuldigen Sie bitte das Schweigen meiner Schwiegereltern. Offenbar … stehen sie noch mehr unter Schock als ich«, sagte sie hastig.

Polter drückte sich an ihr vorbei, ehe sie zur Seite treten konnte. Er wirkte aufgebracht. Daher fügte sie eifrig hinzu: »Wir sind Ihnen sehr dankbar für Ihre Unterstützung und Ihren Einsatz, Herr Unterscharführer.«

»Das ist doch meine Pflicht«, wiegelte er ab, klang aber nicht eben freundlich. Vermutlich war er gestresst, was Emmi ein schlechtes Gewissen machte, da er so viel Zeit mit der Suche nach Alexander verbracht hatte.

»Ich melde mich bei Ihnen, sobald ich etwas höre.«

»Ich danke Ihnen vielmals!« Emmi legte all ihre Dankbarkeit in ihre Stimme, was ihr ein Lächeln des meist streng dreinblickenden Mannes einbrachte. Es verblasste schnell.

Polter beugte sich vor und flüsterte: »Sie halten lieber still.«

Erschrocken über die Warnung wartete sie, bis er in sein Automobil gestiegen war, das er als Politiker offenbar noch uneingeschränkt fahren durfte, und schloss dann die Tür. Sie nahm Waldemar auf die andere Hüfte und betrat kurz darauf erneut die Wohnung ihrer Schwiegereltern.

Leises Stimmengemurmel schlug ihr entgegen, doch die beiden verstummten, als Emmi eintrat. Die Tür zur Küche war nun geschlossen. Emmi vermutete, dass Hanna in den Raum nebenan geschickt worden war. Fragend blickte sie zwischen Johanna und Albert hin und her. Die beiden wirkten, als wüssten sie nicht recht, was sie jetzt tun sollten.

»Das war sehr freundlich vom Polter, dass er –«

»Bitte, Emmi. Sei doch nicht so naiv!« Kaum waren die Worte ausgesprochen, hob Albert entschuldigend beide Hände.

Johanna ergriff Emmi am Ellenbogen und zog sie zu der abgeschabten Couch. Nebeneinander ließen sie sich nieder. Die Schwiegermutter hob Waldemar auf ihren Schoß und nahm erneut Emmis Hand in ihre.

Dennoch war es Albert, der sich an sie wandte, wobei er genau an der Stelle stehen blieb, an der er schon in Anwesenheit von Polter gestanden hatte. »Polter ist für die Verhaftung verantwortlich, das steht außer Frage.«

»Aber …?«

Wieder hob Albert die Hand, damit sie ihn ausreden ließ. »Die Polters waren noch nie besonders gut auf die Familie Biber zu sprechen. Alexanders anfängliches Engagement für die NSDAP hat ihm bei Polter einige Sympathien eingebracht, seine nachlassende Begeisterung, ja seine Kehrtwende, hat vermutlich die alten Vorbehalte wieder aufflammen lassen. Dass Alexander trotz Polters Warnungen keine Ruhe geben wollte, hat sicher zusätzlich Öl ins Feuer gegossen.«

Emmi biss sich auf die Unterlippe, fragte dann jedoch: »Das … kann ich nachvollziehen. Aber wie kommst du auf den Gedanken, Polter könnte Alexander der SiPo gemeldet haben?«

»Vermutlich hatte er endgültig genug von dem Unruhestifter und wollte ihn loswerden. Außerdem ist Polter ein von Macht besessener Mann. Mit Alexanders Verhaftung hat er ein Druckmittel gegen uns in der Hand. Er misstraut allen, die hier oben auf dem Berg wohnen.« Alberts Worte klangen wohlüberlegt. Als müsste er sich in seiner Wortwahl bremsen, obwohl er viel lieber eine deutliche Warnung ausgesprochen hätte. »Seine angeblichen Nachforschungen zu Alexander haben ihn sofort nach Rottweil geführt, nicht nach Freudenstadt, was nahe liegender gewesen wäre.«

»Er könnte zuerst telefonisch abgeklärt haben, wohin man Alexander gebracht hat«, wandte Emmi ein. Sie war zwar nicht sonderlich politisch engagiert, aber durchaus in der Lage, ihre eigenen Schlüsse zu ziehen.

»Das hat er so aber nicht gesagt. Es war nie von Freudenstadt die Rede. Und glaub mir, Emmi: Polter kehrt gern heraus, wie eifrig beschäftigt er ist und welch komplizierte Wege er gehen musste, um zu einer Lösung zu gelangen. Denn davon und von der Dankbarkeit der Leute, denen er geholfen hat, profitiert er. Weißt du, ich habe lange genug mit diesem jungen Heißsporn in Gemeinderatssitzungen und diversen Ausschüssen gesessen.«

Emmi nickte ihrem Schwiegervater zu. Albert besaß eine gute Menschenkenntnis. Sie musste ihm einfach glauben, was er ihr gerade anvertraute. »Du denkst also, er war gar nicht in Rottweil, sondern hat das nur behauptet? Weil er genau darüber Bescheid weiß, was mit Alexander geschehen ist?«

»Davon gehe ich aus. Falls er doch im Rottweiler Gefängnis war, dann nur, um dafür Sorge zu tragen, dass Alexander so schnell wie möglich wegkam. Nach München.«

»Warum nach München?« Endlich wurde Emmi auch diese für sie so verwirrende Frage los.

»Vielleicht als Zwischenstopp für seine Verlegung ins Konzentrationslager Dachau. Dort werden seit 1934 politisch Andersdenkende inhaftiert.«

Unwillkürlich schnappte Emmi nach Luft. Bis Alexander damit begonnen hatte, die unangenehmen Seiten der derzeitigen Politik und des Kriegs aufzuzeigen, hatte sie geglaubt, dass jene Konzentrationslager große Gefängnisse waren – weil sie einfacher zu unterhalten waren als viele kleine. Sie war davon ausgegangen, dass die Menschen dort halbwegs anständig behandelt und nach einer gewissen Zeit wieder entlassen wurden. Inzwischen wusste sie es besser. Weil Alexander sich schlaugemacht hatte. Jemand hatte ihm in diesen hintersten, abgelegenen Winkel des Schwarzwalds Informationen zukommen lassen, an die andere womöglich nie gelangten. Woher, wie und warum erschloss sich ihr noch immer nicht. Und im Augenblick war das auch zweitrangig. Denn ihr Alexander, ihr geliebter Ehemann und Vater ihrer Kinder befand sich auf dem Weg in ein Konzentrationslager. An einen Ort, den so viele nicht lebend verließen und falls doch, dann häufig als gebrochene Menschen.

Alexander hatte von Folter gesprochen. Von Hunger, Vernachlässigung und Entmenschlichung. Seit einigen Wochen hatte er gelegentlich den Begriff »Vernichtung« in den Mund genommen. Für einen kurzen Augenblick kam ihr erneut der Gedanke in den Sinn, dass Alexander das alles falsch verstanden haben musste. Oder seine Quelle maßlos übertrieb, vielleicht sogar arglistige Täuschungen verbreitete. Doch so naiv durfte sie wohl nicht länger sein. Über Deutschland lag etwas Böses, verhüllt durch einen braunen Mantel, der rote Flecken aufwies. So jedenfalls hatte Alexander sich ausgedrückt.

~Nicolas, Küste von Dorset/England~

Patschnass watete Nic aus dem nicht eben warmen Meer. Die Dunkelheit um ihn herum machte eine Orientierung schwierig, also folgte er den Männern seiner Einheit nach Gehör. Ihre Schritte knirschten im nachgebenden Kies, und die am Strand ausrollenden Wellen umgaben sie sprudelnd und zischend. Das Schaben, Knacken und Klirren ihrer Ausrüstung war trotz der anrollenden Dünung zu vernehmen. Neben ihm stürzte ein Mann über einen großen Findling. Klappernd schlug sein Gewehr auf dem Kies auf. Das Geräusch glich in Nics Ohren einem Donnerschlag. Ein leichtes Echo, von den Kalksteinklippen kommend, machte deutlich, dass die Deutschen sie vielleicht nicht würden nahen sehen können, wohl aber hören. *Vielleicht* – denn da gab es ja die Würzburg- und die Freya-Geräte, die, so vermutete Nic, zu einem perfekten Zusammenspiel kombiniert waren und erschreckend viel *sahen*. Was es herauszufinden galt. Für Jack und für ihn. Es sei denn, dass ebenjene Radargeräte die an der Küste stationierten deutschen Soldaten und die hoch in den Klippen versteckten Artillerie- und Maschinengewehrnester sie genau daran hinderten.

Seit Nic auf die Isle of Wight beordert und somit für die dortigen Radar- und Funkstationen zuständig war, versuchte er, in seiner Freizeit dem überaus harten Training des ebenfalls dorthin verlegten SSRs, des South Saskatchewan Regiment, beizuwohnen. Sie mussten ihre Kondition durch lange Streckenmärsche erhöhen, außerdem gab es Gewaltmärsche auf Geschwindigkeit und in voller Kampfmontur. Geübt wurde das Überqueren von Hindernissen, das Abfeuern aller Arten von Waffen mit schneller Feuerrate auf kurze Distanz und das Verlassen von Landefahrzeugen innerhalb von nur neun Sekunden. Diesem folgte das Waten an die Küste, wo sie mit ausziehbaren Leitern und an Seilen die nahezu senkrecht aufragenden Klippen zu erklettern hatten. Nach ihnen kamen die Panzer, die von den Landebooten in jene Buchten gelangen mussten, die den Stränden bei Dieppe ähnelten.

Nic war schon lange nicht mehr in seiner alten Heimat gewesen, doch mit den Churchill-Panzern vor Dieppe anlanden zu wollen, hielt er für ein nahezu unmögliches Unterfangen. Auch wenn die ersten an Land gesetzten Soldaten Mauern und Stacheldrahtverhaue wegzusprengen hatten.

Beim ersten groß angelegten Training eines Nachtlandeunternehmens am 12. Juni an Dorsets Küste mit dem Namen Yukon I hatte Nic nicht teilgenommen. Diejenigen, die mit von der Partie gewesen waren, bezeichneten es als ein einziges Desaster.

Die wenig erfahrenen Einheiten der Royal Navy hatten die Truppen an falscher Stelle an Land gebracht, einige Fahrzeuge waren in der See miteinander kollidiert. Die Soldaten hatten bereits einen Teil des Geländes überquert gehabt, als von hinten der Warnruf erschollen war, dass sie sofort anhalten sollten, weil sie durch ein Minenfeld gingen. Die Männer hatten kurz gezögert und dann entschieden, dass es keinen Unterschied machte, ob sie weitergingen oder umkehrten. Wie durch ein Wunder war niemand auf eine der Sprengfallen getreten. Jedenfalls hatte Mountbatten als Chief of Combined Operations nun eine erneute Landeübung angesetzt.

Nic hastete voran, wohl wissend, dass diese Übung weit besser vonstattenging als die vorige, dennoch lief nicht alles so, wie es sollte. Die Probeläufe waren dazu gedacht, etwaige Fehler aufzudecken, sodass sie im Ernstfall nicht wiederholt wurden. Dass Letzteres nur begrenzt möglich war, stimmte Nic nachdenklich.

Er kraxelte in den felsigen Abschnitt hinein und gewann dank seiner guten körperlichen Konstitution schnell an Höhe.

Allerdings gab es hier keinen echten Feindbeschuss. Als man diesen andeutete, presste er sich in eine schmale Spalte. Er spürte den kühlen, feuchten Kalkstein an seiner Wange, roch den unverwechselbaren Geruch von Steinstaub, Salz und Tang und fühlte sich um Jahre zurückversetzt.

Waldemar, Alexander, Henry und er hatten in einer ungewöhnlich schwülwarmen Sommernacht den Wunsch verspürt, baden zu gehen. Also waren sie in der Dunkelheit, die kaum schwärzer sein konnte, den Klippenpfad hinunter ans Ufer geschlichen, wo die Tide beinahe ihren Höchststand erreicht hatte. Hohe Wellen klatschten zerplatzend und hoch aufsprühend an die mit Tang und Muscheln bewachsenen vorgelagerten Felsen. In manchen Abschnitten, dort, wo die Alabasterküste ihre Kalksteinfelsen weiter ins Meer hineinschob, prallten sie auch gegen das Kliff selbst.

Als Einheimische hörten Henry und Nic dem donnernden Tosen einen Augenblick lang zu und erklärten dann, dass ein Bad so nicht möglich sei. Doch die beiden Biber-Jungen wollten nicht auf sie hören. Alexander, der mutiger und übermütiger war als sein älterer Bruder, lief als erster ins Wasser hinein. Er konnte noch nicht weit gekommen sein, als eine große Woge gegen seinen Körper prallte und ihn umwarf.

Nic konnte das in der Dunkelheit nur anhand eines erschrockenen, abrupt endenden Aufschreis erahnen. Rasch lief auch er in die auslaufende, schäumende Welle. Sie zerrte an seinen Beinen, erst in die eine, dann in die andere Richtung. Kieselsteine wurden aufgeschwemmt und trudelten klirrend an ihm vorbei. Unter seinen Füßen stahl das zurückfließende Wasser weitere Steine hervor und wollte ihm damit den Stand rauben.

Nic tastete sich trotz der aufgewühlten Brandung voran. Etwas schlug gegen sein Bein und schwamm davon. Er rief Alexanders Namen über das Brodeln, Brausen und Donnern hinweg in die Dunkelheit. Eine Antwort erhielt er nicht. Mit den Händen ruderte er durchs Wasser, dann drohte eine neue, überaus wuchtige Welle, ihn ebenfalls von den Beinen zu holen. Er stemmte den linken Fuß hinter sich auf den Meeresboden und verlagerte das Gewicht auf diesen, spürte, wie eine scharfkantige Muschelschale ihm die Fußsohle aufschlitzte.

Dennoch hielt er dem Anrennen des Wassers stand. Gleich darauf zog sich die Welle ins Meer zurück und schwemmte von hinten einen Körper gegen den seinen. Instinktiv griff er zu und zog Alexander in die Senkrechte. Der schnappte gierig, ja röchelnd nach Atemluft.

Der nachfolgende Brecher warf sie beide um, schleuderte sie voran, drehte sie im Kreis und presste sie schließlich gegen das Kliff. Noch immer hielt Nic Alexander umklammert, doch nun löste er einen Arm und krallte sich mit dem anderen an einer Felsnase fest. Tief atmete er den Geruch nach Salz, Tang und Steinstaub ein. Die Welle zog sich zurück.

»Geh da rüber, nach rechts. Schnell!«, feuerte er seinen Freund an, der erfreulich rasch reagierte. Sie hasteten voran, raus aus dem Bereich, in dem die wilde See wütend gegen die vorstehende Klippe anrannte. Bald umspülte sie nur noch ihre Beine bis zu den Knien, dann bis zu den Knöcheln. Zuletzt streckten sich ihnen zwei Paar Hände entgegen. Henry und Waldemar halfen ihnen, den leicht erhöhten Strandabschnitt zu erklettern. Dort warfen sich alle vier auf ein feuchtes Plateau; keuchend, unter Schmerzen, aber unendlich erleichtert und dankbar.

Am nächsten Tag, noch während der Morgen weit entfernt im Osten mit einem orangefarbenen Licht den neuen Tag begrüßte, humpelten Alexander und Nic ungesehen an den Strand. Dort beobachteten sie voll Ehrfurcht die noch immer wütend anrollende See. Sie tauchten an einer geschützten Stelle kurz ein und lieferten ihren Eltern so eine Erklärung für ihre blauen Flecken, die Hautabschürfungen und sonstigen Verletzungen, ohne verraten zu müssen, dass sie unerlaubt des Nachts dort unten gewesen waren. Henry und Waldemar konnten sie ganz raushalten, aber an Nic und Alexander gingen dieser frühmorgendliche Ausflug und ihr Bad bei Sturm natürlich nicht ohne Schelte vorüber.

Nur Cara musste irgendwie davon erfahren haben. Für den Rest der Sommerferien zog sie ihren Bruder und Nic immer wieder damit auf. Er nahm an, dass dieses bemerkenswerte Mädchen in jener Nacht ebenso draußen gewesen war. Vielleicht ganz in ihrer Nähe, ohne dass die Jungen sie bemerkt hatten.

»Träumst du, Nic, Sir?« Bobby, ein neunzehnjähriger, schmächtiger, rothaariger Kerl klammerte sich neben ihm in die Felswand. Mit seiner Frage riss er Nic aus seinen Erinnerungen. Robert McCoy war nach einem amerikanischen Pianisten benannt, der zufällig denselben Nachnamen wie Bobbys Eltern trug. Er war von Beruf Bäcker, stammte aus Regina, der Hauptstadt von Saskatchewan und war Nic in den vergangenen Wochen wie ein treues Hündchen gefolgt.

Bobby hatte der langweiligen Routine seines Lebens entkommen wollen und sich deshalb freiwillig gemeldet. Obwohl Nic Bobby angeboten hatte, ihn beim Vornamen zu nennen, setzte der Junge meist noch das respektvolle »Sir« hintenan, was natürlich nicht unbemerkt geblieben war. Inzwischen nannten ihn viele der Kameraden »Sir Bobby«.

»Sicher träume ich. Was sollte ich hier sonst auch tun?«

»Den Kopf einziehen, damit die Deutschen ihn sich nicht holen?«, schlug Bobby vor.

»Welche Deutschen?«

»Na, die da drüben. Auf der anderen Seite dieses … Gewässers.«

Nic überlegte, ob Cec womöglich recht hatte und die Geheimoperation nicht sonderlich geheim gehalten worden war. Andererseits, so beruhigte er sich selbst, lag ein Angriff auf die von den Deutschen besetzte französische Küste nahe.

Der simulierte Beschuss auf sie endete, sodass Nic sich ein wenig von dem Felsen löste. »Dein *Gewässer* ist ein Meeresarm, der über die Straße von Dover den Atlantik mit der Nordsee verbindet. Die Engländer nennen ihn English Channel, in Frankreich heißt er der Ärmel, La Manche. Die Deutschen, falls du einen treffen solltest, sagen dazu Ärmelkanal.« Nic hatte einige Mühe, das ungewohnte deutsche Wort auszusprechen.

»Du sprichst Deutsch?«

Im Schein der Sterne konnte Nic Bobbys halb fasziniertes, halb entsetztes Gesicht sehen.

»Früher habe ich mal versucht, es zu lernen. Mit geringem Erfolg. Ich bin schon froh, dass mein Englisch halbwegs verständlich ist. Und jetzt hoch mit dir, Soldat.« Nic deutete mit dem Kopf auf ihre Kameraden, die sich weiter an den Aufstieg machten.

»Jawohl, Nic, Sir.«

Eine Stunde später kauerte Nic wieder im Landungsboot, so wie es im besten Falle auch bei der Operation Rutter sein sollte. Bobby ließ sich neben ihm nieder, den Rücken ebenfalls an die Bordwand gelehnt.

»Warum wolltest du Deutsch lernen?« Offenbar hatte ihn das Thema seit ihrem Gespräch in der Felswand beschäftigt gehalten.

Nic zögerte einen Moment. Seine Erinnerungen an die formidablen Sommer in Gesellschaft der deutschen Familie hütete er wie einen Schatz. Selbstverständlich lag dies hauptsächlich an Cara, deren Gesichtszüge, wildes, rotes Haar und perlendes, ansteckendes Lachen er nicht vergessen konnte. Wollte.

Fahrig nahm er seinen Helm ab und strich sich durchs Haar. Ob er sie endlich loslassen konnte, wenn er einmal über sie sprach? Über unerfüllte Träume und eine Sehnsucht, die er sich selbst nicht erklären konnte, andere aber sicherlich lachhaft fanden?

Im Licht der ersten Sonnenstrahlen, die dem Meer ein Glitzern wie von Diamanten entlockte, musterte Bobby ihn, dann stahl sich ein Grinsen auf seine Lippen. »Es war wegen eines Mädchens, nicht wahr? Du warst in ein deutsches Mädchen verliebt.«

»Sie und ihre Familie machten jeden Sommer Urlaub bei unseren Nachbarn«, raunte Nic ihm zu. »Über mehrere Wochen hinweg. Solange ich denken kann, bis ich mit meinen Eltern auf Vancouver Island gezogen bin, waren sie ein fester Bestandteil meines Lebens.«

»Und wie waren sie so?«

»Höfliche, herzensgute Menschen. Fröhlich und … na ja, nicht anders als du und ich.«

Bobbys Blick war nun skeptisch.

»Der Vater dieses Mädchens, ihr Name war Carolina, hat im ersten Großen Krieg gekämpft. Im Grunde gegen meinen Vater und den ihrer Gastgeber, unserer Nachbarn. Er sagte einmal, die Politiker, die Könige, Kaiser und die Zaren verstünden offenbar nicht, dass ihre Zwistigkeiten nicht die des kleinen Mannes seien. Und wie schrecklich es für einige unter den Soldaten war, zu wissen, dass auf der anderen Seite des Schützengrabens womöglich ein guter Freund lag. Caras Vater hatte genug vom Krieg. Ich denke nicht, dass er den jetzigen gewollt hat, dass Cara oder ihre Brüder ihn gewollt haben. Denn nun stehen sich schon wieder einstige Freunde als Feinde gegenüber.«

Bobby nickte erst, dann schüttelte er entschieden den Kopf. »Trotzdem müssen wir dem ein Ende machen, denkst du nicht auch, Sir? Die deutschen Soldaten besetzen deine frühere Heimat, die deiner ehemaligen Nachbarn.«

»Ja, ich fürchte, du hast leider recht.«

»Deshalb hoffe ich ja, dass diese ganze Schinderei, all der Drill erst in Kanada und jetzt hier, seit wir im Dezember 1940 hergekommen sind, endlich ein Ende hat. Indem wir über diesen *ärmlichen Kanal* setzen und etwas gegen die Huns, Jerries oder den Fritz …« Beim letzten Wort stolperte Bobby über seine eigene Zunge. Er lachte lauthals über sich selbst und fing sich deshalb den mahnenden Blick eines Acting Sub-Lieutenants ein.

Nic, der bei diesem Manöver als eine Art Gast auf Empfehlung von Cec teilnahm, hob entschuldigend die Hand. Er wollte keine Aufmerksamkeit auf sich ziehen, denn die Frage, weshalb er hier eigentlich mitmachte, konnte und durfte er nicht beantworten.

»Hier gibt es einige, die im Grunde gar nicht in eine Schlacht ziehen wollen«, flüsterte Bobby ihm zu. »Sogar die Offiziere sind sich da uneins. Aber mir geht dieser ewige Drill auf die Nerven. Langeweile hatte ich in Regina genug.«

Nic musterte den Jüngeren und unterdrückte die Bemerkung, dass die wenigsten Offiziere ihre Untergebenen in aussichtslos erscheinenden Schlachten verheizen wollten. Und für einige unter ihnen sah das vom COHQ geplante Unternehmen genau danach aus, zumal man offenbar auf Luftunterstützung durch Bomber verzichten wollte, um französische Opfer zu vermeiden.

Obwohl Nic schwieg, fuhr Bobby mit blitzenden Augen fort: »Ich denke, wir sollten den Jerries endlich eins auf die Nase geben. Jawohl!«

Nach kurzem Zögern stimmte Nic ihm leise zu. Zu ergründen, wie weit deren technische Möglichkeiten zur Radarüberwachung vorangeschritten waren, wäre ein immenser

Erfolg gewesen. Es konnte viele Menschenleben retten. Die der Flugzeugcrews und einer Menge Soldaten, falls es je zu einer richtigen Invasion an Frankreichs Küste kommen sollte. Damit konnten die Sowjetunion durch eine zweite Front entlastet und die US-Amerikaner zufriedengestellt werden. Allerdings wollte Churchill eher von Afrika aus auf das europäische Festland übersetzen. Angeblich hielt er einen Angriff auf die französische Küste für zu risikobehaftet. Er befürchtete dabei zu viele Verluste an Mensch und Material. Von daher erklärte sich sein zögerliches Verhalten, das weder Stalin noch Roosevelt gefiel. Dieser Gedanke führte zu einem anderen, der Nic nicht behagte: Ob Rutter vielleicht eher einer Gesichtswahrung gleichkam?

Nic war plötzlich mulmig zumute, und er verstand die Zweifel manch eines kanadischen Offiziers. In diesem dritten Kriegsjahr hatten die Briten zwar die drohende Invasion ihrer Insel abgewehrt, ansonsten aber eine Menge einstecken müssen. Die Deutschen hatten sie aus Frankreich, Griechenland, Norwegen und von Kreta vertrieben. Das deutsche Afrikakorps war in Nordafrika auf dem Vormarsch und die deutschen U-Boote setzten den lebenswichtigen Konvoifahrten der britischen Navy erheblich zu.

Wollten Mountbatten und weitere Befehlshaber durch diese Aktion einer für sie beschämenden Untätigkeit entkommen, ja ihren Willen demonstrieren, hart gegen die Deutschen vorzugehen? Diente das alles womöglich nur dazu, den Ruf der Engländer und des COHQ zu retten?

Nic rieb sich unschlüssig den Nacken. Immerhin hatten Jack und er einen wirklich konkreten, gewinnbringenden Auftrag auszuführen. Außerdem sollten die Truppen die Verteidigungsstellungen von Dieppe ausschalten, den Flugplatz von Saint-Aubin-sur-Mer, verschiedene Kraftwerke, Treibstofflager, Docks und Güterbahnhöfe angreifen und dazu Geheimdokumente aus deutschen Divisionshauptquartieren und Papiere aus Offiziersmessen mitnehmen. Ein Team von sechs Franzosen sollte in das Diepper Gefängnis eindringen und dort gefangene Mitglieder der Résistance befreien. Als Letztes war es Aufgabe der Navy, alle Landefahrzeuge und deren Besatzungen wieder sicher an die englische Küste zurückzubringen.

Plötzlich stand Nic klar vor Augen, dass diese Aktion weit größer war als all die Kommandos, die Mountbatten und sein COHQ je geplant und durchgeführt hatten, sich an der Vorgehensweise jedoch nichts änderte: Rein, zuschlagen, raus.

Nichts davon kam einer beherzten Invasion und der Eröffnung einer zweiten Front ansatzweise nahe. Er konnte nur hoffen, dass das COHQ das Risiko für die Soldaten – und damit auch für ihn – richtig einschätzte und sorgsam mit dem zu erwartenden Erfolg abwog.

Beunruhigt blickte er auf die sanft anrollenden Wellen, während das Landungsboot mit röhrendem Motor über diese hinweg auf die weiter draußen im Meer dümpelnden größeren Schiffe zuglitt. Bobby, der nichts von Nics Zweifeln wissen konnte und schon gar nichts von jener streng geheimen Mission, hatte sich den flachen Helm tiefer ins Gesicht gezogen. Mit vor der mageren Brust verschränkten Armen schien er den verpassten Schlaf nachzuholen.

-Emmi, Gutshof im Schwarzwald / Deutsches Reich-

Rastlos streifte Emmi durch den gepflegten Garten. Über ihr wölbte sich der Himmel in tiefem Violett, dessen Ränder allmählich in ein nächtliches Schwarz übergingen. Der Abendstern stand kalt und unnahbar am dunklen Firmament und wirkte auf sie ebenso verloren, wie sie sich fühlte. Ihr Schwiegervater war nach Alexanders Verhaftung jeden Tag in die Stadt geritten, hatte Telefonate geführt und Gefallen eingefordert – nichts. Niemand schien bereit zu sein, etwas zu unternehmen.

Nun sah er ihr zu, wie sie ruhelos umherging. Schließlich stellte er sich ihr in den Weg. Aufgewühlt sagte er: »Polter ist, auf das ganze Reich gesehen, ein winziges, unbedeutendes Licht, nicht jedoch hier in unserer Ecke des Schwarzwaldes. Entweder respektieren und gehorchen ihm die Menschen oder sie haben Angst vor ihm.«

Irritiert lauschte Emmi, wie Albert über Alexanders Blindheit schalt, was Polter anbelangte, nicht aber über den verfänglichen Inhalt seiner Worte. Offenbar vertrat ihr Schwiegervater dieselbe kritische Meinung wie ihr Ehemann – und Cara. Zumindest sie war weit fort und damit außerhalb von Polters Einflussbereich. Denn Polter war, so erzählte ihr Albert, vor einigen Wochen hier oben gewesen und hatte Alexander gebeten, seine kleine Schwester im Zaum zu halten, ihr praktisch den Mund zu verbieten. Alexander habe Cara deutlich vor Augen führen sollen, wie gefährlich sie lebe, wenn sie nicht endlich leiser auftrete.

Emmi nickte zu Alberts Worten. Damals hatte Emmi erfahren, dass sich Cara mit Polter angelegt hatte. Wegen einer älteren Dame, deren Familie ursprünglich aus Polen stammte, aber bereits seit mehreren Generationen hier lebte. Der Unterscharführer hatte die fast Achtzigjährige vorgeladen, vermutlich, um sie in einen jener jüdischen Wohnbezirke im besetzten Polen zu schicken. Wegen eines Stammtischgerüchts, dass sich irgendwann einmal ein jüdischer Vorfahre in ihrer Ahnenreihe befunden habe …

Emmi presste sich die Hände an die vom Abendwind kühlen Wangen. Alexander hatte damals erklärt, dass die alte Frau vielmehr ein Grundstück hinter Polters Privathaus besaß, welches der gern aufgekauft hätte, was die Nachbarin ihm verweigert hatte. Emmi hatte dies für unbelegten Tratsch gehalten.

Fälschlicherweise? Sie hatte angenommen, Polter meine es nur gut, weil die Greisin in einer solchen Wohnanlage doch besser versorgt und untergebracht sei, als völlig allein.

»Ach, Cara. Ach, Alexander«, murmelte sie unter Tränen, den Blick noch immer dem dunklen Himmel zugewandt. »Ich fürchte, für eure Freigeistigkeit, euren Drang zu Offenheit und euer riesengroßes Herz seid ihr einfach zur falschen Zeit geboren worden.«

»Oder gerade zur rechten Zeit«, sagte Albert traurig und ließ sie dann mit ihren aufgewühlten Gedanken in ihrem kleinen Garten allein.

Das, was Emmi an Cara bewunderte und an ihrem Ehemann liebte, schien den beiden nun zum Verhängnis zu werden. Welch unglaublich verkehrte Welt!

Nun waren sie fort. Cara im Zuge ihrer Wehrmachtstätigkeit – etwas, das Emmi bis heute verwirrte, immerhin hatte ihre streitbare Schwägerin sich freiwillig gemeldet – und Alexander, weil man ihn vor rund vier Wochen auf Grundlage des Heimtückegesetzes verhaftet hatte.

War es der Unterscharführer selbst gewesen, der Alexanders aufrührerische Reden angezeigt hatte? Weshalb sagte Polter das dann aber nicht, sondern versuchte, sich bei ihr lieb Kind zu machen? Aus welchem Grund sollte er ihr vormachen, sich um Alexander zu sorgen und sich für ihn einzusetzen, wenn er ihn doch vielleicht selbst ans Messer geliefert hatte? Was hatte Polter von alldem?

Erschrocken wirbelte sie herum. War dort hinter dem Forsythienstrauch nicht ein Schatten gewesen? Eine Bewegung? Ein Rascheln?

»Ist da jemand?«, fragte sie erstickt. War Albert zurückgekehrt, ohne dass sie dies bemerkt hatte? Doch was suchte er dann zwischen der Hausfassade und dem grünenden Strauch? »Albert?« Emmi hielt den Atem an. Reglos, aber am ganzen

Leib zitternd vor Schreck und zunehmender Angst, lauschte sie. Alles blieb ruhig. Bis auf die letzten ersterbenden Stimmen der Singvögel, ehe sie sich zur Ruhe betteten, weil die Welt allmählich in nächtlichem Schwarz versank. Nur die Grillen zirpten unbeeindruckt weiter, und die Blätter an den Bäumen flüsterten mal mehr, mal weniger laut miteinander. Je nachdem, wie kräftig der Wind mit ihnen spielte. Dann glaubte Emmi, jemanden atmen zu hören.

5

~Carolina, bei Pourville-sur-Mer, Normandie/Frankreich~

Caras Kolleginnen hatten an diesem Abend offenbar nicht vor, die Mahlzeit pünktlich zu beenden. Gertrud hatte Geburtstag und französischen Champagner aufgetrieben, den sie großzügig verteilte. Cara sah zu, wie Isabelle mit verbissener Miene die wertvollen Champagnerflöten ihrer Familie hervorholte, dann wies Gertrud sie an, ein paar weitere Snacks auf den Tisch zu stellen, den sie und Frieda aus den drei kleinen zusammengeschoben hatten.

Isabelle protestierte mit dem Hinweis auf die penibel dokumentierten Nahrungsmittel und die Tatsache, dass sie in einer halben Stunde die Küche aufgeräumt haben sollte. Daraufhin beschimpfte Gertrud sie unangebracht wüst, was Cara empört aufspringen ließ. Doch Frieda war schneller. Sie bat die Kollegin freundlich, aber bestimmt, sich ruhig zu verhalten, nahm Isabelle beiseite und sprach leise auf sie ein. Nach diesem Gespräch erfüllte die Französin Gertruds Sonderwünsche, ihre kalt blickenden Augen und der verkniffene Mund verrieten jedoch deutlich ihren Widerwillen. Weil Cara nicht anecken wollte, trank sie ein Glas auf das Wohl des Geburtstagskinds mit. Als Evelyne den Plattenspieler anwarf und kurz darauf drei männliche Kollegen ins Haus traten, als gehörten sie hierher, nutzte sie den Geräuschpegel und das Stühlerücken, um nach oben zu gehen.

Aus dem Dachgeschoss klang Weinen herunter. Sie zögerte kurz, da sie nicht noch mehr in Isabelles Privatsphäre eindringen wollte, als die Luftwaffe das ohnehin schon von ihr forderte, doch dann ging sie über die geschwungene Holztreppe nach oben. Hier hatte sie einst ihr Zimmer gehabt, ebenso ihre Eltern. Nun bewohnten Isabelle und ihre Kinder die Mansarde.

Cara schaute in den ersten Raum. Der war so vollgestopft mit Möbeln und privaten Gegenständen, die Isabelle aus den unteren Zimmern zu sich genommen haben musste, ehe die Fremden eingezogen waren, dass nur ein schmaler Weg zum Bett und hinüber ans Gaubenfenster frei geblieben war. Unter dem Dach staute sich die Hitze, und im bläulichen Licht des ausklingenden Tages gewahrte Cara munter tanzende Staubkörner. Das klägliche Weinen der kleinen Tayla stammte aus dem schmaleren der beiden Mansardenzimmer – von dort, wo Cara einst geschlafen hatte, sofern sie ihre Matratze nicht ein Stockwerk tiefer zu Isabelle gezerrt hatte.

Tayla hockte auf dem Boden, das Hemdchen über dem Gesicht, einen Arm noch darin gefangen. Cedric zerrte daran, bekam die kleine Schwester aber nicht aus dem Kleidungsstück befreit, das er ihr offenbar hatte ausziehen wollen.

»Salut, Cedric. Darf ich dir helfen?«, fragte sie vorsichtig, da sie die Kinder nicht erschrecken wollte.

»Sie wehrt sich. So geht das nicht.« Der Junge war ebenfalls den Tränen nahe. Entweder hatte er erledigen wollen, was um diese Zeit eigentlich seine Mutter tat, die nun aber verhindert war, oder Isabelle hatte ihn aus der Not heraus gebeten, seine Schwester bettfertig zu machen. Wie auch immer – die Aufgabe war zu schwer für den Kleinen.

»Darf ich?«, wiederholte Cara ihre Frage. Auf sein Nicken hin trat sie über die hohe Schwelle. Erinnerungen fluteten ihr Gedächtnis. Sie hörte sich und Isabelle kichern und sich gegenseitig aus einem Buch vorlesen. Unten vor dem Haus tobten Henry, Alexander, Waldemar und Nic mit einem Fußball über die Rasenfläche, warfen sich scherzhafte Beschimpfungen zu oder feuerten sich an. Sie sah sich selbst ans Fenster treten und hinuntersehen. Nic hatte zu ihr aufgesehen. Sie erinnerte sich, wie ihre Blicke sich trafen und in ihrem Inneren etwas aufsprühte, das sie damals noch gar nicht richtig hatte einordnen können. Heute wusste sie, was es gewesen war: eine erste Verliebtheit, deutlich tiefer gehend als nur Schwärmerei. Darum hatte sie sich jedes Jahr mehr auf den nächsten Sommer an der Alabasterküste gefreut – bis Nic und seine Familie ohne Vorankündigung weggezogen waren.

Vermutlich spürte sie deshalb noch heute jenen seltsamen Verlustschmerz, der mit ihren wehmütigen Erinnerungen einherging. Sie und Nic hatten nie die Chance gehabt, zu ergründen, ob aus ihnen ein Paar geworden wäre. Wie es sich angefühlt hätte, näher zusammenzurücken, intensivere Gespräche zu führen, zu zweit etwas zu unternehmen, sich zu berühren, zu küssen …

Einmal mehr machte sie sich bewusst, dass sie heute noch an diesem damals fast schon erwachsenen Jungen hing. An seiner ruhigen, aber bestimmten Art. An der Tatsache, dass er ihre Muttersprache hatte erlernen wollen, obwohl er sich damit überaus schwergetan hatte. An den Erinnerungen an seine humorvollen kleinen Sticheleien. Noch immer sah sie deutlich seine blauen Augen vor sich, das schwarze Haar, das ihm gern ins Gesicht gefallen war, weil es viel zu lang gewesen war. Den Korsaren …, der offensichtlich einen großen Teil ihres Herzens gestohlen und mitgenommen hatte.

Jahrelang hatte sie sich vorgestellt, wie sie unten am Ufer stand, hinter sich die steil aufragenden Klippen, um sich herum die großen, tangbewachsenen Findlinge und unzählige Kiesel, über die die Wellen schäumend ausrollten. Ihre Füße waren in einem der selten anzutreffenden sandigen Abschnitte versunken, während Nic auf einem Schiff über das Meer zu ihr zurückgekehrt war. Es waren die sehnsüchtigen Fantasien einer Heranwachsenden gewesen. Unerfüllte Wunschträume.

Das Gefühl von Leere in ihrem Inneren, das sie nun überkam, war Cara ebenfalls allzu vertraut, dennoch irritierte es sie. Offenbar vermisste sie den groß gewachsenen, etwas unbeholfen agierenden, stillen Jungen von damals noch heute. Deutlich mehr als Henry oder einen der anderen Kameraden jener märchenhaften Sommer.

Cara fand ihre Gefühle für Nic überaus ungewöhnlich. Und schmerzlich. Sie wusste schlicht nicht, wie sie mit dieser verqueren Sehnsucht aus einer längst vergangenen Zeit umgehen sollte, die momentan in ihr angeschwemmt wurde wie Treibholz am Strand. Die aus einem verflossenen, lichtdurchfluteten Leben stammte und stetig in das heutige düstere Dasein herüberschwappte. Ein Sehnen, das niemals gestillt werden konnte.

Nichts ließ sich an der Tatsache ändern, dass Nic fort war. Er befand sich irgendwo in diesem unermesslich großen Kanada. Inzwischen musste er dreißig Jahre alt sein und war sicher längst verheiratet. Vermutlich arbeitete er mit Motoren oder stellte Radios her. Er war schon immer an allem Technischen interessiert gewesen, hatte allerlei auseinander und wieder zusammengebaut, ja repariert.

Während sie ihren schmerzlichen Erinnerungen nachhing, kniete sie sich vor Isabelles Tochter und befreite deren pummeligen Arm und ihren Kopf aus dem engen Kleidungsstück. Die Kleine weinte nicht mehr, sondern ließ sich von ihr in ein

Nachthemd helfen, das der eilfertige Cedric herbeigebracht hatte.

Cara unterstützte die Kinder beim Waschen und Zähneputzen an dem Waschbecken im Zimmer, bürstete ihre blonden Locken, um kleine Zweige und sonstigen Schmutz daraus zu lösen, und sah zu, wie sie an den entgegengesetzten Enden ihres ehemaligen Bettes auf dieses krabbelten. Gedankenversunken fuhr sie mit dem Zeigefinger die geschnitzten Blumen im Kopfteil nach, so wie sie es damals schon getan hatte. Mit dem Kopf voller Träume, satt von den leckeren Speisen der Gastfamilie und glücklich über die tiefgehende Freundschaft, die in jedem Sommer neu erblühen durfte. Zugleich müde vom Seewind, von den salzigen Wellen und der angenehm warmen Sonne. Von Blüten- und Kräuterduft, aber auch von aufregenden Abenteuern, unendlicher Freiheit und jugendlicher Sorglosigkeit.

Traurig strich Cara Tayla übers Haar, die bereits die Augen geschlossen hatte. Sie wünschte sich, diese beiden könnten ebenso unbeschwerte Tage erleben wie sie damals. Zusammen mit Waldemar, Alexander, Henry und deren Kindern. Ihren und Nics …?

Energisch verwarf sie den Gedanken. Die Realität sah anders aus. Allerdings war sie nun hier – womöglich aus gutem Grund. Sie konnte das Leben für Tayla und Cedric ein wenig zum Positiven beeinflussen. Ebenso für Isabelle, sofern sie es zuließ.

Cara rutschte zum Fußende, wo Cedric lag. Er sah sie vertrauensvoll an. Dankbar. Für einen Augenblick meinte sie, Henry in ihm zu sehen, doch der Eindruck verflog schnell wieder. Aber warum sollte er nicht seinem Onkel gleichen? Sie ergriff seine kleine Hand und betete halblaut mit ihm, dankte für den Sonnenschein und den Wind, für seine Maman, für die Mahlzeiten und jedes winzige Glück des vergangenen Tages.

Der Junge sah sie dabei halb irritiert, halb fasziniert an. Offenbar kannte er Nachtgebete nicht. Doch er schien damit zufrieden zu sein, denn ein leises Seufzen drang über seine Lippen, ehe er sich zur Seite drehte und die Augen schloss. Kurz darauf atmete auch er tief und friedlich.

Cara löschte die Lampe und verließ das Zimmer, ließ die Tür jedoch einen Spaltbreit offen. Als sie sich umdrehte, schrak sie zusammen. Isabelle stand vor ihr. Im ersten Moment wirkte sie ebenso erschrocken wie Cara, vielleicht, weil sie sich unten davongeschlichen hatte. Dann versteinerte sich ihr Gesicht. »Was suchst du hier oben? Wenigstens diese Räume müsst ihr *boches* uns lassen!«

»Entschuldige bitte, Isabelle. Ich wollte dir nicht noch mehr von deiner Privatsphäre rauben. Aber Cedric war mit Tayla überfordert. Ich habe die beiden –«

»Verschwinde! Misch dich nicht in meine Angelegenheiten ein!«

Isabelles Stimme war laut geworden, sogar schrill. Cara konnte ihre Panik regelrecht fühlen.

»Lass die Finger von meinen Kindern!«

»Bitte nicht so laut, die beiden schlafen«, ging Cara deutlich, aber mit sanfter Stimme dazwischen.

»Das geht dich nichts an. Hättest du mal eigene Kinder. Dann müsstest du auch nicht diese grauenhafte Uniform tragen, Teil dieser … Monster sein!«

»Isabelle!« Cara packte die Französin an den Oberarmen.

»Was? Lässt du mich jetzt abholen? Wie den alten jüdischen Lehrer? Oder die junge Frau, die aus Polen kam und einen der unseren geheiratet hat?«

»Halt den Mund, Isabelle!« Cara schob Isabelle rücklings in das überfüllte Schlafzimmer.

»Was ist denn da oben los?«, drang eine Männerstimme herauf. Sie klang alarmiert.

»Es ist alles in Ordnung«, gab Cara auf Deutsch zurück.

»Wenn Sie meinen«, lautete die Antwort, dann schlug eine Tür zu.

»Du musst dich beherrschen. Bitte! Mit manchen von denen ist nicht zu spaßen. Oder willst du deinen Kindern die Mutter nehmen?«, fuhr Cara Isabelle an, jedoch leise genug, damit niemand unten sie hören konnte.

»Du bist doch ein Teil von … denen!«

»Ich bin deine Freundin.« Caras Worte klangen so resigniert, wie sie sich fühlte. »Ich habe es dir schon mal gesagt: Ich bin hier, weil ich daheim einmal zu oft das System kritisiert habe.«

Isabelle sah sie ungläubig an. Für einen kleinen Moment war darin ein Flackern zu sehen. Als erinnerte sie sich an das wilde, forsche Mädchen von einst, das mit dem konform ging, wie Cara gerade auftrat. Doch gleich darauf mauerte sich Isabelle erneut hinter kalten grauen Steinen ein. Sie misstraute Cara – wohl mehr, als die Situation und das Verhältnis zwischen einer Deutschen und einer Französin dies verlangte. Weil ihr Ehemann von den Besatzern getötet worden war? Weil Isabelle gezwungen war, für die Eindringlinge zu putzen, zu waschen und zu kochen, um nicht ihr Zuhause zu verlieren? Weil sie Angst um ihre Kinder hatte? Und um ihr eigenes Leben?

Sich dies zu fragen, schmerzte Cara. Denn Isabelle hatte durchaus recht. Sie war Teil des Ganzen. Sie wäre es auch gewesen, wenn sie sich nicht als Helferin gemeldet hätte. Immerhin war sie nun einmal eine der Frauen aus Hitlers Deutschem Reich.

Cara fragte sich, ob sie Isabelle gerade zu viel von ihrer Gesinnung verraten hatte. Was, wenn die gedemütigte Französin dies gegen sie verwendete? Hatte sie sich – einmal mehr – in Schwierigkeiten manövriert, weil sie zu unbedacht agierte? Erneut aus dem Wunsch heraus, zu helfen?

Vielleicht hätten die Väter von ihr und August sie nicht nur nach Frankreich versetzen lassen sollen, sondern … nach Afrika? Aber nicht einmal da hätte sie sich verstecken können. Denn das lag einfach nicht in ihrer Natur.

»Ich wollte nur helfen, Isabelle. Weil meine Kolleginnen da unten dich ziemlich vereinnahmen. Das ist alles«, stellte Cara erneut klar. Voller Sorge und Traurigkeit zugleich ließ sie die Frau stehen. Sie stapfte die Stufen hinunter, die eine ihr nur zu vertraute Melodie aus Knarr- und Knacklauten sangen, und zog sich in das ihr zugewiesene Zimmer zurück, froh darüber, dass sie einen Raum für sich allein hatte, statt wie viele andere Helferinnen in einem Schlafsaal untergebracht zu sein.

~Emmi, Gutshof im Schwarzwald / Deutsches Reich~

Die Sekunden wurden zu Minuten. Nichts geschah. Emmi verharrte noch immer auf dem winzigen Flecken Rasen. Ihre Augen waren auf das Gesträuch gerichtet, hinter dem sie eine Person vermutete. Wer trieb sich hier auf ihrem Berg herum? Hier wohnten nur sie, Alexander, ihre Kinder und die Schwiegereltern. Der Rest des Gebäudes, einst ein Ort für Erholungssuchende, stand derzeit leer. Mit Beginn des Krieges hatte sich niemand mehr eingefunden, die Angestellten waren gegangen. Seit rund zwei Jahren schienen die verwaisten Räume auf irgendetwas zu warten. Auf ihre neue Bestimmung?

Emmi atmete tief durch. Vorsichtig trat sie einen Schritt nach links. Unter ihrem Schuh knackte ein Zweig. Eine Hitzewelle jagte durch sie hindurch. Sie spürte, wie ihre Finger vor Angst kribbelten. Dennoch wagte sie einen zweiten Schritt, um zwischen Gebüsch und Hauswand sehen zu können. Wenngleich sie im Licht der wenigen Sterne nicht viel ausmachen konnte, musste sie sich doch eingestehen, dass sie sich getäuscht hatte. Dort war nichts. Niemand versteckte sich an jener Stelle, niemand lauerte ihr auf. Der Platz nahe der Fassade und der Forsythie war verwaist. So wie es eine weitere einsame Nacht lang das Bett neben ihr sein würde …

Entsetzen, Angst und Trauer schlugen auf ihr Herz ein, in ähnlicher Intensität, wie die Weidenzweige im kräftigen Wind die hohe Steinmauer zwischen ihr und dem steilen Abhang zum See peitschten. Emmi war schwindelig. Weil ihr Herz nicht mehr richtig schlug? Da ein Teil davon zerschlagen worden war? Halt suchend stützte sie sich mit einer Hand an einem der moosbewachsenen und mit wildem Wein überzogenen grauen Natursteine ab, die andere verschwand überraschend in einem schmalen Spalt. Ins Mauerwerk einfließendes und im Winter gefrierendes Wasser, musste diesen Riss gebildet haben. Er war ihr nie aufgefallen, da die Weinranken diesen vollständig verdeckten. Für sie stand er sinnbildlich für die Entfernung, die jetzt zwischen ihr und Alexander herrschte – für ein unüberwindbares Hindernis.

Emmi lehnte die Stirn an einen der kühlen Mauersteine. Die Weinblätter kitzelten sie, doch das war nichts, was sie im Augenblick tangierte. Sie litt. Weinte und verzweifelte.

Irgendwann richtete sie sich auf. War es sinnvoll, nach Rottweil zu reisen und dort vorzusprechen? Bei wem auch immer? Wer war verantwortlich für Alexanders Abtransport nach München? Die SiPo, die eng mit der Gestapo und dem SD zusammenarbeitete, die inzwischen alle unter das Dach des RSHA gehörten? Dieses ganze Nachrichtendienst- und Polizeigeflecht fand Emmi furchtbar verwirrend – und nicht nur sie. Manchmal hatte Alexander gelästert, dass die einzelnen Behörden vermutlich selbst nicht mehr wussten, wer nun wirklich wofür zuständig zeichnete. Eines war Emmi inzwischen jedenfalls klar: Willkür stand bei allen hoch im Kurs.

Rechtsstaatlichkeit gab es hingegen keine mehr. Alles lief bei einer einzigen Person zusammen: Reinhard Heydrich.

Emmi und vor allem Alexander bekamen das nun am eigenen Leib zu spüren. Und ihre Kinder, denen man den Vater geraubt hatte. Der Land- und Forstwirtschaft des Gutshofs war der Verwalter abhandengekommen. Johanna und Albert fehlte das einzige Kind, das noch in ihrer unmittelbaren Nähe gelebt hatte.

Sie konnte auch nach München, notfalls zu diesem Lager nach Dachau reisen, überlegte Emmi. Wer wusste schon, wie die Gefangenen dort versorgt wurden. Wenn Alexanders Meinung stimmte, dann äußerst schlecht. Er war anfällig für Erkältungskrankheiten. Ob sie ihm persönlich noch mehr Wechselkleidung, vielleicht ein paar Bücher und sein Medikament bringen durfte? Ach, hätte sie ihn doch nur sehen, mit ihm sprechen, ihn berühren können! Wenn sie nur mutig genug gewesen wäre, ihre Überlegungen in die Tat umzusetzen. Aber sie war nicht wie Alexander. Nicht wie Cara.

Erneut wünschte sie sich ihre Schwägerin an die Seite, wobei die sich wohl besser nicht nochmals mit Polter anlegen sollte. Emmi ballte die Hände zu Fäusten. Mussten sie und die Kinder genau das nun ausbaden? Caras Leichtlebigkeit, ihren Hang, zu sagen, was sie dachte, ihren Einsatz für die Schwachen der Gesellschaft? Oder Alexanders wenig versteckte Antipathie gegen alles, was dieses Regime ausmachte?

Wut wuchs in Emmi hoch und bohrte schmerzhafte Stachel in ihr Herz, das doch ohnehin schon angeschlagen war. Sie zitterte, spürte, wie Panik sie erfasste. Mehrmals atmete sie tief durch und zwang sich, Gott um Hilfe anzuflehen, obwohl ihr Glaube gerade zusammengeschrumpft war wie Haare in der Nähe einer Kerze. Dennoch half dies gegen die in ihr erwachenden Vorwürfe. Weil sie weder Cara noch Alexander böse sein konnte. Sie hatte die beiden immer bewundert. Also konnte und durfte sie deren Einsatz jetzt nicht als etwas Schlechtes ansehen, nur weil ihnen allen gerade der Wind kräftig ins Gesicht blies.

Polter war vielleicht nicht der, der er ihr gegenüber vorgab zu sein, aber womöglich hatte er recht mit dem, was er ihr beim Abschied an der Tür zugeraunt hatte: Sie sollte lieber stillhalten.

Nein, sie war nicht wie Cara, die losgestürmt wäre und Antworten verlangt hätte. Aber für Alexanders missliche Lage war es womöglich von Vorteil, wenn man nicht noch mehr Öl ins Feuer goss. Dann standen die Chancen sicher besser, dass er bald entlassen wurde und zu ihr und den Kindern zurückkehren durfte.

Emmi stieß sich von der Mauer ab und begab sich zwischen Ziersträuchern und Nutzpflanzen hindurch auf den Weg zur Hintertür des Westflügels. Eine kleine Stimme in ihrem Kopf fragte flüsternd, ob sie nicht einfach nur den bequemsten Weg einschlug. Weil sie viel zu viel Angst hatte, einen anderen zu gehen.

Sie öffnete die Tür und schrak zurück. Vor ihr stand ein wildfremder Mann mit dunklem Haar. Das schwache Licht der Deckenglühbirne verbarg seine Augen vor Emmi, nicht jedoch die markante Nase und den vor Entsetzen über seine Entdeckung offen stehenden Mund mit gepflegten, geraden Zähnen. Er war groß, sehnig und mindestens ebenso erschrocken wie sie selbst.

»Wer sind … Sie? Was … was machen Sie hier?«, stammelte Emmi. Heiße Hitzewellen rollten über ihren Rücken und ballten sich in ihrem Bauch zusammen. Sollte sie fliehen?

»Ich bin Aleph …« Den Rest verschluckte er, wohl in der Erkenntnis, dass er bereits zu viel gesagt und damit einen Fehler begangen hatte.

Emmi mochte vielleicht nicht mutig sein, aber sie war nicht dumm. Aleph war Jude. Er war nicht in einer dieser eigens erschaffenen Wohnsiedlungen für Juden oder einem der Arbeitslager, von denen Alexander gesprochen hatte – was für Aleph sicher von Vorteil war.

Versteckte er sich hier? Und das mit dem Wissen ihrer Schwiegereltern. Vielleicht lag Alexanders Inhaftierung gar nicht an seinen aufrührerischen Worten und Caras Weggang nicht an ihrem Einsatz und Temperament. Außerdem hatte man Emmi nicht eingeweiht. Weil man sie für zu ängstlich hielt? Für zu naiv, um ein Geheimnis zu wahren? Oder nahm jemand aus ihrer Familie an, dass sie es gar absichtlich verraten könnte?

Allmählich kamen ihre panisch rotierenden Gedanken zur Ruhe, zurück blieb die Erkenntnis, dass Johanna und Albert nicht nur sich selbst in furchtbare Gefahr brachten, sondern auch ihre Kinder und Enkelkinder!

Aleph wich zurück, als wollte er mit der gefliesten Wand des Treppenaufgangs verschmelzen. Zu spät. Emmi hatte ihn schließlich gesehen. Nun erschlossen sich ihr einige seltsame Begebenheiten der letzten Zeit. Stimmen, die sie gehört hatte. Huschende Schatten. All die Veränderungen auf dem Gutshof …

Wütend ballte sie die Hände zu Fäusten. Sie drückte sich an dem schlanken Hünen vorbei, wirbelte durch den Eingangsbereich, stürmte die Stufen hinauf und hämmerte kräftig an die Wohnungstür ihrer Schwiegereltern. Sie waren schuld! Sie hatten all das heraufbeschworen, was in den vergangenen Tagen geschehen war. Und das nur, weil sie einen Wildfremden bei sich versteckten.

~Carolina, bei Pourville-sur-Mer, Normandie/Frankreich~

Für den nächsten Morgen hatte Evelyne eine Sportwartin eingeladen, die normalerweise weiter im Landesinneren Helferinnen einer größeren Unterkunft betreute. Sport wurde als wichtig erachtet, um die Gemeinschaft zu stärken, gegen Langeweile in der Freizeit anzugehen und der Gesundheit wegen. Cara machte es nichts aus, sich sportlich zu betätigen. Sie ritt gerne und spielte Handball. Sie fuhr Ski und hatte mit Begeisterung Fechtunterricht besucht. Umso erfreulicher war es für sie, dass Annemarie Feder, die Sportwartin, eine Fechtausrüstung an die Alabasterküste mitgebracht hatte.

Während die Frühschicht ihren Dienst auf dem Caude Côte begann und die Nachtschicht noch frühstückte, duellierte sich Cara mit Evelyne, während die Sportwartin Marlena, Gertrud und Frieda in die Grundregeln des Florettfechtens einwies. Schnell musste sich Cara bewusst machen, dass Evelyne nicht nur besser focht als sie, sondern auch eine ungestüme Aggressivität an den Tag legte. Für Treffer im Brustbereich und am Arm waren sie durch die gepolsterten Fechtjacken geschützt, das Gesicht war hinter der Maske verborgen. Als Evelyne Cara jedoch das dritte Mal unsanft am Bein traf – sie trugen beide kurze, schwarze Sporthosen –, wich sie zurück und riss sich den Gesichtsschutz herunter. »Was soll das?«, fragte sie mit erhöhter Atemfrequenz und ein wenig unbeherrscht.

Die Sportwartin warf ihnen einen kurzen Blick zu, wandte sich dann aber wieder zu den anderen Frauen um.

»Sei nicht so empfindlich«, rügte Evelyne.

»Du bist zu gut, als dass diese Treffer keine Absicht wären«, stellte Cara klar.

»Und du weißt gut genug, dass du dich nicht mit den Franzosen einlassen sollst.«

»Wie bitte?« Cara runzelte die Stirn. Natürlich unterhielt sie sich gelegentlich mit einem Franzosen, zumal ein paar der Leute hier sich noch an sie erinnerten. Mehr als Gespräche im Vorübergehen waren das aber nicht.

Evelyne zog verächtlich die Augenbrauen hoch.

»Was willst du damit sagen?«, begehrte Cara auf, da sie keine Antwort erhielt.

»Denkst du, ich bekomme nicht mit, wie du dich mit dieser Isabelle anfreundest?«

»Isabelle und ich kennen uns von früher«, erklärte Cara, bemüht darum, nicht noch aufgebrachter zu klingen. »Meine Familie hat in diesem Haus so manchen Sommer verbracht.«

»Das ist ja mal ein Zufall!«, lästerte Evelyne.

»Zugegeben«, sagte Cara und wischte sich mit dem Ärmel über die schweißnasse Stirn. Die Junisonne schien bereits warm hernieder, beim Fechten und unter der Maske war es ihr heiß geworden. »Ich war auch verwundert, als ich bemerkte, wo genau wir untergebracht sind.«

»Ich lasse das nachprüfen«, entgegnete Evelyne und ihre Stimme enthielt einen deutlich drohenden Unterton. »Diese Frau soll für uns kochen und putzen. Ein freundschaftlicher Umgang ist nicht erwünscht. Wir sind hier, um unseren Dienst zu versehen, nicht, um uns mit den Einwohnern zu verbrüdern. Die Franzosen sind keine Freunde, sie waren uns unterlegen, und so soll es auch bleiben.«

»Ich halte es für vorteilhaft, Isabelle nicht mit Verachtung zu begegnen. Oder sie über die Maßen zu strapazieren. Dass sie dreimal am Tag ein Essen für uns vorbereiten muss – zu jedem Dienstende –, ist schon herausfordernd genug.«

»Deshalb hast du ihr noch lange nicht zur Hand zu gehen oder ihre Kinder zu versorgen.«

»Wir waren gestern Abend sehr laut. Außerdem hat Isabelle viel länger arbeiten müssen als geplant. Ihr fünfjähriger Sohn musste seine kleine Schwester umziehen und zu Bett bringen, was nicht funktioniert hat. Deshalb war ich dort oben.«

»Es ist dir verboten.«

»Es ist mir verboten, kleinen Kindern zu helfen? Nächstenliebe zu leben?«

»Die kannst du in unserer wunderbaren Gemeinschaft der Helferinnen ausleben, nicht mit Franzosen.«

Cara atmete tief durch. »Ich mag unsere Kameradschaft. Den gemeinsamen Sport, unsere Unternehmungen und dass wir füreinander da sind. Das alles ist mir wichtig, muss mich aber nicht daran hindern, diesen vernachlässigten Kindern zu helfen oder zu der hart arbeitenden Isabelle freundlich zu sein.«

»Keine Widerworte mehr!« Evelyne drückte ihr ihren Degen und den Fechthelm in die Hand. Sie verließ den Vorplatz und ging einem nahenden Militärwagen entgegen. Ein Soldat in der Uniform der Luftwaffe stieg aus, sprach mit ihr, überreichte ihr etwas und wendete dann kurz darauf den Wagen. Evelyne blieb lange allein dort vorn stehen, den Blick auf die Hügel gerichtet. Cara befürchtete, dass sie als ihre Führerin erneut dazu gezwungen war, einer der jungen Frauen die ernsthafte Verletzung oder den Tod eines Liebsten übermitteln zu müssen. Erst letzte Woche hatte es eine Kollegin getroffen.

»Du sollst mir das hier zeigen.« Frieda hatte sich zu Cara gestellt und tippte wenig begeistert auf den Griff des Floretts.

»Ist gut«, meinte Cara nur, wandte den Blick von ihrer Führerin ab und gab der Freundin den Fechthelm. Diese beugte sich ihr entgegen: »Sei vorsichtig, was deine Freundschaft zu der Französin betrifft. Gertrud hat dich gestern gesehen, wie du nach oben gegangen bist. Und sie war böse auf dich, weil du uns danach darum gebeten hast, leiser zu sein. Und das vor zehn Uhr. Da hätte unsere penible Führerin die Männer ohnehin fortgeschickt und uns in unsere Betten gescheucht, damit wir die vorgeschriebene Nachtruhe einhalten. Du hättest ihr das Geburtstagsfest verdorben, meint Gertrud. Und Evelyne war nicht begeistert darüber, dass du Ruhe eingefordert hast. Wegen zweier Franzosenkinder und sogar ihr gegenüber, die sie dir doch vorsteht.«

»Ich habe das für wichtig erachtet. Immerhin haben wir kleine Kinder im Haus.«

»Was sich ändern könnte, wenn Evelyne sich beschwert.«

Cara presste die Lippen zusammen. Sie wollte nicht, dass man Isabelle aus ihrem Haus warf. Außerdem musste sie eine weitere Beschwerde ihrerseits vermeiden. Sie wusste, dass es bereits eine Akte über sie gab. Sie schob alle Überlegungen diesbezüglich beiseite, da sich Annemarie nun zu ihnen gesellte und Frieda in die Kunst des Florettfechtens einweihte, mit Cara als Anschauungspartnerin.

6

-Nicolas, Norris Castle, Isle of Wight / England-

Ende Juni fand sich Nic auf Cecs Geheiß erneut in dessen Dienstzimmer ein. Der Freund wirkte aufgewühlt, dennoch behielt er seine gemächliche Sprechweise bei, als er in knappen Worten von der geheimen Befehlsausgabe im Osborne House berichtete. Fast dreihundert Offiziere hatten sich in dem Haus eingefunden, das einst der Landsitz von Königin Victoria gewesen war.

»Niedrig fliegende Aufklärungsflugzeuge haben in den letzten Wochen Luftaufnahmen von den verschiedenen Zielen gemacht. Daraus hat jemand ein drei Meter langes, maßstabsgetreues Modell von Dieppe gebaut.« Cec rieb sich das Kinn, was Nic zu der Überlegung verleitete, ob seinem Freund erst jetzt so recht bewusst geworden war, wie das Zielgelände aussah und wie unangenehm es für die anstürmenden Soldaten werden konnte, dort anzugreifen.

»Das sah allerliebst aus«, brummte Cec. »Wie die Miniaturlandschaften von Bings Trix-Twin-Railways. Das Modell enthielt selbst die Läden, das Kasino an der Bucht, die alte Burg, Hotels, den Hafen und eine Tabakfabrik.«

Nic hatte sich inzwischen auf einem durchgesessenen Sessel niedergelassen und beobachtete, wie Cec, die Hände im Rücken verschränkt, aus dem Fenster in die Nacht hinausblickte. Ob er mehr sehen konnte als sein eigenes Spiegelbild? Hatte er diesen Nachbau vor Augen, der die steinige Küste aufzeigte, die ganz sicher von den Deutschen verstärkten Mauern an der Strandpromenade und die steil aufragenden hohen Kliffs?

»Unsere kanadischen und die englischen Piloten hoffen, dass der Angriff die Luftwaffe anlockt und sie möglichst viele von ihren Jagdfliegern vom Himmel holen können. Natürlich gilt es für sie auch, unsere Schiffe zu schützen. Sie werden also in großer Anzahl über den Kanal setzen. Bomber sind tatsächlich nicht eingeplant.«

Nic hörte heraus, wie sehr seinem Freund diese Regelung missfiel, im Hinblick auf etwaige Verschanzungen der Deutschen hoch oben in den Klippen konnte er es ihm nicht verübeln. Andererseits wollte er ebenfalls nicht, dass seinen früheren Nachbarn und ehemaligen Schul- und Sportkameraden Bomben auf die Köpfe fielen …

»Es heißt, die RAF habe weder Flugzeuge noch Crews für eine sinnlose Nebenaktivität übrig. Offenbar will man lieber weiterhin deutsche Städte bombardieren, als unsere Männer zu schützen.«

Nic schwieg noch immer, spannte aber alle Muskeln an.

»Ehrlich gesagt, ich bin verärgert. Manche Ziele erfordern, dass wir Strecken überqueren, die so offen daliegen wie eine Weide in Kanada. Auf ihnen gibt es so gut wie keine Deckung vor feindlichem Feuer. Bombenangriffe unserer Luftstreitkräfte würden Krater schaffen, die uns Schutz bieten könnten. Außerdem gab es Schwächen des Plans, die wir ansprechen wollten, doch unsere Fragen wurden kategorisch abgewürgt.«

Cec sprach noch immer beinahe monoton, aber seine Augen flackerten verräterisch.

»Es heißt, dass es im Sommer nur wenige Tage gibt, an denen der Mond und der Wasserstand günstig für eine Landung sind. Die Meteorologen haben für den vierten Juli beständiges Wetter vorhergesagt.«

Mehr sagte Cec nicht, doch das war auch nicht nötig. Operation Rutter stand unmittelbar bevor.

»Die anderen Dienstgrade werden erst unterrichtet, wenn alle an Bord der Schiffe sind. Allerdings muss ich jetzt einige Männer finden, die dich und Jack Nissenthall begleiten. Was schwierig werden könnte. Deshalb habe ich Captain Murray Osten um Mithilfe gebeten.« Erneut strich sich Cec über das Kinn.

Diese Geste verriet Nic deutlicher sein aufgewühltes Gemüt, als jedes Wort von ihm das gekonnt hätte. Vermutlich war Nic, dessen Rang als Spezialist derlei detaillierte Informationen über die Geheimoperation nicht rechtfertigte, gerade nur hier, weil sein Freund über seinen Kummer sprechen musste. Und wem außer ihm sollte er diesen anvertrauen, zumal er seiner Frau nicht schreiben durfte.

»Er will sich mit dir und seinem Adjutanten in der Messe treffen.« Cec nickte in Richtung Tür und wandte ihm dann wieder den Rücken zu.

Nic musterte die weit nach oben gezogenen Schultern, die Cecs Anspannung verrieten. »Wir können nichts anderes tun als beten«, sagte er leise.

Von Cec kam nur ein beipflichtendes Nicken, also verließ Nic das Dienstzimmer und gleich darauf das Herrenhaus.

Er betrat das große Zelt, das als Offiziersmesse diente, und traf noch am Eingang auf Osten. Dieser hatte erst vor Kurzem das Kommando über die A-Kompanie des SSR der 2. Kanadischen Division übertragen bekommen, da sich sein Vorgänger bei einer Landeübung das Bein gebrochen hatte und sich im Lazarett befand.

Osten war ein intelligenter Mann, der sich schon in vielen Jobs versucht hatte, eine Zeit lang sogar als Holzfäller. Er war muskulös und hielt sich – wie Nic – gern im Freien auf. Da er erst Anfang zwanzig war, gab es in seiner Kompanie Infanteristen, die deutlich älter waren als er, ihn jedoch respektierten. Er pflegte einen gerechten, guten Umgang mit den ihm untergeordneten Offizieren und ihren Soldaten. Die Männer des SSR fühlten sich als eine Gemeinschaft von Freunden. Ohnehin dienten sie mit Brüdern und entfernteren Verwandten, Nachbarn und ehemaligen Schulkameraden zusammen in einer Einheit.

Nic und Osten begrüßten sich freundlich, und da der Captain über sein Kommen unterrichtet war, begaben sie sich sofort an den Tisch, an dem dessen Adjutant, Lieutenant George Bruce Buchanan, genannt »Buck« saß und offenbar einen Brief schrieb. Buck war ein absolut ehrlicher, zuverlässiger Mann und gehörte zu den Ältesten im Regiment, weshalb viele der Jungs ihn auch »Dad« riefen.

Als sich Nic und Osten zu ihm setzten, legte er den Stift weg. Ohne lange Vorrede riss der Captain an, welchen Auftrag Jack und – in dessen Vertretung – Nic bei der geplanten Operation auszuführen hatten, und dass sie einen speziellen Geleitschutz brauchten. Der Mann aus Alberta hörte gelassen zu, offenbar brachte ihn nichts so schnell aus der Ruhe. Nur als Osten auf jenen besonderen Befehl für die zu suchende kleine Truppe zu sprechen kam, musterte er Nic mit zusammengezogenen Augenbrauen. Kaum dass Osten geendet hatte, lachte Buck los.

»Was ist denn so komisch?«, fragte der Captain irritiert.

»Das Ganze ist ein Witz, oder? Die meisten dieser Jungs haben noch nie auf etwas anderes geschossen als auf Kaninchen. Jetzt wird es das erste Mal für sie ernst und da erwartet man tatsächlich von ihnen, dass sie einem ihrer eigenen Leute eine Kugel durch den Kopf jagen oder in den Rücken?«

»Irgendwann ist immer das erste Mal«, murmelte Osten sarkastisch, fügte dann aber hinzu: »Hoffentlich kommt es erst gar nicht so weit.«

Wieder ruhte Bucks Blick auf Nic, dem dabei noch unbehaglicher zumute wurde, als es ihm seit seinem Gespräch mit Cec ohnehin schon war. In diesem Augenblick musste er sich eingestehen, dass er die Tatsache, dass dieser Befehl auch ihm galt – falls er für Jack einzuspringen hatte –, bisher erfolgreich verdrängt hatte. Sein Mut und seine Entschlossenheit drohten, mit den Möwen davonzufliegen, die laut kreischend über die Zeltstadt in Richtung Meer zogen.

»Ich dachte an zwei verlässliche Scharfschützen«, schlug Osten vor, wohl in der Annahme, dass diese weniger Scheu davor zeigten, einen der ihren zu töten. »Jedem von ihnen kann ich vier Mann als Unterstützung zuteilen.«

»Das ist eine Möglichkeit«, stimmte Buck nachdenklich zu. »Oder«, fuhr er fort, »du suchst zwei Mann aus. Der andere Experte kann sich, sobald er hier auf der Insel eingetroffen ist, dann weitere Soldaten auswählen, die er für geeignet hält.« Wieder schweifte sein Blick zu Nic, und er schüttelte den Kopf. Er war nur der Ersatzmann, wobei er Jack, wenn er hier wäre, sicher ein paar Tipps geben konnte, immerhin kannte er viele der hier stationierten Infanteristen bereits etwas länger. Er konnte dabei helfen, jene auszuwählen, die Jack und ihn notfalls umbringen sollten.

~ Emmi, Gutshof im Schwarzwald / Deutsches Reich~

Emmi hatte eine weitere nahezu schlaflose Nacht hinter sich. Dennoch quälte sie sich aus dem Bett, immerhin musste ihr ältester Sohn Richard zur Schule. Schweigend, obwohl Richard und Hanna munter plauderten und Waldemar fröhlich dazwischenbrabbelte, als hätte auch er eine Menge zu erzählen, bereitete sie Frühstück vor. Sie zwang sich, etwas zu sich zu nehmen, achtete darauf, dass Richard seine Schuhe ordentlich zuschnürte, und verließ mit den Kindern das Gutshaus. Diesmal brachte sie die beiden Jüngeren nicht zu ihren Schwiegereltern, sondern nahm sie mit hinunter ins Tal zu der kleinen Dorfschule.

Waldemar im Kinderwagen sah sich neugierig um, doch Hanna quengelte bald, zumal auch sie mit ihren kurzen Beinen schnell gehen musste, damit Richard nicht zu spät kam. Anschließend quälten sie sich den Berg wieder hinauf, schlussendlich setzte Emmi die Fünfjährige zu Waldemar in den Wagen und schob beide.

Entsprechend war sie schweißgebadet, als sie endlich ihre Wohnung betrat, und noch aufgebrachter über ihre Schwiegereltern, als sie, seit sie diesen Juden entdeckt hatte, ohnehin schon war. Wie konnten sie einfach einen wildfremden Menschen im Gutshaus verstecken? Diesen Aleph, der sie erschreckt hatte, der ihr fremd war und vor dem sie sich fürchtete.

Wie sollte sie unter diesen Umständen ihre Kinder allein im Garten oder im Haus spielen lassen? Mit dem Wissen, dass sich ein … Jude hier versteckte. Jemand mit einer fremdartigen Kultur. Jemand, über den sie im Volksempfänger und in der Zeitung sagten, wie niederträchtig er sei. Jemand, von dem sie nichts wusste, außer dass er verzweifelt genug war, um in einem Keller zu hausen. Verzweifelte Menschen waren nicht selten auch gefährlich.

Hatten Cara und Alexander von ihm gewusst? Vermutlich ging die Bedrohung für die beiden, ebenso wie Alexanders Verhaftung, auf das Konto ihrer Schwiegereltern. Weil es Dorfbewohner gab – wie Polter –, die etwas von dem versteckten Juden ahnten. War es möglich, dass man Alexander einkassiert und verschleppt hatte, um Johanna und Albert unter Druck zu setzen, da es zwar einen Verdacht, aber keinen Beweis gab? Vielleicht war dies Polters Mahnung an Alexanders Eltern, sich ab sofort an die Gesetze zu halten.

Emmi schwirrte der Kopf. Ihr Herz klopfte kräftig, nicht nur wegen der Anstrengung. War ihren Schwiegereltern denn nicht bewusst, in welch große Gefahr sie alle im Haus Lebenden brachten? Nicht nur sich selbst, sondern genauso Emmi und die Kinder? Wenn man Johanna und Albert erwischte, konnten sie alle in ein Gefängnis geschickt werden. Oder Schlimmeres – sofern sie Alexanders Worten Glauben schenken wollte.

Und das alles nur wegen eines ihnen wildfremden Juden – obwohl man gemeinhin die Juden für den Krieg verantwortlich machte. Sie waren es, die dem Feind jene Bomben finanzierten, die jetzt auf deutsche Städte fielen. Die die Wirtschaftskrise in den Zwanzigerjahren verursacht hatten. Die Mörder von Jesus Christus. Subjekte, die über Leichen gingen, um den größtmöglichen Profit aus ihren Geschäften herauszuschlagen. Verschlagene, niederträchtige Kreaturen. So hieß es doch. Und ja, dieser Aleph … der war ihr durchaus bedrohlich vorgekommen. So dunkel und rastlos. Er hatte grimmig ausgesehen. Vermutlich sprach er kaum Deutsch. Denn er hatte sich wortlos davongemacht. Wie ein Dieb. Wobei Emmi darüber froh gewesen war, immerhin hatte sie panische Angst vor ihm verspürt.

Normalerweise hätte sie Hanna in den von einer Mauer sicher umschlossenen Garten gelassen, damit sie dort spielen konnte. Doch das war keine Option mehr. Nicht, solange dieser Fremde hier ein und aus ging. Die Kleine war darüber unglücklich, was Emmi noch zusätzlich aufbrachte.

Als es an ihrer Wohnungstür klopfte, riss sie ungehalten die Tür auf. Johanna wünschte ihr einen guten Morgen und drängte herein wie nasskaltes Wetter an einem grauen Herbsttag. Da Emmi ihre Schwiegereltern trotz allem schätzte, ließ sie es zu, dass sich ihre Schwiegermutter an ihrem Küchentisch niederließ – so wie sie es gern tat.

»Wir müssen reden, Liebes«, sagte sie und umarmte Waldemar und Hanna, die prompt angelaufen kamen. »Unser letztes Gespräch war zu emotional aufgeladen.«

Emmi nickte und bereitete für sich und Johanna einen Kräutertee zu. Dann bat sie Hanna, im Kinderzimmer mit Waldemar zu spielen, was diese folgsam tat. Allerdings warf sie noch einen nachdenklichen Blick auf Emmi, ehe sie die Tür hinter sich schloss. Die Kleine war sensibel und spürte offenbar die Spannungen zwischen ihrer Mutter und der Großmutter.

»Es tut mir leid – und Aleph ebenfalls –, dass er dich erschreckt hat. Er war völlig schockiert, denn natürlich dürfen weder er noch die anderen Gäste je gesehen werden.«

»Andere? Es gibt mehr als diesen … Mann?« Emmi stellte die Tasse hart auf dem Tisch ab. »Denkst du nicht auch, dass es bereits Gerüchte darüber im Dorf oder sogar in der Stadt gibt. Und dass euer Tun mit Alexanders Verhaftung zusammenhängt?«

»Ich nehme das nicht an.«

Johannas ruhige Antwort brachte Emmi erneut gegen die Schwiegermutter auf. »Nein? Ist euch nie in den Sinn gekommen, welcher Gefahr ihr uns alle aussetzt? Wegen … dieser Menschen?«

»Wir haben mit Alexander gesprochen, ehe wir den ersten Geflohenen aufgenommen haben, und er –«

»Er wusste davon?«

Johanna nickte. »Er wollte dich nicht aufregen, weshalb wir übereinkamen, es dir zu verschweigen. Vielleicht wäre es klug gewesen, zumindest Cara einzuweihen, denn durch ihr eifriges Eintreten für andere ist sie in den Fokus von Polter gerückt. Er war daraufhin Alexander gegenüber … unnachgiebiger. Eine unglückliche Situation. Wir konnten zwar Cara fortschicken, nicht jedoch Alexander. Allerdings wusste er genau, wie gefährlich es war, jetzt nicht stillzuhalten. Es lag in seiner Verantwortung –«

»Aber, aber …!« Emmi brach in Tränen aus. Sie verstand das alles nicht.

Johanna erhob sich, kniete sich vor ihren Stuhl und nahm sie tröstend in die Arme. Sie sagte nichts mehr, hielt sie nur fest und ließ sie weinen. Schließlich schniefte Emmi: »Warum, Johanna? Wie wir jetzt sehen, ist das alles viel zu gefährlich. Caras Aufbegehren, Alexanders aufrührerische Reden, das, was ihr hier macht …«

»Cara und Alexander hatten schon immer einen ausgeprägten Gerechtigkeitssinn, eine Menge Mut und ein großes Herz für diejenigen im Leben, die nicht auf der Sonnenseite stehen. Wir können und wollen sie nicht ändern, wenngleich wir sie immer wieder gebeten haben, vorsichtiger zu sein, ruhiger zu agieren. Sie sind erwachsen, Liebes, und treffen ihre eigenen Entscheidungen. Wie Albert und ich ebenfalls.«

»Aber ihr bringt auch mich und die Kinder in Gefahr.«

Johanna strich ihr beruhigend über den Rücken. »Glaube mir, niemand weiß von den versteckten Juden in unserem Haus. Sonst wäre hier längst ein Aufgebot an Gestapoleuten aufgetaucht, die alles auf den Kopf stellen und Albert und mich mitnehmen. Leider … weißt nun auch du Bescheid, was wir eigentlich verhindern wollten. Denn das hätte Schutz für dich bedeutet. Unsere Gäste hatten die klare Anweisung, niemals allein den Westflügel zu betreten. Aleph war in den vergangenen Tagen extrem aufgewühlt. Er wollte allein sein und den Himmel sehen. Er wollte gerade vom Garten hinunter in den Keller, um wieder ins Haupthaus hinüberzugehen, als du ihn gesehen hast. Es tut ihm unendlich leid. Er würde sich gern persönlich bei dir entschuldigen.«

Emmi schüttelte den Kopf. Sie wollte mit diesem Menschen nichts zu tun haben. »Könnt ihr ihn und die anderen nicht fortschicken?«, fragte sie leise.

»Auf sie wartet das Lager. Und der Tod.«

Alexander hatte das ebenfalls behauptet, aber Emmi konnte es nicht glauben. Woher auch immer ihr Mann diese Informationen haben wollte, er musste sie missverstanden haben. Oder etwa nicht? Immerhin agierten die Juden vehement gegen die Deutschen. Davon wusste inzwischen doch jeder. Das war doch die Wahrheit, oder nicht?

»Ich möchte dir etwas zeigen.« Johanna erhob sich und ergriff ihre Hand. »Du kannst Hanna und Waldemar hierlassen, wir sind in fünf Minuten zurück.«

Emmi folgte ihrer Schwiegermutter die Stufen hinunter und über den gepflasterten Hof. In seiner Mitte stand eine uralte Eiche, deren knorrige Zweige eine rund um den Stamm verlaufende Holzbank beschatteten. Sie nahmen den Haupteingang und gingen durch das große Atrium des Mittelflügels, der seit Kriegsbeginn verlassen dalag. Zumindest machte es den Anschein. Seit gestern Abend wusste Emmi es besser. Allerdings bewohnten dieser Aleph und Konsorten nicht eines der hübschen Zimmer, sondern hausten im Keller. Dorthin führte Johanna sie nun.

Zögernd nur folgte Emmi ihrer Schwiegermutter durch im Zwielicht liegende Flure. Dieser Teil des Hauses glich einem Labyrinth. Es war kühl hier unten und roch muffig, an manchen Stellen sogar regelrecht feucht. Emmi schüttelte es. Hier leben zu müssen … Ein wenig Mitleid keimte in ihr auf.

Dann klopfte Johanna an eine derb gezimmerte Holztür, die von innen aufgeschoben wurde. Vor Emmi stand eine blonde, blauäugige Schönheit von vielleicht zwanzig Jahren. Sie war schlank und wirkte, obwohl sie nicht eben klein war, dennoch zierlich. Ein einnehmendes Lächeln lag auf ihrem Gesicht, das kaum merklich zusammenfiel, als sie Emmi sah.

»Emmi, das ist Esta.«

Emmi nickte grüßend, zu mehr war sie nicht imstande. Diese wunderschöne Frau, deren Äußeres kaum arischer wirken konnte, war eine geflohene Jüdin? Sie wurde gesucht und sollte in ein Lager im Osten gebracht werden? In eines von jenen, von denen Alexander nur Schauergeschichten zu erzählen wusste?

Esta wirkte auf Emmi weder gemein noch gefährlich. Nichts an ihr schien hinterhältig oder düster zu sein, fremd oder … Emmis Blick fiel auf einen älteren Herrn mit grauem Haar. Der Bartschatten auf seinem Gesicht ließ die Vermutung zu, dass er bis vor Kurzem einen Bart getragen hatte. Er war rundlich und trug eine dieser drahtlosen Brillen mit runden Gläsern. Der Mann erinnerte sie an ihren Großvater, den sie innig geliebt hatte. Nun erhob er sich höflich, kam näher und streckte ihr die Hand entgegen, wobei er sich leicht verbeugte. »Guten Morgen, gnädige Frau. Mein Name ist … nennen Sie mich einfach Maler.«

»Emmi Biber«, sagte sie leise und blickte erst Esta, dann Maler an. Offenbar fand er es sinnvoller, ihr gegenüber seinen richtigen Namen zu verschweigen. Aleph hatte auch erschrocken reagiert, wohl, weil ihm sein wahrer Vorname über die Lippen gerutscht war. Aleph, der erste Buchstabe im hebräischen Alphabet, wie Emmi wusste. Was mochte Estas Name bedeuten?

Und dann sah Emmi sie. Ein schmächtiges braunhaariges Mädchen, vermutlich etwas älter als Hanna. Sie kauerte in der Ecke, im dunkelsten Winkel des garstigen Raums und drückte eine Stoffpuppe mit ausgewaschenem Kleid an sich, die nur noch ein Knopfauge besaß. Mit großen Augen, die auffallend hell wirkten, obwohl sie im Dämmerlicht kaum zu sehen waren, schaute das Kind Emmi an, gleichzeitig schien es bemüht zu sein, mit der kalten Wand zu verschmelzen.

Johanna folgte ihrem Blick und flüsterte: »Das ist Fitzi. Wir vermuten, ihr eigentlicher Name lautet Felicitas Jecklin. Sie wurde schon mehrfach weitergereicht. Von einem Versteck zum anderen. Sie schläft unruhig, schreit im Traum um Hilfe und nach ihrer Mutter. Jedes laute Geräusch lässt sie vor Angst zusammenzucken. Sie spricht kaum. Wir denken, sie konnte sich verbergen, als die Gestapo ihre Familie abgeholt hat. Vermutlich ist sie inzwischen in einem Getto im Osten. Oder sie alle leben nicht mehr …«

»Wie kannst du das sagen?«, fragte Emmi entsetzt, aber so leise, dass nur Johanna sie hören konnte.

»Weil es das ist, was diese Familien erwartet. Laut Alexander gibt es im Warthegau und anderswo Massenerschießungen und Lastkraftwagen, in denen die Menschen durch eingeleitete Abgase vergiftet werden. Außerdem soll es erste Lager geben, die so geplant sind, dass die Verschleppten in ihnen gezielt getötet werden können.«

Emmi sah von Fitzi zu Esta, dann zu dem alten Herrn, der sich wieder gesetzt hatte, und schließlich hinüber zu Aleph. Er hatte sich nicht gerührt, sah sie aber ernst an.

Sie wollte das Gehörte nicht glauben. Doch die Tatsache, dass diese bunt zusammengewürfelte Gruppe sich in einem Keller versteckt hielt und jeder Einzelne so entwurzelt aussah, als hätte er alles in seinem Leben verloren, schien zu beweisen, dass das Grauenhafte der Wahrheit entsprechen musste.

»Kinder? Frauen? … alle?«

Johanna nickte. Im selben Moment erhob sich Aleph und kam langsam näher. Er hatte die dunklen Augen prüfend auf Emmi gerichtet und blieb gut drei Meter von ihr entfernt stehen. Als wollte er sie ja nicht noch einmal verängstigen. »Ich habe einen Fehler gemacht und Sie dabei furchtbar erschreckt. Das tut mir sehr leid. Ich möchte mich bei Ihnen entschuldigen.«

Aleph sprach ein gepflegtes Deutsch. Er klang freundlich und bestimmt, obwohl es in seinen Augen unruhig flackerte.

Da sie nicht sofort antwortete, fuhr er fort: »Ich bin … war Lehrer an einem jüdischen Gymnasium in Berlin. Ich bin nur ein einfacher Gelehrter und nicht gefährlich, Frau Biber.«

»Ist … gut«, stammelte Emmi. Sie sah, wie der Mann bedrückt den Kopf senkte und beeilte sich, hinzuzufügen: »Ich nehme Ihre Entschuldigung an, Herr … Aleph.«

»Ich danke Ihnen dafür.« Er lächelte nicht, nickte aber und zog sich wieder zurück.

Johanna legte ihr sanft eine Hand in den Rücken, was Emmi als Aufforderung verstand, zu gehen. Tatsächlich sollte sie diese bedauernswerten Menschen nicht anstarren wie eine Sensation.

Völlig überfordert zuckte sie mit den Schultern. Sie konnte ihnen hier unten ja wohl kaum einen schönen Tag wünschen. Oder viel Freude bei ihrer Arbeit und gute Gespräche. Dass sie den Sonnenschein genießen sollten … Da war nichts, was sie ihnen wünschen konnte – außer, dass sie niemals erwischt wurden.

Kopfschüttelnd wandte sie sich ab. Wie lange sie wohl schon hier hausten? Wie lange mussten sie bleiben? Gab es Hoffnung auf ein Ende? Hitlers Armee stürmte durch die halbe Welt. Er saß fest im Sattel eines Pferdes, das sich lammfromm und halb blind in jede Richtung führen ließ, in das er es zerrte. Niemand begehrte mehr auf. Bis auf Cara. Und sie hatte vorsichtshalber die Heimat verlassen müssen. Bis auf Alexander. Er saß nun in einem Gefängnis. Oder in einem Konzentrationslager. Bis auf ihre Schwiegereltern. Ihr Einsatz war lebensgefährlich. In Emmis Herzen vermengte sich Angst mit Bewunderung. Verzweiflung mit Kampfeswille.

Johanna war bereits einige Schritte voraus, als Emmi sich umwandte, die Tür wieder öffnete und erneut eintrat. Die drei Erwachsenen sahen ihr dabei zu, wie sie vor dem kleinen Mädchen in die Hocke ging.

Fitzi hob den Kopf. Ihre Augen waren grün. Für einen Moment bewunderte Emmi die seltene Farbe. In ihnen spiegelte sich eine gejagte Seele und Neugierde. Letzteres ließ sie für das schmächtige Kind hoffen.

Emmi hob langsam die Hand und zupfte der Stoffpuppe am Arm. Sie wollte so gern dafür sorgen, dass Fitzi nicht nur Angst und Schrecken, Dunkelheit und Einsamkeit erleben musste, sondern erfuhr, dass es Licht und Liebe in ihrem Leben gab.

»Ich heiße Emmi. Wie ist denn der Name deiner Puppe, Fitzi?«

»Feli«, kam es kaum hörbar über die Kinderlippen.

Emmi lächelte sie an und dachte bei sich, dass wohl jemand aus ihrer Familie Fitzi so genannt hatte. Oder eine Freundin. Die einen sagten Fitzi, die anderen Feli, anstelle des langen Namens. So war das doch oft.

»Ich freue mich, dich und Feli kennenzulernen«, log Emmi. Denn eigentlich wollte sie nicht in das hier hineingezogen werden. Aber das war jetzt nicht mehr zu ändern. Viel schlimmer als ihre mühsam unterdrückte Panik war die Erkenntnis, dass Fitzi nicht hierhergehörte, sondern zu ihren Eltern. Und zu ihren Geschwistern, die sie womöglich hatte. Gehabt hatte?

Emmi drohte es, den Magen umzudrehen. Also konzentrierte sie sich auf das Gesicht des Mädchens, dessen Züge sich ein wenig entspannten. Obwohl seine Augen dreinblickten, als wandelte es bereits seit achtzig Jahren auf dieser Erde, war da noch immer so viel Kind in ihnen.

»Ich mache dir einen Vorschlag, Fitzi.« Emmi sprach bewusst häufig den Namen des Mädchens aus. Vielleicht konnte sie damit ihr Vertrauen gewinnen. Außerdem war dies das Einzige, was dem Kind noch geblieben war. Das letzte Fleckchen Heimat und Erinnerung an ihre Lieben.

»Ich wohne drüben, im anderen Teil des Hauses. Dort ist Hanna, meine Tochter. Sie ist so alt wie du. Und dann gibt es da auch Waldemar, er ist fast noch ein Baby. Wie wäre es, wenn du ein wenig mit ihnen spielst?«

Sehnsucht blitzte für einen kurzen Augenblick in den ausdrucksstarken Augen auf, die Emmi geheimnisvoll und tief wie ein Teich anmuteten. Eine Reaktion bekam sie nicht. Als wäre das Mädchen völlig überfordert von dem freundlichen Angebot. Als hielte die Angst, einen Fehler zu begehen, sie mit derben Tauen umschnürt an genau dieser Stelle fest.

Emmi wartete geduldig. Dabei sah sie, wie Esta ihr zulächelte, zeitgleich funkelte eine einsame Träne auf ihrer Wange auf. War das süßer Schmerz? Weil sie, die fremde Frau, Fitzi anbot, wenigstens einen einzigen Tag lang wie ein normales Kind spielen zu dürfen? Den Himmel zu sehen … weil sie sich das auch für sich selbst wünschte?

Jetzt erschloss sich Emmi, warum Aleph das Versteck verlassen hatte und in ihrem Garten gewesen war. Er hatte dem Himmel näher sein wollen, die blinkenden Sterne bewundern, nach dem Mond sehen, der die Schwarzwaldberge in blaues Licht tauchte und funkelnde Diamanten auf den kleinen See warf.

Hätte Fitzi nicht in diesem Augenblick ihre Puppe in Emmis Hand gelegt – mit den Worten, dass Feli gern mit Hanna und Waldemar spielen wollte – wäre Emmi wohl in Tränen ausgebrochen. So schluckte sie diese herunter, damit das Kind sie nicht sah, und ergriff zuerst die Puppe, dann die kleine, seltsam raue Hand der Fünfjährigen.

Bei der Tür lächelte Johanna ihr zu. Bewegt und stolz, wie Emmi meinte. Doch dann raunte sie: »Nur zwei, drei Stunden, meine Liebe. Wir müssen weiterhin vorsichtig sein. Fitzi muss wieder hier unten sein, bevor Richard aus der Schule kommt. Er darf sie nicht sehen. Er könnte etwas … ausplaudern.«

Emmi nickte. Waldemar war zu klein, um das Geschehen zu verstehen, Hanna erzählte fortwährend ihre fantasievollen Geschichten über tanzende Mädchen im Wald und über einen imaginären Freund, der abends auf ihrem Fenstersims saß. Wenn Hanna Richard von einer neuen Freundin vorschwärmte, würde er sich nichts dabei denken, sondern vielmehr im üblichen Gebaren eines großen Bruders nicken und seiner Mutter verschwörerisch zuzwinkern.

7

~ Nicolas, Norris Castle, Isle of Wight / England~

Der Juni näherte sich seinem Ende, Sommerregen hatte sich mit Sonnenschein abgewechselt. Nic war gemeinsam mit den zuvor schon auf Wight stationierten Technikern damit beschäftigt, ihre Anlage zu warten und zu optimieren. An diesem Nachmittag meldete ihm ein Soldat, dass Sergeant Amaranth Blackwell vom Fernmeldedienst, jener Veteran Anfang vierzig, der seine rot-blaue Tapferkeitsmedaille aus dem Ersten Weltkrieg an seiner Uniform spazieren führte, nach ihm gefragt hatte, weil der andere RDF-Experte eingetroffen war.

Alarmiert blickte Nic an dem Soldaten vorbei zur offenen Tür hinaus. Bedeutete Jacks Eintreffen hier, dass Operation Rutter tatsächlich unmittelbar bevorstand? Er sortierte kurzerhand sein Werkzeug in die Rolltasche, verließ seinen Arbeitsplatz und die ihm neugierig nachsehenden Kollegen und begab sich hinüber ins Haupthaus. Dort führte Blackwell Jack gerade über die breite Wendeltreppe ins obere Stockwerk hinauf, um ihm gleich beim Treppenabsatz ein Zimmer zuzuweisen.

Nic grinste darüber. Während er und die meisten Offiziere hier in Zelten lebten, bekam der »unbekannte Fremde« einen

Raum im Herrenhaus. Unauffällig war das nicht unbedingt, ebenso wenig, dass Jack nun die Uniform der Army trug – ohne irgendwelche Regiments- oder Divisionsabzeichen auf der Schulter, aber noch immer seine blauen RAF-Taschen benutzte, statt der kakifarbenen der Army.

Nic eilte die Stufen hinauf und warf einen prüfenden Blick in Jacks Zimmer. Es gab lediglich ein mit weißen Decken bestücktes Bett, das ebenso heruntergekommen wirkte wie die Möbel in Cecs Dienstraum, dazu ein altes Waschbecken mit Wasserhähnen aus Nickel, darüber hing ein Spiegel.

»Wo wollen Sie essen?«, fragte Blackwell Jack gerade.

»Das ist mir gleich – nur möglichst unauffällig.«

»Ich sorge dafür, dass Sie die Mahlzeiten hier herauf bekommen«, schlug Blackwell vor.

»Die erste Mahlzeit nehme ich hier ein. Wenn ich mich ein wenig umgesehen habe, entscheide ich weiter.«

»Gut, dann bringe ich Sie jetzt zu Captain Murray Osten. Er ist der Chef der A-Kompanie. Diese wird Ihnen bei Ihrem Weg zur RDF-Station helfen.«

Nic räusperte sich und die beiden Männer drehten sich zu ihm um.

»Nic!« Jack lächelte, eilte herüber und drückte ihm fest die Hand. »Begleiten Sie uns zum Captain?«

»Aber sicher.«

Als wäre Jack jetzt erst aufgefallen, dass er den Sergeant nicht einmal nach dem Namen gefragt hatte – was wohl durch die Geheimhaltung erschwert war –, fragte er: »Wie spreche ich Sie an, Sergeant?!«

»Blacky«, schlug Blackwell vor.

»Nennen Sie mich einfach Jack.«

Blackwell und Nic begleiteten den Engländer in das Dienstzimmer der A-Kompanie, wo Osten ihn mit den Worten begrüßte, dass er wohl der Mann sei, um den sie sich bis zum bitteren Ende zu kümmern hätten.

Jack antwortete gelassen: »So kann man es sagen.« Da er in der Uniform eines einfachen Soldaten steckte, stand er stramm.

»Sie benötigen für diese Sache dringend noch ein paar Männer an Ihrer Seite. Ich lasse morgen früh die Kompanie antreten, dann wählen Sie sich Ihre Leute selber aus.«

»Das halte ich für sinnvoll«, entgegnete Jack. »Wenn wir es in die Radarstation schaffen, bietet es sich an, so viele Gerätschaften wie möglich abzubauen und mitzunehmen. Die sind nicht nur ziemlich schwer, sondern auch zerbrechlich.«

Osten sah Nic fragend an, und er nickte beipflichtend. »Die Röhren können so groß sein wie die hier rumstehenden bunten chinesischen Vasen. Und kaum weniger empfindlich.«

Ehe Jack und er den Raum verließen, sah Nic, wie Osten auf den Kompaniebefehl der A-Kompanie für den nächsten Tag schrieb:

RDF-Experten nehmen teil.

Auf Jacks Wunsch hin führte Nic ihn noch ein wenig umher, unter anderem auch hinunter ans Meer, wo – wie so oft – einige Männer Schießübungen machten, indem sie auf der Kaimauer leere Flaschen als Ziele aufstellten. Die beiden sahen dem Treiben eine Weile zu, und als Jack sich vorbeugte, um eine der Sten-Maschinenpistolen zu inspizieren, rutschten ihm leise klirrend die braunen Erkennungsmarken unter dem locker getragenen Uniformhemd hervor.

Kurz beschien die untergehende Sonne den Namen, die Dienstnummer und die Buchstaben RAF. Dass er trotz aller Geheimhaltung seine richtigen Marken trug, fand Nic verständlich. Nicht jedoch, warum er das J für seine jüdische

Religionszugehörigkeit nicht hatte tauschen lassen gegen C. of E., wie sie die Angehörigen der Church of England trugen oder gegen die Kürzel der römisch-katholischen Kirche, R. C.

»Hältst du das für sinnvoll?« Nic deutete auf die Marken, die Jack eilig zurück unter sein Hemd stopfte. Leiser fuhr Nic fort: »Wir werden in das von Deutschen besetzte Frankreich gehen und du willst dich als Jude kennzeichnen?«

»Denkst du, das macht einen Unterschied für mich? Falls die Deutschen das zu sehen bekommen, bin ich mit Sicherheit nicht mehr am Leben.«

»Auch wieder wahr«, murmelte Nic und wandte sich vom Meer ab, das die blassgelbe Farbe der untergehenden Sonne aufgesogen zu haben schien.

»Erzähl mir von dort.« Jack hielt beim Aufstieg mühelos mit, was bewies, dass er nicht nur eine sportliche Statur hatte, sondern konditionell gut ausgerüstet war.

»Das habe ich doch schon.« Nic grinste darüber, wie begierig Jack auf all die Informationen war. »Die Radarstation gab es natürlich noch nicht, als ich dort lebte, aber ja, ich kenne den Caude Côte, eine Anhöhe oberhalb der Klippen, nicht ganz einhundert Meter hoch, etwas mehr als drei Kilometer von Dieppe entfernt in der Nähe von Pourville-sur-Mer.«

»Offenbar weiß ich mehr als du«, sagte Jack. »Seit dem Überfall der Elitetruppe des COHQ auf Bruneval haben sie die Station in Stacheldraht gewickelt. Das war auf den Luftbildern, die man mir in London gezeigt hat, gut zu sehen. Ebenso, dass die Jerries im Umkreis von vierzig Metern jeden Busch, der Deckung geboten hätte, rausgerissen haben, auch das Gras ist penibel geschnitten.«

»Na, prima«, brummte Nic, war aber einmal mehr in Erinnerungen versunken. Henry und er waren ab und an zur Scie gewandert – ihrem Orientierungspunkt bei der geplanten Landung –, um dort zu angeln. Nicht sehr erfolgreich, doch darauf war es nicht angekommen. Es war ihr Zufluchtsort gewesen. Vor dem Alltagstrott, den Schulaufgaben und der Feldarbeit. Das Glucksen des Wassers, das Säuseln des Windes im hohen Ufergras und das stete Grillenzirpen hatten – im Verbund mit der Sonne, die ihre Körper gewärmt hatte – die milden Tage in der oft so wilden Normandie ausgemacht. Zusammen mit den Wochen, in denen die deutschen Bekannten der Aubertins zu Besuch gewesen waren.

Jack schien es nicht zu stören, dass er auch heute nicht der Gesprächigste war. Schweigend erklommen sie den Hügel, auf dem das Castle thronte, und verabschiedeten sich dort voneinander. Nic sah zu, wie Jack das Herrenhaus betrat, dann wandte er sich der Zeltstadt zu.

Zwei Funker lagen bereits auf ihren Pritschen und schliefen, vermutlich mussten sie in der Nacht raus. Also wusch er sich leise, setzte sich auf sein Feldbett und kramte in seiner Tasche nach dem einzigen Buch, das er mitgenommen hatte – einer englischen Bibel. Seine Mutter hatte sie ihm nach ihrer Ankunft in Kanada geschenkt, da sie ihm helfen sollte, die Sprache zu vervollkommnen.

Zwischen den dünnen Seiten lag eine inzwischen reichlich abgegriffene Fotografie, die er behutsam hervorholte. Mit dieser in der Hand verließ er seine Unterkunft, weil er das letzte Licht des Tages auszunutzen wollte, um sie zu betrachten.

Isabelle, Henry, Waldemar und er selbst saßen auf der Promenadenmauer in Pourville, im Hintergrund war verschwommen das Meer zu sehen. Alexander und Cara, die beiden Abenteuerlustigsten unter ihnen, standen Arm in Arm hinter ihnen auf der Mauer. Cara grinste breit in die Kamera, ihr Haar wirbelte wild auf. Als Henrys Vater damals den Auslöser gedrückt hatte, musste ein heftiger Windstoß von der See her kommend über den Strand gefegt sein.

Nic hatte oft mitangesehen, wie der Wind mit diesen wilden roten Locken spielte. Lange hatte er das einfach nur lustig gefunden, bis er eines Tages bemerkt hatte, dass Caras Haar – je nach Lichteinfall – wie Feuer aufglühte. Ebenso wie sein Herz, wenn er ihre Stimme, ihr Lachen hörte, ihren Blick auf sich fühlte, ja wenn er nur an sie dachte …

»Wo bist du? Geht es dir gut?«, flüsterte er in den lauen Nachtwind, der den verbliebenen Rosenduft mit sich forttrug und die Blätter der Bäume zum Rauschen brachte. Ein Vogel zirpte einen letzten Gruß, ehe die Nacht sich vollständig über die Insel und den Atlantik senkte.

Traurigkeit und Sehnsucht vermengten sich mit der unterschwelligen Nervosität, die Nic verspürte, seit er von Jacks Ankunft erfahren hatte. Vorfreude darauf, seine einstige Heimat wiederzusehen, kämpfte gegen das Gefühl an, eine riesengroße Dummheit begangen zu haben. Vermutlich würde er dort sterben, wo er geboren worden war. Allerdings konnte ihr Erfolg den Luftkrieg entscheidend verändern, ebenso das Nahen einer großen Flotte verschleiern, was nötig war, wenn man je die Pläne für ein groß angelegtes Landeunternehmen umsetzen wollte. Denn mit neuen Erkenntnissen rund um die Funktion von Freya und ihr mögliches Zusammenspiel mit den Würzburg-Radargeräten konnte man daran arbeiten, das deutsche Radar zu stören.

Nic gähnte hinter vorgehaltener Hand, wobei er den Blick nicht von der Fotografie nahm, von der er im unzureichenden Licht kaum mehr als den gezackten weißen Rand und graue Schatten sehen konnte. Ihm war, als lösten sich die Nachbarn und Freunde von einst in einem undurchdringlichen Dunst auf, der ihre Trennung symbolisierte. Die Jahre, die zwischen damals und heute lagen, die Tatsache, dass sie in drei verschiedenen Ländern lebten, eine alte Freundschaft, die im Strudel eines

Krieges versank und sie zu Feinden machte. Traurig wandte er sich um. Er würde wohl keinen von ihnen je wiedersehen.

~Carolina, bei Pourville-sur-Mer, Normandie/Frankreich~

Fasziniert las Cara den Nachbericht eines nächtlichen Vorkommnisses, das Freya aufgezeichnet und Frieda in der Nachtschicht gehörig unter Stress gesetzt hatte. Ebenso wie den Wachoffizier mit ihr im Raum. Sie hatten die Sichtung zwar in den Meldebogen eingetragen, jedoch nicht die angeschlossenen Truppen und Dienststellen informiert. Denn bevor sie überhaupt entscheiden konnten, ob sie Meldung machen sollten, war die sehr nahe herbeigekommene Zacke auf dem Bildschirm wieder verschwunden gewesen. Als hätte es sie nie gegeben.

Es könne sich um ein Aufklärungsflugzeug der RAF gehandelt haben, das schnell abgedreht sei, vermuteten einige, andere meinten, es sei eine Fehlfunktion des Radargeräts gewesen. Die dritte Theorie besagte, dass einer der eigenen Piloten aufgezeichnet worden sei, doch diesem Szenario widersprachen die meisten. Immerhin mussten alle deutschen Flieger eine Flugmeldeankündigung einreichen, die den Abflughafen und die Abflugzeit beinhaltete, des Weiteren Zahl und Baumuster des Flugzeugs, den voraussichtlichen Flugweg und den geplanten Rückflugweg. Dennoch kam es natürlich auch mal vor, dass Piloten entweder Orientierungsprobleme hatten oder einen technischen Defekt. Womöglich war das Fluggerät noch vor der Küste abgestürzt. Letztere Theorie führte dazu, dass man am frühen Morgen bei der Fliegereinheit anklingelte und um Informationen über deren Einsätze, vermisste Flugzeuge und Piloten bat.

Es dauerte erschreckend lange, bis telefonisch die Nachricht eintraf, dass ihre nächtliche Flugaktivität nicht zur Anfrage passte.

Cara legte Friedas Meldebogen ab. Das Phänomen blieb ungeklärt. Sie setzte ihren Kopfhörer auf und widmete sich ihrer Aufgabe, in der Vermutung, dass wohl wieder alles ruhig bleiben würde. Langweilig. Eintönig. Ein wenig beneidete sie Frieda um die Aufregung der vergangenen Nacht, selbst wenn sie im Grunde nicht wollte, dass die Briten mit ihren Verbündeten ausgerechnet Dieppe und Umgebung als Ziel auserkoren. Immerhin wohnte sie jetzt hier. Und dann gab es da noch Isabelle und ihre Kinder …

Die Minuten wurden zu Stunden. Zweimal schaute Dienststellenleiter Weber bei ihr vorbei, ging dann aber wieder. In ihrer Pause saß Cara außerhalb der Station auf einer mit Dünengras bewachsenen Erhebung und beobachtete die Möwen, die versuchten, ihr die Wurst vom Brot zu stibitzen. Der frühe Nachmittag verging ebenso eintönig und ereignislos, schließlich kam Evelyne zur Ablösung.

Die Frau hörte sich Caras knappen Bericht an und übernahm dann ihren Arbeitsplatz. Seit Cara am Vorabend die Führerin der hier untergebrachten Luftwaffenhelferinnen bei Gertruds Geburtstagsparty um etwas mehr Ruhe gebeten hatte, sprach die Halbfranzösin nur noch das Nötigste mit ihr. Cara machte die ihr gegenüber gezeigte Abneigung zu schaffen, da sie ein gewisses Harmoniebedürfnis hatte – allerdings nicht auf Kosten anderer.

Da ihre Führerin offenbar nachtragend war, hielt sie es für besser, das Thema nicht noch einmal aufzugreifen. Sie hoffte vielmehr, dass Evelyne sich bald wieder beruhigte und das Geschehene dahin schob, wo es Caras Meinung nach hingehörte: in die Vergangenheit.

Gelegentlich mussten Dinge geklärt werden, dabei konnte man schon mal leidenschaftlich diskutieren, um eine Lösung zu finden, doch danach durfte dann alles wieder gut sein. So kannte sie das aus ihrer Familie. Allerdings hatte Cara lernen müssen, dass diese Art der Krisenbewältigung nicht immer und überall funktionierte. Im Hinblick auf den sich ausweiteten Weltkrieg hätte sie das durchaus positiv gefunden, obwohl der Gedanke vielleicht naiv war …

Sie hob ein Fahrrad von ihrem herunter, das wie immer an einer Böschung des schmalen Weges lehnte, schwang sich auf den Sattel und radelte mit gewohnt viel Schwung abwärts. Sie bog auf den Feldweg ein, der sie an den letzten Häusern von Pourville vorbeiführte und streckte wie so oft übermütig die Beine nach links und rechts aus. So streifte sie mit den Halbschuhen die äußersten Halme eines Weizenfelds, diese und die dort wachsenden Mohnblumen winkten ihr daraufhin munter zu.

Bald umgab sie nichts anderes als die geschwungenen Hügel voller goldfarbenen Ähren, dahinter erahnte sie verschwommenes Meeresblau und die über dem Horizont zusammengeballten weißen Gewitterwolken. Warme Böen wirbelten wie unsichtbare Tänzer durch die Felder und beugten die Halme – erste Vorboten des nahenden Unwetters.

Da Cara das Schauspiel aufmerksam verfolgte, gewahrte sie auf einem der Hügel eine einsame weibliche Gestalt. Deshalb, und weil die Räder inzwischen kräftig über den unruhigen Untergrund holperten, stellte sie ihre Füße wieder dorthin, wo sie hingehörten, und umgriff den Lenker fester. Die Frau schien aus dem kleinen Waldstück oberhalb gekommen zu sein. Verwundert bremste Cara so weit ab, dass das Rad nur noch langsam über die aufgeworfene Erde und Steinbrocken rollte. Von früher wusste sie, dass es in dem Hain aus Birken, Weiden, vorrangig aber windschiefen Kiefern nichts gab außer einer Menge Unterholz und einer Erdbodenverwerfung, einem tiefen, karstigen Graben gleich. In diesem hatten sich die Jungen einst ein Versteck eingerichtet, das sie allerdings nicht lange vor Cara hatten geheim halten können. Was also suchte diese Gestalt an dem doch recht unwirtlichen Ort?

Die Fahrradkette und die Schutzbleche klapperten, als sie über größere getrocknete Erdbrocken radelte. Dies hörte auch die einsame Spaziergängerin und wandte sich um. Es handelte sich um Isabelle.

Cara konnte trotz der Entfernung sehen, wie ihre ehemalige Freundin erschrocken zusammenzuckte. Offenbar hatte diese sie zuvor weder gesehen noch gehört. Letzteres konnte an dem zunehmenden Anstürmen des Windes gegen die normannische Küste gelegen haben. Er dröhnte in den Ohren, und als Cara in Richtung Meer auf denselben Feldweg einbog, über den Isabelle nun davoneilte, musste sie gegen kräftige Böen antreten. Dennoch holte sie die Französin zügig ein. Sie verlangsamte ihr Tempo und sprang schließlich neben ihr vom Sattel. »Salut, Isabelle.«

»Du schon wieder?«

Cara presste kurz die Lippen zusammen und schüttelte traurig den Kopf. Offenbar gab es kein Durchdringen zu der Freundin von früher. Zu viel war passiert, seit sie beide ihre Jugend und die gemeinsamen Sommer hinter sich gelassen hatten.

»Du warst spazieren?«, fragte Cara dennoch. So schnell würde sie nicht klein beigeben.

Isabelle brummte nur etwas Unverständliches.

»Wo sind denn deine Kinder?«

»Im Haus.«

Cara öffnete den Mund, schloss ihn aber wieder. Ausnahmsweise sagte sie einmal nicht, was sie dachte, nämlich, dass die beiden zu klein waren, um ständig allein zu sein. Allerdings hatte Isabelle kaum eine andere Möglichkeit, als ihre Kinder sich selbst zu überlassen. Immerhin zwangen die Deutschen sie dazu, den Haushalt für die Helferinnen zu führen. Und dies, obwohl die Militärverwaltung mit ihren Feldkommandanturen – Stäbe mit nicht einmal hundert Mann in den jeweiligen Département-Hauptstädten – eher die Ausführung von Verwaltungsmaßnahmen überwachte, als eine richtige Besatzung zu betreiben.

Lange hatte es keine Gewaltanwendung gegen die französische Bevölkerung gegeben – von den Maßnahmen gegen die Juden einmal abgesehen. Cara war dankbar, dass man sich weitestgehend an die Haager Landkriegsordnung hielt. Wenigstens das.

Cara vermutete, dass dies an einer Vorliebe für Frankreich, seine Bewohner und seine Kultur in den Reihen der Militärs lag. Und einem noch vorhandenen Überbleibsel von Rechtsbewusstsein. Derzeit drohte dies allerdings zu kippen, was wohl daran lag, dass sich einzelne Bürger zu Widerstandsgruppen zusammenschlossen.

Sie fragte sich, weshalb Isabelle durch die Felder streifte – oder durch ein undurchdringliches Waldstück. Normalerweise war sie um diese Zeit in der Küche und bereitete die nächste Mahlzeit vor.

»Ist es dir recht, wenn ich ein bisschen mit Tayla und Cedric spiele, während du kochen musst?«

Isabelle warf ihr einen unfreundlichen Blick zu. Vermutlich war es Frustration, die sie ihre Hände zu Fäusten ballen ließ.

»Ich würde dir gern anbieten, das Zubereiten der Mahlzeit zu übernehmen, damit *du* Zeit mit ihnen verbringen kannst. Aber meine Kochkünste …« Sie ließ den Satz in der Luft hängen und beobachtete Isabelle genau. Hatte da nicht ein winziges Lächeln an ihren Lippen gezupft? Sicher erinnerte sie sich daran, wie Cara einmal das Frühstück für ihre eigene sowie Isabelles und Henrys Familie hatte vorbereiten wollen und sie beinahe die Feuerwehr gebraucht hätten.

»Wie du willst«, lautete Isabelles unfreundliche Antwort auf die Frage nach der Beschäftigung für die Kinder.

»Das mache ich gerne«, gab Cara zurück, als hätte die Mutter sie darum gebeten. Von Isabelle kam ein Laut, den Cara überhaupt nicht einschätzen konnte. War es Frustration und Wut, umschmeichelt von Dankbarkeit und Belustigung? Weil sie durchaus empfänglich war für den kleinen humorvollen Seitenhieb?

Irgendwo in dieser verhärmten, wütenden und trauernden Frau steckte noch die Isabelle, die artig mit Sonnenhut und Schuhen am Strand entlangspaziert war und heimlich über die Eskapaden der wilden deutschen Freundin gelacht hatte. Die Cara in sternenklaren Nächten ans Ufer hinunter gefolgt war – zitternd vor Sorge, dabei erwischt zu werden, und voller Furcht vor den schwarzen Wellen. Damals hatte Isabelle ihr im fahlen Mondschein von ihren Zukunftsträumen erzählt. Und ja, sie lebte tatsächlich noch hier an der Küste, hatte geheiratet und zwei Kinder. Und dennoch war nichts so, wie sie es sich erträumt hatte.

Ein brauner Schleier hatte sich über ihr Leben gelegt, der Träume und Hoffnungen, Liebe und Freude verschlang. Nun war Cara Teil dieses Schleiers. Teil des Heeres, das in einem triumphalen Blitzkrieg – innerhalb von nur sechs Wochen – den »Erzfeind« besiegt hatte.

Der Süden Frankreichs blieb als »État français« unter Philippe Pétain eine eigenstaatliche freie Zone. Diese Unabhängigkeit und Freiheit, das stellte sich bald heraus, war allerdings sowohl den Juden als auch den Kommunisten verschlossen. Alexander hatte Cara erzählt, dass die französische Polizei und die dortige Verwaltung beide Gruppen der Verfolgung der Nazis überließen, ja sie ihnen regelrecht auslieferte.

Der Norden und Westen Frankreichs und damit der Großteil der Grande Nation galt als besetzte Zone, der

Militärverwaltung stand General Carl Heinrich von Stülpnagel vor. Dieser Küstenabschnitt war nun Teil des Atlantikwalls, wo – so lautete Hitlers Wunsch – alle fünfzehn Meter einer jener hässlichen Bunker gebaut werden sollte. Die Umsetzung konnte, das zeigte die Realität, noch Jahre dauern, falls sie überhaupt machbar war.

Viele Franzosen schienen sich mit der Situation zu arrangieren, Isabelle ganz offensichtlich nicht. Und dafür gebührte ihr Caras Respekt. Denn ihr wäre es wohl kaum anders ergangen – nein, sie fühlte genauso!

Schweigend legten sie den Rest des Weges zurück. Isabelle bog in Richtung Garten und Hintertür ab, als müsste sie sich heimlich ins Haus schleichen, Cara nahm den Haupteingang. Aus einem der wuchtigen Sessel im Foyer erhob sich ein Mann und kam auf sie zu. Da der Raum im Dämmerlicht lag, vorrangig, weil die dunkle Wolkenfront draußen die Sonne gestohlen hatte, erkannte sie August erst, als er fast vor ihr stand. Ihre Mundwinkel zuckten unschlüssig. Sie wusste einfach nicht, wie sie diesen entfernten Verwandten einschätzen sollte.

»Guten Tag, Carolina. Ich wollte mal sehen, ob du dich inzwischen eingelebt hast.«

»Mir geht es bestens, danke der Nachfrage.«

August legte beide Hände in seinen Rücken, ein Gebaren, das bei Cara stets Erheiterung hervorrief. Neuerdings schienen viele Männer, vorrangig Militärs, diese Geste zu lieben. Auf sie wirkte sie gewollt aristokratisch steif.

»Außerdem wollte ich dich fragen, ob du mit mir essen gehst. Es gibt hier ein nettes –«

»Tut mir leid, August. Ich habe versprochen, mich um Tayla und Cedric zu kümmern. Da ihre Mutter von frühmorgens bis spätabends arbeitet, kommen die beiden viel zu kurz.«

August runzelte die Stirn. Er war aufmerksam und intelligent genug, um den kaum versteckten Vorwurf in ihren

Worten wahrzunehmen. Die Luftwaffe vereinnahmte Isabelle ohne Rücksicht auf deren Privatleben und die kleinen Kinder.

»Dein … Helferwahn, andere betreffend, ist offenbar krankhaft und unvermeidbar«, spottete August. »Und ich dachte, du wärst inzwischen … vorsichtiger geworden, was deine spitze Zunge anbelangt.«

Cara neigte den Kopf und musterte ihn mit gerunzelter Stirn. In Erinnerung an Alexanders Brief und angesichts der Aussage eben, musste sie wohl annehmen, dass August genau ins Bild gesetzt war. Demnach wusste er von der Akte über sie und dass man sie quasi aus der Heimat verbannt hatte, weil sie dabei gewesen war, sich noch tiefer in Schwierigkeiten zu manövrieren. Wollte er hier so etwas wie ihren Aufpasser, ihren Beschützer geben?

»Nun gut«, meinte August, der ihrem prüfenden Blick nicht ausgewichen war, vielmehr hatte er regelrecht zurückgestarrt. Als gelte es, nicht nur sein gesundes Selbstbewusstsein, sondern eine Art Dominanz über sie zu beweisen. »Ich sage der Hauswirtin, dass ich als Gast zur Abendmahlzeit bleibe, während du ihre Brut einsammelst. Wie wäre es mit einem Spaziergang am Strand?« August überging einfach die Regelung, dass Cara einen Besuch mit ihrer Führerin abzusprechen hatte.

»Geht das denn? Bei all dem Stacheldraht dort unten befürchte ich auch Landminen im Sand.«

»Ich habe mich informiert. Es gibt durchaus Abschnitte, die unbedenklich sind. Noch.«

Cara wiegte zweifelnd den Kopf. August mochte recht haben, doch sie traute dem nicht. Wer wusste schon, ob der wahre Umfang der Abwehrbefestigungen ordentlich dokumentiert und für einen Arzt einsehbar war. Ob sich zwischen dem Zeitpunkt, an dem sein Auskunftsgeber einen Strandabschnitt als ungefährlich eingestuft hatte, und heute nicht einiges geändert hatte. Außerdem verspürte sie wenig Lust, ihre freien

Stunden mit August zu verbringen. Sie fand ihn weder charmant noch sonderlich interessant. Er war ihr kein Freund, immerhin kannten sie sich kaum.

»Die Kinder sind oft sich selbst überlassen. Ich nehme an, dass sie von ihrer Mutter ein striktes Verbot haben, zum Strand hinunterzugehen. Was absolut sinnvoll ist. Dies möchte ich nicht untergraben und die beiden damit in Gefahr bringen.«

August kniff die Augen zu Schlitzen zusammen, dann nickte er sichtbar unwillig. Offenbar war ihm der Strandspaziergang wichtig gewesen.

»Wir können mit ihnen in den Garten gehen«, schlug Cara vor. Dort konnten die Kinder spielen und sie und August waren stets unter Beobachtung von Isabelle oder den Kolleginnen, die gerade frei hatten. So konnten weder ihre Führerin noch ihre Vorgesetzten bei der Luftwaffe ihr ein unkeusches Verhalten vorwerfen, auf das sie bei den Helferinnen sehr viel Wert legten.

»Na schön.« Augusts Stimme verhehlte nicht, dass ihm ihr Vorschlag nicht zusagte. Darüber amüsiert grinste Cara ihn an. Er drehte sich ruckartig um und ging mit polternden Schritten zur Küchentür. »Madame Aubertin, ich bleibe ebenfalls zum Essen. Richten Sie sich bitte darauf ein. Und bringen Sie mir und Carolina ein Glas leichten Weißwein in den Garten.«

Von Isabelle kam keine Antwort, vermutlich hatte sie lediglich genickt. Cara hingegen schüttelte den Kopf. August benahm sich, als wäre er der Herr des Hauses.

»Du benimmst dich wie ein Patriarch«, rügte sie ihn.

»Die Lage ist nun mal, wie sie ist«, gab er großspurig zurück und baute sich vor ihr auf. »Wo sind nun die lieben Kleinen?«

»Geh du nur schon mal in den Garten. Ich komme mit ihnen nach.«

»Warum nur hege ich die Befürchtung, dass du nach vorne raus verschwinden wirst?«

Cara blinzelte einmal zu viel. Sie konnte schlicht nicht einschätzen, ob er seine Frage so grimmig meinte, wie sie klang, oder ob da eben – ganz versteckt – eine Spur von Humor durchgeblitzt war. »Ein guter Vorschlag«, konterte sie.

August hob nur die Augenbrauen und starrte sie erzürnt an. Der äußere Ring seines Parteiabzeichens an der Uniform leuchtete blutrot, als wollte es sie warnen. So manch andere Frau hätte vermutlich erschrocken über so viel gezeigte Kälte den Kopf gesenkt. Cara jedoch grinste und ließ ihn einfach stehen.

Erst auf der Treppe, als sie aus seinem Sichtfeld verschwunden war, schloss sie für einen Moment die Augen. Seine dominante Anspruchshaltung missfiel ihr nicht nur, sie machte ihr sogar Angst, obwohl sie das gut zu verstecken wusste. Sein Vater mochte sie auf Bitten ihres Vaters hierher versetzt haben. Das hieß aber nicht, dass August ihr auch wohlgesonnen war.

Da sich die Kinder weder im Garten noch im Foyer aufhielten, eilte Cara die Stufen unter das Dach hinauf. Sie fand die beiden in ihrem Zimmer. Cedric schob lustlos zwei Holzautos über den Holzfußboden, Tayla lag auf ihrem Bett, mit einem Seil um den Knöchel am Bettpfosten festgebunden. Darüber und beim Anblick von Taylas vom leisen Weinen verquollenem rotem Gesicht wäre Cara beinahe ebenfalls in Tränen ausgebrochen. Die Unfreiheit der Mutter war auch die der Kinder …

»Warst du das?«, fragte Cara den Jungen, darum bemüht, nicht allzu vorwurfsvoll zu klingen. Womöglich war Cedric nichts anderes übrig geblieben, um Tayla im Zimmer festzuhalten.

»Nein.« Cedric klang verängstigt.

Cara setzte sich aufs Bett und bemühte sich, den durchs viele Strampeln festgezogenen Knoten zu lösen. Dann hob sie das Mädchen auf ihren Schoß. Zitternd und schluchzend lehnte sich Tayla in die Umarmung.

»Es war die andere Frau in Uniform. Eine wie du«, verriet Cedric leise.

Cara nahm das Schiffchen vom Kopf. Am liebsten hätte sie es quer durch den Raum geschleudert. Doch sie musste ihren Ärger über die Behandlung von Isabelles Kindern für sich behalten. Ansonsten hätte sie die beiden Kleinen nur noch mehr geängstigt.

»Welche?«, fragte sie nach.

»Die mit dem ganz hellen Haar.«

»Mademoiselle Evelyne?«

Cedric zuckte mit den Schultern. Die anderen Frauen gaben sich nicht mit Isabelle und ihren Kindern ab. »Die Soldatin, die außer dir Französisch spricht.«

»Evelyne!« Cara strich dem Jungen durchs Haar. Im Augenblick ärgerte sie sich über sich selbst. Vermutlich war dies die Racheaktion für die gesprengte Party. Dass die Halbfranzösin ihre Aggression darüber an unschuldigen, wehrlosen Kindern ausließ, erzürnte sie. Leider war das wohl etwas Alltägliches – vor allem in diesen Zeiten. Die Schwachen, jene, die von den Nazis an den Rand der Gesellschaft gedrängt worden waren, galten quasi als vogelfrei.

»Sie hat gesagt, wenn ich Tayla losbinde, ehe sie zurück ist, und wenn wir Lärm machen, während sie im Haus ist, wird sie uns über die Klippen ins Meer werfen.«

Cara schnappte nach Luft. »Das wird sie sicher nicht tun, Cedric«, versuchte sie, den aufgelösten Jungen zu beruhigen, obwohl sie sich da leider nicht so sicher war. Sie musste sich dringend überlegen, wie sie die beiden und Isabelle beschützen konnte …

»Jetzt gehen wir erst einmal hinunter in die Küche und ihr trinkt etwas. Im Garten wartet … ein Verwandter von mir. Ihr könnt dort spielen, solange er und ich draußen sitzen. In Ordnung?«

Cedric strahlte bei dem Gedanken, ins Freie zu dürfen, Tayla jedoch schlang Schutz suchend einen Arm um ihren Nacken. Also stand sie mitsamt dem Mädchen auf und folgte dem älteren Bruder die Treppe hinunter in die Küche.

Isabelle musterte ihre verweinte Tochter und warf Cara erst einen fragenden, dann einen wütenden Blick zu. Da August in der Hintertür stand, wohl, weil er sich gefragt hatte, wo sie so lange blieb, schüttelte Cara nur leicht den Kopf. Vielleicht verstand Isabelle ja, dass sie später darüber sprechen wollte.

Cara wies Cedric an, für ihn und seine Schwester ein Glas Wasser aus dem Krug zu holen und hinauszutragen. August machte dem Kind Platz.

In diesem Augenblick zischte Isabelle Cara zu: »Ihr seid alle Monster!«

Cara zögerte kurz, dann gab sie leise zurück: »Danke.«

Isabelle, die sich bereits dem Herd zugewandt hatte, wirbelte herum.

»Dafür, dass du mir gegenüber ehrlich bist und aussprichst, was du denkst. Das zeigt mir: Ich besitze noch immer dein Vertrauen.«

Isabelle setzte zum Sprechen an, schloss den Mund jedoch wieder. Sie wirkte verwirrt.

»Wir müssen später darüber reden, wie wir deine Kinder vor den Launen meiner Kolleginnen beschützen können. Jetzt muss ich mich aber erst einmal um diesen Arzt kümmern, der – weshalb auch immer – plötzlich Interesse an mir zeigt.«

»In diesen Zeiten ist das … bedenklich.« Isabelle wandte sich hastig um, als ärgerte sie sich, dass sie sich zu dieser Äußerung hatte hinreißen lassen.

Cara hingegen lächelte glücklich. Vielleicht drang sie allmählich doch zu der Frau durch.

* * *

August hatte dreimal Wein nachgeordert, während Cara noch immer an ihrem ersten Glas nippte. Sie vertrug nicht viel Alkohol, weshalb sie sich zurückhielt. Nach etwas mehr als einer Stunde, in der hauptsächlich August die Unterhaltung bestritten hatte, löste sich Tayla endlich von ihr und tappte hinüber zu ihrem Bruder. Der hatte in einem Stückchen bereits abgeernteten Nutzgarten Straßen in die dunkle Erde gezogen und gab seiner Schwester großmütig eines seiner beiden Holzautos. Vermutlich hatte er unter der vorigen Situation kaum weniger gelitten als die Festgebundene selbst, zumal er, im Gegensatz zu der Kleinen, Evelynes Drohung verstanden hatte.

August beendete seinen Vortrag über seine Laufbahn, kaum dass Tayla von Caras Schoß geklettert war. Er beugte sich über die Tischecke und sagte in vertraulichem Tonfall: »Als ich hier heraufgekommen bin, hatte ich nicht im Sinn, auf die Rotzlöffel aufzupassen.«

»Ich könnte mir meine freien Stunden auch anders vorstellen«, gab Cara unverzüglich zurück. »Aber das Verhalten so mancher Besatzer ist dergestalt, dass es mir das Herz bricht. Im Hinblick auf die Kinder und ihre Mutter.«

August atmete tief durch und schüttelte dabei den Kopf, als hätte er eine vorlaute Göre vor sich. »Wie ich schon sagte: Helferwahn!«

»Die Kleine war mit ihrem Bein an ihr Bett gefesselt, dem Jungen drohte man, ihn und seine Schwester über die Klippen zu werfen, sollten sie nochmals stören.« Cara, noch immer aufgewühlt wegen dieser grausamen Drohung gegenüber einem Kind, sprang auf.

»Dein Verhalten macht ihre Lage nicht besser.«

Cara fiel zurück auf den Gartenstuhl. Mit weit aufgerissenen Augen schaute sie den Mann an. Wusste er von der Auseinandersetzung in der Nacht zuvor? Davon, dass sie sich ab und zu mit den Kindern beschäftigte oder kleinere Aufgaben im

Haushalt übernahm, damit Isabelle mal Zeit zum Durchatmen hatte?

»Hast du einen Spitzel hier im Haus?«

»Allein diese Frage bestätigt meinen Verdacht.«

»So, es ist also nur ein Verdacht?« Misstrauisch rückte sie mitsamt Stuhl ein Stück vom Tisch ab und damit von ihm weg.

»Es hat schließlich seinen Grund, weshalb dein Vater nach Jahren des Schweigens plötzlich mit dieser Bitte, dich aus dem Schwarzwald wegzuholen, an meinen Vater herangetreten ist.«

»Wie schön, dass du über meine Angelegenheiten besser informiert bist als ich selbst.«

»Du hast inzwischen per Feldpost Alexanders Brief erhalten. Also tu nicht so, als wüsstest du nicht, weshalb du hier bist.«

Cara schnappte nach Luft und erhob sich. August beugte sich vor, ergriff ihr Handgelenk und zog sie auf den Stuhl zurück. Sie wehrte sich nicht dagegen, da er sie so schneller wieder loslassen konnte, was er auch tat. Wobei seine Finger kurz über ihren Arm strichen.

»Du musst stillhalten, sofern du hier nicht dieselben Schwierigkeiten wie im Schwarzwald bekommen möchtest. Und diesmal bliebe meinem Vater nur noch übrig, dich in Richtung Ostfront zu versetzen.«

Entrüstet verschränkte Cara die Arme vor der Brust. »Schwierigkeiten?«

»Du bist bei Weitem nicht so naiv, wie du dich gerade gibst.«

Cara warf ihm einen aufgebrachten Blick zu, was ihn zu einem gelassenen Grinsen verleitete. Dabei sah sein Gesicht, das von zu viel Essen und Alkohol aufgedunsen war, sogar fast attraktiv aus.

»Jetzt hör mir mal gut zu, Carolina«, sagte er und beugte sich ihr entgegen. Sein Tonfall war nicht nur ernst, sondern regelrecht scharf. »Halte mit deiner … aufrührerischen Meinung hinterm Berg. Dort im Schwarzwald war man alarmiert –«

»Wer ist *man*?«, unterbrach sie ihn unhöflich.

Aus seinen graublauen Augen schienen Eisspitzen zu schießen. Ohne ihren Einwand zu beachten, fuhr er fort: »Alexander und du und man munkelt auch eure Eltern könnten in ernste Schwierigkeiten geraten, wenn um den Gutshof nicht endlich Ruhe einkehrt. Alexander hat sie ja bereits und –«

»Was weißt du über Alexander?«

Jetzt stutzte August und rieb sich den Nacken. Er sah an ihr vorbei zu den in der Pflanzenerde spielenden Kindern. Dann nickte er. Sein Gebaren versetzte Cara in eine Art verletzliche Angespanntheit. Ihre Eltern schrieben wenig, obwohl sie als Luftwaffenhelferin die Vorteile der Feldpost nutzen durfte, wohl, weil sie viel zu tun hatten. Dennoch erwartete sie, dass man es ihr mitteilte, sobald es irgendwelche schwerwiegenden Veränderungen in ihrem Leben gab.

»Offenbar weißt du es wirklich noch nicht.«

»Wovon weiß ich nichts?« Ihre Stimme zitterte, was wenig verwunderlich war. Denn ihr ganzer Körper schien zu beben.

»Alexander ist schon vor Wochen nach München gebracht worden. Es ist wohl äußerst schwierig, mit ihm in Kontakt zu treten, was Fragen aufwirft …«

Cara starrte August an. Angst und Verzweiflung brachen sich Bahn, kollidierten mit Entsetzen und Wut. Wut auch auf den Mann, der stolz sein Parteiabzeichen trug, welches erneut in der Sonne glänzte.

»Wie bitte? Warum das?«, hauchte sie.

»So etwas geschieht eben, wenn Leute aufgrund eines Heimtückevergehens verurteilt werden.« August zuckte wie beiläufig mit den Schultern.

Cara schloss für einen Moment die Augen, um den Mann und den Rest der Welt auszublenden. Das Gesetz gegen heimtückische Angriffe auf Staat und Partei und zum Schutz der Parteiuniformen war bereits 1934 erlassen worden. Kritische Äußerungen gegen die Regierung konnten mit bis zu fünf Jahren Gefängnis geahndet werden. Genau dieses Gesetz hatte vor Kurzem einen mit den Bibers befreundeten Landwirt für sechs Monate ins Gefängnis gebracht, wogegen Cara protestiert hatte. Niemand wusste so genau, wer den Mann angezeigt hatte, doch unter der Hand munkelte man, es sei der Nachbarlandwirt gewesen. Die beiden lagen seit Jahren miteinander im Streit.

»Du weißt so gut wie ich, dass dieses unglückliche Gesetz jedem Tür und Tor öffnet, einen ungeliebten Menschen loszuwerden. Ihm zu schaden. Es muss –«

»Und du weißt so gut wie ich, dass Alexander gegen die Partei arbeitet, Lügen verbreitet und die Dorfbewohner aufwiegelt.« Augusts Stimme klang, als schnitte jemand mit einer Säge durch Eis.

Cara sah ihn an, und ein erneutes Frösteln lief durch ihren Körper. Sie wusste nicht, ob dieser Mann etwas abgrundtief Böses in sich trug oder einfach nur kalt war. Doch das Flackern in seinen Augen versetzte sie in Unruhe. Noch mehr beunruhigte sie aber die Tatsache, dass Alexander verhaftet worden war. Er war oft krank, der Aufenthalt in Haft konnte seinen Allgemeinzustand erheblich verschlechtern. Eiskalte Sorge umspülte sie wie das Meer die vorgelagerten Felsen vor der Küste. Und sie musste sich die Frage stellen, warum ihre Eltern ihr nichts davon geschrieben hatten. Aus demselben Grund, weshalb sie jetzt hier war? Zu ihrem eigenen Schutz? Befürchteten Johanna und Albert, Cara könne etwas Unvernünftiges tun, sobald sie von der Inhaftierung ihres Bruders erfuhr? Vielleicht zu Recht … Trotz dieser Einsicht schwappte Verärgerung in ihr hoch, begleitet von einer Menge Fragen. »Aber warum München? Andere, die deshalb belangt werden, kommen in ein nahe gelegenes Gefängnis. Das ist … ungewöhnlich?« Cara war erneut aufgesprungen und unterstrich jedes ihrer Worte durch eine große Geste. August hingegen streckte seine Beine weit von sich und faltete die Hände auf seinem vorstehenden Bauch. Er erweckte den Eindruck, als amüsierte er sich über Caras Aufregung.

»Vermutlich ist da noch mehr, deshalb die Verlegung.«

»Was … mehr?«

»Liebe Carolina, das müsstest du doch besser wissen als ich. Was hast du getan, bevor man dich vorsichtshalber hierhergeschickt hat, in der Hoffnung, dass sich die Wogen glätten? Was haben deine Eltern getan? Was deine süße Schwägerin?«

»Was …? Nichts. Nichts haben sie getan! Es sind nur Alexander und ich, die gelegentlich einfach etwas tun müssen, um anderen zu helfen. Die …« Cara warf die Arme in die Luft. Als sie Augusts süffisantes Schmunzeln bemerkte, ballte sie die Hände zu Fäusten. Sein Grinsen wurde noch breiter. Also atmete sie tief durch und zwang sich zur Ruhe. Offenbar hatte der Mann seinen Spaß daran, sie aufzuregen. Sie zu … quälen?

Doch weshalb wusste er so viel über sie und ihre Familie? Warum erzählte er ihr das alles? Weil er sie warnen wollte? Oder weil er ihre Reaktion zu beobachten hatte. War er gekommen, da auch ihre Verhaftung kurz bevorstand? Sie verstand überhaupt nichts mehr – bis auf eines: Sie musste wesentlich vorsichtiger sein in dem, was sie tat und äußerte.

»Ich muss zurück«, stieß sie hervor. »Mir stehen doch ein paar freie Tage zu. Ich werde nach Hause fahren und –«

»Ich an deiner Stelle würde brav hierbleiben.«

»Ich kann doch nicht einfach untätig sein.«

»Du hast hier eine Aufgabe zu erfüllen, Blitzmädchen. Ich rate dir davon ab, auf irgendeine Art die Aufmerksamkeit gewisser Leute auf dich zu ziehen. Deine Familie im Schwarzwald muss allein zurechtkommen. Und das wird sie besser, wenn du dort nicht erneut für Aufregung sorgst.«

»Aber –«

August erhob sich etwas schwerfällig und baute sich vor ihr auf. Schwer legte er die Hände auf ihre Schultern, dabei musterte er sie eindringlich mit diesen kalten Augen. »Laut meinem Vater bist du aus einem guten Grund hier. Alexander ist jetzt erst einmal auf sich allein gestellt. Aber du hast mich. Halte dich an mich und an das, was ich dir sage, dann kommst du *vielleicht* davon. Und ich werde nicht auch noch in deine Schwierigkeiten hineingezogen.«

Cara wollte einen Schritt zurückweichen, damit er seine Hände von ihr nehmen musste, doch sein Griff war mittlerweile so fest, dass ihr das nicht gelang. Sie misstraute ihm zutiefst. Sein Vater mochte geholfen haben, aber offenbar hatte er nichts von dieser hilfsbereiten Ader auf seinen Sohn vererbt.

»Haben wir uns verstanden, Carolina Biber?«

Sie hielt es für angebracht, zu nicken.

Er musterte sie weiterhin kühl, dann spielte erneut ein süffisantes Lächeln um seine Lippen. »Hervorragend, meine Liebe. Du wirst sehen, wir werden uns gut verstehen. Vielleicht sogar mehr als das.«

Seine Hände glitten über ihre Schultern, legten sich an ihren Hals, strichen über diesen und umfassten schließlich ihr Gesicht.

Cara war darüber so perplex, dass sie erst leicht verzögert reagierte. Sie schlug seine Arme weg und wich zurück. »Lass das!«, fauchte sie ihn an.

Er lachte schallend auf, wandte sich ab und verließ den Garten durch das schrill quietschende Tor.

»Rühr mich nie wieder an«, rief sie ihm hinterher. Er hob lässig die Hand, ohne sich umzudrehen, und verschwand wenig später aus ihrem Sichtfeld.

Die Fäuste in die Seiten gestemmt, die Augenbrauen zusammengezogen, blickte Cara auf das geschlossene Holztor. Dann sackten ihre Schultern nach unten.

Alexander war wegen seiner aufrührerischen Worte verhaftet und ins entfernte München geschafft worden. Und offenbar stand nun ihre ganze Familie unter Beobachtung. Vermutlich hatten ihre Eltern dergleichen kommen sehen und sie rechtzeitig aus der Gefahrenzone gebracht.

Sie schüttelte wild den Kopf, weil sie das nicht in Ordnung fand. Vor allem nicht … auf diese Art. Sie war doch kein junger, dummer Hüpfer mehr, den man vor sich selbst retten musste. Betroffen blickte Cara zu den schnell ziehenden Wolken hinauf. Dennoch ging sie gern mal mit dem Kopf durch die Wand – und in den Augen ihrer Eltern mochte das ausgereicht haben, um zu handeln.

8

-August, bei Pourville-sur-Mer, Normandie/Frankreich-

Er fand Carolina zuckersüß, vor allem, wenn sie sich aufregte. August grinste und ging die geschwungene, leicht ansteigende Schotterstraße entlang. Vorn, an der besser instandgehaltenen und wesentlich breiteren Straße hatte er seinen Wagen stehen, den er als Arzt noch uneingeschränkt nutzen durfte.

Er geriet ins Schwitzen und außer Puste. Vielleicht hätte er seinen Körper doch nicht so vernachlässigen sollen. Aber das Leben hielt so viele Annehmlichkeiten bereit ... Er grinste und betrachtete seine Hände, die samtige Haut berührt hatten.

Bei dem Gedanken an Carolinas hellen Teint und die fröhlichen Sommersprossen darauf rührte sich etwas in seinem Körper. Das ungezähmte Aufblitzen in ihren schokoladenbraunen Augen hatte ihn betört. Wie gern hätte er in diese wilde rote Lockenmähne gegriffen.

In der Heimat gab es nicht wenige Menschen, die die Blitzmädchen, wie die Nachrichtenhelferinnen aufgrund des Blitzemblems auf ihren Uniformen genannt wurden, als Offiziersmatratzen beschimpften, ohne dass hierbei eine Unterscheidung der drei Heeresteile gemacht wurde. Diese

Vorwürfe waren schlicht unhaltbar. Wie in Pourville waren die Helferinnen zumeist möglichst weit weg von ihren männlichen Kollegen untergebracht, um unziemlichen Kontakt zu verhindern. Die Mädchen übernahmen die Arbeit von Männern, damit diese für die Front freigestellt werden konnten – was sie bei ebenjenen Soldaten nicht unbedingt beliebt machte.

Keuchend erreichte er seinen Wagen und lehnte sich erst einmal mit dem Rücken dagegen. Dabei glitt sein Blick über die Küstenbefestigungen zu den versteckt inmitten einiger Bäume liegenden Gehöften, wo Carolina untergekommen war. Bevor er sie gegen sich aufgebracht hatte, hatte er die Angst in ihren Augen gesehen. Nicht nur um ihren Bruder und den Rest ihrer Familie, sondern auch vor ihm.

»Gut so«, sagte er mit einem breiten Lächeln. Sie hatte allen Grund, ihn zu fürchten.

~Carolina, bei Pourville-sur-Mer, Normandie/Frankreich~

Die Brandung donnerte gegen die felsige Küste und warf Gischt auf. Ebenso unruhig sah es in Cara aus, seit August ihr am Nachmittag von Alexanders Verhaftung erzählt hatte. Sie fühlte sich rastlos, da sie zum Nichtstun verdonnert war. Bekümmert betrachtete sie die Lichtspur auf dem Wasser. In ihr zersprangen die von der Gischt aufgeworfenen Tropfen glitzernd wie winzige Diamanten, ehe sie zurück ins schwarze Meer fielen. Dort, so hatte es den Anschein, verbündeten sie sich zu einer über die Wellen hüpfenden weißen Bahn, die am Horizont endete, über dem der Mond stand.

Die Luft schmeckte salzig. Nach dem kurzen Gewitterschauer am frühen Abend war die Erde feucht und verströmte einen herben Geruch. Eingehüllt in dieses intensive Duftgemisch und das stete rollende Geräusch der Wellen schlich sich Cara am

Feldrand entlang am Manoir vorbei und auf den Hain zu, aus dem Isabelle früher am Tag gekommen war.

Cara war schon immer überaus neugierig gewesen. Da Isabelle von diesem Wesenszug wusste, hatte Cara mit ihrem Erkundungsausflug gewartet, bis sie die Frau die Stufen in ihr kleines Reich unter dem Dach hatte hinaufgehen hören.

Im verblühten Flachsfeld raschelte es. Sofort blieb Cara stehen und hielt den Atem an. Alle ihre Sinne waren geschärft, ihr Körper vibrierte förmlich. Gleich darauf sprang ein Feldhase über die Vertiefung zwischen diesem Feld und dem nächsten. Cara atmete erleichtert auf. Obwohl sie nicht übermäßig ängstlich war, mutete es doch ein klein wenig … seltsam an, des Nachts unterwegs zu sein. Hier gab es nur das fahle Licht der Sterne und des Mondes, der tief am Firmament stand. Nun, da sie sich allmählich von der Geräuschkulisse des Meeres entfernte, wirkte jedes andere Geräusch übermäßig intensiv. Näher, lauter … ein wenig unheimlich eben.

Cara wandte sich nach links und lief an einem weiteren Feldübergang entlang, um den Weg zu meiden. Dieser konnte viel zu leicht eingesehen werden, selbst wenn alle drei Häuser des Weilers inzwischen hinter den Nadel- und Laubbäumen verborgen lagen, die die Gehöfte wie ein Schutzschild umgaben.

Wenig später sah sie zurück. Nur noch die Baumwipfel und die Dächer waren zu sehen, da sie mittlerweile in einem der tiefer gelegenen Abschnitte der sanft geschwungenen Hügel stand. Sie bahnte sich einen Weg an stacheligem Gestrüpp vorbei, dorthin, wo sie von früher den Eingang zum Versteck der Jungen wusste. Allerdings gab es diesen nicht mehr. Überall wucherten teils dornige Sträucher.

Hatte sie sich getäuscht? War Isabelle nicht aus dem Wäldchen gekommen, sondern nur um dieses herumspaziert? Doch was sollte es dahinter geben?

Cara ging an der längeren Seite des Hains und dessen wild wucherndem Unterholz entlang. Dieser zog sich bis auf einen Hügel hinauf. Von dort oben konnte man wieder die von Bäumen umgebenen Häuser und das glitzernde Meer sehen, die weitläufigen Felder, einzelne, verkrüppelt wirkende Windflüchter und weitere Wäldchen. Langsam drehte sich Cara um sich selbst und gewahrte inmitten dieser bepflanzten Hügel einen schmalen Streifen ohne Flachs, Raps oder Getreide. Dort wuchs Gras, das zu ihrer Verwunderung erst kürzlich geschnitten worden war.

Cara ging am Saum des leicht abfallenden Feldes entlang und passierte einen tiefen Erdeinschnitt, in den jemand eine Menge Steine geworfen hatte. Vermutlich stammten sie von den Feldern und waren – um eine bessere Ernte zu ermöglichen – nach und nach dort weg und hierher gebracht worden. Ein verrostetes Gestell, wohl von einem landwirtschaftlichen Gerät, ragte dazwischen hervor. Bei diesen schlechten Lichtverhältnissen stellte das Ganze eine durchaus gefährliche Stolperstelle dar.

Kurz darauf trat sie auf den Wiesenstreifen. An dessen äußersten Rand hatte jemand ebenfalls größere Gesteinsbrocken geschafft, dahinter versanken ihre Füße in regennasser Erde. Hatte man hier nichts angepflanzt, weil diese Senke sich bei Regen gern mal mit Wasser füllte? Schwemmte dieses auch ständig die Steine frei? Wobei das Gras gut zu gedeihen schien.

Voller Entdeckerfreude ging sie weiter. Als sie etwa die Mitte des schmalen, aber lang gezogenen Streifens erreicht hatte, wandte sie sich nachdenklich um. Sie war umgeben von in der Nacht nahezu einheitlich grau aussehenden Feldern. Diese schienen in einiger Entfernung an den Himmel zu stoßen. Hier sah man nichts anderes als die in Wellen verlaufenden, am Wiesenstreifen endenden Anbauflächen. Der Platz wirkte wie ein Versteck, das sich nicht wirklich verbarg, sondern sich nach oben hin preisgab. Zu was es wohl von Nutzen war? Sofern Isabelle oder andere Landwirte einen Rückzugsort gesucht hatten, war dies ein perfekter Ort. Allerdings hätte ein solcher bei Weitem nicht diese Ausdehnung haben müssen.

»Seltsam«, murmelte Cara gegen das Flüstern an, das der Wind dem Weizenfeld entlockte. Da sich ihr der Sinn des Wiesenstreifens nicht erschloss und sie sich früh bei der Freya-Station einfinden musste, ging sie den Weg zurück, den sie gekommen war. Durch die nur angelehnte Küchentür huschte sie ins Haus, drehte den großen Schlüssel um und schlich die Treppe hinauf. Früher hatte sie genau gewusst, welche Stufen knarrten, und hatte diesen ausweichen können, heute gelang ihr das nur bedingt, da neue Stellen inzwischen ebenfalls in das Lied aus Knarren und Knarzen einstimmten. Bei jedem Geräusch verharrte Cara und lauschte. Doch all jene, die sich im Haus befanden, schienen entweder tief zu schlafen oder den Laut für die übliche Melodie des alten Gebäudes zu halten.

Einerseits unzufrieden, da sie nichts Spannendes entdeckt hatte, andererseits erleichtert, da Isabelle nicht in etwaige Heimlichkeiten verstrickt zu sein schien, begab sich Cara zu Bett.

~ Nicolas, Norris Castle, Isle of Wight / England~

An diesem Morgen fanden sich Jack und Nic im Freien ein, und Osten ließ die ganze Kompanie antreten. Ein Sergeant Major stellte sich Jack vor und erklärte ihm, dass es bereits drei Männer gebe, die für die Aktion Freya ausgewählt worden seien. Les Thrussell, der speziell für diesen Auftrag vom Corporal zum einfachen Soldaten degradiert worden war, Corporal Graham Mavor und Charlie Sawden. Jack hob abwehrend die Hand und sagte leise: »Da wir es mit einer sehr geheimen Aktion zu tun haben werden, muss ich Sie bitten: Nennen Sie mir keine weiteren Namen jener Männer, die mich begleiten sollen. So, wie sie meinen Namen nicht kennen dürfen, möchte ich auch ihre nicht wissen.«

Der Sergeant Major nickte verstehend, warf Nic jedoch einen Blick zu. Vermutlich wunderte er sich, weil Jack seine Identität geheim hielt, fast jeder hier aber wusste, wer Nic war. Nic zuckte knapp mit den Schultern. So war es nun mal, und es ließ sich nicht mehr ändern.

Jack und Nic wandten sich den drei aufgereihten Zügen zu. Jedem Soldaten, der ihnen geeignet erschien, bedeuteten sie, dass er vortreten solle, sodass mit Thrussell, Mavor und Charlie schließlich zehn Männer zusammenkamen. Die sieben Ausgewählten trugen mürrische Mienen zur Schau. Für sie war es unverständlich, warum und wofür sie ausgesucht worden waren, zumal Jack in der Uniform eines einfachen Soldaten steckte und es dennoch gewagt hatte, sie wie ein Vorgesetzter zu behandeln.

Also empfahl Nic Jack flüsternd, zumindest einige oberflächliche Informationen über das Vorhaben an sie weiterzugeben.

Sein Kollege nickte, überlegte einen Augenblick und sagte dann: »Vielleicht gelingt es uns, in eine Radarstation der Jerries einzudringen. Dort brauche ich Sie, um die Teile, die ich in der Kürze der Zeit ausbauen kann, abzutransportieren. Sobald die Jerries herausfinden, dass wir nicht nur einen Angriff auf die Station wagen, um sie zu zerstören, werden sie alles daransetzen, herauszufinden, wer beteiligt ist und warum wir das Risiko auf uns genommen haben. Falls also einer von Ihnen in Gefangenschaft gerät, dann ist es besser, Sie wissen nicht, wer ich bin.«

»Was passiert, wenn die Deutschen *Sie* gefangen nehmen?«, fragte ein dunkelhäutiger Soldat mit hervorstehenden

Wangenknochen, der, so vermutete Nic, das Blut kanadischer Ureinwohner in sich trug. Nic hatte schon beobachtet, dass er eine Zigarette nach der anderen ansteckte und dabei ausgiebig Kaugummi kaute.

»Das wird nicht geschehen«, sagte Jack.

»Warum nicht?«

»Das erkläre ich euch später«, ging Corporal Mavor dazwischen. »Ihr richtet euch nach ihm – wahlweise nach Warrant Officer Nicolas Poulin. Das, was sie sagen, wird gemacht. Im Übrigen wissen die beiden Wissenschaftler zu viel, als dass sie den Deutschen in die Hände fallen dürfen.«

»Und wie sollen wir Sie nennen?«, fragte der Dunkelhäutige an Jack gewandt und zog mit Nikotin verfärbten Fingern ein Zigarettenpäckchen hervor.

»Nennen Sie mich Jack. Und ich nenne Sie Smokey. Sie sehen aus, als würden Sie mindestens vierzig Zigaretten am Tag rauchen.«

»Eher sechzig«, sagte Smokey.

»Wie ich«, mischte sich ein langer Kerl mit einem freundlichen Gesicht ein, von dem Nic annahm, dass er von einer Farm stammte.

»Haben Sie etwas dagegen, wenn ich Sie Lofty nenne?«

»Nein.« Der Soldat lachte. »Obwohl das klingt, als wäre ich einer der sieben Zwerge aus Cinderella.«

Jack grinste Nic an, und er konnte nur mühsam ein Auflachen unterdrücken. Er sah zu, wie Jack mit den restlichen Ausgewählten sprach. Einen Mann mit französischem Akzent aus Quebec taufte er »Frenchie«. Dessen rothaariger Freund erzählte prompt, dass Frenchie nur versehentlich bei der Armee gelandet sei. Offenbar war er zur Geburtstagsparty eines Bekannten nach Regina gereist, wo er versackt war. Wieder zu sich gekommen, musste er feststellen, dass man ihn angemustert hatte. Jack nannte den Rothaarigen »Red«, was dieser gutwillig akzeptierte.

Der Nächste hatte markante, ja eckige Gesichtszüge, und seine Hände waren größer und kräftiger als alle, die Nic jemals gesehen hatte. Jack erging es wohl nicht anders, denn er fragte den Soldaten, was er vor dem Krieg gemacht habe.

»Bäume gefällt, Holz verarbeitet«, lautete die knappe Antwort. Doch dann fügte er noch hinzu: »Es war ein einfaches, aber gutes Leben, und ich hatte dort eine Menge hervorragender Buddies.« Damit hatte er seinen Tarnnamen weg: Buddy.

Silver bekam den seinen wegen seines hell schimmernden Haars, Jim, weil der sehr junge Mann mit dem fröhlichen Lächeln Jack offenbar an »Sunny Jim« aus der Plakatwerbung und von den Packungen für ein Hafergericht erinnerte. Eigentlich war Jim Student, er wollte später einmal Lehrer werden. Schließlich unterhielt Jack sich noch mit Charlie Sawden, dem dritten von den Vorgesetzten persönlich ausgewählten Mann. Er war Mitte zwanzig, wortkarg und hatte in Saskatchewan als Trapper gelebt. Von ihm ging eine solche Gelassenheit aus, dass Jack sich an Nic wandte und im Flüsterton sagte: »Genau diesen Kerl hätte ich gern an meiner Seite, falls ich in Schwierigkeiten geraten sollte.«

Den Rest des Tages verbrachten Jack und Nic damit, einen der Gewaltmärsche mitzumachen, wobei beiden auffiel: Ihre sieben ausgewählten Beschützer mieden ihre Nähe. Offenbar waren sie den Männern nicht ganz geheuer.

Nic wusste nicht, ob er darüber belustigt oder besorgt sein sollte. Wie konnten Jack und er annehmen, dass die Soldaten während der Operation ihr Leben für sie riskieren würden, wenn sie nicht einmal jetzt etwas mit ihnen zu tun haben wollten? Aber vermutlich nahmen sie sich einfach nur Jacks Worte zu Herzen. Zumal man ihnen wohl inzwischen ihre unangenehme zusätzliche Aufgabe eröffnet hatte – gesetzt den Fall, die »Experten« drohten in die Hände der Deutschen zu geraten. Für

Smokey, Lofty, Frenchie und all die anderen war es bestimmt leichter, einen für sie fremden, etwas seltsamen Kerl zu erschießen als jemanden, mit dem sie Zeit verbracht, den sie kennen- und vielleicht sogar schätzen gelernt hatten.

Als Nic viel später den Gedanken daran nachhing, beobachtete er eine hellbraune Motte bei ihrem Tanz um das Glas der rußenden Petroleumlampe, die ihm als Lichtquelle diente. Er hockte auf einer ausgedienten Munitionskiste vor dem Zelt und schrieb einen Brief an seine Eltern, den er selbst nie abschicken würde. Falls ihm etwas zustoßen sollte, würde man diesen, gemeinsam mit seinen anderen Habseligkeiten, zu ihnen nach Kanada schicken. Dennoch, so hatte Cec ihm gesagt, durfte er keine Details verraten, da die Geheimoperation Freya auch nach Beendigung von Rutter nicht an die Öffentlichkeit dringen sollte. Jede Information, die über einen Spion an die Gegner gelangen konnte, musste vermieden werden.

»Störe ich?« Jack trat in den Lichtkreis der Lampe.

Nic, der seit geraumer Zeit kein Wort mehr zu Papier gebracht hatte, bedeutete ihm, dass er sich auf den Holzhocker setzen könne, auf dem rund eine Stunde zuvor noch einer der Funker gesessen hatte. Der Engländer folgte der Aufforderung und betrachtete eine Zeit lang die über ihnen funkelnden Sterne.

»Ich war heute nochmals am Meer«, begann Jack eine Unterhaltung.

Nic hegte den Verdacht, dass dem Mann hier die Decke auf den Kopf fiel. Morgen sollte er ihn wohl besser mit in seine Werkstatt nehmen, damit sie gemeinsam tüfteln konnten. Dabei konnte Nic bestimmt noch einiges von ihm lernen.

»Auf dem Weg nach unten ist plötzlich etwas an mir vorbeigeschossen. Es war ein Messer. Dieser Smokey ist mit dem Wurfmesser ein wahrer Künstler. Ich habe eine Wette gegen ihn verloren.«

Nic sah im flackernden Lichtschein Jacks breites Grinsen und ließ den Mann weitererzählen.

»Er hat da, wo er herkommt, eine Menge Langeweile gehabt und sich deshalb selbst ein paar alte Tricks seiner Vorfahren beigebracht. Messerwerfen, Fährtenlesen, mit Hölzern Feuer machen und so weiter. Vielleicht ist das ganz nützlich für uns.«

»Vielleicht«, stimmte Nic zweifelnd zu. Er nahm nicht an, dass sie große Lust darauf verspüren würden, unter Beschuss der Deutschen ein Lagerfeuer am Strand zu machen.

»Diesen Lofty habe ich an der Strandmauer beim Zielschießen getroffen. Er hat wohl lange einen Schießstand auf einem Jahrmarkt betreut und ist ein richtig guter Schütze.«

»Noch eine Wette verloren?«, zog Nic ihn auf. Vielleicht stimmte ja das Gerücht, dass die Briten überaus gern wetteten.

»Danke, aber eine pro Tag ist genug.«

Nic lachte leise, um die Schläfer rundum nicht zu wecken, und steckte den Brief gefaltet in die Brusttasche seiner Uniform. Er konnte ihn auch morgen noch beenden.

»Ich sagte Lofty, er könne dieses Talent drüben auf der anderen Seite sicher gut nutzen, woraufhin er entgegnete, dass ich mich darauf verlassen solle.« Jack rupfte einen Grashalm ab und drehte ihn zwischen den kräftigen Fingern, die vom Umgang mit feinem Werkzeug und Kleinteilen – wie bei Nic – denen eines Chirurgen glichen. »Daraufhin hat er sich von mir abgewandt. Es fühlte sich unübersehbar … unbehaglich.«

»Natürlich tat er das. Dir ins Gesicht zu sagen, dass er sein Talent auch gegen dich nutzen muss, kann ihm nicht gefallen.«

»Das ist wirklich eine blöde Situation.«

»In die du dich selbst gebracht hast. Du hättest Nein sagen können.«

»So wie du auch.«

»Dann sitzen hier zwei Idioten um eine Sturmlaterne.«

»Das trifft es wohl.« Jack lächelte etwas wehmütig, warf den Grashalm von sich und erhob sich. »Ich bekomme die von uns ausgesuchten Männer so selten zu Gesicht, dass ich mich später vermutlich nicht mehr richtig an sie erinnere. Vorhin schon habe ich einen Kanadier mit Silver angesprochen, kurz danach einen anderen mit Red. Ihre verständnislosen Blicke haben mir dann deutlich gemacht, dass ich mich geirrt habe.«

»Farben sind also nicht so dein Ding«, zog Nic den Kameraden auf. Der lachte laut, verstummte aber schnell, als aus einem der Zelte ein protestierender Knurrlaut drang.

Nic fuhr fort: »Ich denke, sie bemühen sich krampfhaft darum, dass du ein Fremder für sie bleibst. Damit wollen sie sich selbst schützen«, versuchte Nic, das kühle Verhalten seiner Landsleute zu erklären, denn eigentlich waren die meisten von ihnen überaus umgänglich.

»Dich kennen sie bereits länger. Das könnte tatsächlich ein Problem für sie sein«, überlegte Jack laut.

»Ich gehe davon aus, dass ich nicht zum Einsatz komme, mein Freund.«

Jack musterte ihn über die Lampe hinweg, dann nickte er lediglich. Grillenzirpen und der Geruch von Petroleum hüllte sie ein, während sie schweigend dasaßen und ihren eigenen Überlegungen nachhingen.

Schließlich erhob sich Jack. »Wir sehen uns morgen.«

»Ich könnte dich in der Werkstatt gebrauchen.«

»Du brauchst ganz sicher keine Hilfe, aber ich werde dennoch kommen. Alles ist besser, als tatenlos rumzusitzen.« Der Engländer hob grüßend die Hand und schlenderte zwischen den Zeltreihen hindurch.

Nic sah ihm nach, bis die Dunkelheit ihn verschluckte. Dann erhob auch er sich, um schlafen zu gehen. Den unfertigen Brief legte er in seine Gepäcktasche.

Emmi hörte Hanna und Fitzi kichern. Sie senkte die Hände, in denen sie eine Nähnadel und die Stoffpuppe hielt, und lauschte der wunderbaren Melodie. Fitzi hatte eine für ein Kind erstaunlich tiefe Stimme. Das Lachen der beiden klang wie eine Vertonung in E-Dur und D-Moll zugleich.

Waldemar hielt sein erstes Schläfchen an diesem Tag, sodass Emmi den Mädchen erlaubt hatte, in der Sandkiste im Garten zu spielen. Dieser lag hoch über dem See und war von der Hausfassade und einer an drei Seiten verlaufenden, hohen Mauer umgeben. Niemand konnte hineinsehen oder hineingelangen – es sei denn vom Haus aus.

Was Alexander anbelangte, hatte Emmi eine lange emotionale Unterhaltung mit ihrem Schwiegervater geführt. Schließlich hatten sie beide schweren Herzens entschieden, ihre Bemühungen um Emmis Ehemann vorerst weniger drängend zu gestalten, ja vielmehr die Füße stillzuhalten. Daraufhin hatte sie einen weiteren Brief an Alexander geschrieben und sich penibel an die Vorlagen gehalten, die der Schwiegervater ihr genannt hatte. Keine Fragen zu Alexanders Verhaftung. Nichts, was auch nur annähernd das Thema streifte, weshalb ihr Mann in Schwierigkeiten geraten war. Sie versicherte ihm ihre Liebe und wie sehr sie ihn vermisse, berichtete Belangloses über die drei Kinder, gaukelte vor, dass auf dem Gutshof alles in gewohnten Bahnen verlaufe. Sie fragte, ob es etwas gebe, was er dringend benötige, das sie ihm schicken könne. Nur so, vermutete Albert, bestand die Chance, dass Alexander den Brief tatsächlich erhielt.

Nun wollten sie erst einmal abwarten, was er ihnen zurückschrieb. Womöglich machte man die Verlegung ja doch noch rückgängig, weil man einsah, dass jemand einen Fehler begangen hatte, ja überreagiert worden war. Vielleicht fiel die Haft kurz aus, wurden es nicht mehr als ein paar Wochen. Erst wenn sie darüber Auskunft hatten, konnten sie entscheiden, ob sie doch noch intervenieren mussten, ob jemand nach Bayern reisen sollte, um nach Alexander zu sehen …

Inzwischen verstand Emmi, dass sie sorgfältig abzuwägen hatten, wie viel Aufmerksamkeit sie auf Alexander und auf den Gutshof lenken durften. Dies ließ ihnen keinen sonderlich großen Handlungsspielraum, aktiver für Alexander einzutreten, so schmerzlich das auch war.

Trauer bemächtigte sich ihrer, aber dann hörte sie wieder Fitzis tiefes Lachen. Vielleicht war sie im Augenblick hier an genau dem Platz, an dem Gott sie haben wollte, nicht in München. Weil es da ein entwurzeltes kleines Mädchen gab, das ein wenig Liebe und Normalität brauchte. Alexander war bewusst gewesen, auf welch riskantem Terrain er sich bewegte. Er hatte um die Fährnisse seiner Versuche gewusst, die Menschen auf diverse Missstände hinzuweisen, ebenso um die Gefahr, die diese Kellermenschen für sie alle mit sich brachten. Er war das Wagnis dennoch eingegangen.

Zwar war seine gesundheitliche Konstitution nicht für einen langen Gefängnisaufenthalt gemacht – und dies bereitete Emmi erheblich Sorge –, doch er hatte immer damit rechnen müssen, dass es eines Tages dazu kommen könnte. Schließlich war er derjenige von ihnen, der bestens informiert war.

Alexander hatte ein durch und durch mutiges, tief empfindendes Herz, das Unrecht nicht ertrug. Sich das zu vergegenwärtigen, machte seine Verhaftung für Emmi nicht leichter, aber erträglicher. Weil sie plötzlich ungemein stolz auf Alexander war. Er, Cara und die Schwiegereltern hatten nicht geschwiegen, nicht weggesehen. Sie hatten sich nicht einlullen lassen. Sie alle hatten diesen Weg bewusst eingeschlagen. Ganz anders als Fitzi. Über sie musste eines Tages eine Welle der Gewalt hinweggerollt sein, die ihr alles geraubt hatte. Bis auf das nackte Leben.

Emmi sah auf ihre Armbanduhr, ein Geschenk ihrer Eltern, die inzwischen verstorben waren, und erhob sich. Sie musste Fitzi zurück in ihr Versteck bringen, da Richard in Kürze aus der Schule kam. Mit einem prüfenden Blick in die Backröhre, wo das Mittagessen schmorte, ergriff sie die Puppe mit den beiden goldschimmernden Knopfaugen und dem neuen farbenfrohen Kleid aus grünem Cord und weißer Spitze und eilte ins Treppenhaus, dort die Stufen hinunter und zur Hintertür hinaus in den Garten.

»Hanna, verabschiede dich bitte von Fitzi. Ich muss sie … hinüberbringen.«

Ihre Tochter umarmte die neue Freundin so herzlich, wie es ihrer Art entsprach, Fitzi wirkte dabei ein klein wenig überfordert. Dann eilte das fremde Mädchen auf Emmi zu, ergriff ihre Hand und zog sie fort. Als hätte sie es überaus eilig, zurück in den dunklen Keller zu gelangen. »Sie müssen sagen: Ich bringe Fitzi nach Hause. Wegen Hanna. Sonst denkt sie sich was.«

Emmi biss sich auf die Unterlippe. So viel Weisheit und Verständnis in einer Kinderseele! So viel verborgene Liebe, weil sie Hanna vor der düsteren Realität beschützen wollte. Oder vielmehr die Bibers. Denn so konnte Hanna nicht herumerzählen, dass ihre neue Spielkameradin »drüben« im Hauptflügel wohnte. »Nach Hause« konnte überall sein.

Emmis Seele war wundgescheuert vor Schmerz. Was hatte dieses Kind schon alles erlebt? Wie viele Stationen hatte es auf seiner Flucht bereits durchlaufen? Fitzi hatte lernen müssen, Menschen zu misstrauen und anderen zu vertrauen. Wie lange hatte sie jeweils an einem Ort bleiben können, ehe sie wieder aufgescheucht und fortgebracht worden war? Wann würde diese Odyssee enden? Und vor allem: Wo?

Kurz vor der Holztür zu ihrem Kellerversteck hockte sich Emmi vor das Mädchen. Aufmerksam schaute dieses sie an.

»Vielen Dank, dass du dich so liebevoll um Waldemar gekümmert hast. Und du hast Hanna eine große Freude bereitet, indem du mit ihr gespielt hast.«

Fitzi nickte ernst.

»Zum Dank habe ich deiner Feli ein neues Kleid genäht.« Sie streckte dem Kind die Puppe hin. Fitzi starrte sie an, ohne sie zu nehmen. Verblüfft sah Emmi, wie sie die Hände zu Fäusten ballte. Kaum hörbar schluchzte sie: »Sie hat zwei Augen.«

»Ja, ich habe einen fast identischen goldenen Knopf gefunden und –«

»Keine zwei Augen!«, stieß Fitzi nahezu panisch hervor. Sie schnappte sich die Puppe und zerrte an dem gerade festgenähten Knopfauge, bekam dieses jedoch nicht ab. Emmi, die nicht verstand, was mit dem Kind los war, nahm ihr das Spielzeug aus der Hand, griff in die Tasche ihrer Kittelschürze, holte eine winzige Nähschere hervor und trennte das Auge wieder ab. Glücklich schloss Fitzi die Puppe in die Arme.

»Jetzt ist sie wunderschön. Danke für das neue Kleid. Danke.«

Emmi brachte Fitzi in ihre traurige Unterkunft zurück. Aleph und Maler saßen an einem provisorischen Tisch unter dem vergitterten Fenster und lasen, Esta war nicht zu sehen. Vermutlich war sie in einem der beiden Nebenräume, wo sie und Fitzi ihr Nachtlager hatten. Die Kleine winkte Emmi kaum merklich zu und huschte wie der Schatten – zu dem sie geworden war – ebenfalls in jenes Zimmer. Von dort klang Estas Stimme zur Tür vor. »Oh, deine Feli hat ein neues Kleid. Wie hübsch!«

»Ja, nicht wahr.« Mehr war nicht zu hören. Also blickte Emmi zu den beiden Männern. Aleph sah nicht auf, doch Maler taxierte sie durch seine spiegelnde Brille. »Drei Dinge sind uns aus dem Paradies geblieben: die Sterne der Nacht, die Blumen des Tages und die Augen der Kinder. Sie haben das erkannt, Frau Biber. Gott wird Ihnen vergelten, was Sie diesem kleinen Mädchen an Liebe entgegenbringen. Denn er lässt sich nichts schenken. Wie sagte doch gleich Ihr Lehrer Jesus? »Wahrlich, ich sage euch: Was ihr getan habt einem unter diesen meinen geringsten Brüdern, das habt ihr mir getan. Was ihr nicht getan habt einem unter diesen Geringsten, das habt ihr mir auch nicht getan.«

Emmi nickte nachdenklich. Alle Vorwürfe über ihr Handeln, die sie Alexander, Cara und ihren Schwiegereltern noch entgegengebracht hatte, waren fort, als hätte Maler sie mit seinen Worten verjagt.

Die vier versuchten ganz praktisch, den Schwächsten zu helfen, indem sie das Haus – wenngleich aus Vorsicht nur den Keller – für sie geöffnet hatten. Sie hatten nicht nichts tun oder sagen können, weil auch Untätigkeit und Schweigen eine Form von Handeln waren. Gefangen in ihren Überlegungen schwieg sie lange, dann stutzte sie und fragte: »Sie … Sie glauben an Jesus?«

Maler faltete die Hände auf der Holzplatte, die ihm als Tisch diente. »Dass er gelebt hat, ist anhand mehrerer historischer Quellen gut belegt. Und er war Jude – was dem Herrn Hitler nicht gefallen dürfte, falls es je jemand wagen sollte, ihn darauf hinzuweisen.« Nun schmunzelte Maler, dabei umgab ein Strahlenkranz aus Falten seine Augen. Wie es aussah, hatte er immer gern und viel gelacht. »Ich halte es wie Adolf von Harnack, der sich vor rund vierzig Jahren mit dem Thema beschäftigt hat, was Jesus für gläubige Juden bedeutet.«

Maler runzelte die Stirn, allerdings war sich Emmi sicher, dass dieser hochintelligente Mensch nicht nachzugrübeln brauchte, ehe er das Zitat wiedergab.

»Man müsse nicht an Jesus glauben, sondern wie er glauben, nämlich glauben an die Vaterliebe Gottes und den unendlichen Wert der Menschenseele.«

Gleich darauf entspann sich eine der in diesem unwirtlichen Keller wohl häufig geführten Diskussionen zwischen Maler und Aleph, sodass Emmi sich umwandte. Mit den Gedanken bei Fitzis Puppe, die nur ein Auge haben durfte, begab sie sich auf den Rückweg. Als sie in ihre Wohnung kam, hörte sie Hanna von ihrer neuen Freundin erzählen. Offenbar war Richard bereits von der Schule zurück.

Emmi betrat die Küche und erstarrte. Am Tisch saßen nicht nur ihre beiden älteren Kinder, sondern auch eine Klassenkameradin von Richard mit rotblonden, geflochtenen Zöpfen und eigentümlich wässrig-blauen Augen. Helga, die Tochter von SS-Unterscharführer Polter.

Bemüht freundlich lächelnd begrüßte Emmi das Mädchen, das gut einen Kopf größer war als Richard. Helga grüßte mit einem zackig gesprochenen Deutschen Gruß zurück, wandte sich dann aber wieder wie selbstverständlich Hanna zu, um ihr weiter zuzuhören. Emmi hätte ihre Tochter am liebsten zum Schweigen gebracht, doch Helgas offensichtliches Interesse an dem jüngeren Mädchen hielt sie davon ab. Wenn sie jetzt intervenierte, konnte das so aussehen, als hätte sie etwas zu verbergen. Also ließ sie Hanna plappern und beobachtete erleichtert, wie Richard mehrmals in Richtung seiner Schulkameradin die Augen verdrehte und ihr zuraunte: »Sie erzählt ständig erfundene Geschichten. Glaub ihr kein Wort. Aber sie meint das nicht böse. Sie ist halt so.«

Schließlich fand Emmi es an der Zeit, sich einzumischen: »Was tust du hier, Helga?«

»Papa hat zu tun. Er hat heute Morgen gesagt, dass ich mit Richard auf den Berg soll, er würde mich da gegen Abend wieder abholen. Er hätte Sie gern angerufen, Frau Biber, aber Sie haben ja kein Telefon.« Nun klang das Mädchen eine Spur hochnäsig.

Emmi nickte nur und holte die Kartoffeln aus dem Ofen. In dieser ländlichen Gegend war es üblich, dass man sich gegenseitig half und mal kurzfristig einsprang. Allerdings hätte es für Helga im Dorf mehrere andere Möglichkeiten gegeben, um einige Stunden zu überbrücken. Immerhin hatte sie dort zwei Freundinnen und eine Nachbarsfamilie, in der es Kinder gab, wenngleich diese etwas älter waren als Helga und Richard. Dass sich die Polter-Tochter jetzt hier bei ihnen auf dem Berg aufhielt – nach allem, was vorgefallen war –, stimmte Emmi misstrauisch.

~ Nicolas, an Bord der Princess Beatrix / Ärmelkanal~

Der folgende Tag hatte mit dem Befehl für eine weitere Landeübung begonnen, die in der kommenden Nacht unter dem Decknamen Klondyke I stattfinden sollte. Nic packte sein Marschgepäck und fand sich wenig später auf der *Princess Beatrix* wieder, einem von zwei ehemaligen Passagierschiffen, die im Hafen dümpelten. Auf der Steuer- und der Backbordseite hingen Landefahrzeuge an Schiffskränen und warteten auf ihren Einsatz. Als Nic zwischen diesen hindurchblickte, gewahrte er im und vor dem Hafen eine riesige Flotte, bestehend aus Zerstörern, Kanonenbooten und Panzer-Landefahrzeugen. Entweder war dies eine extrem große Übung oder … Nic raufte sich das Haar. Nun bedauerte er zutiefst, dass er nach Jacks Besuch den Brief an seine Eltern nicht beendet hatte.

Nic bezog seine Kabine, die er mit mehreren Offizieren teilte und fragte sich, wie Jack wohl auf der *Invicta* untergebracht war. Bisher war er überaus zuvorkommend behandelt worden – wie der wichtige Experte, der er nun mal war. Vermutlich hatte man ihm eine Einzelkabine zugestanden. Ob seine SSR-Leibwächter nun ein wenig mehr Kontakt zu ihm suchten, zumal man sich auf einem Schiff nur bedingt aus dem Weg gehen konnte?

Eine Durchsage über Lautsprecher ließ Nic aufhorchen. Darin hieß es, dass es sich nicht um eine Übung handele, sondern um ihren Fronteinsatz. Einen Augenblick lang herrschte Stille auf der *Princess Beatrix*, dann brach Jubel los. Nic gewann den Eindruck, als erzitterten die Decks unter dem wilden Stampfen der Kanadier. Die beinahe drei Jahre andauernde Wartezeit und der endlose Drill hatten für sie nun ein Ende und sie konnten – wie der junge »Sir« Bobby sich ausgedrückt hatte – den Deutschen endlich eins auf die Nase geben.

Sie beruhigten sich erst wieder, als ihr Oberbefehlshaber Major General Roberts an Bord kam, um zu ihnen zu sprechen. Obwohl sie strammzustehen hatten, drängten einige Kameraden nach vorn; wie immer hielt sich Nic im Hintergrund. Dennoch hörte er, wie Roberts sagte: »Sie und ich nehmen kurz nach Mitternacht Kurs auf Frankreich. Unser Ziel heißt Dieppe, eine Stadt an der Normandieküste. Dies hier ist die Operation, für die sie alle ausgebildet wurden.«

Es erhob sich kurzes Gemurmel, das aber schnell abebbte, da jeder hören wollte, was Roberts zu sagen hatte.

»Sie verlassen die Schiffe bei Morgengrauen an den Ihnen zugewiesenen Stränden, die aufgeteilt sind in Red, Yellow, Orange, Blue, Green und White Beach. Sie stürmen voran, bis sie ihre Zielpunkte erreicht haben. Ich wünsche Ihnen allen Glück.«

Lord Mountbatten kam an Bord und sprach einige Worte, ebenso General Eisenhower, der den US-Rangers, die ebenfalls Teil der Operation waren, einen Besuch abstattete und für die – wie er sich ausdrückte – historische Fahrt beste Wünsche übermittelte. Anschließend bat Cec zu einer Befehlsausgabe, bei der er jeden seiner Offiziere über dessen spezielle Aufgabe briefte.

Cec legte Nic kurz die Hand auf die Schulter, mehr sagte er nicht. Sie verstanden sich ohne Worte. Sie wünschten einander, dass sie sicher hierher zurückkommen durften.

Wie die übrigen Soldaten säuberte und kontrollierte auch Jack seine Waffen, einen 38er Smith-&-Wesson-Revolver und ein Lee-Enfield-Gewehr. Dann legte er sich in seine Hängematte und wartete aufgewühlt auf das, was da kommen würde.

9

-Emmi, Gutshof im Schwarzwald / Deutsches Reich-

Emmi hatte gute Lust, Helga nach draußen in den Innenhof zu schicken, bevor ihr Vater kam, um sie abzuholen. So hätte sich ihre Unterhaltung auf ein kurzes Gespräch zwischen Tür und Angel beschränken können. Da sie aber keineswegs das Signal aussenden wollte, in ihrer Wohnung gebe es etwas zu verbergen – nach allem, was sich die überaus neugierige Helga womöglich zusammengereimt hatte –, versagte sie sich dies. So öffnete sie auf das Läuten der Türglocke hin die schwere Haustür und bat Polter herein. Der Mann trug Uniform, was ihn wirklich stattlich aussehen ließ, trat sich kräftig die Schuhe ab und folgte Emmi zur Wohnungstür und von dort in die Alltagsstube.

»Vielen Dank, Frau Biber. Ich weiß, dass es ungewöhnlich war, meine Helga ohne Absprache zu Ihnen zu schicken. Leider sind meine Pläne heute Morgen sehr kurzfristig über den Haufen geworfen worden. Und Helga schlug vor …«

Während Polter redete, sah Emmi, wie das Mädchen ihrem Vater einen aufgebrachten Blick zuwarf. Ganz offensichtlich war der Vorschlag, den Nachmittag mit Richard zu verbringen, nicht ihre Idee gewesen. Vermutlich hätte sie sich viel lieber mit einer Freundin getroffen, was sicher dem üblichen Arrangement entsprach. Immerhin war Polter Witwer und viel beschäftigt und benötigte daher häufiger die Unterstützung seiner Nachbarn.

»Ich denke, Helga hat sich wie ein anständiges deutsches Mädel verhalten, oder?«

»Aber sicher, Herr Unterscharführer. Ihre Tochter ist höflich und hat sich sogar mit der viel jüngeren Hanna abgegeben. Die Schulaufgaben haben Helga und Richard ebenfalls erledigt.« Emmi spielte mit dem Gedanken, zu erwähnen, dass Hanna mit einer großen Portion Fantasie ausgestattet war und deshalb oft erfundene Geschichten erzählte, doch sie ließ es bleiben. Diese Information hätte seltsam gewollt geklungen, beinahe nach einem Rechtfertigungsversuch, was Polters Neugierde überhaupt erst hätte entfachen können.

»Wunderbar. Noch einmal meinen herzlichen Dank.«

Emmi nickte gequält lächelnd. Sie wollte keinesfalls signalisieren, dass Helga zukünftig ein gern gesehener Gast war. Schnell fragte sie: »Haben Sie etwas von Alexander gehört?«

»Die Mühlen der Bürokratie!« Polter schüttelte aufgebracht den Kopf und zog dann entschuldigend die Schultern hoch. »Das sollte ich vielleicht nicht sagen, aber es gibt da … unüberschaubare Kompetenzüberschneidungen im RSHA. Gestapo, SS, SD und Kripo hängen alle irgendwie zusammen und agieren doch eigenständig mit unterschiedlichen Entscheidungs- und Machtbefugnissen. Alexander wurde leider unglücklich von einer Stelle zur anderen geschoben – aus unerfindlichen Gründen. Aber ich verspreche Ihnen, ich gehe dem weiter nach.«

»Dafür bin ich Ihnen sehr dankbar, Herr Unterscharführer.«

»Dankbarkeit ist etwas Schönes, *Emmi*. Vielleicht komme ich später einmal darauf zurück.« Polters tastender Blick über ihren Körper und sein anschließendes Lächeln riefen in Emmi

Ekel hervor. Verstand sie die Andeutung richtig? Erhoffte er sich Dankbarkeit von ihr in … einer gewissen Form. Eine Art Bezahlung dafür, dass er weiterhin versuchte, Alexander zu helfen? Was erdreistete sich der Mann eigentlich?

Verwirrt und aufgebracht zugleich verabschiedete sie Polter und Helga, ohne sich später erinnern zu können, was sie zum Abschied gesagt hatte. Sie warf die Haustür regelrecht ins Schloss und drehte den großen eisernen Schlüssel um. An die Zarge gelehnt fragte sie sich, ob sie den Mann womöglich falsch verstanden hatte. Das wäre peinlich gewesen, vor allem, falls der bemerkt haben sollte, in welche Richtung ihre eigenen Überlegungen gegangen waren. Halb erbost, halb verlegen verbarg Emmi ihr Gesicht in den Händen. Dabei kam ihr ein ganz anderer Gedanke: Bedeuteten Polters Anspielungen vielleicht, dass er nicht mit Alexanders Rückkehr rechnete?

~Alexander, Gefängnis München-Stadelheim / Deutsches Reich~

Sein Husten war trocken und schmerzte ihn inzwischen bis tief in die Lunge. Er war gerade einmal vier Wochen in diesem Loch gewesen, als er bereits krank geworden war. Und er wurde diese Hustenanfälle einfach nicht mehr los.

Verärgert über sich selbst, drehte sich Alexander auf der schmalen Pritsche zur Seite, was einen neuen Hustenreiz auslöste. Sein Bein schmerzte und sein Magen rumorte wegen der unzureichenden Essensrationen. Viel schlimmer war jedoch die Isolation, das ständige Kunstlicht, das manchmal einfach mitten in der Nacht eingeschaltet wurde, die Befragungen, die zumeist mit wüsten Beschimpfungen endeten, und die Tatsache, dass er von seiner Familie getrennt war.

Er hatte keine Information darüber, ob seine Verhaftung Auswirkungen auf seine Eltern, auf seine wunderbare Emmi oder sogar auf seine drei geliebten Kinder hatte. Wie es ihnen wohl erging? Waren sie zu Hause? Ließ man sie in Ruhe? Wussten sie womöglich gar nicht, was mit ihm geschehen war und wo er sich befand? Schrieben sie ihm deshalb nicht?

Erneut wurde er von einer Hustenattacke heimgesucht, in deren Folge er sich beinahe übergeben musste. Allerdings hatte sein Magen nichts herzugeben. Als er endlich wieder halbwegs Luft bekam und beide Hände auf den Oberkörper legte, um das Brennen in seinem Inneren zu lindern, ging die Zellentür auf.

Der Mann, der eintrat, gehörte seit fast dreißig Jahren zum Gefängniswachpersonal und schien mit seiner Arbeit in diesen Tagen nicht mehr wirklich glücklich zu sein. Er fügte sich, doch nicht immer gefiel ihm, was hier geschah, das konnte Alexander ihm deutlich anmerken.

»Schlimm heute, nicht?«, murmelte Huber und trat vor die Pritsche. »Hier, von meiner Frau. Das ist Holundersaft. Sie sagt, er hilft gegen Husten.« Huber streckte ihm eine Glasflasche mit dunkelroter, annähernd schwarzer Flüssigkeit hin. Dankbar griff Alexander danach. Er hatte einige Mühe, die ziegelrote Mostkappe abzuziehen, dann nahm er vorsichtig einen Schluck. Das Getränk war dickflüssig, fast rau in Mund und Hals, schmeckte bitter und fruchtig zugleich. Er gönnte sich einen zweiten Schluck und stülpte den Verschluss umständlich wieder über den oberen Teil des Flaschenhalses. »Danke, Herr Huber.«

»Haben Sie nochmals an Ihre Familie geschrieben? Die sollte Ihnen wirklich ein Paket zukommen lassen. Wärmere Kleidung. Eine zusätzliche Decke. In diesem dunklen kalten Loch könnten Sie das gut gebrauchen. Vielleicht auch ein Medikament.« Alexander konnte Hubers Unverständnis darüber hören, dass er keine Post erhielt.

»Ich habe bereits mehrere Briefe abgegeben, aber noch keine Antwort erhalten.« Dieser Umstand quälte Alexander. Ob es so lange dauerte, bis der Inhalt geprüft war – er hatte extra gut leserlich geschrieben, damit es hierbei nicht zu Problemen kam und seine Korrespondenz schnell befördert werden konnte. Doch vielleicht gab man seine Post nicht weiter. Immerhin wusste er um die Willkür der Strafverfolgungsbehörden. Oder war Emmi böse auf ihn und las seine Zeilen nicht? Angesichts dieser Gefahr hatte er natürlich auch Briefe an seine Eltern verfasst.

Sein Kopf schwirrte. Zusammenhängende Gedanken fielen ihm heute richtig schwer. Die Angst um seine Lieben raubte ihm zusätzlich zu seinem geschwächten Körper einiges an Kraft. Er stellte die Flasche neben die Pritsche und ließ sich langsam auf die dünne, knotige Matratze zurückgleiten.

»Schlafen Sie«, meinte Huber und klang dabei brummig.

Alexander verstand inzwischen, dass er sich so anhörte, wenn er sich hilflos fühlte. Die Zellentür fiel laut ins Schloss, der Schlüsselbund klapperte, als Huber abschloss. Aus einer der Nachbarzellen wehte ein Jammern herüber, das aber schnell verklang.

Zwielicht umhüllte ihn wie ein schwarzes Tuch. Die Stille war nahezu greifbar. Er vernahm seinen eigenen Atem, fühlte erneut das ziehende Reißen in seinem Körper. Kälte kroch in ihn hinein, die Schmerzen in seinem Bein rüttelten an seinem Nervenkostüm. Alexander starrte in Richtung der fleckigen, feuchten Zellendecke in dem Raum, in dem es selbst im Sommer nicht warm wurde.

Er war zu unvorsichtig gewesen, indem er von seinem ehemaligen Schulkameraden im Fronturlaub aus erster Hand hatte bestätigt haben wollen, welches Unrecht im Namen des Deutschen Reiches geschah. Schließlich diente Dieter an der Ostfront und hatte vielleicht mit eigenen Augen gesehen, wie man mit der dortigen Bevölkerung verfuhr. Hatte sich Alexander in ihm getäuscht? Stand er treu und kompromisslos hinter dem

Regime? Hielt er das, was passierte, sobald die Wehrmacht ein Gebiet überrollt hatte, für richtig? Das hätte er niemals gedacht.

Dieter war in der Schule ein zurückhaltender, stiller Junge gewesen, einer, der zu Hause oft Dresche bezogen hatte. Musste nicht gerade er für andere Mitgefühl empfinden? Oder war das Gegenteil der Fall? Die Kindheit prägte die Menschen, das war Alexander bewusst, dennoch war er der Meinung, dass jeder Erwachsene – zumindest in Teilen – seine eigene Entscheidung darüber treffen konnte, *wer* er sein wollte.

Alexanders Seufzen füllte den Raum mit Schwere. Wieder meldete sich dieser ekelhafte Hustenreiz. Er versuchte, ihn zu unterdrücken. Schluckte Spucke, wand sich, doch es half nicht. Er rollte sich ein und hustete, bis er das Gefühl hatte, seine Brust stünde in Flammen. Dabei musste er sich selbst eingestehen, dass diese grauen Zellenwände vielleicht das Letzte waren, was er in seinem Leben zu sehen bekam.

~Carolina, bei Pourville-sur-Mer, Normandie/Frankreich~

Am Abend nach ihrem nächtlichen Ausflug fand wieder einer dieser zur Erbauung und Beschäftigung vorgesehenen Gemeinschaftsabende für jene statt, die dienstfrei hatten. Es war nicht so, dass Cara undankbar gewesen wäre, doch das Programm, das ihre Führerin ausgesucht hatte, entsprach so gar nicht ihren Interessen. Völkische Lieder zu singen und von oben genehmigte Gedichte vorzutragen, empfand sie als eine Art von Manipulation. Entsprechend unruhig rutschte sie auf dem unbequemen Holzstuhl herum, bis Frieda so herzhaft laut gähnte, dass Evelyne ein Einsehen hatte und den Abend beschloss. Für den folgenden Tag kündete sie eine Zimmerbegehung und Spindkontrollen an, was zwei Mädchen zum Stöhnen brachte. So mancher Drill – er war an den der männlichen Wehrmachtskollegen angelehnt – war ganz und gar nicht willkommen. Doch zumindest wurde die Durchsuchung der Privaträume nur von Frauen durchgeführt; den männlichen Vorgesetzten war dies untersagt.

Cara hakte sich bei Frieda unter, als sie durch das Foyer auf die Treppe zugingen, und raunte: »Das hast du gut gemacht. Vielen Dank.«

»Wovon sprichst du?«, flüsterte die junge Frau zurück, kicherte dann aber und drückte Caras Arm gegen ihre Seite. »Meine Mutter hat sich immer beschwert, wenn ich so laut gegähnt habe. Doch die Übung hatte ihren Sinn.«

Cara fiel in Friedas Kichern ein.

»Ich singe wie ein verrostetes Scharnier«, fügte Frieda weiterhin im Flüsterton hinzu. »Eigentlich hatte ich angenommen, Evelyne macht dem viel früher ein Ende, weil ihr die Ohren schmerzen.«

»Deine Stimme mag rau klingen, allerdings hat unsere Führerin überhaupt kein musikalisches Gespür. Sie trifft eine Menge Töne nicht richtig.«

»Wirklich? Na, du als Musikerin hast da wohl das deutlich bessere Gehör.« Sie standen inzwischen vor Caras Zimmertür und ließen die schwatzenden Kolleginnen vorbei.

»Hör mal, Cara.« Frieda, die einzige unter den Frauen, der sie ihren Spitznamen genannt hatte, trat dicht an sie heran. »Die Evelyne ist nicht sonderlich gut auf dich zu sprechen. Von wegen Zusammenhalt und Kameradschaft und so.«

»Vermutlich wegen neulich Abend, als ich mich getraut habe, sie zu bitten, für etwas mehr Ruhe zu sorgen. Sie wird sich schon wieder beruhigen.«

»Ich weiß nicht, ob sie der Typ ist, der so eine Auseinandersetzung vergisst. Heute Nachmittag war sie in deinem Zimmer. Ich habe gesehen, wie sie rausgeschlichen ist.«

»Ich nehme an, dass sie als unsere Führerin die Unterkünfte betreten darf. Immerhin gibt es woanders Mehrbettzimmer für uns Helferinnen. Diese Einzelunterkünfte sind nur unserer besonderen Situation und dem vielen Platz hier geschuldet.«

»Gut, mag sein. Aber warum schleicht sie dann aus deinem Zimmer, als wollte sie nicht gesehen werden, wenn sie doch jedes Recht hat, es zu betreten?«

»Das ist wirklich seltsam. Danke, dass du es mir gesagt hast.«

»Wir halten zusammen!« Frieda lächelte sie verschwörerisch an, sodass Cara ihre Hand drückte.

»Übrigens werde ich im September heiraten«, flüsterte Frieda nun.

»Nein!« Cara spielte die Überraschte. Die fortwährende Schwärmerei der Freundin über den schneidigen Soldaten, den sie auf ihrer vorigen Einsatzstelle in Belgien kennengelernt hatte, war Hinweis genug gewesen, dass Frieda und ihr Bert auf eine Ehe zusteuerten.

Frieda lehnte sich an die eine Türzarge, Cara an die andere. Obwohl um zweiundzwanzig Uhr für gewöhnlich alle in ihren Betten sein mussten, war Evelyne dahingehend großzügig. Was aber auch an ihren Schichtdiensten liegen konnte. Und an der Tatsache, dass die Mädchen und Frauen unterschiedlich lange benötigten, um ihre Dienststelle zu erreichen und von dort zurück in ihre Unterkunft zu gelangen. Manche gingen zu Fuß, andere radelten. Und Cara war eindeutig die sportlichste und damit die schnellste Radfahrerin von allen.

»Es gibt ja immer mehr Hochzeiten, bei denen nur die Braut anwesend ist, während der Bräutigam im Felde steht.« Frieda seufzte herzzerreißend. »Ich bin froh, dass Bert und ich eine richtige Trauung haben werden. Für so eine Ferntrauung muss der Soldat seinen Willen, die Ehe eingehen zu wollen, in schriftlicher Form dem Bataillonskommandeur geben. Der reicht das Schriftstück beim zuständigen Standesamt ein. Und weißt du, was zuletzt einer Bekannten aus meiner Heimatstadt passiert ist? Nach der Ferntrauung hat sich herausgestellt, dass ihr Gatte an jenem Tag bereits gefallen war.«

»Mein Gott, wie schrecklich«, murmelte Cara. Wie wohl die meisten jungen Mädchen hatte sie einmal von einer wunderbaren Trauung in Weiß in einer Kirche und umgeben von ihrer Familie und all ihren Freunden geträumt. Von Blumenschmuck und Hochzeitstorte, Tanz und einer anschließenden innigen Hochzeitsnacht. Sie senkte den Kopf, inzwischen kein bisschen mehr irritiert darüber, dass ihr bei dem Gedanken Nics Gesicht vor Augen stand. Ihre Anwesenheit hier in der Normandie hatte lange unterdrückte Gefühle nach oben geschwemmt wie die Wellen die Miesmuscheln. Und wie diese sich an die Felsen in den Buchten hafteten, so klammerte sich ihre Liebe an einen Mann, den sie wohl niemals wiedersehen würde.

Irgendwann drang auch Friedas heiteres Plappern wieder zu Cara durch. »Der richterliche Militärjustizbeamte wird mich und Bert trauen. Im hiesigen Standesamt, Bert kommt dafür eigens aus Belgien herüber. Eine kirchliche Trauung holen wir später nach. Momentan will Bert sie nicht. Er sagt, es gibt Kommandeure, die nicht viel von der Kirche halten. Sie würden sich weigern, dem Paar nach der Trauung zu gratulieren oder eine Feier im Kameradenkreis zu erlauben. Er will dahingehend nicht unangenehm auffallen.« Frieda atmete tief durch, dann vollführte sie mehrere sehr mädchenhafte Hüpfer auf der Stelle, sodass der Uniformrock um ihre Beine tanzte und das mit einem Band zurückgebundene Haar hüpfte. »Ich heirate, Cara! Schon im September. Ist das nicht wunderbar und aufregend?«

»Das ist es. Und ich gratuliere dir herzlich, liebe Braut und angehende Ehefrau.« Cara nahm Frieda fest in den Arm, die glücklich die Umarmung erwiderte, dann wünschten sie sich gegenseitig eine gute Nacht.

Gleich darauf betrat Cara ihr Zimmer, blieb direkt hinter der geschlossenen Tür stehen und sah sich kritisch um. Vorher war ihr keine Veränderung der Anordnung ihrer Privatgegenstände aufgefallen. Schnell zog Cara die wegen der Verdunklungsvorschriften schweren Vorhänge vor, ließ die Fenster aber wegen der warmen Sommerluft angelehnt. Sie knipste die kleine Lampe auf dem Nachttisch an und sah sich prüfend um. Alles schien an seinem Platz zu sein. Sie setzte sich auf ihr Bett. Neben der Lichtquelle lagen ihre Bibel, ihr Dienstbuch – das Gegenstück zum Soldbuch der Soldaten – und ein Bleistift. Während sie noch einmal den Blick durch den Raum schweifen ließ, schlug sie ihre Bibel an der Stelle auf, an der sie Alexanders Brief als Buchzeichen stecken hatte. Nun durchschaute sie, was die Führerin hier drin gemacht hatte. Sie hatte ihre Post durchgesehen. Offenbar war Evelyne die Bibel zugeschlagen, als sie Alexanders Zeilen gelesen hatte, weshalb sie den Brief nur ungefähr an derselben Stelle wieder in das dicke Buch geschoben hatte. Denn an diesem Morgen hatte Cara im Markusevangelium gelesen, nun steckte er bei Maleachi im Alten Testament.

Evelyne wusste nun also von ihren Schwierigkeiten in der Heimat. Ob das auch hier auf sie zurückfallen konnte? Aber womöglich hatte der Vermerk »politisch unzuverlässig« in ihrer Akte sie ohnehin begleitet.

Besorgt zog Cara sich um, wusch sich und schlüpfte ins Bett. Sie schlief unruhig und erwachte kurz nach Mitternacht von Taylas Weinen. Das Wimmern dauerte an, ohne dass Cara über sich eine Tür oder das Knarren der Bodendielen hörte. Kein noch so verhaltenes Geräusch wies darauf hin, dass Isabelle zu ihr ging. War sie zu erschöpft, um ihre Tochter zu hören?

Cara wartete einige Minuten ab, dann erhob sie sich, schlüpfte in ihre Schuhe, band diese zu und zog sich einen langen Strickpullover über den Pyjama aus fließendem Gewebe. So gekleidet verließ sie ihr Zimmer, trat zur Treppe und ging möglichst leise, um niemanden zu wecken, ein Stockwerk höher. Isabelles Schlafzimmertür stand einen Spalt weit offen, das Bett war leer. Ob sie unten im Erdgeschoss war, da sie hier oben keine Toilette hatte? Aber doch nicht so lange!

Cara zuckte mit den Schultern und betrat das vollgestellte Zimmer der Kinder. Cedric schlief fest, selbst Tayla schien nicht richtig wach zu sein, obwohl sie noch immer weinte. Vorsichtig ließ sich Cara auf der Matratze nieder und strich dem Mädchen beruhigend über das Haar und den verschwitzten Rücken. Sofort hörte das Wimmern auf, was blieb, war ein leises Schluchzen, das wie Wellen durch den Körper lief. »Schlaf weiter, Tayla. Es ist alles gut.«

Nichts war wirklich gut, das wusste Cara, aber die Welt dieses Kindes war noch überschaubar und sollte zumindest annähernd in Ordnung sein. Ein wenig Normalität, auch wenn der Vater gefallen war und die Mutter für die Besatzer schuften musste. Caras Herz zog sich vor Mitgefühl für die kleine Familie zusammen. Sich ausmalen, wie viele andere Familien unter diesem Krieg litten, wollte sie nicht. Denn dann wäre ihr Herz vermutlich vertrocknet.

Taylas Atemzüge waren inzwischen ruhiger und länger, schließlich verebbte auch ihr unbewusstes Schluchzen. Sie schlief wieder fest. Behutsam zog Cara die leichte Zudecke höher, beugte sich vor und küsste die Kleine aufs Haar. Anschließend verließ sie das Dachgeschoss, ging aber nicht zurück in ihr Zimmer, sondern hinunter. Sie fand Isabelle weder im Foyer noch im Bad oder im Aufenthaltsraum für die Wehrmachtshelferinnen. Sie suchte in der Küche, in weiteren Nebenräumen und trat schließlich durch die Küchentür in den Garten.

Grillenzirpen begrüßte sie, dazu unzählig viele glitzernde Sterne an einem Himmel, der nahtlos ins Meer überging. Da auch der Außenbereich verwaist war, schlug Cara den sandigen Fußpfad zu den Klippen ein. Er führte sie an den schmalen Gesteinsriss, in den jemand einst eine steile Holztreppe zum Strand hinunter gebaut hatte. Sie war noch immer da, wenngleich die morschen Bretter nicht eben vertrauenerweckend aussahen.

Caras Wissen um Stacheldraht und versteckte Sprengfallen hielt sie einmal mehr davon ab, hinunterzusteigen. Diese wunderschöne, wilde und zugleich romantische Alabasterküste war zu einem Schutzwall geworden, dessen Befestigungen Cara vorkamen, als hätte man über ein bezauberndes Gemälde lieblose schwarze Striche gemalt.

Es war Ebbe, sodass sie im fahlen Lichtschein des Mondes die schwarz glänzenden Felsen im Meer erahnen konnte, die bei Flut vollständig unter der Wasseroberfläche verschwanden. Dort tummelten sich tagsüber gern die Möwen, jetzt waren sie verwaist.

Die Wellen schwappten eher träge an den Strand, rollten über felsige Abschnitte hinweg, gluckten in den Vertiefungen des Gesteinslabyrinths und zogen sich zischend und mit leise klirrendem Kiesel wieder zurück.

Wären die Befestigungen nicht gewesen, hätte sich Cara um Jahre zurückversetzt wähnen können. In eine wunderbar leichte Zeit voller Harmonie und Glück und den Freuden einer seit Jahren währenden Sommerfreundschaft. Erneut überfiel sie ein schmerzliches Sehnen nach jener Phase ihres Lebens, gekoppelt mit Trauer um ihren Verlust.

Ihr Blick wanderte über die springenden Lichtreflexionen des Mondes bis zum Horizont, wo das Ende der Spiegelungen den Übergang markierte. Ihre Gedanken flogen erneut zu Nic. Wie oft hatte sie schon versucht, sich vorzustellen, wie der damals bereits große, breitschultrige Junge heute wohl aussah. Ob er sich weiter darum bemüht hatte, die deutsche Sprache zu erlernen? Ob es ihm gut erging – wo immer er auch war, mit wem er auch zusammenlebte, wen auch immer sein Herz zu lieben gelernt hatte? Der Gedanke wühlte sie auf. Dieser sehnsüchtige Schmerz in ihr fühlte sich selbst nach so langer Zeit noch immer irritierend intensiv an. Als wollte ihr Herz Nic einfach nicht loslassen.

Im Gegensatz zu Nic vermisste sie Henry kaum, wobei der sich auch nie groß für sie interessiert hatte. Für ihn war sie eher das lästige Anhängsel von Alexander und Waldemar gewesen.

Waldemar … Cara lauschte auf ein Rascheln im Gras, das ebenso schnell endete, wie es begonnen hatte. Sie hatte schon lange nichts mehr von ihrem ältesten Bruder gehört. Die Sorge um ihn war ein klein wenig … zur Gewohnheit geworden. Sie war noch immer da, aber nicht so flammend heiß und präsent wie in den ersten Monaten, nachdem er abgerückt war. Vielleicht war das ein Selbstschutz ihrer Seele, um weitermachen zu können. Wie sich auch eine Art Kokon um den Verdacht gebildet hatte, dass im Generalgouvernement gerade Lager entstanden, in denen – laut Alexander – Furchtbares geplant war.

Es war nicht so, dass sie ihm keinen Glauben schenken wollte. Aber das alles war so weit fort von ihrem eigenen Leben, ihren alltäglichen Ängsten, Sorgen und Kämpfen, dass das Wissen und ihr Entsetzen darüber wie in einer Art Dämmerschlaf in der hintersten Ecke ihres Gehirns und Herzens schlummerten. Immer dann, wenn sie den Gedanken daran weckte, drohte ihre Seele entweder auszudorren wie ein Bachbett ohne Regen oder er entfachte einen Sturm in ihr, ähnlich denen, die hier gelegentlich vom Atlantik kommend über die normannische Küste hinweg wüteten. Dieser Sturm, das ahnte Cara mittlerweile, konnte sich sofort gegen sie und ihre Familie richten.

Sie drehte sich in Richtung von Isabelles Haus um, das vom Mond beschienen so wundervoll friedlich wirkte, dass der Anblick ihre Seele streichelte. Sie wollte ihren Eltern gern einige

Fragen stellen, doch die Feldpost, die sie als Wehrmachtshelferin nutzen durfte, war stichprobenartigen Überprüfungen ausgesetzt – vielleicht sogar mehr als nur das. Also musste sie stillhalten. Abwarten. Hoffen, dass es Alexander so weit gut ging, er bald entlassen wurde und auf dem Gutshof im Schwarzwald alles friedlich blieb. Schließlich hatten sich weder ihre Eltern noch Emmi etwas Ungesetzliches zuschulden kommen lassen.

Cara wandte den Kopf, als sie vom anderen Ende des Gartens her ein Geräusch vernahm. Jemand drückte sich durch einen Haselnussstrauch und näherte sich dem Gebäude. Als diese Gestalt in den Lichtschein des Mondes trat, kurz bevor sie die Küchentür erreichte, bestätigte sich Caras Verdacht: Es handelte sich um Isabelle.

Gekleidet in dunkle Hose und Männerjacke, mit klobigem Schuhwerk und einem umgebundenen schwarzen Kopftuch, wirkte sie wie jemand, der des Nachts nicht gesehen werden wollte. Isabelle zog hinter sich die Tür zu, und Cara hörte, wie sich der Schlüssel im Schloss drehte.

Sie wartete ab, bis sie in der Mansarde einen kaum wahrnehmbaren Lichtschein sah, der schnell wieder verlosch. Erneut herrschte tiefer Friede in dem winzigen Weiler. Nicht jedoch in Caras Herzen. Wo war Isabelle gewesen? Welches Geheimnis hatte sie?

Cara betrat das Grundstück und wandte sich nach links. An der von Buschwerk überwachsenen Mauer tastete sie nach dem Spalier, an dem schon damals der Wein an der Hauswand hinaufgewachsen war. Wie die Jungen hatte auch Cara gelegentlich diesen Weg genommen, um von Henrys Zimmer ins Freie zu gelangen und wieder zurück. Allerdings brachen mit leisem Knacken zwei Holzverstrebungen unter ihrem Gewicht, doch darauf war sie nach alle den Jahren der Vernachlässigung vorbereitet, sodass sie entsprechend vorsichtig agierte. Sie erkletterte den breiten Steinsims, drückte das Fenster auf und war flugs über dem hölzernen Innensims in ihrem Zimmer.

Sie nahm sich vor, in der nächsten Nacht aufzupassen, wann Isabelle das Haus verließ, um ihr dann heimlich zu folgen. Bei diesem Gedanken kribbelte es aufgeregt in Caras Innerem. Und das nicht nur, weil sie sich keinesfalls von ihrer Führerin erwischen lassen durfte.

Cara kletterte vom Sims. War sie gerade dabei, den Schwur zu brechen, den sie bei ihrer Dienstverpflichtung hatte ablegen müssen?

Sie hatte hier eigentlich stillhalten wollen, doch Isabelles nächtliches Davonschleichen war gefährlich. Immerhin hatte sie das Haus voller deutscher Wehrmachtshelferinnen. Nicht auszudenken, was Isabelle zustoßen konnte, wenn jemand sie bei was auch immer erwischte.

~Nicolas, an Bord der Princess Beatrix / Ärmelkanal~

Vier Tage lang lagen sie nun schon in Sichtweite der Isle of Wight. Nic beschäftigte sich, indem er die elektrischen Geräte an Bord wartete und optimierte und sich mit den Männern unterhielt, die dies für gewöhnlich machten, und mit jenen, die sie bedienten. Allmählich schlugen ihm die Tatenlosigkeit und die Enge aufs Gemüt, dabei hatte er es in seiner Unterkunft besser als die Soldaten. Er wollte sich nicht vorstellen, wie es jenen erging, die umgeben von einer Weite aufgewachsen waren, die von nichts als dem schmalen Streifen des Horizonts begrenzt wurde und die sich die britischen Kollegen nicht einmal im Traum ausmalen konnten. Er befürchtete eine Art Lagerkoller, wenn sich nicht bald etwas tat.

Allerdings war die See rau, was ein Anlanden an der normannischen Küste unmöglich machte, und der Himmel war zu bewölkt, als dass Fallschirmtruppen zumindest halbwegs zielsicher hätten landen können.

Plötzlich riss ihn ein Alarm aus dem Halbschlaf. Er sprang aus der Koje, verließ den Raum und rannte den Gang entlang zum nächsten Schott. Er hörte das typische Heulen eines Flugzeugs, gleich darauf sah er eine aus dem Meer aufsteigende Wasserfontäne, eine Explosion unter einem ihrer Schiffe. Der deutsche Bomber hatte bereits abgedreht und flog davon. Nic meinte zu sehen, dass er sich drei weiteren Flugmaschinen der Luftwaffe anschloss.

Aufgeregte Rufe erschollen. Einige Soldaten beugten sich über die Reling, andere suchten den Himmel ab, in Erwartung weiterer Bomber, die ihre Fracht auf die hier versammelte Flotte abwerfen wollten.

Nic behielt das getroffene Schiff im Blick. Er sah kein Feuer, konnte nicht ausmachen, ob es zu krängen begann. War der Schaden durch die Fliegerbombe demnach gering geblieben?

Besorgt trat er von einem Bein auf das andere. Minute um Minute verstrich. Dann kam die Entwarnung; es waren keine feindlichen Flugzeuge mehr in ihrer Nähe. Halbwegs beruhigt wandte sich Nic ab und sah Cec auf sich zukommen. Der Freund hatte die Stirn in Falten gelegt, seine ganze Haltung drückte Frustration aus. Sie fanden einen Platz abseits und schauten auf das aufgewühlte Meer.

»Was ist mit dem Schiff und den Männern darauf?«, verlangte Nic, zu erfahren.

»Über Funk kam rein, dass die Bombe zwei Decks durchschlagen hat, aber unter Kiel im Wasser detoniert ist. Somit gibt es nur vier Verletzte. Allerdings besteht die Gefahr, dass das Schiff sinkt, sodass die Besatzung ausgebootet wird.«

»Das ging noch mal gut aus«, seufzte Nic, rieb sich dann aber den Nacken. »Wobei ich mich frage, was die Flugzeugbesatzungen in ihrer Heimat melden. Die vielen

Schiffe, die sich hier versammelt haben, deuten doch verdächtig auf eine baldige Landung am Festland drüben hin, meinst du nicht auch?«

»Die Deutschen sind ja nicht auf den Kopf gefallen. Leider«, brummte Cec.

»Das heißt, sie werden jetzt noch wachsamer sein und ihre Verteidigungsstellungen womöglich noch weiter ausbauen.« Nic gefiel nicht, was sich ihm da erschloss, seinem Freund ebenso wenig, wie sein verbissener Gesichtsausdruck verriet. »Rutter wird abgesagt, nicht wahr?«, fragte Nic nach längerem Schweigen.

»Ja, die Aktion wird auf unbestimmte Zeit verschoben.«

»Das heißt, wir gehen alle von Bord?«

»So lautet der Befehl. Allerdings ziehen wir von der Wight nach Wykehurst Place um.«

»Was wird aus Jack?«

»Ich denke, er wird nach Hope Cove zurückkehren. Bis man ihn wieder holt.«

»Und mit mir?«

Cec stieß ihn mit der Schulter an. »Für dich findet sich überall eine Werkstatt mit Kabeln, Spulen, Rollen und sonstigem Kram, aus dem du etwas Sinnvolles zusammenschrauben kannst.«

»Am liebsten wäre mir ein System, mit dem wir Freya stören können, damit die deutschen Jagdpiloten nicht noch mehr britische Flugzeuge vom Himmel holen.«

»Das muss leider noch ein wenig warten, bis wir das Geheimnis der nordischen Göttin der Liebe, Schönheit und Fruchtbarkeit lösen konnten. Nicht jenes, warum Freya als Anführerin der Walküren bei einer Schlacht immer die Hälfte aller Gefallenen zusteht und die andere Hälfte Odin, sondern warum sie Heimdall, dem Wächter der Götter, die Fähigkeit rauben konnte, bei Tag und Nacht auf große Entfernungen so deutlich zu sehen.«

»Du verwirrst mich.«

»Das macht nichts. Solange du am Green Beach nur den richtigen Aufstieg auf dieses Kliff findest, wo die Dame ein Rendezvous mit Jack hat.«

»Den Weg zu finden, macht mir keine Sorge. Vielmehr die Tatsache, dass diese Dame auch unsere Schiffe sehr früh sehen könnte.«

10

~Carolina, bei Pourville-sur-Mer, Normandie/Frankreich~

Drei Tage lang hatte Cara bei ihren Schichten in der Freya-Radaranlage eine Menge zu tun. Das angenehme Juliwetter schien bestens geeignet zu sein, den Luftkampf zu intensivieren. Sie lokalisierte anfliegende Flugzeuge und meldete diese. Damit lösten sie und ihr Dienststellenleiter bei den entsprechenden Posten im Deutschen Reich eine durchorganisierte Kettenreaktion aus. Unter anderem informierte man dadurch auch die Stellungen der Suchscheinwerfer und der Flak – beide immer öfter von Wehrmachtshelferinnen bedient – und die Abfangjäger.

In ihrer Freizeit bemühte sich Cara, so oft wie möglich Cedric und Tayla zu beaufsichtigen. Dabei stand ihr häufig Frieda zur Seite, die Kinder über alles liebte und selbst einmal »einen ganzen Stall voll« haben wollte, wie sie Cara anvertraute.

Hin und wieder erledigte Cara auch einige von Isabelles Aufgaben. Hierbei versuchte sie, so geschickt vorzugehen, dass die Französin derlei Hilfsdienste erst im Nachhinein bemerkte. So konnte Isabelle Cara nicht davon abhalten. Meist erntete sie dann einen grimmigen Blick anstatt eines Dankes, doch Isabelle bat Cara nicht ein einziges Mal, damit aufzuhören. Dies verstand sie als versteckte Dankbarkeit. Vor allem aber versuchte sie, die übrigen Helferinnen von Isabelle fernzuhalten – vorrangig Evelyne.

Entgegen kamen ihr dabei all die für die Wehrmachtshelferinnen geplanten Unternehmungen. Darunter gab es durchaus Schönes wie Theater- und Lichtspielhausbesuche, Stadtbesichtigungen, Sportangebote oder Musikabende. Cara hätte sicher auch die Vorleseabende genossen, doch wie bei den Heimatabenden, an denen gemeinsames Singen und Rezitieren von Sagen und Gedichten auf dem Programm standen, waren die zur Verfügung gestellten Bücher darauf ausgerichtet, in den Mädchen und Frauen die unbedingte Liebe zu »Heimat und Führer« zu verstärken.

Durch die ständigen Wiederholungen, was die »wirtschaftlichen und soziologischen Ursachen des Krieges« sowie die »weltgeschichtliche Bedeutung des Krieges« anbetraf, sollte den weiblichen Wehrmachtsangehörigen die Notwendigkeit ihrer Pflichten vor Augen geführt werden. Zudem leitete man sie »im Hinblick auf ihre eigentliche Berufung als Frau und Mutter« beim Nähen, Plätten und bei Handarbeiten an. Sie erlernten die Grundlagen der Kranken- und Kinderpflege und des Gartenbaus.

Am Vortag hatte ihre Führerin einen Ausflug nach Rouen an der Seine für sie organisiert. Sie hatten gotische Kirchen besichtigt, unter anderem Saint-Maclou und Saint-Ouen und waren – in Begleitung einiger Soldaten – durch die Straßen mit den wunderschönen Fachwerkhäusern flaniert. Dabei hatte Gertrud, die eigens ihre Schicht getauscht hatte, ungeniert mit einem blonden Piloten geflirtet, dem das sichtlich gefallen hatte. Evelyne hatte die beiden zweimal darauf hinweisen müssen, dass sie nicht untergehakt spazieren durften. Das Bild der züchtigen deutschen Frau sollte auch hier in Frankreich, wie in allen besetzten Gebieten, durch tadelloses Benehmen der Wehrmachtshelferinnen gewahrt bleiben.

An diesem Tag nun hatte Evelyne, sehr zur Freude von Gertrud, einen geselligen Abend auf dem Fliegerhorst organisiert. Die Soldaten legten sich mächtig ins Zeug, um die Frauen angemessen zu bewirten und zu unterhalten, dazu gehörte auch, dass eine kleine Combo Musik machte. Wie reglementiert beendete Evelyne den Abend rechtzeitig, da sie um Punkt zweiundzwanzig Uhr zurück in ihrer Unterkunft sein sollten. Da mussten sie allerdings noch nach Gertrud suchen, die sichtlich erhitzt und mit zerzaustem Haar aus Richtung der Baracken auftauchte.

Evelyne sagte dazu nichts, hatte aber die ganze Rückfahrt über mürrisch die Lippen zusammengekniffen. Es lag in ihrer Verantwortung, auf die Frauen achtzugeben und für die Einhaltung der Regeln Sorge zu tragen. Ausgerechnet ihre Freundin hatte nun ihre Autorität untergraben, was auch auf ihre Führungsqualitäten zurückfiel. Immerhin hatte sich Evelyne für den nächsten Kurs angemeldet, um zur Oberführerin aufzusteigen. Sie sprach auf der ganzen Rückfahrt kein Wort.

Cara, die den Transporter fuhr, da sie nicht nur einen Führerschein besaß, sondern auch einige Fahrpraxis hatte – schaute immer wieder in das verkniffene Gesicht der etwa Gleichaltrigen neben sich, hielt es aber für klüger, sie in Ruhe zu lassen.

Ungewöhnlich schweigsam kletterten die Frauen von der Ladefläche, kaum dass Cara den Motor ausgeschaltet und die Fahrerkabine verlassen hatte. Sie reichte Evelyne den Schlüssel zurück, die sich wortlos umwandte und noch vor den anderen das Foyer betrat.

Isabelle war nirgends zu sehen, da dies ihr erster freier Abend seit Wochen gewesen war. Gertrud nörgelte dennoch herum, weil sie Hunger hatte. Damit verriet sie, dass sie sich noch vor dem gemeinsamen Essen mit ihrem gut aussehenden Piloten davongestohlen hatte. Niemand reagierte. Ungewohnt still stapften sie die Stufen hinauf.

Cara mischte sich mitten unter die anderen, und Frieda, die neben ihr ging, zog heimlich eine halb belustigte, halb besorgte Grimasse. Nur einen Wimpernschlag später rief Evelyne Gertrud zurück ins Atrium und wies sie an, in ihr Büro zu kommen, das sie sich als Führerin auserbeten hatte, obwohl sie es bei ihrer kleinen Gruppe vermutlich nicht wirklich benötigte.

»Keine Sorge«, flüsterte eines der jüngeren Mädchen in die Runde. »Gertrud ist der Liebling unserer Führerin. Ihr wird nicht mehr als eine Ermahnung blühen.«

Die anderen nickten hoffnungsfroh. Obwohl gelegentlich das Gefühl aufkam, dass Evelyne Gertrud bevorzugte, war ihnen die Kameradschaft untereinander dennoch so wichtig, dass sie der Kollegin nichts Böses wünschten. Zumal sie in dieser zehnköpfigen Gruppe weit mehr aufeinander angewiesen waren als in Wehrmachtshelferinnenabteilungen und -unterkünften andernorts, wo teilweise mehr als zweihundert Frauen zusammenlebten.

»Hoffen wir, dass Gertrud nur eine Ermahnung blüht und nicht ein ganz anderes Pflänzchen in ihr wächst«, meinte Marlena, ehe sie energisch die Zimmertür hinter sich schloss.

Cara zog sich ebenfalls zurück und legte sich in Unterwäsche aufs Bett, weil sie schnell angezogen sein wollte, falls sich Isabelle rühren sollte. In den vergangenen Nächten war die Französin im Haus geblieben. Vielleicht stahl sie sich ja diesmal wieder heimlich davon.

Allerdings schlief Cara innerhalb weniger Minuten ein und erwachte erst mit den frühen Strahlen der Morgensonne, die durch eine schmale Lücke der Verdunklung schienen und sie an der Nase kitzelten.

~Emmi, Gutshof im Schwarzwald / Deutsches Reich~

Emmi konnte nicht viel für die jüdischen Geflohenen tun, aber das wenige setzte sie für deren Wohlbefinden ein. Dazu gehörte, dass sie ihren von außen nicht einsehbaren Garten, der von drei Seiten mit einer hohen Natursteinmauer umgeben war, für die vier Kellermenschen öffneten. Die Männer nutzen ihn oft abends und bis spät in die Nacht hinein. Fitzi kam frühmorgens und spielte mit Hanna, der Emmi erzählt hatte, sie würden gemeinsam auf das Kind aus der Nachbarschaft aufpassen. Das war nicht gelogen, und Hanna fragte ohnehin nicht näher nach. Sie war einfach nur glücklich, jemanden zum Spielen zu haben, wenn Richard in der Schule war.

Fitzi war eine genügsame Freundin. Wohlerzogen, wie Emmi schnell feststellte, hilfsbereit und obwohl sie sich ständig umschaute wie ein Reh, das den Angriff eines Wolfes befürchtete, Hanna gegenüber zugänglich. Es wirkte, als durchschaute das Kind, dass von dem gleichaltrigen Mädchen keine Gefahr ausgehen konnte.

Die seltenen Momente, wenn Fitzis Lachen bis ins Haus vordrang, waren für Emmi so kostbar wie die Perlen der von ihrer Großmutter geerbten Kette.

Hanna erzählte Richard nichts mehr von ihrer neuen Freundin. Vielleicht hatte sie gehört, wie sich ihr älterer Bruder in Gegenwart der Schulkameradin über sie lustig gemacht hatte. Oder spürte Hanna, dass es Fitzi eigentlich gar nicht geben durfte?

Emmi hing den Fragen nicht lange nach. Sie war erleichtert, dass ihre Tochter die wenigen Stunden mit dem gleichaltrigen Mädchen genoss und sich darüber ausschwieg. Hauptsächlich deshalb, weil Helgas neues und in Emmis Augen seltsames Interesse an Richard doch nicht so rasch abklang, wie sie angenommen hatte. Vor zwei Tagen war Helga mitten am

Nachmittag mit einer ihrer Freundinnen vorbeigekommen. Sie hatten sich mit Richard treffen wollen, doch der war mit seinem Großvater im Wald gewesen, um jene Bäume zu markieren, die demnächst gefällt werden sollten. Helgas Frage, ob sie und ihre Freundin dann mit Hanna spielen dürften, hatte Emmi schlichtweg verneint. Ihrer Tochter hätte das wohl gefallen, aber Emmi behagte Helgas Aufdringlichkeit nicht.

Sie fragte sich, ob Polter sie vorschickte. Doch weshalb? Um auszuspionieren, ob Emmi – wie Alexander – über etwaige Verbrechen der NS-Regierung sprach? Oder wollte Polter, dass Helga sich mit Emmi und ihren Kindern anfreundete, weil er wusste, dass Alexander nicht zurückkehren würde und er seinen Platz einzunehmen gedachte? Allein bei dem Gedanken traten Emmi Tränen der Verzweiflung in die Augen.

Von den im Keller lebenden Menschen konnte Polter nichts wissen. Noch nie hatte jemand diese zu sehen bekommen, und die Bewohner des Gutshofs setzten alles daran, dass das so blieb. Als umso unangenehmer hatte Emmi den Überraschungsbesuch von Helga und ihrer Freundin empfunden.

An den Nachmittagen, an denen Richard unterwegs war, war die Reihe an Esta, ein paar Stunden im Garten zu verbringen. Sie jätete Unkraut, half Emmi bei der Wäsche und schummelte dabei auch die der Versteckten darunter. Sobald dies erledigt war, strickte sie für die kleine Gruppe Pullover, Mützen, Schals und Fäustlinge – im Hinblick auf einen kalten Winter in den unwirtlichen Räumen.

An diesem Tag brachte Richard Helga erneut mit auf den Berg. »Einfach so«, erklärte Polters Tochter ihre Anwesenheit. Emmi ließ sie an ihrem Mittagessen teilhaben, bat ihren Sohn dann aber, die Klassenkameradin wieder ins Dorf hinunter zu begleiten. Als Begründung musste diesmal Waldemar herhalten. Der Kleine hatte während der Mahlzeit gequengelt, gegen Ende kräftig geweint und einen bedenklich roten Kopf gehabt.

Emmi befürchte, so hatte sie es dem ungebetenen Gast erklärt, dass der Kleine sich einen Infekt eingefangen habe und Helga sich einer Ansteckungsgefahr aussetze, wenn sie länger blieb. Dabei hatte der arme Waldemar nur mal wieder Probleme mit seiner Verdauung.

Nachdem Richard aus dem Dorf zurückgekehrt war, erledigte er seine Schulaufgaben und die paar Handgriffe im Haus, die zu seinen Pflichten gehörten, dann rannte er zum nächstgelegenen Bauernhof, wo zwei gleichaltrige Jungen lebten. Nun erst holte Emmi Esta in den Garten. Ihre Stricknadeln klapperten, während Emmi ein Loch im Hosenboden von Richards kurzer Hose flickte.

Die Frauen schwiegen, dafür plauderten die Vögel in den Bäumen umso munterer. Als aus dem offenen Fenster des Kinderzimmers Hannas Stimme drang, die nach ihrer Mama rief, packte Esta zusammen. Sie umarmte Emmi kurz zum Dank und huschte zu jenem Strauch, hinter dem sich das Kellerfenster versteckte, durch das sie eilig schlüpfte.

Emmi ergriff das zweite Wasserglas, betrat ihre Wohnung und stellte es auf den Spülstein, ehe sie zu Hanna ging. Diese wartete brav in ihrem Bett, in dem sie ihren Mittagsschlaf gemacht hatte. In ihrem Alter schlief sie nur noch selten, ruhte sich aber aus, indem sie eine Reihe Kinderbücher durchblätterte oder malte. Waldemar war ebenfalls wach, sodass Emmi die beiden mit in den Garten nahm. Sie hielt gerade erneut ihre Flickarbeit in Händen, als im Haus das tiefe Dröhnen der Türglocke ertönte. Also bat Emmi Hanna, auf Waldemar aufzupassen, und eilte durch die Wohnung zur Tür. Polter stand in Uniform draußen und grüßte sie mit einem zackigen »Heil Hitler«.

»Heil Hitler«, erwiderte Emmi mechanisch und faltete die Hände vor der weißen Schürze, um sie ruhig zu halten.

»Darf ich bitte reinkommen? Die Nachricht, die ich zu übermitteln habe, ist nicht ganz … einfach.«

Emmi sah sich verunsichert um, als wüsste sie nicht, dass es hier keine neugierigen Nachbarn gab; anders als unten im Dorf. Weshalb wollte Polter ihr eine schlechte Nachricht nicht hier an Ort und Stelle überbringen? Dann erst drangen seine Worte gänzlich in ihr Bewusstsein. Entsetzt schnappte sie nach Luft. »Ist etwas mit Alexander?«, stieß sie atemlos hervor, obwohl sie gerade erst eingeatmet hatte. Ihre Knie drohten nachzugeben, also umklammerte sie mit beiden Händen den Türstock. Sie fühlte in ihrem Kopf eine eigentümliche Leere, die schnell tiefer sackte. Hinein in ihr Herz.

Polter ergriff sie am Ellenbogen und zwang sie, ihm voraus in die gute Stube zu gehen. Sie ließ es geschehen, als hätte sie jeglichen eigenen Willen verloren. Nichts Neues in diesen Zeiten … ging es ihr durch den Kopf, in dem sich ihre Gedanken jagten wie Bussard und Krähe. Sanft drückte Polter sie auf das geblümte Sofa, er selbst setzte sich auf den niederen Couchtisch. Seine Knie berührten beinahe die ihren, dennoch war er größer als Emmi und wirkte auf sie plötzlich bedrohlich. Seine Uniform unterstrich dieses Empfinden noch.

Emmi zwang sich zum Atmen. Ein und aus, ein und aus.

Aus dem Garten drang Hannas Stimme herein. Sie belehrte Waldemar, dass er sich keine Erde in den Mund stecken durfte. Emmi wand sich. Eigentlich hätte sie zu ihren Kindern gehen sollen. Zu Alexanders Kindern.

»Beruhigen Sie sich bitte, Frau Biber. Soweit ich weiß, geht es Alexander – den Umständen entsprechend – ordentlich.«

Etwas zerplatzte in Emmis Innerem. Ihr Herz? Oder nur die Blase aus Angst und Kummer, die dieses gefangen gehalten hatte?

»Leider war der Richter, der seine Verhandlung führte, sagen wir es mal so: ungnädig.«

»Es gab endlich eine Gerichtsverhandlung? Warum wusste ich nichts davon? Wer hat ihn vertreten?«

Polter zuckte lediglich mit den Schultern. Emmi konnte nicht nachvollziehen, ob sie ihm glauben sollte, dass er über all die Vorgänge nichts gewusst hatte. Schließlich hatte er ihr versprochen, sich für ihren Mann einzusetzen. Galt dieses Versprechen denn nichts? Wenn dem so war, entzog sich ihm natürlich, was dort im Bayrischen vor sich ging.

»Was …? Ich meine … wie lange?«

»Vier Jahre.«

Emmi spürte, wie ihr das Blut aus dem Kopf in die Beine sackte. Da war es nur gut, dass sie saß. Dennoch drehte sich alles vor ihr. »Vier?«, keuchte sie stimmlos.

»Das ist eine lange Zeit, ich weiß. Aber auch sie geht vorüber«, versuchte Polter sich an einem Trost, der bei Emmi nicht ankam. Vielmehr klangen seine Worte in ihren Ohren schrecklich falsch. Schließlich kannte der ehemals enge Parteifreund Alexanders zerbrechliche gesundheitliche Konstitution. Diese machte es nahezu unmöglich, dass Alexander sich einmal über einen längeren Zeitraum hinweg wirklich wohlfühlte. Auch das nagte an der Belastungsfähigkeit ihres Ehemanns.

»Warum nur?«, flüsterte Emmi. Noch vor Kurzem hätte diese Frage dem Umstand gegolten, warum Alexander nicht einfach stillgehalten hatte. So wie all die anderen in ihrem Umfeld. Doch jetzt kannte sie die verängstigte kleine Fitzi, die herzliche, allen Fährnissen zum Trotz noch immer fröhliche Esta, den verschlossenen, aber überaus intelligenten Aleph und den ruhigen Maler, der ganz sicher einen typisch jüdischen Namen trug und vermutlich ein Rabbi war.

Nun galt ihr »Warum« diesem strengen Urteil. Dem Umstand, dass man Alexander von hier fortgebracht hatte, und ihrem Verdacht, dass Polter zwar große Reden hielt, ihm das Schicksal ihres Mannes aber schlicht egal war. Schlimmer noch, schoss es Emmi durch den Kopf. Vielleicht steckte der Unterscharführer selbst hinter all dem.

Mit neuem Misstrauen blickte Emmi den Mann an, der viel zu dicht bei ihr saß und sie entschieden zu intensiv musterte. Als wollte er ihr in den Kopf sehen.

»Ich verstehe nicht, warum Alexander plötzlich gegen die Partei und unseren verehrten Führer wettert. Können Sie nachvollziehen, woher dieser Wandel kommt?«, fragte er sie leise.

Er klang besorgt, was sie misstrauischer stimmte, als wenn er seine Frage aufgebracht gestellt hätte. Emmi schaute auf ihre ineinander verschlungenen Finger. Noch vor Kurzem wäre sie versucht gewesen, eine Erklärung vorzubringen. Doch inzwischen war sie Polter gegenüber deutlich weniger offen. Womöglich hatte ihr Schwiegervater recht und sie mussten den Unterscharführer als Feind ihrer Familie ansehen.

Vielleicht wollte ihr ungebetener Gast an Hinweise gelangen, die Alexander nur noch tiefer in Schwierigkeiten brachten. Und die jene Quelle verrieten, von der ihr Mann seine Informationen erhalten haben musste. Denn dass Alexander so viel über Begebenheiten erfahren hatte, die hier unbekannt gewesen oder höchstens mal als unbestätigtes Gerücht herbeigeweht waren und sich wieder verflüchtigt hatten, deutete doch auf einen Kontakt mit jemandem hin, der überaus gut informiert war. Diese Quelle musste demnach eine entsprechend wichtige Funktion in der Partei innehaben. Oder einen hohen Militärposten.

Hatte Polter es darauf abgesehen, diese Person zu identifizieren, um sie – ebenso wie Alexander – mundtot zu machen?

Panische Angst setzte sich in Emmis Nacken fest, als hätte sich ein Wachhund darein verbissen, in dessen Refugium sie unerlaubt eingedrungen war.

Emmi straffte die Schultern. Sie konnte nicht zulassen, dass es weitere Angriffe auf ihre Familie gab. Sie musste ihre Lieben beschützen. Und dazu gehörte, ab sofort überaus wachsam zu sein. In allen Belangen. Allerdings gab es da diese Kellergäste …

Mit kräftig zusammengepressten Zähnen wandte sie sich wieder Polter zu.

Ein Lächeln umspielte seine Lippen. »So sind unsere tapferen deutschen Frauen. Widerstandsfähig und kämpferisch. Ein Tiefschlag lässt sie nicht aufgeben. Vielmehr richten sie sich gerade auf und machen weiter. Sie kämpfen beherzt für Ihre Familie – auch gegen den Feind von innen. Und Sie sind zudem eine gute Mutter und Hausfrau und dazu wunderschön.«

Das Lächeln auf Emmis Gesicht hätte falscher kaum sein können. Dennoch hielt sie es aufrecht. Tapfer und kämpferisch. Genau so, wie Polter es umrissen hatte. Und nein, Alexander war kein innerer Feind ihrer Familie. Er hatte sie zwar in Gefahr gebracht, aber er – und Cara – hatten genug Herz und Anstand, um ihre Lieben nicht zu seelenlosen Wesen verkommen zu lassen, denen gleichgültig war, was mit den Familien ihrer Mitmenschen geschah. Wie denen von Fitzi, von Esta und Aleph und der von Maler. Es gab zahlreiche Gefahren, aber auch mehrere Spielarten, Liebe zu zeigen. Eine davon war es, ein Vorbild zu sein und sich Menschlichkeit zu bewahren. Dagegen gab es vielleicht nur eine einzige Weise, die Seele einzubüßen: indem man nur den eigenen Vorteil suchte. Und dazu gehörte in diesen Zeiten wohl, Augen und Ohren und damit auch den Mund zu verschließen, zusammen mit dem Herzen.

»Ob ich nachvollziehen kann, woher Alexanders Wandel kommt?«, wiederholte Emmi Polters Frage. Sein Knie berührte das ihre, was sie dazu brachte, sich aufrechter hinzusetzen. Jetzt blitzte etwas in seinen wässrig-blauen Augen auf, die denen seiner Tochter so ähnlich waren. War es Interesse? Mehr als das? Gier, verbrüdert mit Hass?

»Ich weiß es nicht«, fuhr sie fort, und das war nicht gelogen. Denn sie wusste wirklich nicht, warum Alexander diese

Partei und Hitler früher regelrecht verehrt hatte. Und sie kannte auch nicht den Grund seiner Kehrtwende. Sie durchschaute nicht, wann er entschieden hatte, auf einen ihr Unbekannten zu hören, diesem Glauben zu schenken und zu versuchen, sein neu erlangtes, brisantes Wissen unter die Leute zu bringen. Vielleicht war es ein fließender Wandel gewesen, vielleicht ein abrupter Bruch. Sie wusste nur, dass sein Schweigen darüber sie nun schützte. Denn sie konnte schlicht bei der Wahrheit bleiben, als sie noch einmal mit den Schultern zuckte, dem Mann vor sich offen ins Gesicht sah und sagte: »Ich habe keine Ahnung.«

»Nun gut.« Wieder lächelte Polter sie an. Weil er ihr glaubte? Oder versteckte er hinter dieser freundlichen Mimik seine Frustration, da er von ihr keine hilfreichen Informationen erhielt? Sie entschied, Polter nicht zu erzählen, dass sie keine Briefe von Alexander erhielt. Womöglich hätte er diese Tatsache sonst auch noch irgendwie ausnutzen wollen.

»Helga hat mir erzählt, Ihre Tochter habe eine neue Freundin. Richard hat es allerdings damit abgetan, dass Hanna sich gern mal Fantasiewesen ausdenke.« Polter räusperte sich. »Für Hanna ist es sicher schön, eine Spielkameradin zu haben, nicht wahr? Handelt es sich dabei um ein Mädchen aus dem Dorf?«

»Hanna ist ein überaus fantasievolles Kind, weshalb sie sich gern mal mit ihrer Puppe oder dem Teddybären unterhält. Tatsächlich erzählte sie auch mir von jemandem, der nachts auf ihrem Fenstersims sitzt. Ich habe mir das vor einiger Zeit angesehen. Manchmal scheint der Mond herein, und aus dem dicken Mauerwerk, dem offenen Vorhang und dem Fensterkreuz entsteht ein interessanter Schatten am gegenüberliegenden Fenstermauerwerk. Mit ein bisschen Fantasie erkennt man darin durchaus ein kauerndes Kind. Seit der Verdunklung hat sie nicht mehr davon gesprochen, was meine Vermutung bestätigt.«

»Vielleicht sollten Sie ihr derlei Humbug ein für alle Mal ausreden«, schlug Polter mit gerunzelter Stirn vor.

»Hanna ist ein Kind. Die Sache verliert sich bestimmt von allein.«

»Also gibt es hier oben keine anderen Kinder?«

Polters Nachbohren stimmte Emmi zunehmend misstrauischer. »Gelegentlich, doch. Ihre Tochter und andere, die ich beaufsichtige, wenn die Mütter anderweitig zu tun haben.«

»Richtig, richtig.« Polter nickte. »Wir als Partei sehen es gern, wenn die Frauen zusammenhalten und sich in dieser herausfordernden Zeit gegenseitig unterstützen. Nur so können unsere tapferen Soldaten an der Front sich vollständig auf ihren Kampf gegen den Feind konzentrieren. Sorgen über das Wohlergehen ihrer Familien in der Heimat sind da nicht förderlich.«

»Genau«, pflichtete Emmi lächelnd bei.

»Haben Sie mal wieder etwas von Ihrem Schwager Waldemar gehört? Er ist an der Ostfront, nicht wahr?«

»Das stimmt. Leider ist sein letzter Brief bereits vier Wochen alt … Ich mache mir ein wenig Sorgen.«

»Das müssen Sie nicht, Frau Biber. Die Männer haben manchmal keinen Nerv, zu schreiben, wenn sie im Kampfe stehen. Sie dürfen, auf die Gefahr hin, dass der Feind im In- oder Ausland die Feldpost abfängt, nicht einmal die kleinsten Details notieren.«

Um eine Antwort verlegen, lächelte Emmi nur. Zum Feind im Inland gehörte nun wohl auch Alexander. Und ihre Kellergäste. Ebenso wie sie selbst. Ihr verging das Lächeln, trotzdem zwang sie sich, ihren unwillkommenen Gast freundlich anzusehen. Sie wollte, dass er endlich ging. Zu Hilfe kam ihr der kleine Waldemar, da dieser im Garten lauthals zu brüllen anfing. Schnell sprang Emmi auf. »Ich muss nach meinen Kindern sehen.«

»Ich finde allein raus, Frau Biber. Nun, da Alexander verurteilt ist, besteht gegebenenfalls die Möglichkeit, ihn hierher zurückzuverlegen.« Sein Tonfall hatte eine leicht spöttische Note.

Vielleicht hatte er das selbst nicht einmal bemerkt. Emmi schlussfolgerte daraus, dass eine Verlegung Alexanders nach Freudenstadt oder Rottweil nicht passieren würde. Sie war sich jetzt sicher: Polter wusste das persönlich zu verhindern. Dieser Mann war nichts anderes als ihr Feind.

In der Bibel mochte stehen, dass sie ihre Feinde lieben solle. Das bedeutete aber nicht, ihnen Glauben zu schenken oder ihnen zu vertrauen. Und Umgang mit ihnen zu pflegen brauchte sie ebenfalls nicht. Also brachte sie Polter trotz des schreienden Kleinkinds zur Haustür und sorgte dafür, dass der Riegel von innen vorgelegt war.

Emmi lief in den Garten hinaus und sah nach Waldemar, der sich an einer Brombeerhecke verletzt hatte. Nachdem sie ihn getröstet hatte und er weiterspielte, setzte sie sich seufzend auf die Holzbank. Sie schloss die Augen und genoss die von der Hauswand ausgehende Wärme. Vögel zwitscherten, Grillen zirpten, Hanna sang leise vor sich hin. Alles hätte so friedlich sein können, doch in Emmi tobte ein Sturm.

Vermutlich wäre es angebracht gewesen, Albert und Johanna zu bitten, die versteckten Juden fortzuschicken. Aber Emmi sah immerzu Fitzis große Augen vor sich, die erst beim Spiel mit Hanna den erschütterten Ausdruck verloren. Sie dachte an Estas fröhliches Lächeln, das wirkte, als wollte sie dem Bösen auf dieser Welt mit ihrer Heiterkeit den Kampf ansagen, und schüttelte unwillkürlich den Kopf. Nein, sie konnte das nicht tun. Auch nicht wegen Alephs nachdenklichem Blick und der Verzweiflung, die man unterschwellig bei ihm spürte. Ebenso wenig konnte sie das dem ruhigen, stets besonnenen Maler antun, der noch immer an das Gute im Menschen glaubte – sogar in den Herzen der Deutschen. Wie hätte sie diese vier Verfolgten fortschicken können, da sie hier doch in Sicherheit waren?

Emmi seufzte verhalten auf. Ihre Gedanken wanderten zu Alexander, dessen Nähe sie schmerzlich vermisste. Was wohl gerade mit ihm geschah, wie es ihm erging? Und was sollte aus ihr und den Kindern werden? Denn vonseiten Polters – das wusste sie jetzt mit Sicherheit – war keine Unterstützung zu erwarten. Eher das Gegenteil. Wie es aussah, hatte der Metzger eine Chance gesucht, um den Abtrünnigen zu bestrafen und aus seiner unmittelbaren Nähe zu entfernen. Alexander war, was seine Vorbehalte, ja Anklagen gegen die NSDAP und den Krieg anging, zu unvorsichtig gewesen.

Ob dieser Verwandte ihrer Schwiegereltern helfen konnte, derselbe Mann, der für Caras Versetzung verantwortlich zeichnete? Emmi schüttelte den Kopf. Diese Polizeibehörden ließen sich sicher nicht von einem Luftwaffenoffizier reinreden.

Emmi hörte erneut das Läuten der Türglocke. Sie warf einen prüfenden Blick auf ihre Kinder und trat durch die Hintertür zurück ins Haus und an die Haustür. Polter drängte herein, ohne dass sie ihn aufhalten konnte. Völlig perplex musste sie mit ansehen, wie er vor ihr her in die Wohnung stürmte. Zuerst betrat er die Küche, dann die gute Stube und anschließend die Alltagsstube. Auf dem Weg in Richtung Schlafstube stellte sie sich ihm endlich in den Weg. »Was machen Sie da, Herr Unterscharführer?«

»Ich hatte den Eindruck, dass wir vorhin nicht allein waren.«

Emmi konnte förmlich spüren, wie ihr alle Farbe aus dem Gesicht wich. Schnell wandte sie sich ab und versteckte diese

Geste der Unsicherheit hinter einer Frage: »Sie meinen … es war jemand hier in meiner Wohnung?«

»Ist das so?«, bellte der Mann.

»Hier sind nur ich und die Kinder.« Emmi spürte, wie ihr der Schweiß über den Rücken lief, dann rief sie sich zur Vernunft. Die drei Erwachsenen aus dem Keller hätten niemals unerlaubt ihr Refugium betreten. Aufgrund ihres Alters wäre von Fitzi vielleicht eine unbesonnene Handlung zu erwarten gewesen, doch sie war viel zu verschreckt. Zu vorsichtig. Eine alte Seele in einem Kinderkörper.

»Wen erwarten Sie, hier zu finden?«, fragte Emmi mit gespielt fester Stimme, drehte sich um und funkelte den Eindringling aufgebracht an. Sie musste möglichst schnell lernen, diesem Mann und seinen Kumpanen die Stirn zu bieten, sonst würde sie vor Angst zerfließen.

»Sagen Sie es mir, Frau Biber.«

»Da mein Mann ungerechtfertigt, wie ich finde, nach München verschleppt wurde …« Emmi sah, wie sich Polters Stirn kräuselte, ebenso nahm sie das empörte Funkeln in seinen Augen wahr. Eigentümlicherweise brachte sie das nicht zum Erzittern, sondern schickte neue Energie durch sie hindurch. Sie war wütend auf diesen Mann. Schnell fuhr sie fort: »… gibt es hier nur meine Kinder und mich.«

»Ich glaube Ihnen nicht. Und deshalb werde ich jetzt diese Wohnung durchsuchen.«

Emmi zögerte kurz. Sollte sie ihm das verwehren? Doch welche Folgen hätte das nach sich ziehen können? Kam er dann später mit Verstärkung von einer dieser unheimlichen Behörden wieder, die inzwischen sogar bei der deutschen Bevölkerung Angst verbreiteten? Hätte dies zur Folge gehabt, dass dann nicht nur ihre Wohnung, sondern auch die ihrer Schwiegereltern und – was katastrophal gewesen wäre – die beiden anderen Wohnflügel und der Keller durchsucht worden wären?

»Aber bitte, schauen Sie sich um.« Emmi wartete im Flur, bis er jedes Zimmer betreten hatte, eine Zeit lang darin blieb und dann wieder zu ihr kam. Die längste Zeit hatte er in Alexanders Arbeitszimmer und in ihrem Schlafzimmer verbracht. Emmi hatte sich gezwungen, ihm nicht nachzugehen. Sie wollte lieber nicht wissen, worin er überall herumwühlte.

»Ich habe mich wohl getäuscht. Was gut für Sie ist, Frau Biber.«

»Natürlich ist es das«, gab Emmi trocken zurück. »Es würde mich in Angst und Schrecken versetzen, wenn ich wüsste, dass sich jemand Zutritt zu meiner Wohnung verschafft hat. Immerhin ist dies der geschützte Lebensbereich meiner Familie.«

»Richtig, richtig«, murmelte Polter mit Blick auf die offen stehende Eingangstür und das Treppenhaus.

Emmi hatte zu viel Angst davor, er könnte seine Hausdurchsuchung ausweiten, als sich darüber zu amüsieren, dass Polter unbewusst zugegeben hatte, ein Eindringling in ihrem Zuhause zu sein.

Der Mann ging gemächlich auf die Wohnungstür zu, dabei blieb sein Blick lange an einem Landschaftsgemälde in einem üppigen Goldrahmen hängen. Emmi hatte sich nie für übermäßig misstrauisch gehalten oder eine ausgeprägte Fantasie bei sich festgestellt, wie ihre Tochter sie in sich trug. Doch als sie Polters Blick sah, meinte sie, Begehrlichkeit darin zu erkennen. War der Mann auf Beute aus? War Alexanders Verhaftung und die Verbringung nach Bayern nur ein erster, wohlgeplanter Schritt des Unterscharführers, weil er sich das Gutshaus aneignen wollte?

Panik rollte wie eine Feuerwalze durch sie hindurch. Was sollte dann mit ihr und den Kindern werden? Mit ihren Schwiegereltern? Den Menschen im Keller?

In diesem Augenblick konnte sie verstehen, weshalb sich Alexander, vor allem aber Cara, so freimütig für andere eingesetzt hatten. Denn sie hatten recht: Polter – und das gesamte System – waren korrupt. Anmaßend, größenwahnsinnig, böse. Nun, da Polter Emmi so misstrauisch beäugte, da sie sich in unmittelbarer Gefahr wähnte und um die Sicherheit ihrer Lieben fürchten musste, nun, da all das sie persönlich und nicht mehr nur »die anderen« betraf, verstand sie, dass Cara und Alexander, Johanna und Albert recht hatten, ja sogar im Recht waren, geltendes Recht zu brechen.

Vielleicht konnte man das Böse in der Welt nur durch sich verschenkende Liebe besiegen. Und diese Liebe hatte viele Gesichter.

11

-Emmi, Gutshof im Schwarzwald / Deutsches Reich-

Zwei Tage hatte es durchgeregnet. Am darauffolgenden Tag riss der Himmel auf und zeigte sich in einem frischen, tiefen Blau. Wälder, Wiesen und Felder dampften, sodass über den Tälern eine Nebeldecke lag. Der höher gelegene Gutshof thronte oberhalb des Wolkenmeers und vermittelte Emmi den Eindruck, er sei vom Rest der Welt abgeschnitten. In diesen Zeiten ein durchaus verlockender Gedanke.

Vereinzelt schauten bewaldete Buckel aus dem gemächlich wabernden Weißgrau hervor, dahinter erhoben sich die blauen Silhouetten des Mittelgebirges.

Emmi hatte Richard für seine Tageswanderung mit der Schulklasse verabschiedet, das Frühstück aufgeräumt, gespült und die Wohnung gekehrt. Anschließend hatte sie ihre beiden Kleinen für einige Minuten allein gelassen, um Fitzi aus ihrem düsteren Versteck zu holen. Die Kinder und sie verbrachten den Nachmittag zusammen im Garten. Sie jäteten Unkraut und ernteten Kirschen. Nach der einfachen Mittagsmahlzeit tauschte Fitzi für gewöhnlich ihren Platz mit Esta, doch an diesem Tag erlaubte Emmi der blassen Kleinen, länger als sonst im

Garten zu verweilen. Immerhin war geplant, dass Richard erst am frühen Abend von seiner Wanderung zurückkehrte.

Während die Kinder auf der Wiesenfläche mit Hannas Puppe und Fitzis einäugiger Stoffpuppe spielten, beobachtet von Waldemar, strickte Esta, und Emmi wusch das Bettzeug. Sie hängte gerade die weißen Betttücher an eine Leine, als die Hintertür klapperte. Erschrocken kämpfte sie sich durch die nassen Laken und fand sich Richard gegenüber, der Esta und Fitzi misstrauisch musterte. Das Mädchen duckte sich wie ein Kaninchen, Esta verharrte reglos und mit Panik im Gesicht.

»Mama?« Richards Tonfall klang fragend. Seine braunen Augen, denen von Alexander so ähnlich, ruhten vorwurfsvoll auf ihr. Er drehte sich wortlos um und betrat die Küche. Emmi bedeutete Esta, vorerst weiterzumachen, und folgte ihrem Sohn ins Haus. Sie war nicht erpicht darauf, dem erst Siebenjährigen die schreckliche Wahrheit über ihre Gäste anzuvertrauen, sah aber keine andere Möglichkeit.

»Sie … ist deshalb Helga ständig in meiner Nähe?«, platzte es aus dem Jungen heraus. »Weil sie für ihren Papa spioniert?«

Emmi setzte zum Sprechen an, schloss den Mund aber wieder.

»Ich habe mal Papa mit Opa reden hören. Darüber, dass Helgas Papa ein … fana… fani…«

»… fanatischer …?«

»Ja, genau. So ein Nazi sei. Dass wir vor ihm auf der Hut sein müssten. Auch wegen der …« Richard schaute aus der angelehnten Tür in den Garten hinaus. Emmi folgte seinem Blick. Von hier aus konnte er Fitzi sehen, die alle Versuche von Hanna, wieder mit ihr zu spielen, ignorierte. Noch immer presste sich das Kind wie ein verschrecktes Kaninchen auf den Wiesenboden.

»Du weißt von … ihnen?«

Richard zuckte mit den schmalen Schultern, dann nickte er, gleich darauf schüttelte er den Kopf. »Ich habe das nicht alles verstanden. Opa sprach von ›Gästen‹. Ich weiß aber, dass schon lange keine mehr hier oben waren.«

»Oh, Richard!« Emmi ergriff den Jungen an den Oberarmen.

Der beteuerte schnell: »Ich habe Helga nichts gesagt. Und ihrem Papa auch nicht, als der mich gestern an der Schule angesprochen hat.«

»Der Polter hat …?« Emmi keuchte auf. Dieser Mann wagte es, ihren Jungen auszuhorchen? Hegte er einen Verdacht oder stocherte er nur im Dunkeln herum, auf der Suche nach irgendetwas, um auch sie und die Schwiegereltern verhaften zu lassen? Ganz so einfach wie bei Alexander war das nicht. Immerhin hielten sie sich bedeckt. Zudem besaßen Johanna und Albert durch ihre hilfsbereite Ader und die Tatsache, dass ihre Familie hier früher viel Einfluss gehabt hatte, den Respekt der Dorfbewohner. Dieser bedeutete für die Bibers einen nicht zu verachtenden Schutz.

»Er fragte mich, ob ich mal Fremde auf dem Gutshof gesehen hätte. Er meinte, ich müsste es ihm sagen, weil diese Männer und Frauen gefährlich wären. Ich wollte doch sicher nicht, dass sie dir oder Hanna und Waldemar wehtun.«

»Es tut mir so leid«, murmelte Emmi, auch in Erinnerung daran, wie durchdringend Polter einen anschauen konnte und wie unangenehm fordernd sein Wesen war. Für einen kleinen Jungen war das sicher noch weitaus beängstigender als für sie.

Von Richard kam ein Grinsen, das Emmi an das seiner Tante Cara erinnerte. Frech, amüsiert und ein wenig übermütig. »Ich habe nie Fremde *gesehen*. Das habe ich Helgas Papa auch so gesagt.«

Emmi zog den Jungen in eine kräftige Umarmung. Er wusste aus dem mitgehörten Gespräch, dass es da irgendwelche Menschen auf dem Gutshof geben musste. Allerdings war er so gewieft gewesen, auf die Frage, ob er jemanden *gesehen* habe, der nicht auf den Berg gehörte, wahrheitsgemäß mit Nein zu antworten. Unendlich froh darüber, dass Richard sich stets zu seiner Tante hingezogen gefühlt, ja versucht hatte, ihr nachzueifern, dankte Emmi dem Himmel für genau diesen Umstand. Früher hatte ihr Richards Schwärmerei für Cara und sein Nachahmen Sorge bereitet.

»Wer sind die beiden?«, fragte Richard leise.

»Ich weiß nicht, wie viel ich dir über sie erzählen soll«, gab Emmi offen zu. »Denn falls Helga oder der Polter dir mal wieder Fragen stellen …«

»Ich werde nichts sagen. Aber ich muss auch nicht alles wissen, Mama.«

Emmi strich Richard durch das kurz geschorene Haar. Der Junge war in seiner Entwicklung und seinem Verständnis Gleichaltrigen weit voraus. Das war er schon immer gewesen. Vermutlich hatte er deshalb auch wesentlich mehr von dem verstanden, was hier geschah. Jetzt half ihnen dieser Umstand, dass ihr Geheimnis weiterhin unentdeckt blieb.

»Die beiden verstecken sich hier«, begann Emmi, vorsichtig zu erklären.

Richard sah sie mit großen Augen an. Es aus ihrem Mund zu hören, war wohl doch etwas anderes, als nur einen Verdacht zu hegen. Es dauerte einen Moment, dann begannen ebenjene Augen abenteuerlustig zu funkeln. Genau so, wie das bei Cara der Fall gewesen wäre.

»Vor Helgas Papa?«

»Vor ihm und vor dem, wofür er steht.«

»Die Uniform. Die Partei?«

»Richard, ich weiß nicht …«

»Ich mag sie nicht, diese ganzen Geschichten und Lieder, die wir jetzt eingepaukt bekommen. Oder dass unser Lehrer einfach von einem anderen abgelöst wurde. Die ständigen

Veränderungen. Und mir gefällt es nicht, dass Onkel Waldemar weggeschickt wurde, um Menschen zu töten. Dass Tante Cara fortmusste und sie uns Papa weggenommen haben. Papa hat nichts Falsches gemacht, nicht wahr?«

»Ach, Richard ...«

»Alle in der Klasse wollen schnell älter werden, damit sie zum DJ und dann in die HJ gehen können. Aber ich denke, wir können auch ohne das alles Kameradschaft haben. Lagerfeuer machen, wandern und viele Dinge lernen. So wie früher mit Tante Cara und Papa. Sie sagen, wir bekommen dort beigebracht, wie man marschiert. Und wie man schießt.« Richard scharrte mit dem linken Fuß über den Küchenboden, als wollte er sich ein Loch graben, in dem er sich verstecken konnte. »Ich will das nicht.«

»Noch hast du ja Zeit«, gab Emmi lahm zurück. Vermutlich kam er nicht an einer Mitgliedschaft in jenen Jugendorganisationen vorbei, zumindest nicht, ohne von den Mitschülern deshalb gedemütigt zu werden. Außerdem konnte Polter eine ausbleibende Teilnahme als weiteres Zeichen von Widerstand bei der Familie Biber deuten.

Bei der Vorstellung, dass ihr freiheitsliebender Sohn wie all die anderen Jungen uniformiert werden sollte, was seine Kleidung, seine Ansichten und seine Zukunft anbelangten, fühlte sie Unverständnis und Ärger in sich. Durch diese Organisationen zog Baldur von Schirach erfolgreich den Nachwuchs für Hitlers Reich und seinen Krieg heran.

~Carolina, Dieppe, Normandie/Frankreich~

Die Stadt Dieppe lag in einer roten Zone und war demnach Sperrgebiet, weshalb Cara einen Sonderausweis benötigte, um sich hier aufhalten zu dürfen. Zwei Gendarmen, einer in

Begleitung eines diensthabenden deutschen Offiziers, hatten sie bereits überprüft, obwohl sie erst vor drei Minuten die Diepper Straßen betreten hatte.

Sie schob ihr Rad über das unebene Pflaster und betrachtete die von salziger Gischt überzogenen Fenster der Häuser, von denen manche wirkten, als müssten sie sich auf das Nachbargebäude stützen. Sauber geputztes Fensterglas verriet, welche Wohnungen noch bewohnt waren, denn viele der früheren Einwohner hatten die Stadt verlassen. Das Leben unter den Deutschen gefiel nicht jedem, manch einer störte sich aber einfach nur an den ständigen Kontrollen und immer neuen Vorschriften.

Als sie den Blumenladen in der Rue de la Barre erreichte, warf sie einen Blick durch das Schaufenster. Paul Brunet stand halb abgewandt vor einer mit Grünzeug, Rosen und Levkojen übersäten Arbeitsfläche und wand gerade ein tiefrotes Band um einen Kranz.

Paul, ein Veteran aus dem Ersten Weltkrieg, hatte sich auch jetzt freiwillig gemeldet, doch als der Krieg für die Franzosen vorbei war, war er in seinen Blumenladen zurückgekehrt. Er hatte sich bei Caras erstem Besuch vor einer Woche sofort an sie erinnert. An die, wie er augenzwinkernd sagte, muntere Göre mit dem feuerroten Haar, die ihm stets unzählige Fragen über Blumen gestellt hatte, während ihre Mutter und deren Freundin, Madame Aubertin, Sträuße bei ihm gekauft hatten. Paul wohnte mit seiner Frau über dem Laden und hatte sich gefreut, sie wiederzusehen, wenngleich er ihre Uniform unübersehbar kritisch gemustert hatte.

Nun beugte sich Cara vor und klopfte leicht gegen das Fensterglas. Paul hob den Kopf und grinste sie an, deutete aber vielsagend auf den Kranz vor ihm. Offenbar hatte er viel zu tun. Die Deutschen, so hatte er ihr bei ihrem Besuch erzählt, bestellten bei ihm regelmäßig Kränze für ihre toten Soldaten.

Das Heer hatte hier lange Zeit gut gelebt und war kaum einmal einer Gefahrensituation ausgesetzt gewesen. Die Männer starben vielmehr bei Unfällen auf den Straßen oder wenn mal wieder ein Artilleriegeschoss fehlging – bei einer Übung in den eigenen Reihen. Anders sah es bei den Marinesoldaten aus, denn diese waren in den Gewässern vor Frankreich dauerhaft unterwegs. Derzeit, so hatte Paul gesagt, stieg die Zahl der toten deutschen Seeleute sprunghaft an. Sie waren Opfer von Angriffen britischer Torpedoboote. Aber auch auf dem Festland gab es vermehrt Tote. Die RAF flog immer häufiger Einsätze. Vielleicht fiel das kaum jemandem auf, doch Paul, so erzählte er gesprächig, maß derlei an den Kränzen, die er zu binden hatte.

Mit vom Rotwein, den Cara mitgebracht hatte, gelockerter Zunge vertraute er ihr an, dass derzeit eine Menge Flugzeuge so niedrig über die Klippen flogen, dass der Wind ihrer Propeller das Gras niederdrückte. Dabei war auffällig, wie viele von ihnen keine Bewaffnung trugen. Paul fragte Cara, welchen Sinn das denn habe. Sie enthielt sich eines Kommentars, doch das Blitzen in seinen Augen kam ihr verräterisch vor. Er hatte sehr wohl durchschaut, dass unbewaffnete Flugzeuge Aufklärer mit Kameras an Bord waren. Und die Häufung, mit der sie derzeit über die französische Küste hinwegflogen, hatten in ihm offenbar die Hoffnung auf eine baldige Landung der Alliierten geweckt.

Dieser Besuch bei Paul hatte Cara in Gewissensnöte gebracht. Immerhin war sie eine Deutsche, dazu Wehrmachtsangehörige. Als sie an jenem Tag zur Spätschicht angetreten war, hatte ihr ein Gespräch zwischen ihrem Vorgesetzten und einem Kollegen verraten, dass die gehäuften Aufklärungsflüge der Alliierten nicht unentdeckt geblieben waren. Und die Offiziere waren auf dasselbe Ergebnis wie sie und der Blumenhändler gekommen: Irgendetwas braute sich jenseits des Ärmelkanals zusammen. Also hatte Cara den Mund gehalten und weder sich selbst – wegen ihres freundschaftlichen Besuchs bei einem Franzosen – noch Paul in Bedrängnis gebracht.

Um Paul seine Arbeit machen zu lassen und sie beide kein zweites Mal in eine ähnlich unangenehme Situation zu manövrieren, schob Cara ihr Rad weiter und lehnte es wenig später an die Hauswand eines imposanten, schmucken Gebäudes. Der Schriftzug über den großen Kassettenfenstern zur Straße hin war wie viele andere in Dieppe in Englisch und verriet deutlich, wie rege der Besucherstrom von Wochenendausflüglern aus dem englischen Newhaven einst gewesen war. Dieses ehemalige Hotel mit Café diente nun August Biber und einigen seiner Kollegen als noble Unterkunft.

Cara öffnete die Eingangstür mit den gravierten Glasscheiben. Sie ging durch das große Foyer mit dem dunklen Holzboden, vorbei am einstigen Empfangstresen und den zur Seite geschobenen Caféstühlen und Tischen. Die Anordnung wirkte, als hätte hier vor Kurzem eine Tanzparty stattgefunden. Volle Aschenbecher, der Geruch nach kaltem Tabak und ein auf einem Fenstersims vergessenes, halb volles Weinglas unterstrichen den Eindruck zusätzlich.

Immer zwei Stufen auf einmal nehmend, eilte Cara in das zweite Stockwerk und klopfte dort an die mit Intarsien verzierte Zimmertür. August öffnete so schnell, dass Cara erschrocken zusammenzuckte.

»Du bist früh«, lautete seine Begrüßung. Dann ließ er ein Mädchen hinaus, das kaum älter als achtzehn sein konnte und damit beschäftigt war, ihre Bluse zuzuknöpfen. Sie murmelte eine französische Entschuldigung, als sie versehentlich Caras Arm streifte.

»War sie wenigstens freiwillig hier?«, entfuhr es Cara aufgebracht.

»Was denkst du denn von mir?«, konterte August mit einem trägen Lächeln.

»Dass du die Lage auszunutzen weißt.«

»Genieße ich die Vorteile meiner hervorgehobenen Stellung? Ja, durchaus.« August nickte jemandem zu, der hinter ihr vorbeiging. Also drehte sie sich um und sah noch, wie ein Mann in der Uniform des SDs ins offene Treppenhaus trat und aus ihrem Sichtfeld verschwand. Gestapo, so vermutete sie. Doch was machte die hier, in der Unterkunft von Ärzten?

»Aber sobald du mir sagst, dass du –«

»Vergiss es!«, fauchte Cara und stieß seine Hand weg, die ihren Hals gestreichelt hatte. Irgendwo auf dem Flur klickte eine Tür ins Schloss. Cara überkam das unangenehme Gefühl, beobachtet zu werden.

»Komm rein.« Ihr Cousin gab die Tür frei, doch Cara wich einen Schritt zurück.

»Sicher nicht. Warum wolltest du mich sprechen?«

August beugte sich ihr entgegen und kam ihr mit seinem Gesicht viel zu nahe. »Wie du selbst bemerkt haben wirst, meine Liebe, hat dieses Haus Ohren. Also komm besser rein. Ich behalte auch meine Hände bei mir. Versprochen.«

»Gilt dein Versprechen überhaupt etwas?« Für einen kurzen Moment glaubte Cara, einen Anflug von Verletzlichkeit in seinen stets so kalt wirkenden graublauen Augen zu sehen, doch dieser verflog sofort und wich hochmütiger Verärgerung.

»Deine spitze Zunge bringt dich noch mal in Schwierigkeiten. Und jetzt komm endlich rein.« Er umklammerte ihr Handgelenk schraubstockartig und zog sie in das feudal eingerichtete Zimmer. Die Tür trat er mit dem Fuß zu, dann erst ließ er sie los. »Bleib meinetwegen da bei der Tür, wenn du Angst vor mir hast. Aber halt den Mund und hör mir gut zu.«

»Wie redest du denn mit mir?« Cara war nicht gewillt, vor dem Mann zu kuschen, gleichgültig wie bedrohlich er auf sie wirkte.

»Wie mit einem Kind, das auf die Klippen zuläuft, obwohl es schon mehrfach gewarnt wurde, genau das nicht zu tun«, zischte August sie an und brachte dann mehrere Meter Abstand zwischen sie und sich.

Caras Augen streiften kurz das zerwühlte Bett und die glimmende Zigarette auf einem Unterteller mit Goldrand und blassrosa Blümchen, ehe sie ihren Blick wieder auf den Mann in Uniform richtete. Sein aufgedunsenes Gesicht war gerötet, die rotblonden Haare standen ihm unordentlich vom Kopf ab. Seine Augen durchbohrten sie förmlich, sodass sie unwillkürlich nach der Türklinke in ihrem Rücken tastete.

»Hast du den Kerl gesehen, der vorhin hinter dir vorbei ist?«

Cara nickte unangenehm berührt. Ihre Annahme, er könnte der Gestapo angehören, ließ Augusts Frage gefährlich klingen.

»Er schleicht seit Tagen hier herum. Er hat sich bei mir nach dir erkundigt, nach Isabelle Aubertin und diesem … Blumenhändler Brunet einige Häuser weiter. Eine von deinen Kolleginnen hat dich bei einem Vorgesetzten gemeldet, der sich offenbar genötigt sah, diese Meldung weiterzureichen. Du würdest dich mit Isabelle einlassen – was auch immer sie darunter versteht. Und angeblich warst du grundlos bei Brunet, einmal sogar länger als eine Stunde, und in seiner Wohnung.«

»Meine Güte!«, sagte Cara halb belustigt, halb genervt. »Die wenigsten der hier stationierten Wehrmachtsangehörigen sehen in den Franzosen einen Feind. Viele der Einheimischen arbeiten uns sogar zu. Vielleicht aus Überzeugung, vielleicht einfach nur, weil sie sich dadurch Vorteile erhoffen. Warum sollte sich jemand dafür interessieren, ob ich Isabelle ein wenig zur Hand gehe oder auf ihre kleinen Kinder achtgebe, während sie für uns kocht und putzt? Zumal ich nie ein Geheimnis daraus gemacht habe, dass Isabelle und ich uns von früher kennen.

Und was ist eigentlich mit dem Mädchen, das du heute zu deinem Vergnügen hier hattest?«

»Es interessiert sich aber jemand dafür«, gab August zurück und bedeutete ihr, leiser zu sprechen.

Ihre Frage ignorierte er. Cara verdrehte daraufhin die Augen, was August die Hände zu Fäusten ballen ließ. »Ich bin als Wehrmachtsangehörige hier. Warum sollte sich jemand daran stören, wenn ich alte Bekannte aufsuche? Ich bin völlig harmlos.«

»Das warst du noch nie«, gab August von sich. »Und Isabelle ist es ebenfalls nicht. Bei ihr und dem Blumenhändler ist sich die Gestapo wohl noch uneins.«

»Wie bitte? Was hat die Gestapo mit Isabelle zu tun?« Caras Verwunderung war echt, kippte aber, als ihr Isabelles seltsames Verhalten einfiel. Die Tatsache, dass sie sich gelegentlich, meist nachts, davonschlich, sprach nicht eben dafür, dass sie einfach nur eine Frau war, die die Luftwaffe dazu verpflichtet hatte, den bei ihr einquartierten Helferinnen den Haushalt zu führen.

»Nichts. Hoffe ich für dich.« August ergriff die Zigarette. Deren Ende glühte orangefarben auf, als er daran sog, dann drückte er sie auf dem Unterteller aus. »Kannst du dich nicht einfach an die deutschen Mädels halten, die mit dir dort untergebracht sind und deinem Dienst nachgehen? Unsere Väter haben dich im Schwarzwald aus der Schusslinie geholt und jetzt eröffnest du hier einen neuen Kriegsschauplatz. Das bekommt auch deine Familie, vor allem aber der ohnehin inhaftierte Alexander zu spüren.«

Irritiert schüttelte Cara den Kopf. »Ich eröffne einen … Kriegsschauplatz, weil ich Isabelle nicht wie einen Schuhabtreter behandle und weil ich mit Paul ein Glas Wein trinke und in alten Erinnerungen schwelge?«

»Du willst mich nicht verstehen, nicht wahr?«

»Wie könnte ich das, wenn du in Rätseln sprichst.«

Mit wenigen Schritten war August bei ihr und baute sich vor ihr auf. Gefährlich leise sagte er: »Eure Haushälterin wird von der Gestapo beobachtet, ich hier offenbar inzwischen ebenfalls. Warum sonst sollte sich dieses Mädchen wohl an mich ranmachen?«

»Sie spioniert für –«

»*Sie* ist nicht das Problem«, fuhr August sie an. »Sondern du. Ich habe das untrügliche Gefühl, dass diese Überwachungen mit dir zu tun haben. Ich habe die Kleine ordentlich rangenommen. Wenn sie wirklich ein Spitzel ist, wovon ich ausgehe, wird sie sagen, dass ich ein Widerling bin, der die Franzosen nicht ausstehen kann. Was die Wahrheit ist, die du – meine liebe Cousine – mit deinem Verhalten aber untergräbst. Ich habe keine Lust, deinetwegen in Misskredit zu gelangen, bespitzelt und verdächtigt zu werden und damit meine Karrierechancen zu ruinieren. Also füge dich gefälligst ein. Noch einmal kann mein Vater nicht intervenieren, ohne Schaden zu nehmen. *Ein* völlig irres Familienmitglied, das aufgrund des Heimtückegesetzes einsitzt, schadet uns schon genug.«

»Du –« Cara hielt August für einen Widerling. Ihren Bruder dermaßen zu beschimpfen, zeigte deutlich, wo August stand.

»Beim nächsten unangenehmen Ereignis werde ich mich von dir distanzieren. Vielleicht opfere ich dich sogar, indem ich dir etwas anhänge. Dir, Isabelle und diesem Blumenkerl.«

»Was könntest du uns schon anhängen? Eine alte Bekanntschaft zu Paul und meine Unterstützung für Isabelle, eine langjährige Freundin der Familie? Das sind absolut harmlose Beziehungen.«

»Résistance«, knurrte August und gebrauchte damit das französische Wort für den Widerstand.

Schon mit der Besetzung des nördlichen Frankreichs hatte sich dieser formiert, so viel wusste Cara. Allerdings gab es jene kleinen Widerstandszellen auch im freien

Vichy-Frankreich – wobei das Wort »frei« hier zu hoch gegriffen war. Jene Franzosen, vermutlich nicht mehr als einige Tausend, wehrten sich auf vielfältige Weise gegen die Besatzer, aber auch gegen die mit der deutschen Besatzungsmacht kollaborierenden inländischen Institutionen und Bevölkerungsgruppen. Hier an der Normandieküste hätte Cara allerdings nicht mit einem Widerstandsnest gerechnet. Gab es dieses wirklich? Gehörten ihre ehemalige Kindheitsfreundin und der freundliche Blumenhändler dazu?

Cara fand den Gedanken absurd. Die Anwesenheit des SD-Mannes, die spionierende Prostituierte und Augusts Warnung sagten allerdings etwas anderes. Dennoch lachte Cara laut auf. August durfte nichts von ihren Überlegungen ahnen, denn diese wanderten unwillkürlich zu Isabelles nächtlichen Ausflügen …

»Ich habe dich gewarnt. Ein letztes Mal. Du gehörst zwar zur Familie, aber deshalb riskiere ich nichts. Notfalls opfere ich dich und deine Brut samt den lieben Kleinen.« August wandte ihr den Rücken zu und trat ans Fenster, von dem man einen Blick auf die Burg hatte. Offenbar hielt er ihr Gespräch für beendet.

»Du würdest meinen Eltern, Waldemar, Alexander und seiner Familie etwas anhängen?« Cara ließ die Türklinke los und machte einen großen, wütenden Schritt in den Raum. Die Bodendielen knarrten unter ihrem Gewicht. »Wovor möchtest du dich denn schützen? Davor, kostenlosen Spaß mit einer Prostituierten zu haben? Und dass der Mann von der Gestapo nicht mehr hier herumschleicht? Das unterlässt er ohnehin bald, nämlich dann, wenn er erst deine Gefolgstreue erkannt hat. Aber trotzdem würdest du, um auf der Karriereleiter weiter nach oben zu klettern, deine Verwandten mit etwas völlig aus der Luft Gegriffenem denunzieren?« Cara hatte sich in Rage geredet.

August lachte kurz und hart auf, wandte ihr aber weiterhin den Rücken zu.

»Das wirst du nicht tun!«, spie Cara aus.

Diesmal wirbelte August herum. Er kam auf sie zu, ergriff sie an den Schultern und schob sie gewaltsam gegen das Türblatt. »Wie willst du mich daran hindern, süße, wilde Carolina?«, fauchte er und presste seinen Mund derb auf ihre Lippen.

Cara japste erschrocken nach Luft, dann begann sie, sich zu wehren. Sein Griff war unbarmherzig, inzwischen drückte er sie mit seinem ganzen Körper an das Holz. Sie konnte förmlich spüren, wie sehr er es genoss, sich an sie zu pressen.

Angewidert warf sie den Kopf von links nach rechts und sträubte sich gegen weitere Küsse, sodass er sich über ihren Hals hermachte. Dabei wirkte er wie ein gieriges Tier kurz vor dem Verhungern. Er verlagerte das Gewicht ein wenig, damit er sie mit seiner Schulter an der Tür fixieren konnte, und umfasste mit der dadurch frei gewordenen Hand ihre Brust.

Cara nutzte die so gewonnene Freiheit und stieß ihm mit aller Kraft, die sie aufbringen konnte, das Knie in die Genitalien. Augusts Keuchen wurde zu einem erstickten Schrei, dann zu einem Wimmern. Er taumelte zurück und fiel auf die Knie. Mit hochrotem Kopf und verkniffenen Gesichtszügen sah er ihr dabei zu, wie sie ihr hinuntergefallenes Schiffchen aufhob und die Tür aufriss. Bevor Cara diese hinter sich schließen konnte, glaubte sie, trotz seiner Schmerzen ein eigentümliches Glitzern in seinen Augen zu sehen. Dies machte ihr noch mehr Angst, als sein zwischen zusammengepressten Zähnen hervorgebrachtes »Ich habe dich gewarnt«, ehe sie die Tür ins Schloss warf.

* * *

In dieser Nacht saß Cara voll bekleidet im Dunklen am Fenster, das sie einen Spaltbreit geöffnet hatte. Sie hing abwechselnd ihren Gedanken nach, und immer, wenn sie einzuschlafen drohte, betete sie um Schutz für alle ihre Lieben. Vor allem für Alexander, von dem schon so lange niemand etwas gehört hatte. Einmal, das hatte ihre Mutter ihr geschrieben, war Albert nach München gefahren, um seinen Sohn zu besuchen, war aber von einem unfreundlichen Wärter abgewiesen worden. Angeblich, so hatte man Albert gesagt, habe Alexander sich nicht den Regeln entsprechend verhalten und dürfe keinen Besuch empfangen …

Zumindest von Waldemar hatte Cara Feldpost erhalten, wenngleich der Inhalt enttäuschend kurz und nichtssagend ausgefallen war. Aber es war ein Lebenszeichen.

Cara schrak hoch, als sie ein Geräusch vernahm. Vorsichtig beugte sie sich vor und blickte durch den Spalt in den vom fahlen Mondlicht beschienenen Garten. Zwischen zwei Kiefern bewegte sich etwas. Gleich darauf huschte eine schwarze Silhouette an Rhododendren und Hortensien vorbei, dann erklang ein Rascheln. Hervorgerufen hatte es der Schatten, weil dieser nicht das Gartentor öffnete, sondern sich durch die Säckelblumen zwängte und dort über die niedrige Mauer stieg.

Innerhalb von Sekunden war Cara bei ihrer Zimmertür. Auf der Treppe benutzte sie den altvertrauten Slalom, um zumindest den knarrenden Stellen auszuweichen, die es in ihrer Kindheit schon gegeben hatte. Zweimal gaben die Stufen dennoch eine in Caras Ohren viel zu laute Abfolge von Knackgeräuschen von sich. Jedes Mal hielt sie kurz inne und lauschte. Doch im Haus blieb es still. Diejenigen, die keinen Dienst hatten, schliefen tief und fest.

Endlich gelangte Cara zu der zwar geschlossenen, aber nicht mehr verschlossenen Küchentür. Sie schlüpfte hinaus. Graue Wolkenschleier verdeckten inzwischen den halben Mond, jedoch nur unzureichend. Er wirkte auf Cara, als hätte er aus

Trauer ein Organzatuch über sein Antlitz gelegt. Trauerte sogar der Erdtrabant über das, was die Menschen einander antaten?

Energisch verjagte Cara ihre fantasievollen Überlegungen. Sie schlug denselben Weg ein, den zuvor Isabelle benutzt hatte. Jenseits der Mauer sah sie sich suchend um. Die in Wellen gelegte Landschaft lag in Dunkelheit, erst als der Wind den Schleier vor dem Mond mit sich nahm, konnte Cara mehr als nur graue Umrisse sehen. Die Anfang August fast erntereifen Felder erstreckten sich vor ihr, so weit das Auge reichte. Sie endeten auf der einen Seite kurz vor den felsigen Klippen, auf der anderen am nächtlichen Horizont – da der Weiler tiefer lag als die Kuppen jener wellenförmigen Erhebungen. Sie sah niedrige Buschreihen und einige Haine, die wie schwarze Inseln aus dem Feldermeer ragten – und dazwischen Isabelle. Gegen den von Sternen geschmückten Himmel konnte sie sehen, wie der Wind, der von der See kommend über die Küste strich und den Bäumen und Feldern ein stetes Knistern entlockte, an der Bluse der Frau zerrte.

Eilig, weil sie befürchtete, Isabelle aus den Augen zu verlieren, lief Cara am Übergang zweier Felder entlang. Wenig später nutzte sie einen trockenen Graben, um zwischen einer Ansammlung von verwelkten, seltsam skurril aussehenden Flachspflanzen und einem im Wind bewegten Weizenfeld hindurch auf ebenjene Baumgruppe zuzulaufen, die vor Jahren das Versteck der Jungen beherbergt hatte. Dabei näherte sie sich unweigerlich wieder den Klippen, die hier weit zurücktraten, um unterhalb eine Bucht zu bilden.

Cara war nur noch geschätzte zwanzig Meter vom Ende des Feldes und damit von den Felsen entfernt, als sie ein eigentümliches Geräusch hörte. Alarmiert blieb sie stehen. Woher nur stammte dieses seltsam tiefe Brummen? Es klang, als hätte sich eine Biene in ein Marmeladenglas gewagt, auf das dann jemand den Deckel geschraubt hatte.

Plötzlich gab es rechts von ihr eine Bewegung. Cara riss die Augen auf. Ein Flugzeug schoss über die Abbruchkante hinweg, genau auf sie zu. Instinktiv warf sie sich zu Boden. Sie rollte sich auf den Rücken, sah die schwarzen Flügel nur wenige Meter über ihr hinweggleiten. Die Halme um sie her tanzten einen ausgefallenen Reigen. Einige von ihnen duckten sich, streichelten sie. Wind strich ihr über den Körper, dann schien das Motorengeräusch zu verstummen, jedenfalls war es über das Dröhnen des Winds in ihren Ohren nicht mehr zu vernehmen. So lautlos wie eine Fledermaus glitt das in ihren Augen seltsam konstruierte Flugzeug davon und verschwand hinter einer Bodenwelle aus ihrem Sichtfeld.

Mit wild klopfenden Herzen schob sich Cara auf die Knie. Sie blickte in Richtung Sandsteinfelsen, wo sie in unmittelbarer Nähe die Abbruchkante wusste. Dieser waghalsige Pilot war offenbar knapp über der Wasseroberfläche geflogen, um erst im letzten Augenblick das Flugzeug nach oben zu ziehen, damit er einem Aufprall entging. Landete er nun irgendwo dort hinten? Im Gleitflug?

Der Gedanke ließ Cara auf die Füße springen. Sie rannte weiter am Graben entlang, bis niedergetretene Getreidehalme ihr verrieten, dass Isabelle die Nähe der Klippen wieder verlassen hatte. Die Spur, der Cara nun folgte, führte genau in die Richtung, in die das Flugzeug verschwunden war. Sie war noch nicht weit gekommen, als ein erneuter heftiger Luftzug sie nach oben blicken ließ. Vorsichtshalber duckte sie sich. Der Pilot war nicht gelandet. Das Fluggerät glitt noch immer nahezu geräuschlos und wie eine Küstenseeschwalbe – jene Zugvögel, die es manchmal von England an die normannische Küste trieb – über sie hinweg. Plötzlich kippte es nach vorn, als wäre es über die Abbruchkante gestürzt. Dann erklang erneut sein gedämpftes Brummen. Der Pilot nutzte wieder den Motor und flog nun knapp über der Wasseroberfläche davon. Hinüber nach England?

Wo waren die Abfangjäger der Luftwaffe? Hatte ihr Radar das feindliche Flugzeug gar nicht wahrgenommen? Unwillkürlich schnappte Cara nach Luft. Gleich zweimal waren jene seltsamen Markierungen aufgetaucht, die niemand hatte einordnen können. Beim ersten Mal hatte der wachhabende Offizier beim nahe gelegenen Fliegerhorst nachgefragt, ob einer ihrer Piloten zu dieser Uhrzeit in der Luft gewesen sei, was verneint worden war. Beim zweiten Mal hatte man die Anomalie einfach hingenommen. Als unwichtige Störung des Systems.

Cara war sich sicher: Morgen beim Schichtwechsel würde sie erfahren, dass es in dieser Nacht erneut eine ungeklärte Auffälligkeit gegeben hatte. So klein und unscheinbar, dass man dem nicht nachgegangen war.

Jemand drang unentdeckt in ihren Überwachungsraum ein. Heimlich. Als Unterstützung für den französischen Widerstand gegen die deutschen Besatzer? Und Isabelle wusste davon?

Bei der Erinnerung an den davonhuschenden Gestapomann und Augusts Worte rieselte heißer Schmerz durch Caras Inneres. Isabelle befand sich in höchster Gefahr. Sie stand im Verdacht, zur Résistance zu gehören. Zu Recht, wie Cara nun annehmen musste.

Nun erschloss sich ihr auch diese seltsame Schneise inmitten der gewellten Felder. Sie war nichts anderes als eine Landebahn – wobei dieses Flugzeug eben unmöglich gelandet und wieder gestartet sein konnte. Dafür war es zu schnell zurück gewesen. Und zumindest für den Start hätte es Motorenunterstützung benötigt. Oder verschluckte die geschickt ausgesuchte Lage des Rollfeldes den Motorenlärm?

Cara beschloss, dass dies nicht möglich war. Sie erhob sich und zwängte sich vorsichtig, um keine verräterischen Spuren zu hinterlassen, zwischen strubbeligen Flachspflanzen hindurch und legte sich in etwa zehn Metern Entfernung zu dem Weg, den Isabelle vermutlich wieder als Rückweg nutzen wollte, flach auf die Erde.

Wusste Isabelle denn nicht, wie gefährlich ihr Handeln war? Was mit ihr geschehen konnte, falls die Gestapo ihrer habhaft wurde? Machte sie sich keine Gedanken darüber, was dann aus ihren Kleinen werden sollte? Cara schüttelte den Kopf. Sie hatte sich all diese Fragen auch nie gestellt – allerdings hatte sie keine Kinder, für die sie verantwortlich war. Sie hatte nie jemanden einem Risiko ausgesetzt. Oder … vielleicht doch?

Sollte sie August darauf direkt ansprechen? Der Mann verwirrte sie in seinem Wechsel aus Besorgnis um sie und seiner zugleich gezeigten Treue dem Führer und der Partei gegenüber. Aber vermutlich rührte seine Sorge wirklich nur daher, ihre Taten könnten seine Zukunftschancen beeinträchtigen, ihn selbst in den Fokus von Verdächtigungen und Ermittlungen der Polizeibehörden rücken. Was ja offenbar bereits geschehen war.

Ein klein wenig drückte Cara das schlechte Gewissen, immerhin wollte sie nicht schuld daran sein, dass er in die Fänge der Gestapo geriet. Doch dann sagte sie sich, dass August selbst etwas getan haben konnte, was ihn in Misskredit gebracht hatte. Ohnehin konnte das alles vielmehr mit einer Widerstandsgruppe zusammenhängen, zu der Isabelle gehörte. War dem wirklich so? Obwohl Cara mit eigenen Augen gesehen hatte, wie ihre Freundin in Richtung jener versteckten Landebahn gegangen war, mochte sie einfach nicht glauben, dass diese sich in eine solche Gefahr brachte. Nicht die stets folgsame, zarte Isabelle, die bewundernd und ängstlich zugleich zu Cara aufgesehen hatte, ja immer wieder versucht hatte, Cara von ihren abenteuerlichen Unternehmungen abzuhalten.

Allerdings war Isabelles Ehemann in dem kurzen Krieg zwischen Deutschland und Frankreich gefallen. Vielleicht war ihr Hass auf alles Deutsche groß genug, um den Gefahren zu trotzen, die eine Tätigkeit innerhalb der Résistance mit sich brachte.

Ein Rascheln und sich nahende Schritte durchbrachen Caras wild dahinjagende Gedanken. Sie hielt den Atem an und sah im Gegenlicht des Monds, wie Isabelle an ihr vorüberging. Ihr Rock streichelte die Halme links und rechts. Auf dem Rücken trug sie einen vollen, schwer aussehenden Rucksack, im Arm hielt sie ein Bündel, dessen Inhalt bei jedem ihrer Schritte ein metallisches Klappern von sich gab. Enthielt es Messer? Revolver? Handgranaten?

Cara war mulmig zumute, als sie vorsichtig den Kopf anhob, um Isabelle zuzusehen, wie sie den sanft geschwungenen Hügel in Richtung Klippen erklomm und schließlich hinter diesem aus Caras Sichtfeld verschwand. Sie wartete noch einen Augenblick ab, dann huschte sie zurück auf den Pfad zwischen den aneinandergrenzenden Feldern. Sie folgte Isabelle erneut auf dem im Zickzack verlaufenden Umweg über Graben und Feldweg. Cara verharrte vor der Umfriedungsmauer des Aubertinschen Grundstücks, bis sie das Scharren einer Tür hörte, dann erst kletterte sie hinüber. Geduckt lief sie zur Rückwand der Remise. An das verwitterte, von Wind und Regen schwarze Holz gepresst, bewegte sie sich voran. Sie blickte um die Ecke und sah, wie Isabelle – nun ohne das Gepäckstück und mit leeren Händen – den Anbau verließ. Prüfend musterte die Französin die dunklen Fenster ihres eigenen Hauses, ehe sie zur Küchentür huschte und diese gleich darauf hinter sich schloss. Trotz zirpender Grillen und raschelnder Blätter konnte Cara hören, wie Isabelle von innen die Tür verschloss.

Sie wartete, da sie aufgrund der abgedunkelten Fenster nur schwer ausmachen konnte, wo Licht brannte, doch schließlich trieb sie ihre Neugier in das Stallgebäude. Dort war es allerdings so dunkel, dass sie kaum die Hand vor Augen sehen konnte. Nachdem sie über eine Harke gestolpert war und nur ihr beherztes Zugreifen verhinderte, dass diese umfiel und dabei eine Menge Lärm machte, gab sie es auf, heute noch das Versteck zu finden. Über die Rankhilfe gelangte sie zurück in ihr Zimmer. Sie zog sich um und legte sich hin, lag aber noch lange grübelnd wach.

Was sollte sie mit ihrem neu erlangten Wissen anfangen? Sollte sie so tun, als hätte sie nie etwas gesehen, gehört und erfahren? Musste sie nicht vielmehr Isabelle warnen? Oder aber ihrem Vorgesetzten in der Radarstation sagen, dass es da ein Flugzeug gab, das praktisch ungesehen über den Kanal kam?

Zerrissen wie selten einmal zuvor, legte sie sich einen Arm über die Augen. So schlief sie schließlich ein.

Früh am nächsten Tag weckten sie fröhliches Kinderlachen und Isabelles Stimme. Sie bat ihre Kleinen, nicht so laut zu sein. Der altbekannte Geruch des Hauses, die vertrauten Geräusche und das Gefühl, zu Hause zu sein, umgaben Cara wie eine flauschige Decke im eisigsten Winter. Wie samtiges Wasser, während über den Wellen ein kalter Wind dahinstrich. Wie eine einschmeichelnde Melodie, die all die unschönen, lauten Töne der Welt überlagerte – wie das Rasseln der Panzerketten und die Detonationen todbringender Geschosse.

Wer hatte die Decke weggezogen und der Kälte in den Herzen der Menschen Einlass gewährt? Wer hatte den Sturm unter Wasser gelassen und die samtige Weichheit mit Minen gespickt, wer die friedlichen, heilsamen Melodien getötet? Mit einem Mal wusste Cara, was sie zu tun hatte: Sie musste Isabelle und deren Kinder beschützen.

12

~Carolina, bei Pourville-sur-Mer, Normandie/Frankreich~

Das Rad klapperte, als sie über den unebenen Weg Hügel abwärts in Richtung der Unterkunft fuhr. Ihre Schicht war ruhig verlaufen. In den beiden Schichten zuvor hatte Freya jedoch überfliegende Flugzeuge in großer Zahl angezeigt, denen sich noch über Frankreich die ersten Abfangjäger entgegengestellt hatten. Dennoch war es den Bombern gelungen, ihre Fracht auf deutsche Städte abzuwerfen. Dies brachte Caras Entschluss, Isabelle zu beschützen, ins Wanken.

Durfte sie wirklich zusehen, wie ihre Kindheitsfreundin gegen sie agierte? Jede Unterstützung der Résistance richtete sich gegen die Deutschen. Auch gegen Frauen und Kinder. Immerhin sprach man nach dem Bombenangriff von vielen zivilen Opfern, die die RAF absichtlich in Kauf nahm. Von einem Feuersturm in ganzen Wohnvierteln, der hohe Temperaturen erreichte, die sich tagelang in den Straßen hielten und die Feuerwehr und medizinische Helfer fernhielten, was zusätzliche Menschenleben gefordert hatte. Carolina weinte still um all die verlorenen Leben. Sie wusste einfach nicht, was sie nun tun sollte.

Mit tränennassen Wangen, vom Fahrtwind umspielt, der in ihren Ohren brummte, ähnlich dem Geräusch des seltsamen Flugzeugs in jener Nacht, raste sie die steile Straße hinunter. Anschließend trat sie kräftig in die Pedale und arbeitete sich den kurzen Anstieg hinauf. Dabei schlug ihr die lederne Umhängetasche ständig gegen den rechten Oberschenkel. Oben angekommen keuchte sie heftig und warf das Rad aufgewühlt an die Gartenmauer. Eine Handvoll Silbermöwen zog kreischend über sie hinweg, als lachten sie Cara aus.

Kaum dass sie das Gebäude betreten hatte, lief Cedric lachend an ihr vorbei in die Küche, wobei er die Tür offen stehen ließ. So konnte sie sehen, wie er durch einen geschickten Schlenker der Hand seiner Mutter auswich und durch die Hintertür entwischte. Isabelle hatte sich ein Kopftuch umgebunden und die Ärmel ihrer Bluse aufgekrempelt. Ihre Schürze wies Flecken auf, ihr Gesicht war gerötet. Sie rührte regelmäßig in einem großen Topf, nebenbei räumte sie riesige Einmachgläser in eine Holzkiste. Immer wieder wanderte ihr besorgter Blick in den Garten. Dann rief sie: »Du weißt genau, dass du nicht in den Stall darfst, Cedric. Dort herumzuklettern ist zu gefährlich. Komm sofort her!«

Cara nahm ihr Schiffchen ab, hob den Lederriemen der Tasche über den Kopf und legte beides auf die Kommode. Sie hatten früher häufig in den Nebengebäuden gespielt, wobei Isabelle sie damals schon nicht gern begleitet hatte. Die vielen Gerätschaften und der offene Heuboden waren ihr nicht geheuer vorgekommen. Und ja, sie bargen für ein übermütiges Kind eine Menge Verletzungspotenzial. Wohl aber auch das, was Isabelle in der letzten Nacht dort drin versteckt hatte.

»Maman?«, drang plötzlich Cedrics erschrockener Ausruf herein. Cara sah Isabelle zusammenzucken. Nervös trocknete sie sich die Hände an der Schürze ab.

Cara eilte, ebenfalls alarmiert, hinter ihr vorbei. »Kümmere dich um das Essen«, zischte sie Isabelle zu. Ohne eine Entgegnung abzuwarten, stürmte Cara in den Garten. Der Junge stand unweit der offenen Stalltür und blickte in Richtung Mauer und Nachbargebäude. Als Cara ihn erreichte, sah sie gerade noch, wie ein Mann hinter dem Haus verschwand.

Erschrocken biss sie die Zähne zusammen. Sie wäre dem Eindringling gern gefolgt, um zu sehen, wer er war, doch Cedric hatte inzwischen einen Arm um ihre Beine geschlungen und drückte sich an sie. Also ging sie neben dem verängstigten Kind in die Hocke.

»Er war da drin«, flüsterte der Junge mit weit aufgerissenen Augen und deutete auf die offene Stalltür.

»Das hat vermutlich seine Richtigkeit«, gab Cara zurück und warf einen Blick zur Küchentür. Ob ein Komplize gerade das geholt hatte, was das Flugzeug abgeworfen und Isabelle hier versteckt hatte?

Die Frau stand zwar am Herd, wirkte aber wie versteinert. Ihr Blick war ins Leere gerichtet, die Arme hingen wie kraftlos an ihr herunter. Erst als sie bemerkte, dass Cara sie ansah, ging ein regelrechter Ruck durch sie hindurch. Sie ergriff den Kochlöffel, rührte um und winkte mit der anderen Hand ihren Sohn zu sich. Cara gab dem Jungen einen leichten Stoß und dieser folgte den Aufforderungen und betrat die Küche.

»Wie oft habe ich dir schon gesagt, dass du nicht in die Remisen darfst«, fuhr Isabelle den Jungen an.

Der zog die Schultern hoch, als könnte er sich damit vor der Verbalattacke schützen.

»Geh und sieh nach, ob deine Schwester von ihrem Mittagschlaf aufgewacht ist.«

Cedric nickte, warf einen kurzen Blick auf Cara, die in der Tür stehen geblieben war, und schlich davon.

»Cedric war nicht im Stall.«

»Ich warne ihn lieber einmal zu viel«, herrschte Isabelle sie an. »Außerdem geht dich das nichts an.«

»Du solltest vorsichtiger sein.«

Isabelle warf ihr einen bösen Seitenblick zu, rührte nochmals um und widmete sich dann wieder dem frisch eingemachten Obst.

»Und deine Komplizen auch.«

»Komplizen?« Isabelle lachte auf, doch ihr unruhig flackernder Blick verriet, dass sie genau wusste, wovon Cara sprach.

»Warum kommt er mitten am Tag, wenn die Kinder im Garten sind?«

»Niemand kommt hierher – außer irgendwelche Vagabunden. Oder Diebe. Die tragen meist Uniform.«

Cara presste die Lippen zusammen. Isabelle traute sich was! War der Freundin mittlerweile alles egal? Ihre eigene Sicherheit und die ihrer Kinder? Weil ihr Herz mit ihrem Ehemann gestorben war? Oder vertraute Isabelle ihr so sehr, dass sie derlei vor ihr auszusprechen wagte? Cara hätte sie so gern in die Arme geschlossen, doch Isabelles kalter Blick und die Tatsache, dass sie inzwischen ein scharfes Messer in der Hand hielt, um Zwiebeln zu zerkleinern, ließ sie davon Abstand nehmen.

»Wenn es niemand war, den du kennst, dann –«

»Was geht es dich an?«, fauchte Isabelle.

Und da hatte Cara ihre Antwort. Ja, sie fand es schrecklich, welche Verwüstungen die RAF anrichtete, die vielen toten Zivilisten drohten ihr das Herz zu zerreißen. Aber im Augenblick war sie hier in Isabelles Haus. Sie wollte auf jeden Fall verhindern, dass Isabelle, Cedric und Tayla etwas zustieß.

»Du bist mir wichtig. Und die Kinder. Und ja, halte die beiden unbedingt von dem fern, was da im Stall liegt.« Mit diesen Worten wandte sich Cara um, verließ die Küche, holte ihre Sachen von der Ablage und ging nach oben. Als sie sich auf dem Treppenabsatz umdrehte, konnte sie im Lichtrechteck, das die

Sonne auf den Boden des nur mäßig beleuchteten Atriums warf, Isabelles Schatten sehen. Offenbar stand sie in der Küchentür.

Cara hielt sich nicht mit der Frage auf, ob Isabelle versucht gewesen war, ihr zu folgen. Sie eilte in ihr Zimmer, kramte aus der Schreibtischschublade ihr Zeiss Silvamar hervor und riss das Fenster auf. Jener Abschnitt, den sie von der Straße in Richtung Pourville und Dieppe sehen konnte, lag verlassen da. Hatte sie sich zu lange unten bei Isabelle aufgehalten? Sie wartete und es dauerte mehrere Minuten, bis sich dort ein Wagen zeigte. Hastig hob sie das Fernglas an die Augen und machte einen schwarzen Mercedes aus. Zwar konnte sie den Fahrer kaum sehen, zumal das Fahrzeug zügig hinter einem Kiefernwäldchen aus ihrem Sichtfeld verschwand, dennoch war sie sich fast sicher, dass es sich um ebenjenen Mann handelte, den sie in Augusts Unterkunft gesehen hatte. Die wenigsten Einheimischen hier besaßen ein Automobil, vor allem kein derart modernes deutscher Bauart. Und gefahren werden durften auch die wenigen nicht mehr. Demnach war Caras erste Vermutung über die Identität des Eindringlings falsch. Der Mann hatte nicht die von Isabelle versteckte Lieferung der Briten für den Widerstand abholen wollen, sondern er hatte das Haus beobachtet und im Stall nach verräterischen Beweisen gesucht. Womöglich hatte Cedrics Ankunft ihn gerade noch rechtzeitig vertrieben, ehe er fündig geworden wäre.

Warum er sich wohl aus dem Staub gemacht hatte? Vielleicht, weil es gegen Isabelle nur einen unbestätigten Verdacht gab? Oder weil man sie nicht warnen wollte – da sich dann die Zelle aufgelöst hätte?

Caras Angst um die Sicherheit von Isabelle und ihren Kindern stieg ins Unermessliche. Gleichzeitig aber auch ihre Bewunderung für die junge Witwe. Weil sie sich nicht – wie so viele ihrer Landsleute – mit den Besatzern arrangierte. Weil sie sich zur Wehr setzte. Mit ihren Möglichkeiten. Und das alles unter den Augen der bei ihr einquartierten Wehrmachtshelferinnen.

Isabelle besaß mehr Courage, als Cara ihr jemals zugetraut hatte, was früher nicht zum Tragen gekommen war. Nun wuchs sie aber an den Umständen, in denen sie lebte. Nur – wie konnte Cara die Frau davor schützen, verhaftet, verhört und vielleicht sogar gefoltert und hingerichtet zu werden? Denn das stand ihr bevor, falls man sie erwischte. So zumindest hatte Alexander es Cara erzählt. Die Erinnerung an ihren Bruder schwemmte neue Furcht herbei, ebenso tosend und gewaltig, wie unterhalb des Weilers die Wellen auf den Strand und gegen die Klippen donnerten.

Cara legte das Fernglas auf den hölzernen Fenstersims und eilte zurück in die Küche, wo Isabelle im Dunst kochender Beeren stand. Ihr Teint glänzte, aus dem streng zurückgebundenen Haar hatten sich Strähnen gelöst, die ihr Gesicht umtanzten. Wie gern hätte Cara ein Lächeln an ihr gesehen, denn ohne ihren verbissenen Gesichtsausdruck musste sie eine wunderschöne Frau sein. Doch Isabelle warf ihr einen kurzen Seitenblick zu, so kalt, dass er vermutlich die See zum Gefrieren hätte bringen können.

»Können wir reden?«, fragte Cara leise. Sie blickte prüfend in das leere Atrium und zog die Küchentür hinter sich zu.

»Nein.«

»Isabelle …?«

»Es gibt nichts, worüber wir reden könnten.«

»Hör mal –«

»Verschwinde aus meiner Küche. Ich bekomme Ärger, wenn die Mahlzeiten nicht pünktlich fertig sind.«

»Ich helfe dir –«

»Wenn du etwas Sinnvolles tun willst, Carolina, dann sorge dafür, dass deine Landsleute nicht einfach hier eindringen, irgendwelche Sachen mitgehen lassen und dabei auch noch meine Kinder erschrecken! Und jetzt verschwinde!«

Cara legte ihre Hand auf die Türklinke. Isabelles Tonfall war schneidend, ihre blitzenden Augen voller Zorn. Also folgte Cara der harschen Aufforderung, und da wieder einmal ihr Temperament mit ihr durchging, knallte sie die Tür lautstark hinter sich zu. Sie war bereits in ihrem Zimmer – und hatte auch dort die Tür ins Schloss knallen lassen –, als ihr ein Gedanke kam. Hatte Isabelle sie – womöglich eher unbewusst – gerade um Hilfe gebeten? Weil sich die Französin sicher war, dass der Mann vorher keiner ihrer Mitstreiter gewesen war, sondern vielmehr jemand, der Gefahr ausdünstete, so wie der Algenbewuchs auf den großen Felsen am Strand, die regelmäßig von Wasser bedeckt waren, nach Salz und Moder roch.

Sie verdrängte ein weiteres Mal einen Anflug von Furcht wegen ihrer eigenen Sicherheit. Nachdenklich schnippte sie mit dem Zeigefinger gegen das blaugraue Schiffchen, sodass die militärische Kopfbedeckung von der Tischkante zu Boden fiel. Vielleicht täuschte sie sich darin, dass Isabelle sie – bewusst oder unbewusst – um Hilfe angefleht hatte. Aber das war nicht wichtig. Wichtig war nur, dass sie jetzt hier war, um ein wachsames Auge auf Isabelle und ihre Kinder zu haben. Mehr brauchte sie nicht zu tun.

Mit einem Blick aus dem Fenster rief sie sich in Erinnerung, dass allein das schon ausreichte, um in den Fokus jener polizeilichen Ermittlungsbehörden zu rücken, die es sich zur Aufgabe gemacht hatten, jeden wie auch immer gestalteten Widerstand gewaltsam zu zerschlagen.

~Alexander, Gefängnis München-Stadelheim / Deutsches Reich~

»Es tut mir leid«, hörte Alexander Huber noch sagen, dann überwältigte ihn erneut eine Hustenattacke. Grollend wie ein bösartiger Schäferhund; schmerzend, als durchstäche ihm jemand mit einem Messer den Brustkorb bis tief in die Lungen. Schweiß lief ihm über den Körper, gleichzeitig zitterte er, weil ihm eiskalt war. Sein Bein brannte wie Feuer, sein Kopf fühlte sich an, als wäre er mit Eissplittern gefüllt, die bei jeder Erschütterung aufspritzten und seine Schädeldecke durchdrangen. Sie erfroren jegliche Hoffnung, die ihm noch geblieben war.

»Da hält jemand die Hand über Sie – aber nicht zum Guten.«

Trotz seines miserablen körperlichen Zustands hörte Alexander Verärgerung und Frustration in der Stimme des Wächters. Des einen, der sich seine Menschlichkeit bewahrt hatte. Huber hatte ein zweites Mal versucht, ihn hier rauszubekommen. Aber, obwohl schwer krank, wurde weder eine Haftentlassung noch ein Krankenhausaufenthalt genehmigt. Nichts. Als hätte man ihn hier eingesperrt, damit er in Vergessenheit gerate.

Huber meinte zwar, seine Briefe würden inzwischen rausgehen, allerdings nahm Alexander an, dass sie den Gutshof nicht erreichten. Irgendwo auf dem Weg zwischen München und dem Dorfpostamt seines Zuhauses gingen sie offenbar noch immer verloren. Er hegte einen Verdacht, wo sie abblieben, wer die Macht und den Willen besaß, die Post an seine Familie abzufangen. Und andersherum. Schließlich konnte er sich nicht vorstellen, dass seine Eltern und seine Frau ihm nicht schrieben. Vermutlich verwurstete Metzgermeister Polter die Briefe.

»Ich habe hier einen Brief von Ihrer Frau. Leider ist fast alles davon geschwärzt, was ich so noch nie zuvor gesehen habe. Zumindest nicht bei ankommender Post. Irgendjemanden, Herr Biber, müssen Sie ziemlich gegen sich aufgebracht haben.«

»Hitler?«, murmelte Alexander sarkastisch.

»Den habe ich hier aber noch nie dabei gesehen, wie er die Briefe zensiert«, gab Huber kaum weniger schwarzhumorig zurück. Gleich darauf warf er einen erschrockenen Blick zur offenen Zellentür. Doch dort draußen war niemand außer all den anderen bemitleidenswerten Gestalten, die man hier eingesperrt hatte. Also fügte er leise hinzu: »Zumindest war er schon mal hier. In Zelle siebzig. Übrigens saßen in der Siebziger auch Ernst Röhm, Anton Graf von Arco auf Valley, der Mörder unseres ersten bayrischen Ministerpräsidenten Kurt Eisner – und Kurt Eisner selbst. Alle natürlich zu unterschiedlichen Zeiten.«

Alexander nickte, für eine Antwort fehlte ihm der Atem. Er war nur froh, dass der Hustenanfall vorbei war. Vorerst.

Huber reichte ihm den Briefumschlag. Der sah aus, als hätte man ihn dem Maul eines Schäferhunds entrissen. Unter dem zerfledderten Umschlag ertastete Alexander etwas Weiches. Er tat, als bemerkte er dies nicht und legte sich beides in den Schoß. »Danke, Herr Huber.«

»Gute Besserung«, sagte Huber wie jedes Mal, ehe er die Zelle verließ. Diesmal klang es, als glaubte der Justizvollzugsbeamte selbst nicht mehr daran.

Nachdem die schwere Tür ins Schloss gefallen und das Klacken und Rasseln der Schlüssel verklungen war, zog Alexander eine Scheibe Schwarzbrot unter dem Kuvert hervor. Dankbar roch er daran. Huber und seine Gattin gehörten zu den Guten. Er nahm einen kleinen Bissen und ließ sich den Geschmack von frischem Brot auf der Zunge zergehen. Weich war es und ohne den Beigeschmack von Schimmel.

Inzwischen durchschaute Alexander, dass es hier Gefangene gab, die weit besser versorgt und behandelt wurden als er, obwohl er offiziell nicht zu den Todeskandidaten zählte. Die blieben ohnehin nie lange. Inoffiziell – da machte er sich nicht länger etwas vor – rechnete niemand von denen, die um seine Anwesenheit wussten, damit, dass er diese Zelle je wieder verlassen würde. Es sei denn waagrecht mit seiner fadenscheinigen Zudecke über Körper und Gesicht.

Er biss ein zweites Mal ab und kaute so lange, bis er den Geschmack von Zucker auf der Zunge spürte. So süß. Wie seine Emmi. Wie Richard, Hanna und Waldemar. Er seufzte. Wie gern wäre er wieder einmal mit seinem Ältesten durch die Wälder gestreift und Angeln gegangen! Mit Hanna durch das Treppenhaus gesprungen, gut darauf achtend, dass sie beim Rutschen auf dem Geländer nicht fiel. Wie gern hätte er den müden Waldemar im Arm gehalten, genossen, wie er sich an ihn kuschelte und allmählich wegdämmerte. Und Emmi … Wie sehr vermisste er ihre sanfte Stimme! Ihr Lächeln. Ihre Hände, wenn sie seine schmerzenden Muskeln massierte. Ihre Küsse und die Wärme und Zartheit ihres Körpers. Hatte er es genug wertgeschätzt, als all diese kleinen Schätze noch zu seinem Alltag gehört hatten? Hatte er seiner Familie ausreichend oft gesagt und gezeigt, wie sehr er sie liebte?

Mit zitternden Fingern zog er den Briefbogen heraus. Huber hatte recht. Bis auf die Anrede, einzelne Worte und Emmis Unterschrift gab es nichts Lesbares. Dennoch las er, liebkoste mit den Augen die schwungvolle Schrift. Aus den ersten unleserlichen Sätzen setzte er für sich zusammen, dass Emmi den Brief diesmal nicht im Dorf aufgegeben, sondern Albert gebeten hatte, ihn in Freudenstadt aufzugeben. Womöglich war er deshalb überhaupt bis nach München gelangt. Wo ihn irgendein Sadist verstümmelt hatte, vermutlich auf Polters Geheiß. Es folgten ein paar Sätze über seine Kinder, doch ob es ihnen gut ging, war nicht herauszufinden. Vielmehr wirkte der Text, als müsste es ihnen miserabel ergehen.

Waren die Schwärzungen absichtlich so angebracht worden? Um ihn zu quälen? Konnte er aus diesem Grund trotz der Streichungen klar herauslesen, dass Emmi fragte, ob er ihre Päckchen bekommen habe? Weil man ihm zu verstehen geben wollte, dass all die für ihn bestimmten Geschenke verloren waren? Damit hatte sich sein Verdacht bestätigt.

Für lange Zeit starrte er die graue, verkritzelte Wand an. Dann, beim Gedanken an den letzten Brief, den er verfasst hatte, huschte ein Lächeln über sein ausgezehrtes Gesicht.

Alexander beäugte den Rest der Brotscheibe. Ob er ein Stück für morgen aufbewahren sollte? Doch dann wäre sie nicht mehr so tröstlich frisch gewesen. Heute schmeckte sie noch voller Zuneigung und Mitgefühl. Nach Wertschätzung und ja, nach Liebe. Wer wusste schon, was morgen war. Alexander biss ab. Kaum, dass er das Brot auf seiner Zunge fühlte, übermannte ihn der nächste Hustenanfall. Ohne es verhindern zu können, spuckte er die Kostbarkeit quer durch die kleine Zelle.

Während er sich beinahe die Lunge aus dem Hals hustete, weinte er. Nicht nur vor Schmerz und Hoffnungslosigkeit, sondern weil das, was ihn und jeden anderen zu einem Menschen machte, verdorben im Schmutz all derer lag, die vor ihm hier gewesen waren. Diesmal dauerte es lange, bis der Anfall vorüber war. Ermattet legte er sich hin, den letzten Bissen Brot fest in seiner Faust verborgen.

Sein Fieber war gestiegen, das spürte er deutlich. Seine Lunge schmerzte, als hätte ihm jemand mit Reißzwecken versehenes Eiswasser in diese geschüttet. Sein Kopf fühlte sich wie leer gefegt an. Einzig ein Gedanke drehte darin Kreise wie ein Kind auf einem Karussell: Lebt wohl, meine Lieben.

~Polter, In der Nähe von Freudenstadt / Deutsches Reich~

Grinsend entnahm Polter dem Paket eine Hartwurst und ein schmales, ledergebundenes Buch, das vermutlich aus der Bibliothek des Gutshauses stammte. Den Folianten legte er zu all den anderen Schätzen, die die Bibers im Laufe der vergangenen Wochen an Alexander hatten schicken wollen, von der Wurst biss er herzhaft ab. Kauend nahm er Alexanders Schreiben in die Hand. Wieder einmal versuchte dieser, mit seiner Familie in Kontakt zu treten. Die Briefe, die er abfing und in seinem Schreibtisch hortete, bildeten mittlerweile einen ansehnlichen Stapel. Nicht mehr lange, das wusste Polter, immerhin war ihm am Telefon gesagt worden, dass Alexanders Gesundheitszustand bedenklich sei.

Irgendeine weiche Seele hatte wohl um einen Arzt ersucht, doch Polter hatte nicht viel Überzeugungsarbeit leisten müssen, um den Zuständigen, einen SA-Mann, dazu zu bringen, jegliche Bitten dieser Art kategorisch zu ignorieren.

Zufrieden biss er erneut in die würzige Wurst. Er wusste, dass die Bibers sich an das Schlachtverbot hielten, aber mit einem Konkurrenten aus dem Nachbardorf befreundet waren, weshalb sie selten einmal bei ihm einkauften. Und ja, das, was er da gerade zu sich nahm, schmeckte außergewöhnlich gut. Vielleicht, weil der Schlachter im Nachbartal nicht so viel billiges Fett beimengte wie er.

Prompt spielte er mit dem Gedanken, Alexanders Ableben so lange wie möglich geheim zu halten. Sonst würden ja keine Pakete mehr nach München versandt werden, die er abfangen konnte.

Mit vollem Mund zog er Alexanders Brief aus dem Umschlag, in Erwartung einiger Zeilen, die ein Justizvollzugsbeamter teilgeschwärzt hatte. Allerdings war nichts geschwärzt. Ohnehin standen da nur zwei Sätze. Polter las und spie das, was er im Mund hatte, quer durch sein Büro.

Mögest du an deiner Verderbtheit ersticken, Polter. Darauf ein Heil Hitler.

~Emmi, Gutshof im Schwarzwald / Deutsches Reich~

Nachdenklich betrachtete Emmi die kleine Fitzi. An diesem Vormittag saß sie in sich gekehrt wie lange nicht mehr auf der Wiese und hielt ihre einäugige Puppe fest an sich gepresst. Hanna hatte inzwischen ihre Versuche aufgegeben, die Freundin zum Spielen zu bewegen. Emmis kleiner Sonnenschein beschäftigte sich jetzt allein mit einigen Miniaturküchenutensilien und dem Holzblock, auf den Emmi mit schwarzer Farbe zwei Kochplatten gemalt hatte. Doch sie drehte immer wieder den Kopf und sah Fitzi mal auffordernd, mal verwirrt an. Sie verstand schlicht nicht, wie man nur so dasitzen und vor sich hinstarren konnte.

Fitzi nahm dies alles nicht wahr. Genauso wenig wie die Hummel, die vor ihr von einer Kleeblüte zur nächsten flog, oder das Tagpfauenauge, das das Mädchen umtanzte, sich sogar auf ihrem sonnenbeschienenen Arm niederließ und so lange blieb, bis es sich ausgiebig genug gesonnt hatte. Das Kind zuckte nicht einmal zusammen, als der Schmetterling knapp an seinem Kopf vorbei davonflatterte.

Nachdenklich fragte sich Emmi, ob Fitzi so tief in einer unheilvollen Gedankenwelt versunken war, dass sie den Falter nicht wahrgenommen hatte. Oder ob sie sich in diesem Garten mittlerweile so sicher fühlte, dass sie nicht mehr bei jeder Bewegung und jedem noch so leisen Geräusch hochschreckte. Erst das Zwitschern einer Schwarzdrossel auf der bewachsenen Mauer ließ Fitzi aufsehen. »Amseln verteidigen ihr Zuhause. Ihre Kinder. Die Männchen und die Weibchen.«

»Was hast du gesagt?«, fragte Emmi, obwohl sie die Worte durchaus verstanden hatte. Sie war nur erstaunt über das vogelkundliche Wissen des Mädchens und wollte gern ergründen, warum Fitzi das gesagt hatte.

Fitzi sah so verstört zu Emmi auf, als wüsste sie nicht, wo sie sich befand und wer die Frau auf der Gartenbank war, die nähte und sie nebenher beobachtete. Dann geschah etwas höchst Irritierendes. Das Mädchen erhob sich, ging auf Emmi zu und kletterte auf ihren Schoß.

Schnell legte Emmi die Stopfnadel beiseite. Ganz behutsam, weil sie das Kind nicht erschrecken wollte, schlang sie einen Arm um den bebenden Kinderkörper. Fitzi seufzte auf, als streichelte diese kaum wahrnehmbare Berührung ihre Seele. Sie schmiegte sich an Emmi, die Puppe weiterhin fest umklammert.

Sachte intensivierte Emmi ihre Umarmung. Prompt kam Waldemar, der mit einigen Steinen gespielt hatte, mit schwankenden Schritten an und wollte ebenfalls auf den Schoß genommen werden. Ehe Emmi reagieren konnte, war Hanna da, ergriff ihren kleinen Bruder bei der Hand und zog ihn mit sich zu ihren Spielsachen. Ihre herzensgute Tochter zeigte einmal mehr ihr Feingefühl und eine eiserne Entschlossenheit, die man einem Kind in ihrem Alter gemeinhin nicht zutrauen würde.

Fitzi schien all das nicht bemerkt zu haben, was erstaunlich war, da sie sonst immerzu auf der Hut war. Sie kuschelte sich an Emmis Brust und atmete tief. Minutenlang saßen sie einfach so da, umweht von Rosenduft, eingelullt von Hannas Plappern und Waldemars Kichern, umgeben von Grillenzirpen und dem Lied der Schwarzdrossel, während in einiger Entfernung graue Gewitterwolken den Himmel verdunkelten. Dann spürte Emmi eine Veränderung. Fitzis Muskeln verspannten sich zitternd, als bedrängte sie eine zutiefst grausige Angst.

»Aleph hat gesagt, dass heute der achtzehnte August ist.«

»Das stimmt.« Bei der Nennung des jungen Gelehrten lächelte Emmi. Gestern hatte Esta ihr anvertraut, dass sie sich ein klein wenig in den stets so ernsten Mann verliebt habe. Und dass es ihr Ziel sei, ihm jeden Tag zumindest ein Lächeln auf die Lippen zu zaubern. Für Emmi stand außer Frage, dass die junge Frau dieses Vorhaben erfolgreich umzusetzen verstand.

»Meine Mama hat heute Geburtstag.«

»Oh, Liebes!« Emmi strich der Kleinen über die geflochtenen Zöpfe.

»Ich glaube, sie lebt nicht mehr.«

Was sollte Emmi daraufhin sagen? Sie wusste so gut wie nichts von Fitzi. Weder, wie groß ihre Familie war, noch, wo und wie sie gelebt hatte und warum das Kind völlig allein auf sich gestellt bei Fremden versteckt worden war. Ihre Schwiegereltern hatten nur erfahren, dass Bekannte aus der Kirchengemeinde Fitzi bereits mehrfach von einem Versteck zum nächsten gebracht hatten. Manchmal war sie ihren Häschern nur um Haaresbreite entwischt.

Offenbar hielt Gott seine schützende Hand über dieses Kind. Weil er mit ihm noch etwas Besonderes vorhatte? Und nun war es ihrer Fürsorge anvertraut. Emmis Aufgabe war es nicht, sie zu verstecken – diesen Part erfüllten Johanna und Albert. Vielmehr hatte sie dafür Sorge zu tragen, dass Fitzi Liebe und Aufmerksamkeit erfuhr. Sie musste unbedingt erleben, dass ihr nicht alle Menschen böse gesinnt waren. Dass sie geliebt war, angenommen, und Freude und Glück auch zu ihrem Dasein gehörten.

»Tante und Onkel waren zu Besuch, mit meiner Cousine. Sie sind alle jüdisch. Wie Mama und Papa es auch mal waren.« Fitzi hob kurz den Kopf, legte ihn dann aber wieder vertrauensvoll an ihre Brust.

Emmis Herz schmerzte. Dieses kleine Mädchen sollte den Unterschied zwischen den christlichen und den jüdischen Gläubigen – die beide zu demselben Gott beteten – nicht so betonen müssen. Doch offenbar wusste es genau, dass dies der Grund für ihr zerrissenes Leben war.

»Mama hat sich taufen lassen. Wie Papa schon viele Jahre davor. Ich bin auch getauft.«

Diesmal sah Fitzi zu ihr auf. Als wollte sie unbedingt, dass Emmi dies wusste. Emmi nickte und war erleichtert, als das Kind sich wieder an sie schmiegte und damit nicht sehen konnte, wie betroffen sie auf ihre Worte reagierte. Denn Emmi wusste, wie verräterisch ihre Gesichtszüge sein konnten.

»Meine Cousine hat mir meine neue Puppe weggenommen. Sie wollte auch so eine haben.« In Fitzis Tonfall schwang Bedauern mit. Weil jene Cousine nie mehr eine liebevoll selbst genähte Stoffpuppe in Händen halten durfte?

»Ich war böse deswegen. Wir haben gestritten. Papa hat mich ermahnt, weil ich die Puppe nicht mal für ein paar Minuten abgeben wollte. Teilen sei wichtig, hat er mir erklärt. Also habe ich meine Puppe der Cousine überlassen.«

Emmi schaute prüfend zu Hanna und Waldemar hinüber, doch die beiden spielten friedlich miteinander. Ihr nächster Blick galt der allmählich näher rückenden Wolkenfront. Erste kräftige Windböen kündeten einen Gewittersturm an. Dennoch blieb sie sitzen. Fitzi erzählen zu lassen war wichtiger, als ihre Wäsche vor dem Regengruß ins Trockene zu schaffen, wichtiger als Regenspritzer auf dem alten Holzfußboden, weil einige Fenster offen standen.

Emmi fand es auffällig, dass Fitzi bei dem, was sie ihr über ihre Familie mitteilte, keine Namen nannte. Nun war sie sich sicher, dass die Puppe früher nicht Feli geheißen hatte. Irgendjemand musste Fitzi eingeschärft haben, über ihre Familie Stillschweigen zu wahren. Sie durfte niemals ihre Namen verraten.

Hieß Fitzi überhaupt Felicitas? Bestand nicht die Gefahr, dass das kleine Mädchen bald schon die Namen seiner Eltern vergaß? Die seiner nächsten Angehörigen – wie jener Cousine?

»Als ich sie zurückhaben wollte, hat die Cousine ihr ein Auge abgerissen.«

Emmi presste die Lippen zusammen, um jenen schmerzerfüllten Laut zu unterdrücken, der tief aus ihrer Seele kommend nach oben drängte. Sie begann zu verstehen …

»Ich bin aus der Wohnung gerannt. Obwohl die Tante Strudel für Mama gebacken hatte. Ich bin zur Nachbarin rüber.

Ihre Tür war gegenüber von unserer. Auf der anderen Seite der Treppe. Ich durfte sie Tante nennen.«

Wieder kein Name, als hätte sie jemand alle aus dem Gedächtnis des Mädchens gelöscht.

»Wir haben zusammen einen Keks gegessen. Sie hat mich getröstet. Sie sagte, meine Mama könne das Auge wieder annähen. Dann waren da diese lauten Männer im Treppenhaus. Die Tante hat durch einen Türspalt rausgeschaut. Sie hat die Tür schnell wieder zugemacht und mich auf ihren Schoß genommen. Sie hat mich festgehalten, viel fester als du jetzt.«

Emmi konnte sich das kaum vorstellen, immerhin klammerte sie sich inzwischen an das Mädchen. Aus Panik vor dem, was Fitzi nun erzählen wollte. Musste. Durfte. Endlich? Weil das Erlebnis und ihr Schweigen darüber die kleine, unschuldige Kinderseele in Ketten hielt und diese nur befreit werden konnte, wenn sie einmal all das aussprach, was damals geschehen war?

»Es gab ganz viel Krach. Ich hörte Papa etwas rufen. Dann hat die Tante mir mit einer Hand das Ohr zugehalten, das andere war ja an sie gedrückt. Also, mein Kopf.« Fitzi sah auf, als wollte sie sich vergewissern, dass Emmi wirklich verstand, was sie da erzählte.

Eilends nickte sie, in der Hoffnung, das Kind bemerkte ihre in Tränen schwimmenden Augen nicht. Was ziemlich sicher unmöglich war. Fitzi entging so gut wie nichts. Ihre Aufnahmefähigkeit und ihr Gedächtnis waren außergewöhnlich. Kein Wunder also, dass es ihr gelang, in ihrem Bericht jeden Namen zu vermeiden. Diese Erkenntnis beruhigte Emmi ein wenig. Vielleicht konnte sich Fitzi später doch noch an die Vornamen ihrer Eltern erinnern …

»Man kann hören, auch wenn jemand einen an sich presst und ein Ohr zuhält. Und wenn jemand auch noch singt. Vor allem, wenn sie leise singt. Weil sie nicht will, dass die Männer im Treppenhaus sie hören.«

»Das stimmt wohl«, pflichtete Emmi mit gepresster Stimme bei.

»Ich habe meine Cousine schreien gehört. Ganz laut und schrill. Also habe ich mich von der Tante befreit und bin zur Tür gelaufen. Raus ins Treppenhaus. Da waren Männer in langen Ledermänteln. Es hat nämlich geregnet. Sie hatten schwarze Stiefel. Und Uniformen. Einer von ihnen hat meiner Mama den Kopf in die Kloschüssel gedrückt. Das Klo war gleich gegenüber der Wohnungstür«, erklärte Fitzi, als wäre dies besonders wichtig. »Er hat sie angebrüllt. Die brüllen immer, oder? Das hat die Tante gesagt. Die ist mir nachgelaufen. Sie hat mich gepackt und hochgehoben. Trotzdem habe ich es gehört. Der Mann hat Mama angebrüllt, weil er wissen wollte, wo ich sei.« Von Fitzi kam ein Schluchzen, das ihren ganzen Körper durchschüttelte. »Ich wollte es Mama sagen. Sie wusste es ja nicht. Niemand wusste es, weil ich einfach gegangen bin.«

Emmi war sich sicher, dass Fitzis Eltern geahnt hatten, wohin ihre Tochter geflohen war. Und dass sie darüber unsagbar froh gewesen waren. Beide hatten sie geschwiegen und damit das Leben ihres kleinen Mädchens gerettet. Wie auch jene Nachbarin, der es gelungen sein musste, mit dem strampelnden Kind im Arm ungesehen in ihre Wohnung zurückzukehren und es so lange still zu halten, bis die SS-Männer das Gebäude verlassen hatten. Mit Fitzis Eltern, Onkel, Tante und der Cousine.

»Ich habe bei der Tante auf dem Sofa geschlafen. Als ich aufgewacht bin, lag meine Puppe neben mir. Mit nur einem Auge. Ich musste gehen. Ganz früh am Morgen. Ich durfte sonst nichts mitnehmen. Nicht mein schönes Nachthemd, das die Oma bestickt hatte. Nicht meine neuen, glänzenden Spangenschuhe. Nur die Puppe.«

Emmi schwieg, weil ihre Stimme wohl verraten hätte, dass sie zwar heimlich und still, aber bitterlich weinte. Dabei wollte sie Fitzi so gern damit trösten, dass sie jetzt ja Esta, Aleph und

Maler hatte. Sie selbst, Johanna und Albert, Hanna, Waldemar und Richard – wobei Fitzi den Jungen kaum mal zu Gesicht bekam. Doch sie alle konnten dem Kind nicht die eigene Familie ersetzen, das wusste Emmi. Ebenso wie sie wusste, dass Fitzi diese wohl niemals wieder in die Arme schließen durfte – zumindest nicht auf dieser Erde. Der Himmel aber, der würde ihr sicher ein Wiedersehen schenken.

13

~Esta, Gutshof im Schwarzwald / Deutsches Reich~

Lächelnd sah Esta zu, wie Aleph die kleine Fitzi unterrichtete. Das Kind war wirklich schlau, wenngleich ihr Lehrer – in ihrer Abwesenheit – seinen Unwillen zeigte, weil sie, so behauptete er, erhebliche Wissenslücken aufwies. Esta amüsierte sich stets darüber, immerhin hatte Fitzi vermutlich noch gar keine Schule besucht. Und falls doch, dann sicher keine, die auch nur annähernd mit der hoch qualifizierten jüdischen Lehranstalt zu vergleichen war, die Aleph besucht und an der er später unterrichtet hatte. Zudem war Fitzi ein Flüchtling. Was die Kleine in den letzten Monaten gelernt hatte, war, sich still und leise zu verhalten. Sich klein zu machen. Den Atem anzuhalten. Nicht aufzufallen. Alle Sinne auf das zu konzentrieren, was um sie herum geschah. Gute und böse Menschen voneinander zu unterscheiden. Und notfalls zu rennen und unterzutauchen.

Esta lehnte sich zurück und schloss die Augen. So blendete sie den alten, muffig riechenden Kellerraum aus, den sie zwar gesäubert, aber weder aufgeräumt noch anderweitig aufgewertet hatten. All das war zu gefährlich, falls eines Tages jemand hier auftauchen sollte, der ihre Herbergseltern verdächtigte,

Juden in ihrem Keller zu verstecken. Dann mussten sie fliehen und nichts durfte darauf hinweisen, dass der Verdacht berechtigt war. All das passte eigenartig seltsam zur Bedeutung ihres Namens: Esta – versteckt sein.

Esta wusste, wie sehr die Bibers darunter litten, ihnen nicht mehr Annehmlichkeiten angedeihen lassen zu können. Saubere Decken und Matratzen, bessere Sitzgelegenheiten, mehr Intimsphäre für jeden Einzelnen von ihnen … Doch jedes noch so kleine Quäntchen Komfort wäre verräterisch gewesen. Tödlich.

Also träumte sich Esta von hier fort, während sie Alephs tiefer Stimme mit dem geduldigen, freundlichen Timbre lauschte. Wobei es schade war, ihn nicht anzusehen. Sie mochte sein schwarzes Haar, die prominente Nase und vor allem seine sehr weißen Zähne. Er hatte ein schönes Lächeln. Und auffallend blaue Augen. Wie der Himmel. Oder das Meer. Beides stand für Unendlichkeit. Für Freiheit.

Eines Tages wollte Esta am Meer leben. Dort, wo sie tagtäglich bestaunen konnte, wie Himmel und Meer sich küssten. Dann sollte es für sie keine Beschränkungen mehr geben, nur Friede, Freude, Freiheit und Glück. Am liebsten gemeinsam mit Aleph …

Sie lächelte, obwohl Aleph keinerlei Interesse an ihr zeigte. Wobei – das nicht ganz stimmte. Sie wusste durchaus, dass er sie häufig ansah und glaubte, sie bemerke es nicht. Manchmal schummelte er etwas von seinem Essen auf ihren Teller, und zwar stets dann, wenn es eine besondere Leckerei gab. Obwohl er selbst gern gezuckerte Teilchen aß. Oder von den Brombeeren, die Esta so sehr liebte. Wann immer er auch brummig auf andere wirkte, war er niemals unhöflich oder ungeduldig.

Ja, er hielt sie auf Abstand. Kürzlich hatte er sogar mit Maler darüber diskutiert, wie hoffnungslos ihre Lage sei, und dass er deshalb niemanden an sich heranlassen wolle, weil er schon zu viele liebe Menschen verloren habe. Diese Worte waren eindeutig an sie adressiert gewesen. Denn an diesem Abend hatte sie sich nahe zu ihm gesetzt und mehrmals wie zufällig mit ihren Fingern die seinen berührt.

Maler hatte ihn nach dieser Aussage in ein theologisches Gespräch über Hoffnung verwickelt, dem Esta bald schon nicht mehr hatte folgen können. Sie war nicht so gelehrt wie die beiden Männer in ihrem Versteck. Dennoch durchschaute sie, dass Aleph sie und Fitzi tatsächlich nicht in sein Leben lassen wollte, um möglichen weiteren schmerzlichen Verlusten vorzubeugen. Sie durchschaute aber auch, dass es ihm nicht wirklich gelang. Sonst hätte er sie nicht so gern angesehen, sie mit Leckereien verwöhnt und Fitzi stundenlang unterrichtet. Wobei Letzteres nicht nur Fitzi half, die langen Tage in ihrem Versteck auszuhalten, sondern auch ihm, dem passionierten Lehrer.

Fitzi kicherte über etwas, das Aleph gesagt hatte. Es war so schön, das Mädchen wieder häufiger fröhlich zu erleben. Daran trugen Emmi und Hanna großen Anteil. Das Kichern hielt an, also öffnete Esta die Augen und konnte sehen, wie Aleph – der brummige Mann, der niemanden mehr in sein Herz schließen wollte – die Hand des Mädchens fest drückte und dabei eine lustige Grimasse zog. Als er bemerkte, dass Esta zu ihnen hinüberschaute, zog er die Hand hastig zurück und bedachte Esta mit einem so grimmigen Blick, dass nun sie diejenige war, die kicherte.

Ja, ihr Leben war völlig auf den Kopf gestellt. Esta wusste nicht einmal, wo der Rest ihrer Familie war. Dennoch hielt sie an ihrer Hoffnung fest. Denn was blieb ohne sie übrig? Eine grausame, menschenverachtende Düsternis. Die ihr Herz vergiften wollte. Dabei sollte dieses Herz lieben, singen, lachen und tanzen. Zumindest eines Tages wieder. Und dafür musste sie es bewahren. Aus diesem Grund erlaubte sie es sich, die kleinen Freuden des Lebens zu feiern. Wie Fitzis Kichern. Alephs selbst auferlegte Zurückhaltung ihr gegenüber, die Esta zunehmend bröckeln sah. Jede Mahlzeit, jeder Schluck sauberes Wasser, jeder Sonnenstrahl, der durch ein Fenster hereinfiel, jedes Vogelzwitschern, jeder Aufenthalt in Emmis Garten, jede Sekunde, wenn Waldemar oder Hanna sich an sie kuschelten. Sie feierte jeden Atemzug, jeden neuen Morgen und Malers tröstende weise Worte.

Esta sah auf. Wo blieb der alte Rabbi eigentlich? Es war nicht das erste Mal, dass er sich davonschlich, neuerdings hegte sie jedoch den Verdacht, dass er nicht nur die ihnen zugewiesenen Räume verließ, sondern den Keller an sich. Solange er innerhalb der Mauern des großen Gutshauses blieb – der Mittelteil und ein Gebäudeflügel standen ja leer –, war das vermutlich nicht weiter tragisch. Doch was, wenn es ihn nach draußen ins Freie trieb? Weil er, wie er selbst erzählt hatte, sein Leben lang viel gewandert war und er sich unter Gottes Himmelszelt seinem *Adonai* näher fühlte. Weil er mit einem Augenzwinkern gemeint hatte, seine Gebete drängen im Freien schneller zu diesem vor.

Der Rabbi musste auf so vieles verzichten, was sein bisheriges Leben ausgemacht hatte. Angefangen von seinem Bart über all die üblichen Rituale und Ernährungsvorschriften …, die ihm geholfen hatten, auf dem Weg des Glaubens zu bleiben. Seinem Schöpfer zu dienen, auf den er sein ganzes Dasein ausgerichtet hatte; für den er lebte.

Manchmal haderte er wohl mit sich selbst, weil er all dies verlassen hatte, um sein Leben zu retten. Dann philosophierte er darüber, wie viel Wert einem Menschenleben beizumessen sei. Ob Adonai ein Gott der Lebenden oder der Toten sei. Ob Gott gewollt habe, dass er in den Tod gehe, anstatt all das aufzugeben, was seine Familie und Glaubensgeschwister seit Jahrhunderten lebten und lehrten, was eine gewisse Ordnung in ihrer aller Leben brachte, was sie in den Himmel führen sollte …

Esta konnte all dem nicht immer folgen, vor allem, weil Malers und Alephs Gespräche meist bis weit in die Nacht hinein gingen. Ohnehin hatte sie da eine ganz eigene Meinung, nämlich die, dass Gott ein gnädiger Gott war. Vorschriften, Rituale und Gebote waren gut, weil sie die Erinnerungen an Gottes vergangene Taten wachhielten und somit Trost spendeten. Sie boten ihnen links und rechts auf ihrem Lebensweg eine Art Brüstung, als Schutz vor einem Sturz in die Tiefe. Nicht, um sie einzuengen. All dies sollte ihnen helfen, ihr Dasein zu meistern. Aber Gott hatte bestimmt nichts dagegen, wenn in dunklen Krisenzeiten wie diesen der Glaube einmal still in ihnen wirkte. Für Esta stand der Glaube für das Leben, nicht für den Tod.

Möglicherweise waren diese Gedanken verwerflich, Esta wusste es nicht. Ihre Familie hatte zwar immer wieder eine Synagoge aufgesucht und die großen jüdischen Feste begangen, aber keinen tiefen Anteil am jüdischen Leben gehabt. Einige ihrer Verwandten hatten sich dem Glauben sogar gänzlich abgewandt, andere waren konvertiert, weil sie christliche Ehepartner hatten. Malers Alltag jedoch musste sich um die Synagoge und das Leben in einem fast ausschließlich jüdischen Viertel gedreht haben.

Allmählich machte Malers Abwesenheit Esta nervös. So lange war er noch nie fort gewesen. Ob er bei seinem Spaziergang durchs Haus Albert getroffen hatte? Standen die beiden Männer irgendwo beisammen und unterhielten sich? Das war gelegentlich schon vorgekommen, zumal Albert den Rabbi sehr wertzuschätzen schien. Esta vermutete, dass der Gutshofeigentümer ahnte, wer oder was Maler einmal gewesen war, obwohl er nie darüber sprach. Allerdings hielten die beiden ihre Gespräche üblicherweise kurz. Da Albert viel zu tun hatte und weil jede Abweichung von der Routine die Gefahr einer Entdeckung barg.

Aleph und Fitzi waren noch immer in ihren Unterricht vertieft, also erhob sich Esta und verließ den Raum. Ohne eine Kerze war es im Keller ziemlich dunkel – dunkler als sonst. Leise huschte sie den langen, verwinkelten Gang entlang und über eine Treppe zu einer schweren Holztür. Dort lauschte sie mit angehaltenem Atem.

Alles war still. Vorsichtshalber spähte sie noch durch ein Astloch. Der Flur des Hauptflügels lag in trübem Dämmerlicht, obwohl es nicht einmal achtzehn Uhr war. Für gewöhnlich dämmerte es hier im Sommer erst gegen einundzwanzig Uhr. Ob seit dem frühen Nachmittag, als sie bei Emmi gewesen war, Wolken aufgezogen waren?

Esta wagte es, die Tür einen Spaltbreit zu öffnen. In dem leer stehenden Komplex war niemand zu sehen und nichts zu hören. Sie war erst einmal hierhergekommen, und da hatte sie sich nur in der Eingangshalle aufgehalten.

Dieses Atrium mit seinen großen Deckenleuchtern, einem Holzboden mit Muster und der mehrfach abknickenden Treppe, in dessen Mittelpunkt man bis nach oben unter das Dach sehen konnte, hatte sie fasziniert. Sie hatte sich vorgestellt, wie hier einst Feste gefeiert wurden und getanzt worden war. Später war der Raum wohl eine Art öffentlicher Wohnbereich für Erholungssuchende gewesen, wie die bequemen Sitzmöbel, kleinen Beistelltische und eine Theke an der Wand neben der Tür zur großen Küche verrieten. Nun wirkte das alles wie ausgestorben. Irgendwie tot. Als stände dieser Raum symptomatisch für das Leben all jener jüdischen Gemeinden, die einst Feste gefeiert und getanzt, miteinander den Alltag geteilt und sich gegenseitig Gutes getan hatten. Ob die Christen noch feierten?

Esta hatte gehört, dass Hitler nicht nur an Schulen und Universitäten die Lehrer und Professoren ausgetauscht hatte, die nicht seiner Ideologie gefolgt waren, sondern auch die Geistlichen der deutschen Kirchen. Jene, die in ihren Predigten gewagt hatten, Kritik zu üben und Missstände anzusprechen, teilten ein ähnliches Schicksal wie die jüdischen Bürger, politischen Gegner und all die anderen, die nicht erwünscht waren. Man nahm sie gefangen und brachte sie weg. Vielleicht brachte man sie sogar um? Dass es hier in Deutschland noch immer Menschen gab – vorrangig Gläubige –, die versuchten, Menschenleben zu retten und Mahner zu sein, tröstete Esta. Solange es sie gab, war die Hoffnung nicht zum Tode verurteilt. Mit ihnen berührte der Himmel noch immer die Erde.

Nach Maler Ausschau haltend, ging sie durch das Atrium, öffnete mehrere abgehende Türen und betrat schließlich einen Salon. Inmitten von abgedeckten Sesseln, Couches und Chaiselongues bewegte sie sich auf die Terrassentür zu. Dort verharrte sie und schaute zwischen den weißen Sprossen hinaus in den Teil des Gartens, den sie noch nie zuvor gesehen oder betreten hatte. Er grenzte direkt an den von Emmi, war aber durch einen Ableger der am Hang entlangführenden Mauer von diesem getrennt. Der Garten des Hauptgebäudes kam einem kleinen, aber hübsch angelegten Park gleich, obwohl ihm anzusehen war, dass sich seit einiger Zeit niemand mehr darum kümmerte.

Grauschwarze Wolken bedrängten die hoch gewachsenen Koniferen, Eichen, Birken und Pappeln, vor allem letztere schwankten heftig unter den Böen, die über das Mittelgebirge hinwegjagten, Fensterläden zum Klappern brachten und durch die Ritzen der Tür drangen. Ein Blitz, weit entfernt, aber dennoch grell, teilte in gezackter Linie den Himmel. Graugrünes Licht lag über der Landschaft.

Obwohl Esta wusste, dass dies nur ein regional begrenztes Sommergewitter war, sah sie jenes düstere, giftig anmutende Licht über dem ganzen Land, ja der halben Welt. Und es schien sich unaufhaltsam auszubreiten.

Plötzlich sah sie links von sich eine Bewegung. Dort wo ein Mäuerchen die Terrasse von einer abschüssigen Wiese trennte, die ihrerseits von der wuchtigen Natursteinmauer vor dem steil abfallenden Berghang begrenzt war. Jene, die in ihrem weiteren Verlauf auch Emmis kleines Gartenparadies vor der Außenwelt abschirmte.

Esta trat einen Schritt nach rechts und schaute angespannt ins Zwielicht hinein. Nein, sie hatte sich nicht getäuscht. Dort bewegte sich jemand. Schattengleich hob sich eine Gestalt vor dem Mäuerchen und einem Holunderbusch ab. Aufgebracht, weil Albert ihnen eingeschärft hatte, diesen Teil des Hauses und dessen Garten zu meiden, aber zugleich voller Verständnis für Malers Freiheitsdrang, schüttelte sie den Kopf. Sie öffnete die Terrassentür und schlüpfte hinaus. Einen Augenblick stutzte sie, weil die Tür von innen verriegelt gewesen war. Sie beruhigte sich mit der Annahme, dass es sicher noch einen anderen Weg in diesen Park gab.

Der Wind trieb die wallenden Wolkengebilde über den Himmel, der sein freundliches Blau längst eingebüßt hatte. Lose Blätter, trockene Erde und Ästchen wirbelten umher, eine weitere Sturmbö ließ die Birkenzweige wie Ruten um sich peitschen. Die Pappeln bogen sich dem Boden entgegen, das Laub der Bäume brauste wie protestierend auf. Wieder klapperte irgendwo ein Fensterladen. Ein schrilles Heulen setzte ein und endete abrupt, noch bevor Esta ausmachen konnte, was das Geräusch hervorgerufen hatte.

Der Wind verfing sich in ihrer Bluse, bauschte ihren Rock und zauste ihr Haar. Sie fing dieses ein, damit sie hinüber zu Maler sehen konnte. Der stand noch an derselben Stelle wie zuvor. Im trüben Licht, umgeben vom windgeschüttelten Grün war er nicht mehr als ein Schattenriss. Da es keinen Sinn hatte, ihn in der herrschenden Geräuschkulisse zu rufen, ging Esta entschlossen auf ihn zu. Der Mann brachte nicht nur sich selbst und alle anderen Geflüchteten in Gefahr, sondern auch die Bibers. Zudem konnte der Sturm größere Äste abreißen oder einen der Bäume fällen und den älteren Herrn schwer verletzen, vielleicht sogar erschlagen.

Erst als sie nur noch wenige Schritte von der Gestalt entfernt war, erkannte Esta ihren Irrtum. Vor ihr stand ein Mann mit zurückgehendem Haaransatz, schmalen Lippen und eigentümlich wässrig-blauen Augen.

-*August, Arques-la-Bataille, Normandie/Frankreich*-

August lenkte den Wagen zurück nach Dieppe. Er war in einem Wald bei Amiens, im Barackenlager des für die Verteidigung Frankreichs zuständigen Oberbefehlshabers, Generalfeldmarschall Gerd von Rundstedt, zum Tee eingeladen gewesen. Dabei hätte August etwas wesentlich Stärkeres vorgezogen.

Sie hatten den Tee bei angenehm sommerlichen Temperaturen im Garten von Rundstedts Baracke eingenommen. Das ganze Prozedere hatte wie ein typisch englischer Nachmittagstee angemutet, was nicht weiter verwunderlich war, immerhin war Rundstedt von einer britischen Gouvernante großgezogen worden. Er sprach gut Englisch und schien dem »Feind« überaus zugetan zu sein. August lachte leise in sich hinein und bog in Richtung Arques-la-Bataille ab.

Mit seinen sechsundsechzig Jahren war von Rundstedt ein Offizier alter Schule. Angeblich hatte er einen Stammbaum, den man bis ins Jahr 1109 zurückverfolgen konnte. In fast jeder Generation seiner Familie hatte es einen oder mehrere Offiziere gegeben, dennoch wurde der Mann vom Führer nicht sonderlich geschätzt – das wusste August aus zuverlässiger Quelle. Immerhin hatten er und sein Vater in den Dreißigerjahren dafür gesorgt, eine Menge wichtiger und einflussreicher Leute kennenzulernen.

Bei von Rundstedt waren sie sich lange nicht sicher gewesen, ob er zu denjenigen gehörte, deren Bekanntschaft man zwingend aufrechterhalten sollte. Schließlich hatte von Rundstedt bereits im Jahr 1934 einen heftigen Zusammenstoß mit einem der ersten Gefolgsmänner Hitlers gehabt. Dieser Mann, Ernst Röhm, einst Stabschef der SA, hatte Hitler tatkräftig zur Machtergreifung verholfen. Dann aber hatte Röhm seine politischen Ideen ins deutsche Berufsheer tragen wollen, was zu Reibereien zwischen Wehrmacht und SA geführt hatte. Diese waren beigelegt worden, indem man Röhm – auf Hitlers Befehl hin – wegen einer angeblich geplanten SA-Revolte ermordet hatte. Auch davon wusste August aus sicherer Quelle. Weniger sicher war er sich darüber, ob von Rundstedt die Parteiintrigen verhasst gewesen waren, oder ob es daran lag, dass er einen Krieg als verfrüht ansah, weshalb er sein Rücktrittsgesuch eingereicht hatte. Hitler hatte dem Gesuch 1938 entsprochen, um es ein Jahr später zu widerrufen. Damals hatte man mit den Planungen für den Polenfeldzug begonnen und von Rundstedt, als verdienter Offizier, wurde Oberbefehlshaber einer Armeegruppe.

Der Wehrmachtsoffizier war – obwohl vom Dienstalter und der Erfahrung her dafür prädestiniert – nicht Oberbefehlshaber der gesamten Wehrmacht geworden. Er bekam stets Anweisungen von oben. Das, was von Rundstedt für richtig und gegeben hielt, konnte er nur selten durchsetzen.

In seiner Position als Oberbefehlshaber West bewohnte er eine Villa in St. Germain bei Paris, hatte sich nun aber mit Bekannten und Militärs im Wald bei Amiens getroffen, wo August ihre Bekanntschaft auffrischte. Bei ekligem Tee mit von Rundstedt, dessen Stabschef und einem Adjutanten.

Was August dabei erfahren hatte, stimmte ihn nachdenklich. So sehr, dass er noch vor Dieppe den Wagen an den

Straßenrand lenkte, ausstieg und in Richtung Küste blickte, die sich hier hinter Wäldern, Feldern und vereinzelt wie Inseln hervorragenden Gehöften verbarg.

Im Hauptquartier war man alarmiert. Nach dem Überfall eines britischen Kommandounternehmens auf Bruneval und dem ebenso erfolgreichen zweiten nadelstichartigen Zwischenfall auf St. Nazaire hatten sich die Befürchtungen verstärkt, dass die Alliierten einen größeren Landeversuch an der französischen Küste planten. Daraufhin hatte man gewisse Vorkehrungen getroffen, um die isolierten Radarstationen zu sichern. Durch Wachmannschaften, Maschinengewehrposten im direkten Umland und Stacheldrahtverhaue. Dazu hatte man Bäume und Büsche im näheren Umfeld gefällt und das Gras war immer niedrig gehalten, um keine Deckungsmöglichkeiten zu bieten.

Hitler hatte darauf hingewiesen, dass die hervorragenden Erfolge der Wehrmacht Großbritannien in Bedrängnis brachten und sie sich wohl gezwungen sähen, eine zweite Front zu errichten. Ansonsten könnten – so Hitler – die Alliierten die Sowjetunion als militärischen Faktor endgültig abschreiben. Somit rechnete auch der Führer mit der baldigen Landung feindlicher Truppen im Bereich des Oberbefehlshabers West.

Ausgedehnte Landemanöver in verschiedenen Buchten, unter anderem die von Dieppe und Pourville, waren dem gefolgt. Die Mauern an den Promenaden waren nun zusätzlich gesichert, die Strände durch Panzersperren abgeriegelt. Seither standen auf den Feldern Zäune aus Holz und Metallpfählen, neben den Hauptstraßen lagen Betonklötze, mit denen diese rasch versperrt werden konnten. Entlang der Küste befanden sich durch Betonmauern gesicherte Artilleriestellungen. Die Klippen am Kanal waren von Tunnels durchzogen, in denen Munition und Lebensmittel gelagert waren, um die Geschützmannschaften im Belagerungsfall für mindestens achtundvierzig Stunden versorgen zu können. Die Geschütze selbst standen auf Lafetten, mit ihnen konnten sie zu den Schießscharten gerollt und nach dem Feuern zurückgezogen werden. Damit waren sie vor feindlichem Artilleriefeuer geschützt.

Zwischen den Verteidigungsstellungen gab es ausbetonierte Laufgräben, über die die Bedienmannschaften, falls ihre Geschütze außer Gefecht gesetzt waren, in andere Stellungen wechseln konnten. Für Scharfschützen gab es Schützenlöcher, ihre Gewehre verschossen rauchlose Munition, damit diese nicht ihre Positionen verriet. Der Atlantikwall war schon jetzt, vor Abschluss aller geplanten Baumaßnahmen, eine uneinnehmbare Festung, dessen waren sich die Oberen sicher. Pioniere und Zwangsarbeiter aus Frankreich und Belgien, ebenso wie KZ-Häftlinge, waren unter dem Namen Organisation Todt eingesetzt, um den Atlantikwall zu befestigen. Untergebracht waren sie an strategisch durchdachten Punkten entlang der französischen Küste, sodass man sie schnell dorthin bringen konnte, wo sie gebraucht wurden. In Pourville hatten sie Schützenlöcher und Maschinengewehrnester gebaut, die mindestens einen Meter dick ausbetoniert waren. Dieser Trupp lebte auch in jener winzigen Küstenortschaft, seine Vorgesetzten wohnten in einem nahe gelegenen Hotel.

Zudem – so hatte von Rundstedt der kleinen Teerunde erzählt – verfügten sie im Oberkommando West über eine Liste mit für eine Landung wichtigen Voraussetzungen. Hierfür gab es drei Faktoren, die im richtigen Zusammenspiel aufzutreten hatten. Das Wetter musste mitmachen, der Wasserstand optimal sein, da es neben den künstlich angelegten Hindernissen eine ganze Kette von Felsenriffen gab, auf die Schiffe auflaufen konnten, zudem spielte die Mondstellung eine entscheidende Rolle.

Der nächste Termin für eine mögliche Landung lag laut von Rundstedt um den neunzehnten August herum, was in August die Überlegung wachrief, ob es nicht von Vorteil gewesen wäre, einige Tage Urlaub zu beantragen. Denn, Atlantikwall hin oder her, er hatte wenig Lust, sich demnächst irgendwelchen »Tommys« gegenüber zu sehen, zumal die hierher entsandten deutschen Soldaten überwiegend junge, kampfunerfahrene Männer waren.

Es gab einige wenige Ausnahmen, darunter die bei Vernon stationierte Leibstandarte SS Adolf Hitler unter dem Kommando von SS-Oberst-Gruppenführer und Generaloberst der Waffen-SS Josef Dietrich. Diese Einheit hatte in Polen und in Frankreich gekämpft. Sepp Dietrich hatte – politisch bedingt – eine besondere Machtposition inne. Er gehörte zu den »alten Kämpfern«, wie die frühesten Anhänger Hitlers gern genannt wurden, und hatte großen Einfluss innerhalb der Partei. August mochte den Mann nicht und hielt sich möglichst von ihm fern.

Er schüttelte den Gedanken an Dietrich ab, stieg wieder ein und fuhr weiter, unschlüssig darüber, ob sein Besuch bei Rundstedt sinnvoll gewesen war. Er schaute kurz im Krankenhaus vorbei, erledigte einigen Papierkram und flirtete ein wenig mit einer der neuen Rotkreuzkrankenschwestern. Er konnte sie sich durchaus in seinem Bett vorstellen. Danach begab er sich zurück in seine Hotelsuite. Erst zum Abendessen verließ er sein Zimmer wieder und betrat den Restaurantbereich.

Ein deutscher Koch und zwei Französinnen bereiteten für sie die Mahlzeiten zu, und August konnte sich über deren Qualität wirklich nicht beschweren. Mochte Dietrich sich noch so sehr darüber aufregen, wie friedlich der Umgang zwischen Franzosen und Deutschen war, August genoss die sich ihm dadurch bietenden Vorteile, selbst wenn diese seinen Leibesumfang vergrößerten.

Während August aß und sich zum Abschluss die normannische Zimt-Milchreisspezialität Teurgoule auf der Zunge zergehen ließ, lauschte er dem Gesprächsgemisch der anderen Anwesenden, konzentrierte sich aber bald auf zwei Offiziere der 302. Infanteriedivision am Nebentisch, die gelegentlich hier aßen, weil auch sie das exzellente Essen schätzten.

Der Abwehroffizier berichtete davon, dass sie vor einiger Zeit einen von französischen Widerstandsgruppen abgesetzten Funkspruch nach London abgefangen und entschlüsselt hätten. Dies hatte sie auf einen am Rande von Dieppe in einem Garten stehenden Taubenschlag aufmerksam gemacht. Offenbar hatten die Tauben einem hier ansässigen Züchter gehört. Dieser war mitsamt den Vögeln nach England geflohen, nachdem Frankreich kapituliert hatte. Nun nutzte wohl der britische Abwehrdienst ebenjene Brieftauben, um Nachrichten zu übermitteln, zumeist als Bestätigung der Funksprüche, die bei schlechten Sendebedingungen abgesetzt werden mussten.

August rieb sich das Kinn, als der Mann berichtete: »Ein Widerstandskämpfer hat die Tauben empfangen und ihnen ihre Nachrichten abgenommen. Wir haben ihn unauffällig verfolgt.«

»Und?«, fragte sein Gegenüber mit vollem Mund.

»Wir haben den Funker gefunden und umgedreht. Nun füttert er die Briten mit unseren Fehlinformationen. Damit das nicht auffällt, mischen wir richtige, aber völlig unwichtige Fakten darunter.« Der Mann nahm zwei große Schlucke von seinem Rotwein und grinste dann selbstgefällig. »Im Hinblick auf eine womöglich bald stattfindende Invasion haben wir unsere Truppenstärke in den Verteidigungsanlagen an der Küste weit heruntergespielt.«

Der andere lachte auf, wobei ihm etwas von der köstlichen Teurgoule aus dem Mund fiel. August senkte angewidert den Blick. Welche Verschwendung es doch war, manchen Zeitgenossen den Zugang zu delikatem Essen und süffigem Rotwein zu gewähren. Trotz seines Widerwillens hörte er, wie der Mann sagte: »Falls sie es also wirklich wagen, einen Fuß auf das Festland zu setzen, werden wir sie abschießen wie Karnickel in einem Käfig.« Beide hoben die Gläser und stießen kräftig an.

August wartete darauf, ob der Mann von der Abwehr verriet, wann über den Taubenboten und den umgedrehten Funker die restliche Résistance-Zelle ausgehoben werden sollte, doch dieser widmete sich nun ganz seinem Essen und anderen Themen.

~*Polter, Gutshof im Schwarzwald / Deutsches Reich*~

Er war frustriert, weil er einfach nicht an Emmi herankam. Er hatte es mit Schmeicheln versucht, schließlich damit, dass er ihren Krüppel von Ehemann aus dem Spiel genommen und sich selbst dadurch in die Position ihres Helden und Retters gebracht hatte. Doch auch das hatte nicht funktioniert. Emmi empfand offenbar nichts für ihn. Und ja, Polter wusste, dass es dafür mehr Zeit brauchte, aber die hatte er nicht. Seine Metzgerei stand kurz vor dem Aus. Die Misswirtschaft und seine Verschwendung in den Jahren vor dem Krieg konnte er nicht ausgleichen. Und da er sich sowohl mit dem Ortsbauernführer als auch mit dem zuständigen Beamten auf dem Ernährungsamt überworfen hatte, drohte ihm der Entzug der Schlachtgenehmigung. Es gab genug andere, die diese gern übernehmen wollten. Als wäre dies nicht genug gewesen, spielte die Partei – wegen dieser und anderer Querelen, zu denen er sich hatte hinreißen lassen – mit dem Gedanken, ihn, den Bürgermeister, durch einen anderen Mann zu ersetzen. Es hatte zuletzt zu viel Unruhe gegeben, zu viele Personen waren nicht »auf Linie«. Was die Entscheidungsträger offenbar nicht durchschauten, war der Umstand, dass die Bürger in den entlegenen Schwarzwalddörfern gern pragmatisch handelten.

Polter sah ein, dass er ein paar Mal zu viel laut und herrisch aufgetreten war, zu sehr darauf versteift, was die Partei von ihm forderte. Er hätte es klüger anstellen müssen, um nicht die Sympathien beider Seiten zu verlieren. War seine Metzgerei erst pleite, die Schlachtgenehmigung entzogen und er seines Postens als Bürgermeister enthoben, fiel auch das weg, was ihn bisher davor bewahrt hatte, dass man ihn zur Waffen-SS an die Front schickte. Er war dann nicht länger unabkömmlich.

Deshalb brauchte er den Gutshof. Mit dem Geld, das Emmi und Alexander auf dem Konto hatten, konnte er die Metzgerei retten, und jemandem, der mit den Bibers verbandelt war, wurde automatisch Achtung entgegengebracht. Wohl auch vonseiten der Männer, mit denen er sich überworfen hatte.

Polter hieb mit der Faust gegen die stabile, von Grünpflanzen überwachsene Mauer. Das Gewitter rückte näher, doch es vertrieb ihn nicht von seinem Beobachtungsposten. Er hatte Alexander und seine Schwester zu lange gewähren lassen. Zu spät hatte er bemerkt, dass seine Metzgerei am Abgrund stand. Er hatte zu viel Zeit damit vertrödelt, Emmi, die er seit Jahren begehrte, aus der Ferne zu beobachten, anstatt sie für sich zu gewinnen. Er hatte entschieden zu lange gewartet, bis er Alexander denunziert hatte. Unter anderem, weil er gehofft hatte, dies brächte ihm die Dankbarkeit und Sympathie der übrigen Bibers ein. Damit Alexanders Eltern sich nicht gegen ihn als zukünftigen Ehemann von Emmi anstemmten. Und nun fehlte ihm der nötige Einfluss, um Alexander dorthin zu schicken, wo er ihn gern gehabt hätte: nach Dachau.

Gut, das Gefängnis bekam ihm auch nicht sonderlich, doch es war aufwendig, dafür zu sorgen, dass keine Post durchkam und Alexander völlig abgeschottet war, damit sich kein Familienmitglied der Bibers erneut aufmachte, um ihn dort zu besuchen. Der Kerl starb einfach nicht schnell genug, gleichgültig, welche Fäden Polter auch zog.

Eine Zeit lang hatte er geglaubt, er habe Emmi im Griff, doch irgendwann war sie ihm entglitten wie ein zappelnder nasser Fisch. Was blieb, war seine Angst vor dem finanziellen Ruin. Die Panik davor, an die Front zu müssen. Die Wut auf sich selbst, weil er all das nicht früher hatte kommen sehen und deshalb zu spät reagiert hatte. Und seine ungestillten Gelüste nach Emmi. Nur darum stand er nun hier, angegriffen vom Wüten eines Sommersturms und darauf hoffend, wieder einmal zusehen zu können, wie sie sich entkleidete.

Meistens zog Emmi die Gardinen nicht vor, immerhin war hier draußen weit und breit niemand. Es gab auch nicht viele Stellen, von denen aus man eine ungehinderte Sicht über die Trennmauer der beiden benachbarten Gärten hinweg auf die Fenster der unteren Wohnung hatte. Und leider hatte Emmi in den vergangenen Wochen die Vorhänge zugezogen, an jedem verdammten Abend, an dem er hier gestanden und gehofft hatte.

Ohnehin hatte sich hier oben einiges geändert, grübelte Polter. Er war nur noch nicht dahintergekommen, woran das lag. Eine Zeit lang hatte er zutiefst eifersüchtig vermutet, dass Emmi einen anderen Mann in ihr Schlafzimmer einlud, aber die Briefe, die er von ihr abfing, waren so voller Kummer und Sehnsucht nach Alexander, dass er das nicht mehr glaubte. Seine Tochter hatte nicht viel herausgefunden, jetzt weigerte sie sich, noch einmal hier heraufzugehen. Sie mochte Richard nicht, was Polter verstehen konnte. Die Rotznase kam nach Alexander …

Die kleine Hanna aber hatte von irgendwelchen Fremden gesprochen. Wobei Emmis und Richards Erklärungen hierfür schlüssig klangen. Zumal er oft genug auf dem Berg herumstrich, ohne je jemanden entdeckt zu haben, der dort nicht hingehörte.

Bisher.

Denn die Frau, die plötzlich vor ihm stand, war ihm gänzlich unbekannt. Und sie war wunderschön. Er hatte niemals eine attraktivere Frau mit derlei ausgeprägten arischen Attributen gesehen, wie diese Fremde sie in sich vereinte. Was sie verdächtig machte, war die Panik, die ihr ins Gesicht geschrieben stand. Und ihr Reflex, vor ihm zu fliehen.

Instinktiv griff er zu und erwischte ihr langes, gewelltes blondes Haar. Er zog kräftig daran. Sie schrie auf, taumelte rückwärts, fiel zu Boden. Benommen lag sie auf dem Rücken, der Rock war ihr bis zu den Oberschenkeln hochgerutscht, was ihre weißen Schenkel offenbarte. Mit großen blauen Augen sah sie voller Angst zu ihm auf. Sie wusste, dass sie in der Falle saß.

Er hatte also recht gehabt. Wie gut, dass er seinen Verdacht schon einmal weitergeleitet hatte.

Wer war sie? Ganz sicher eine Gesuchte. Aber eine Politische? Oder doch regimekritisch? Das hätte ins Bild gepasst. Immerhin hatten Alexander und Carolina dahingehend den Mund nicht halten können. Jüdisch sah sie jedenfalls nicht aus.

Polter starrte auf die vor Furcht reglose Frau hinunter. Was machte sie hier? Wie lange lebte sie schon hier? Wer wusste davon?

Fragen über Fragen jagten durch seinen Kopf, wurden aber verdrängt von seinem Begehren. Seine körperliche Reaktion auf die hilflose Schönheit war mächtig. Diese steigerte sich noch, als ihm klar wurde, dass er die Bibers alle abtransportieren lassen konnte. Er hatte sie! Fortan gehörte das Gutshaus ihm. Zuerst aber wollte er sich unbedingt um diese blonde Venus kümmern.

14

~Emmi, Gutshaus im Schwarzwald / Deutsches Reich~

Irritiert trat Emmi näher ans Fenster. Für gewöhnlich lag der rückwärtig zum Hang gelegene Garten, der zum Hauptflügel des u-förmigen Gebäudes gehörte, verlassen da. Nun aber meinte sie, darin Bewegungen wahrzunehmen. Waren das zwei Personen? Die Kellergäste?

Ein Blitz zerriss den Himmel und beleuchtete eine Szene, die Emmi einen kalten Schauer über den Rücken jagte. Esta! Und Polter. Wollte er ...

Emmi wirbelte herum. Sie rannte aus ihrem Zimmer, durch den Flur ins Treppenhaus. Von dort lief sie den Verbindungsgang entlang, vorbei an vielen unbenutzten Räumen. Erst als sie in das nahezu leere Atrium stürmte, machte sie sich bewusst, was sie da gerade tat.

Wenn sie Esta zu Hilfe kam, verriet sie, dass sie von der Anwesenheit der Jüdin wusste. Man würde sie verhaften. Was wurde dann aus ihren Kindern? Vor allem, falls Polter auch die Schwiegereltern verdächtigte und sie ebenfalls festnehmen ließ? Die kaum glaubbaren Schauergeschichten, die Alexander berichtet hatte, fielen ihr ein. Eine Hitze strömte durch ihr

Inneres, die sie unschwer als Panik erkannte. Was er von jenen geplanten Lagern erzählt hatte …

So wenig Emmi sich das hatte vorstellen wollen – weshalb sie den Gedanken immer weit von sich geschoben hatte –, so grauenhaft stand ihr nun das von Alexander heraufbeschworene Szenario vor Augen. Denn nun drohte es ihr. Den Schwiegereltern, ihren Kindern. »O Gott, was soll ich tun?«, stieß sie keuchend hervor.

Unschlüssig stand sie da. Umgeben vom diffusen Licht und dem Wüten des Sturms im Ohr. Jedes Mal, wenn ein Blitz die graugrüne Dämmerung zerriss, zuckte sie zusammen. Dann fasste sie einen Entschluss. Weil alles in ihr danach drängte, zu handeln, zu helfen – sie musste einfach nur bedacht vorgehen, zusehen, dass Polter sie nicht bemerkte oder erkannte. Und weil Maler einmal zu ihr gesagt hatte: »Wer ein Menschenleben rettet, rettet die ganze Welt.«

Sie huschte hinüber in den angrenzenden Salon. Die Terrassentür stand offen, die Gardinen bauschten sich, ebenso einige der weißen Tücher über den wertvollen Möbeln. Sie leuchteten hell inmitten der Tristesse des Sturmtages, wirkten wie zum Leben erwachte Dämonen, die gleich über Emmi herfallen wollten. Sie schüttelte die fantastischen Trugbilder ab.

Der einzige Dämon war Polter. Und der bedrängte gerade ihre Freundin. Sie musste ihr helfen – und dank des wilden Tosens dort draußen konnte ihr das gelingen. Zwar mussten Esta, Aleph, Maler und Fitzi dann unverzüglich fliehen, aber das war allemal besser, als …

Emmi war an der Tür. Sie huschte hinaus. Hinter einem sich wild im Sturm windenden Rosenbusch, dessen Spalier knarrend ächzte, suchte sie Deckung. Die Terrassentür knallte hinter ihr zu. Polter reagierte nicht. Weil das Dröhnen und Brausen des Windes das Geräusch verschluckt hatte?

Emmi schob sich weiter vor und revidierte ihre Annahme. Polter bekam nichts um sich herum mit, weil er Esta nicht einfach nur verhaften wollte. Er hatte sie zu Boden gerungen und öffnete gerade seine Uniformhose.

Entschlossen band sich Emmi das große Kopftuch, das sie beim Putzen getragen hatte, übers Haar und schob es sich tief ins Gesicht. Dann huschte sie an der Hauswand entlang. An der Stelle, wo die Fassade auf die Mauer stieß, ergriff Emmi eine der schweren Metallgießkannen. Wasser spritzte heraus, nässte ihre Schuhe. Doch sie nahm es kaum wahr. Sie sah, wie Esta verzweifelt um sich schlug, gegen den kräftigen Angreifer aber keine Chance hatte. Der drückte ihre Beine auseinander.

Emmi war nur noch zwei Schritte von ihm entfernt. Sie hob die Kanne über ihren Kopf. Esta sah sie und riss die Augen auf. Alarmiert drehte Polter den Kopf, sodass Emmis Schlag ihn nicht richtig traf. Seine Wange platzte auf. Dann schlug die harte Unterkante der Kanne auf seine Schulter. Polter brüllte vor Schmerz wie ein tollwütiges Tier. Oder war es Wut? Jedenfalls sprang er behände auf. Er wollte Emmi nach. Sie ließ ihre Waffe fallen und ergriff kopflos die Flucht.

Sie kam weiter, als sie gedacht hatte, also sah sie kurz zurück. Der Mann folgte ihr, kämpfte aber mit seiner heruntergelassenen Hose.

»Ich krieg dich, Emmi!«, brüllte er, unüberhörbar schäumend vor Zorn. Als sie ihren Namen hörte, stolperte sie. Alles war schiefgelaufen! Sie hatte zwar Esta zur Flucht verholfen, doch Polter wusste nun, wer sie war. Zu fliehen, hatte keinen Sinn mehr – hätte vielmehr ihre Familie mit in die Tiefe gezogen.

Erneut wandte sie sich um. Zwei Blitze knapp hintereinander verdrängten die unheimliche, düstere Beleuchtung. Sie sah, dass Polter seine Pistole in der Hand hielt.

Panik floss durch ihre Adern. Instinktiv warf sie sich herum. Lief weiter. Sie raffte den Rock und sprang auf den Beckenrand eines stillgelegten Springbrunnens. Von diesem, so hatte Alexander ihr erzählt, war er früher immer auf die Mauer geklettert.

Emmi hatte darin keine Übung, sprang aber trotzdem auf die gut zwei Meter hohe Außenmauer des Gartens. Der nächste Blitz beleuchtete die steil abfallende Wiese auf der anderen Seite mit dem verstreut auf ihr liegenden Gestein, den vereinzelt wachsenden Kiefern und Weißdornbüschen. Sollte sie wirklich da hinunter springen?

Panisch sah sie zurück. Polter stieg gerade auf die Springbrunnenumrandung. Trotz der unzureichenden Beleuchtung sah sie das Blut über seine Wange und den Hals entlanglaufen. Sein zur Fratze entstelltes Gesicht passte zu einem Wesen, das aus der Hölle entstiegen war. Mit der Waffe in der Hand sprang Polter ihr hinterher, ebenfalls auf die Umfriedungsmauer. Gleich hatte er sie.

-Nicolas, auf der Princess Beatrix / Ärmelkanal-

Die Schiffe glitten geschützt durch die Dunkelheit einem Ziel entgegen, das sich noch jenseits des Horizonts verbarg. Nic stand am Bug der mit Rostflecken übersäten *Princess Beatrix* und starrte auf verschwommene helle Flecken. Sie deuteten an, wo andere Schiffe ihrer Flotte fuhren.

Wer wohl verantwortlich dafür zeichnete, dass sie nun doch unterwegs waren? Die Öffentlichkeit in England und den USA, die in Versammlungen und mit Parolen – an die Wände von Fabriken geschrieben – immer vehementer angeprangert hatte, dass eine zweite Front sofort errichtet werden musste? Die Wehrmacht fügte den sowjetischen Truppen weiterhin enorme

Verluste zu. Churchill, der sich demnächst mit Stalin treffen wollte, hatte sicher wenig Lust, ihm zu erklären, dass Roosevelts vollmundiges Versprechen, noch im Jahr 1942 jene zweite Front zu errichten, nicht durchführbar war.

Nic wusste, dass Lord Mountbatten, dessen Mitstreiter Rutter geplant hatten, den Vorschlag unterbreitet hatte, das Landevorhaben wieder aufzugreifen und im August durchzuführen. Cec hatte Nic gegenüber verlauten lassen, dass sich weder die Stabschefs noch Churchill dafür ausgesprochen hatten. Die Geheimhaltung war schlicht nicht mehr gegeben.

Rund sechstausend Soldaten der Army und ebenso viele bei der Marine und den Luftstreitkräften, die damals bei Rutter aktiv gewesen waren, waren im Urlaub oder zu ihren eigentlichen Einheiten zurückversetzt worden. Sie hatten garantiert von dem begonnenen und wieder abgebrochenen Unternehmen erzählt. Allerdings hatte Captain Hughes-Hallet für die Seestreitkräfte zugestimmt, ebenso Montgomerys Nachfolger, der Kommandeur des 1. kanadischen Armeekorps, General Crerar. Damit war die Entscheidung gefallen.

Um nicht erneut deutschen Piloten aufzufallen, waren sie diesmal aus verschiedenen Häfen entlang der Südküste ausgelaufen.

Die Soldaten waren in der Annahme an Bord gegangen, dass eine weitere Probelandung an der englischen Küste angesetzt war. Nun aber, das musste sich Nic bewusst machen, befanden sie sich auf direktem Weg nach Frankreich. Operation Jubilee war als Nachfolger für Rutter angelaufen.

Nic hoffte und betete, dass sie in rund vierundzwanzig Stunden tatsächlich Grund zum Jubeln und Feiern hätten.

Die wenigsten Offiziere, so nahm Nic an, hatten gewusst, dass die Transportübungen Ford I, II und III der Ernstfall waren. Denn einige von ihnen hatten sich noch eilig Waffen besorgen müssen.

Viele Soldaten murrten über ihre zugewiesenen Gewehre, da sie – in der Annahme, es handele sich um eine Übung – die ihren nicht mitgenommen hatten. Sie nannten sie billige Massenproduktionen und schalten darüber, wie viele von ihnen klemmten.

Sergeant Roy Hawkins, Cec hatte ihm den erst Einundzwanzigjährigen vorgestellt, trat nun zu Nic an die Reling. Laut Cec hatte Hawkins als Techniker bei einer kanadischen Fluggesellschaft gearbeitet und war als Freiwilliger bei der Field Security Section gelandet, einer Feldnachrichtentruppe. Diese sorgte dafür, Informationen von Kriegsgefangenen und der mit den Alliierten verbundenen Zivilbevölkerung zu erhalten. Nic war erleichtert. Ihm war nicht bekannt, ob die zehn Männer, die Jack und er vor Wochen für ihre Mission ausgewählt hatten, bei Jubilee anwesend waren, und nun hatte er in Hawkins zumindest schon mal einen der für ihren Schutz Zuständigen kennengelernt. Falls Charlie, Frenchie, Jim, Buddy und all die anderen ebenfalls an Bord eines der Schiffe waren, hatten sie eben nicht nur zehn Begleiter, sondern elf.

Roy legte den Kopf weit in den Nacken und betrachtete das schwarze Himmelszelt mit den vereinzelt zwischen losen Wolkenschleiern hervorblinkenden Sternen. »Ich hoffe, Sie und dieser Jack bekommen eine Menge Kohle für das, was Sie da vorhaben. Am besten noch ein hübsches Haus mit einem Hund.«

Da Nic nicht wusste, wie er darauf reagieren sollte, zupfte er lediglich an der für ihn ungewohnten Armyuniform herum. Er und Jack – der ebenfalls an Bord war – trugen eine solche, um inmitten des South Saskatchewan Regiments und der Queen's Own Cameron Highlanders of Canada nicht aufzufallen wie bunte Hunde. Schließlich waren sie die Experten, die am Green Beach unerkannt ankommen, ihre Aufgabe erfüllen und genauso unerkannt wieder verschwinden sollten. Oder sterben.

In Nics Innerem erwachte etwas, das er schwer benennen konnte. Panik vor dem Kommenden war es nicht, ebenso wenig Vorfreude auf ein Wiedersehen mit seiner einstigen Heimat oder pure Abenteuerlust. Er horchte in sich hinein und musste feststellen, dass es das erschreckend untrügliche Gefühl war, dass diese Reise eine Menge Komplikationen für ihn bereithielt.

Roy blickte noch immer in den Himmel und schien sich an Nics schweigsamer Art nicht zu stören. Schließlich sagte er: »Ein einziges Flugzeug der Jerries, das uns hier aufstöbert und seine Bombenlast auf uns fallen lässt, und wir sind geliefert.«

Nic reagierte auch diesmal nicht, war aber der Meinung, dass es vermutlich etwas weit Gefährlicheres für sie gab als einen einzelnen deutschen Piloten, der sie zufällig entdecken konnte. Nämlich ein Radargerät auf dem Kliff bei Dieppe, das sie und die begleitenden Flugzeuge – wie weit entfernt auch immer – ausmachen konnte und damit die Besatzer Frankreichs vor dem warnte, was da gerade mit laut brummenden Motoren auf sie zukam.

~Emmi, Gutshaus im Schwarzwald / Deutsches Reich~

Emmi wirbelte herum und lief los. Die Äste des Mauerbewuchses brachen unter ihren Schuhen, das Rascheln der Blätter hörte sie nicht, dafür dröhnte der Wind zu laut in ihren Ohren. Eine kräftige Bö drohte, sie von der Mauer zu blasen. Energisch stemmte sie sich dagegen an. Bereits nach wenigen Schritten wurde sie gewahr, dass ihr niemand mehr folgte. Irritiert blieb sie stehen und wandte sich um. War Polter von der Mauer zurück in den Garten gesprungen, weil er einen Sturz von dieser fürchtete? Weil er nicht schwindelfrei war? Jedenfalls kam er dort unten sicher schneller voran als sie. Außerdem war sie gegen das Licht des Abendhimmels – so düster und bedrohlich verfärbt dieser auch sein mochte – deutlich zu sehen.

Emmi warf sich flach auf die Mauer. Atmete gepresst. Spürte die Panik wie tausend Nadelstiche in ihrem Inneren. Ihre Hände und Füße prickelten. Angespannt lauschte sie. Ein Fensterladen klapperte, der Wind pfiff durch Mauerritzen und verleitete die Blätter der Bäume zu einem wütend anmutenden Brausen. Sie hörte ihren eigenen Herzschlag. Überlaut und viel zu schnell. Ansonsten: Nichts.

Keine Schritte. Kein bellender Befehl. Kein Abfeuern einer Schusswaffe. Eigentümliche … Stille. Dann ein Donnern. Es schwoll langsam an, rollte grollend über das Land und verstummte wieder. Gleich darauf ein zweites. Kaum, dass dieses verklungen war, erhellte erneut ein Blitz die unheimliche graugrüne Atmosphäre.

Emmi entdeckte Esta. Warum war sie nicht längst weg? Ins Haus geflohen, um die anderen zu alarmieren? Damit sie gemeinsam in die Wälder flohen! Das Licht des Blitzes war fort, was blieb, war ein eigentümliches Gefühl in Emmi.

Sie konnte sich nicht erklären, warum Esta dort am leeren Brunnen stand. Weshalb sie sich über etwas beugte. Wieder grollte der Donner. Emmi lauschte. Atmete. Wartete. Nichts passierte. Nichts rührte sich. Dann zischte ein Blitz hernieder, viel näher, als die anderen bisher gewesen waren. Sein grelles Licht beleuchtete erneut Esta am Brunnen, die hilflos die Hände rang und sich suchend umschaute. Nach ihr?

Zu ihren Füßen lag ein Mann in Uniform, den Kopf in einem eigentümlichen Winkel an die Brunnenwandung gelehnt. Er rührte sich nicht.

Wieder versteckte sich das seltsame Bild hinter dem trüben Vorhang des Gewittersturms und der damit einhergehenden, frühzeitig hereinbrechenden Dämmerung.

Völlig verunsichert rutschte Emmi seitlich von der Mauer und landete etwas unglücklich in einem Rosenbusch. Dornen durchdrangen ihre Strümpfe und rissen ihre Haut auf. Sie verdrängte den Schmerz, befreite sich gewaltsam von den widerborstigen Zweigen und eilte hinüber zu Esta.

Diese kam ihr einige Schritte entgegen und warf sich förmlich in Emmis Arme. »Du hast mich gerettet«, schluchzte die junge Frau.

Sie roch nach Erde. Und nach Panik – fand Emmi.

»Aber was machen wir jetzt mit dem Mann?«, hauchte Esta in ihr Ohr.

»Was ist mit ihm?«, flüsterte Emmi zurück.

»Er ist tot, Emmi. Ich sah ihn von der Mauer stürzen. Ich glaube, er hat sich das Genick gebrochen.«

»Dann lassen wir ihn da liegen und holen die Polizei«, meinte Emmi. »Das wird zwar unangenehm, weil sie mich sicher fragen werden, warum Polter sich hier herumgetrieben hat, aber die Antwort darauf muss ich ja nicht wissen.«

Esta, die sich noch immer an sie klammerte, schüttelte wild den Kopf. »Ich habe ihn gekratzt. Getreten und gebissen. Seine Wange ist aufgerissen und seine Schulter inzwischen sicher blau. Das wird Fragen aufwerfen.«

Emmi nickte, löste sich aus der Umklammerung und sah auf den Mann hinunter. Seine Augen waren starr in ihre Richtung gerichtet, die Pistole mit dem langen, dünnen Lauf lag nur wenige Zentimeter neben seiner schlaffen rechten Hand. Er hatte sie damit nicht mehr töten können, weil der Tod ihn schneller ereilt hatte. Doch was sollten sie jetzt tun?

Emmi blickte zur Mauer, hinter der sie den Abhang und die weitläufigen Wälder wusste. Der nächste Blitz schoss über sie hinweg, der Donnerschlag folgte laut und drohend fast unmittelbar. Ihr Blick ging zum Wohnflügel hinüber. Sie sah ihr Schlafzimmerfenster, dessen Verdunklung nicht geschlossen war, da sie meist früh zu Bett ging und darum nie das Licht anknipste.

Hatte Polter deshalb hier gestanden? Weil er von hier aus sehen konnte, wie sie sich entkleidete? In Emmi stieg unbändige Wut auf, die jeglichen Schrecken und ihre Lethargie mit sich davontrug wie der Sturmwind die zarten Blütenblätter. Dieser Mann war nicht nur gefährlich gewesen, sondern absolut widerlich.

»Meine Kinder verbringen den Abend bei meinen Schwiegereltern. Ich habe also noch gut zwei Stunden Zeit.«

Esta sah sie mit zur Seite geneigtem Kopf fragend an.

»Du gehst ins Haus und nimmst eines der Tücher von den Möbeln. Darin wickelst du Polter ein. Ich hole aus dem Pferdestall eine Schubkarre. Und dann sorgen wir dafür, dass keine Menschenseele diesen Kerl findet. Zumindest nicht in absehbarer Zeit. Damit niemand Fragen stellt und ihr hierbleiben könnt.«

»Ich weiß nicht … Bist du dir sicher, dass das gut ist?«

»Das bin ich. Hier oben seid ihr sicher. Außer Polter hat sich nie jemand für das interessiert, was hier vor sich geht.«

Esta wirkte nicht überzeugt, was Emmi ihr hoch anrechnete. Die junge Frau wollte ihre Gastfamilie nicht noch mehr in Gefahr bringen. Doch wohin sollten die Kellergäste fliehen? Vielleicht wussten ihre Schwiegereltern einen weiteren sicheren Ort, denn irgendwoher musste derjenige, der die vier Juden hierhergebracht hatte, ja wissen, welche Personen bereit waren, diese zu verstecken. So oder so – Emmi wollte die Sache mit Polter nicht erzählen müssen. Das war Estas und ihr Geheimnis, und so sollte es auch bleiben.

»Also los!«, feuerte sie Esta an und gab ihr einen leichten Schubs, damit sie losging und ihre Aufgabe erledigte. Emmi sah, wie sie einen großen Bogen um den Toten machte und dann unsicheren Schritts in Richtung Terrassentür ging. Emmi folgte ihr gleich darauf, verließ den Hauptflügel durch die Eingangstür, huschte über den Innenhof, vorbei an dem alten Baum und einige Meter den leicht abschüssigen Weg hinunter zum Pferdestall. Ein träges Schnauben begrüßte sie, doch Emmi kümmerte sich nicht um die Tiere, die neugierig ihre Köpfe über die Abteiltüren streckten.

Entschlossen packte sie die Holzgriffe der metallenen Schubkarre, zog sie ins Freie und verriegelte die Stalltür wieder. Sie schob das schwere sperrige Gefährt vor sich her auf einen unebenen Pfad zwischen Mauer und Abbruchkante – so nahe wie möglich an die Stelle, wo sie den Springbrunnen und Polter vermutete.

Gleich darauf trat sie den Rückweg an, huschte erneut durch den Hof ins Haus und von dort zurück in den Garten. Die schwierigste Aufgabe bestand nun darin, den Leichnam auf die Mauer zu befördern. Esta und Emmi stellten schnell fest, dass der Mann zu schwer für sie war. Also plante Emmi um und holte die Schubkarre durch das Atrium und den Salon in den Garten. Nach einigen erfolglosen Versuchen gelang es ihnen, den in ein weißes Tuch gehüllten SS-Mann dort hineinzuzerren, wo sonst der Mist befördert wurde. Emmi, noch immer wütend und aufgewühlt, ja regelrecht aufgedreht, fand das überaus passend.

Mit spitzen Fingern nahm sie die Waffe hoch und steckte sie vorsichtig zwischen den leblosen Körper und die Schubkarrenwanne. Esta umfasste die Griffe und stöhnte ob des Gewichts. Schlingernd schob sie das Gefährt auf die Terrasse und zur Tür, die im Sturmwind auf und zu schwang.

Rückwärts und mit vereinten Kräften, zogen sie die Schubkarre über die niedere Schwelle in den Salon. Einige Strohhalme fielen herunter, die Emmi aufsammelte und ebenfalls unter das weiße Leichentuch steckte, während Esta die Tür schloss. Weiteren Schmutz ließ sie liegen. Der Raum wurde schon seit Monaten nicht genutzt und würde dieses Dasein auch noch länger fristen, ein wenig mehr Dreck bei all dem Staub und den toten Insekten auf dem Parkettboden fiel sicher niemandem auf. Dennoch nahm sich Emmi vor, früh am nächsten Morgen wiederzukommen, um im Garten und im Hauptflügel letzte verräterische Spuren zu beseitigen. Jetzt galt es jedoch, den Unterscharführer ungesehen und für immer loszuwerden.

Richtig knifflig wurde es für beide im gepflasterten Hof zwischen den drei Wohnflügeln. Da Emmi die Kräftigere von ihnen war, übernahm sie es, die holpernde und plötzlich schwergängige Schubkarre über den unebenen Bodenbelag zu schieben, während Esta rückwärtsging und die Fenster im Blick behielt. Doch nichts deutete darauf hin, dass Johanna oder Albert sich diesseits ihrer Wohnung aufhielten. Sie waren mit ihren Enkelkindern in der Stube.

Emmi schob ihre Fracht eilig über den Feldweg, der vom Gutshaus weg in die bewaldeten Berge führte, und wurde erst langsamer, als sie, begleitet von mehreren knapp hintereinander aufflammenden Blitzen, den Schutz der Bäume erreichten. Der im Dunkeln liegende Wald atmete Feuchtigkeit und Kühle, wankte, knarrte und knisterte unter den Sturmböen. In unregelmäßigen Zeitabständen war er in goldgrünen Dunst getaucht, immer dann, wenn die Lichtblitze durch das dichte Dach der Laubbäume und Koniferen drang.

Dröhnende Donnerschläge brachten die abgestorbenen Nadeln und die auf dem Pfad liegenden Zapfen zum Erzittern. Aber vielleicht war es nur eine Täuschung, der Emmi aufsaß. Jedenfalls zuckte sie bei jedem weiteren Blitz und einsetzenden Donner zusammen. Sie wusste, wie leichtsinnig es war, sich bei einem Gewitter in den bewaldeten Höhenzügen aufzuhalten, zumal von den Sturmböen eine zusätzliche Gefahr ausging.

Emmi und Esta wechselten sich mit der Schubkarre ab, wobei sie an dieser oftmals zu zweit zogen und zerrten, statt sie zu schieben. Der Hartgummireifen der Schubkarre grub sich tief in weichere Waldbodenabschnitte ein, sodass sie Mühe hatten, diesen wieder aus jenen Mulden zu befreien. Das wilde Toben der Natur um sie her machte Emmi Angst – weit mehr, als dass sie befürchtete, hierbei überrascht zu werden. Denn eben das, was sie beide zusammenzucken und furchtsam die Köpfe nach lautem Knacken und Rauschen wenden ließ, hielt jeden anderen davon ab, an diesem Abend im Wald unterwegs zu sein.

»Wie weit noch?«, keuchte Esta mit schweißnassem Gesicht. Es waren die ersten Worte, die fielen, seit sie das Gutshaus verlassen hatten. Sie stellte die Schubkarre ab, richtete sich auf und rieb sich den schmerzenden Rücken.

»Noch etwa fünfhundert Meter.« Emmi blickte an den schwarz anmutenden Stämmen vorbei. Allmählich ging die Dämmerung in die Nacht über. Im Verbund mit den dunklen Wolken und dem dichten Wald war es nahezu vollkommen dunkel. Obwohl die Kinder, wenn sie bei den Großeltern waren, meist deutlich länger aufblieben als üblich, war Emmi klar, dass viel zu viel Zeit verging.

Esta umfasste erneut die Griffe, doch Emmi sah, wie sie zurückzuckte. Schnell trat sie zu ihr und nahm Estas Hände in die ihren. Sie hatte offene Stellen, dort, wo Emmi von der Arbeit im Stall und im Garten feste Hornhaut hatte. Seltsamerweise war es dieser Anblick, in Verbindung mit der Vorstellung, wie weh das tun musste, der Emmi aus einer Art Schockstarre riss. Sie sah Esta an, die ihren Blick erst verwundert, dann schmerzlich verstehend erwiderte. Sich aneinander festhaltend, fielen sie auf die Knie und ließen ihren Tränen freien Lauf.

Die durchgestandene Angst überrollte Emmi förmlich. Dazu Scham, weil sie nahezu kaltblütig einen toten Mann entsorgte. Diese wurde abgelöst von der Wut darüber, was dieser Mann Alexander und ihrer Familie angetan hatte und was er mit Esta getan hätte, wäre sie nicht dazwischengegangen. All dies führte schließlich dazu, dass Emmi erneut die Schultern reckte.

Die Situation war außer Kontrolle, doch weder Esta noch sie konnten etwas für Polters Tod. Vielmehr hatte der Mann billigend, ja förmlich in Hochstimmung den ihren in Kauf genommen. Nun galt es, sie alle vor den Folgen dieses Abends zu schützen; Leben zu retten.

~Carolina, bei Pourville-sur-Mer, Normandie/Frankreich~

Cara erwachte und setzte sich im Bett auf. Grillenzirpen drang durch ihr offenes Fenster. Leise, kaum wahrnehmbar, hörte sie das Anrennen der Wellen gegen den Kiesstrand und die Klippen. Aber nichts von beidem konnte sie geweckt haben. Etwas anderes war da gewesen. Ein Geräusch, das nicht in die dunkle Nacht gehörte, weit weg von einer öffentlichen Straße und der nächsten Ortschaft, in der es selten einmal ruhig wurde – vor allem, seit die Besatzer zugegen waren.

Irritiert ergriff Cara ihre Armbanduhr und hielt sie in den fahlen Mondschein. Es war nach ein Uhr. Um diese Zeit gab es keinen Schichtwechsel bei der Radarstation, es waren weder Kolleginnen gegangen noch zurückgekehrt. Was also hatte sie geweckt? War Isabelle etwa schon wieder des Nachts unterwegs?

Bei diesem Gedanken schwang Cara die Beine aus dem Bett und griff nach den zurechtgelegten Kleidern, wobei sie nicht ihre Uniform anzog, sondern ihre an den Oberschenkeln weite, ab dem Knie eng anliegende Reithose und eine dunkle Bluse. Sie schnürte ihre Wanderschuhe und kletterte flugs aus dem Fenster.

Alles war, wie es sein sollte. Die üblichen Geräusche einer Nacht auf den Klippen, eine schräg am Himmel hängende

Mondsichel und golden funkelnde Sterne, sofern sie nicht von Wolken beschattet waren. Das Flüstern von Gras und Laub, ein Knarren, weil das Holz der Nebengebäude arbeitete. Oder war dort jemand?

Cara schlich in Richtung Garten, verharrte aber vor der Mauer und lauschte. Nichts Ungewöhnliches erreichte ihr Ohr. So leise wie möglich stieg sie über das steinerne Hindernis. Sie war kaum drüben, als das Klackern eines Steins gegen einen anderen sie aufschreckte. Instinktiv kauerte sie sich hinter der Mauer nieder.

Der Geruch nach feuchter Erde hüllte sie ein, ihr Herzschlag hatte sich verdoppelt. Sie vernahm das Knirschen von Schuhen auf dem Kies, dann zischte jemand: »Mach doch nicht so einen Lärm.«

»Ich sag dir doch, er kam aus der anderen Richtung«, erwiderte eine Fistelstimme, die unverkennbar August gehörte. Cara riss die Augen auf. Was suchte der Arzt mitten in der Nacht in Begleitung eines weiteren Mannes auf Isabelles Hof?

»Ich habe aber gesehen, dass der Schatten von hier kam und aufs Feld hinüber ist.«

»Du hast zu viel Alkohol intus.« Augusts spöttische Worte waren erneut zu laut, da hatte sein Begleiter recht. Vermutlich hatte auch er einen über den Durst getrunken. Jedenfalls hatte die schwerfällige Annäherung der beiden Cara rechtzeitig alarmiert.

»Ich konnte ja nicht wissen, dass man mich holt, weil es verdächtige Aktivitäten gibt«, zischte der Unbekannte. »Hätte ich dich bloß nicht mitgenommen.«

»Du bist besoffen. Dein Vorgesetzter hätte das bemerkt, wenn ich nicht eingesprungen wäre.«

»Ja, ja«, brummte der andere. »Ich glaube trotzdem, dass er von hier kam. Blöd, dass wir ihn aus den Augen verloren haben. Also legen wir uns hier auf die Lauer. Irgendwann muss er ja zurückkommen. Dann kriegen wir ihn. Vielleicht trägt er ja einen eindeutigen Beweis bei sich.«

Ein Schaben auf der Mauer, oberhalb der Stelle, an der Cara kauerte, ließ sie panisch nach oben schauen. Sie hielt den Atem an. Gegen den Sternenhimmel sah sie, dass der Mann eine SD-Uniform trug. Wollte er ausgerechnet hier und jetzt über das Mauerwerk steigen? Er wäre direkt auf sie getreten …

Das nachfolgende Geräusch war geeignet, Caras Herz einfrieren zu lassen. August war mit einem Satz auf die Mauer gesprungen. Steinchen und ein Stück losgetretenes Moos streiften Caras Gesicht. Wenn er jetzt nach unten schaute, war es um sie geschehen. Zweifellos würden der Mann von der Gestapo und sein freiwilliger Helfer sie für den verdächtigen Schatten halten, den sie zuvor gesehen zu haben glaubten. Oder zumindest für eine Mittäterin. Eine Verräterin am deutschen Volk.

Doch … wenn sie sie mitnahmen, konnte Isabelle – denn garantiert war sie die Gestalt bei den Feldern gewesen – ungesehen zurückkehren. Ihre Freundin wäre in Sicherheit gewesen – ebenso wie ihre Kinder. Aber war sie, Cara, stark genug, um den Verhörmethoden der Gestapo standzuhalten, die mit allen Mitteln versuchte, Widerstandsnester auszuräuchern? Konnte es ihr gelingen, nichts von all dem zu verraten, was sie über Isabelle wusste?

15

-Emmi, Gutshof im Schwarzwald / Deutsches Reich-

Emmi lief der Schweiß in Strömen über den Körper und ihr Rücken schmerzte. Dass ein Mann so schwer war, wenn man ihn trug, hatte sie nicht gewusst, doch sie hatten mit der Schubkarre nicht weitergekonnt. Esta stöhnte und ihrer Hand entglitt das rechte Bein von Polter. Mit einem dumpfen Aufschlag fiel der Fuß auf den moosigen Waldboden, unwillkürlich ging Emmi in die Knie.

Die windgepeitschten Bäume bogen und schüttelten sich, Zweige schlugen nach ihr. Ob sie Polter einfach hier liegen lassen sollten? Aber die Stelle war zu nahe am Gutshaus. Und obwohl sie den Leichnam mehrere Meter tief in den nahezu undurchdringlichen Wald geschleppt hatten, war er hier vor einer Entdeckung nicht sicher. Ein Förster oder Jäger konnte über ihn stolpern; ein Hund ihn wittern.

Die ganze Aktion dauerte schon viel zu lange. Sie hätte längst ihre Kinder bei den Schwiegereltern abgeholt und zu Bett gebracht haben sollen. Doch es half alles nichts, sie mussten zu Ende bringen, was sie begonnen hatten.

»Weiter!«, feuerte Emmi sich selbst und Esta an. Diese nickte, bückte sich und ergriff den Mann erneut an den Beinen. Sie taumelten voran durch das Unterholz, an jungen und alten Bäumen vorbei, einen kurzen Abhang hinauf, wo aufgewühlte Erde verriet, dass dort regelmäßig Wildschweine nach Futter wühlten. Schließlich erreichten sie die höchste Stelle einer natürlich entstandenen Erdverwerfung. Jetzt galt es, vorsichtig zu sein.

»Legen wir ihn ab«, keuchte Emmi. Esta ließ Polters Beine so schnell los, dass Emmi dessen Oberkörper entglitt. Sein Hinterkopf schlug auf einem faustgroßen Felsen auf. Prompt spürte Emmi Übelkeit in sich aufsteigen. Sie versuchte, sich mit dem Gedanken abzulenken, dass Polter keinen Schmerz mehr empfand. Dass sie das alles für ihre Familie machte. Für die Flüchtlinge. Für die kleine, unschuldige Fitzi.

»Bleib bitte, wo du bist«, wies sie Esta an. Sie selbst ging auf die Knie und tastete sich mit den Händen vorwärts. Irgendwann spürte sie zwar noch Gras, dieses war aber lediglich ein Überhang der Abbruchkante. Trat man auf diesen trügerischen Untergrund, würde man unweigerlich in die Tiefe stürzten. Denn direkt unter ihr lag eine enge, felsige Klamm. An einigen Stellen, so hatte ihr Alexander vor Jahren einmal gesagt, war diese wohl fünfzig Meter tief. Dort plätscherte ein schmales Rinnsal zwischen schroffen Felsen hindurch. Den Geschwistern Biber war es streng verboten gewesen, in diesem Waldstück zu spielen, was Cara und Alexander offenbar als Einladung verstanden hatten, diesen Felseinschnitt zu erkunden. Sie waren daran gescheitert, weil selbst sie schnell festgestellt hatten, wie gefährlich das Herumstrolchen und Klettern hier war.

Emmi kroch zurück und gesellte sich zu Esta. »Wir rollen Polter nach da vorn«, rief sie gegen den Lärm an, den der Sturm dem Wald entlockte. »Aber sei bitte vorsichtig! Nicht, dass wir auch stürzen. Die Überhangkante könnte unter seinem Gewicht abbröckeln.«

Der nächste Blitz blendete Emmi, da hier durch die Klamm eine Reihe Bäume fehlten. Dennoch konnte sie ausmachen, wie blass Esta um die Nase war. Offenbar kämpfte auch sie gegen einen Würgereiz an.

Sie hockten sich neben Polter und rollten ihn zweimal um die eigene Achse. Schließlich ein drittes Mal. Beide zuckten sie zurück, als er plötzlich ihren Händen entglitt. Ein grollender Donnerschlag war so gnädig, jedes andere Geräusch zu übertönen.

Esta ergriff Emmis Hand und drückte sie fest. Der Unterscharführer war fort. Dort unten, dessen waren sie sich beide sicher, würde ihn lange Zeit niemand finden, vielleicht würde er sogar für immer unentdeckt bleiben. Aufeinander gestützt erhoben sie sich. Schließlich schleuderte Emmi die Luger ebenfalls in die Tiefe. Sie meinte, einen metallischen Aufschlag zu hören, was eigentlich nicht sein konnte, da das Knarren und Brausen der Bäume eine zu laute Geräuschkulisse bildeten.

»Lass uns rasch zurückgehen«, raunte Esta ihr zu. »Ich fürchte, wir werden schon vermisst.«

So schnell der von Pflanzen überwucherte Untergrund und die schwarzen Baumstämme, die sich ihnen fortwährend in den Weg stellten, dies zuließen, rannten sie zurück zu dem schmalen Wanderweg. Prüfend sahen sie sich um. Es gab reichlich abgeknickte Zweige, dort, wo sie in den Wald eingedrungen waren, doch das konnten sie jetzt leider nicht ändern. Auch die Spuren, die das Schubkarrenrad an manchen Stellen im Boden hinterlassen hatte, waren nur schwer zu beseitigen. Emmi versuchte es zwar, war sich in der Eile aber nicht sicher, ob sie wirklich alle gefunden hatte, zumal die Nacht sie mit von Blitzen erhellter Dunkelheit überfallen hatte.

Plötzlich fegte ein eigentümliches neues Geräusch durch den Wald. Ein Rauschen, das bald zu einem Prasseln wechselte. Erst vereinzelt, dann immer intensiver klatschten riesige Regentropfen auf die beiden Frauen hernieder.

»Das ist gut«, rief Emmi ihrer Freundin erleichtert zu. »Wenn es weiter so heftig schüttet, schwemmt das Wasser unsere Spuren weg. Hier im Wald und im Garten.« Dabei dachte sie vor allem an die Gießkanne, auf der garantiert Polters Blut klebte.

Etwas knackte neben Emmi. Aufgeschreckt warf sie sich herum und sah, wie der Boden bebte. »Schnell!«, feuerte sie Esta an, und diese rannte mit der Schubkarre los. Emmi schob sie förmlich vor sich her.

Erdbrocken flogen umher. Ein Rauschen und Knacken hüllte sie ein. Etwas peitschte über Emmis Rücken. Dann waren wieder nur das Prasseln des Regens, die Donnerschläge und das Wüten der Sturmböen in den Bäumen zu hören.

Esta und Emmi blickten zurück. Quer über dem Pfad, an der Stelle, an der sie gerade noch gestanden hatten, lag eine gewaltige, vom Sturm gefällte Fichte. Ihr riesiger Wurzelballen hob sich vor dem Unterholz ab, die in alle Richtungen ausgehenden Wurzelstränge wirkten im Licht eines Blitzes wie dicke Spinnenbeine.

»Das war knapp«, sagte Esta kaum hörbar. Emmi nickte nur, übernahm die Schubkarre und eilte der Freundin voraus durch den tobenden Wald. Zurück beim Gutshaus räumten sie die Karre weg und trennten sich, klatschnass wie sie waren, im Treppenhaus.

~Carolina, bei Pourville-sur-Mer, Normandie/Frankreich~

Cara atmete flach und presste sich an die Mauersteine. Ihre Beine schmerzten von der ungewohnten Haltung, ihr Puls raste. Was sollte sie jetzt nur tun?

»Hier können wir nicht bleiben. Die Stelle ist viel zu einsehbar«, hörte sie August sagen.

»Hm, vielleicht«, vernahm sie die Stimme des Gestapomannes. Er hatte inzwischen auf der Mauer Platz genommen. Glücklicherweise mit dem Rücken zu ihr. Cara schloss die Augen und bestürmte den Himmel um Hilfe. Jeden Augenblick rechnete sie damit, dass August den Blick senkte und sie entdeckte. Wobei sie sich fragte, was er überhaupt mit dem Mann zu schaffen hatte? Hatte er ihr im Hotel nicht weismachen wollen, dass er von ihm bespitzelt wurde – ihretwegen?

»Wie wäre es, wenn wir links vom ersten Gebäude warten. Die Stelle liegt leicht erhöht, sodass wir ein größeres Sichtfeld haben. Von dort können wir besser sehen, wann unser Schatten zurückkehrt. Außerdem sind wir durch die Bäume vor seinen Blicken geschützt.«

»Das stimmt.«

Cara hörte am Rascheln der Kleidung, wie sich der Mann erhob. Wieder hielt sie den Atem an, sprach in Gedanken ein Stoßgebet nach dem anderen. Steinstaub rieselte auf sie herunter, wohl weil August von der Mauer heruntersprang. »Ich vermute ohnehin, dass der Schatten von Pourville hier heraufgeschlichen kam. Vielleicht sogar von Dieppe. Er nutzt die hiesigen Feldwege, um nicht auf einer öffentlichen Straße gesehen und erwischt zu werden.«

»Möglich.«

»Und mutig«, brummte August. »Wenn man bedenkt, dass unsere Soldaten auf eine denkbare Invasion warten. Man hat für heute in den Unterständen entlang der Küste, bei den Fliegerhorsten und allen Radarstationen einen zusätzlichen Vierundzwanzig-Stunden-Dienst angesetzt, obwohl der Kommandeur der hier bei Dieppe stationierten Luftwaffe nicht mit einem Angriff rechnet, weil der Wetterdienst einen bedeckten Himmel vorausgesagt hat. Da ist mit wenig Luftverkehr zu rechnen. Für unseren Schatten heißt dies, dass er äußerst gefährlich lebt. Alle sind alarmiert und damit doppelt wachsam …«

Ungläubig darüber, davongekommen zu sein, lauschte Cara den sich entfernenden Stimmen. Sie harrte noch mehrere Atemzüge lang aus, ehe sie es wagte, ihre Beine zu bewegen. Vorsichtig hob sie den Kopf und blickte über das moosige Polster hinweg den beiden Männern hinterher, die lediglich als schwarze Schattenrisse zu sehen waren und bald schon aus ihrem Sichtfeld verschwanden. Dann atmete sie tief ein und durch gespitzte Lippen wieder aus. Sie zitterte am ganzen Leib, denn eines war ihr klar: Dass weder der Gestapomann noch August sie gesehen hatten, kam einem Wunder gleich.

Doch jetzt galt es, Isabelle zu warnen!

Sie huschte durch den Garten und verließ das Grundstück, indem sie auf die Klippen zurannte. Vor der in die kleine Bucht führenden Treppe bog sie nach links ab. Inmitten der teils steil abfallenden Felseinschnitte bewegte sie sich behutsam voran. Hier irgendwo war Alexander einst abgestürzt …

Cara kletterte über einige vorstehende Felsen und atmete hörbar aus, als sie endlich die unmittelbare Nähe der Klippen verlassen konnte. Froh darüber, festes Schuhwerk und eine Hose zu tragen, rannte sie an dem knorrigen Flachsfeld entlang, bis dieses an ein Getreidefeld stieß. Dazwischen gab es eine schmale Lücke, die ihr als Pfad diente. Dort lief sie weiter, unendlich erleichtert, dass die Wolken den Mond versteckten. Zwar lichtete sich die Wolkendecke gelegentlich, sodass ein heller Schimmer verriet, wo der Himmelstrabant gerade stand, doch es gelang ihm nie, sein fahles, aber dennoch verräterisches Licht auf diesen Abschnitt der normannischen Küste zu werfen. Somit blieb Cara unentdeckt.

Der Umweg, den sie in Kauf nehmen musste, war groß, umso mehr beeilte sie sich. Mehrmals verharrte sie für einen Moment und orientierte sich neu. Irgendwann vernahm sie ein

Brummen, das sie an jenes tief fliegende Flugzeug von neulich erinnerte. Sie hielt inne und suchte den Himmel ab, konnte es jedoch nicht entdecken. Schließlich verklang das Geräusch wieder. Was blieb, war das Knistern der Halme im leichten Seewind, lautes Grillenzirpen und ein gelegentliches Rascheln, vermutlich von Feldmäusen oder einem Kaninchen.

Cara rannte weiter. Ihre Lunge brannte inzwischen, zweimal war sie auf dem unebenen Grund mit dem Fuß umgeknickt, entsprechend dankbar war sie, dass sie sich dabei nichts getan hatte. Endlich erreichte sie den Landeplatz inmitten der Felder. An dessen Rand, ihr gegenüber, sah sie etwas liegen. Offenbar war das Flugzeug diesmal nicht gelandet, sondern hatte nur Päckchen an Fallschirmen abgeworfen.

Hektisch sah Cara sich um, konnte Isabelle aber nicht sehen. War sie bereits auf dem Rückweg? Mit einem Teil dieser geheimen Fracht? Aufgeschreckt darüber, sie verpasst zu haben, spurtete Cara über die Lichtung und drang in den Pfad zwischen zwei Feldübergängen ein. Bald schon konnte sie auf einem der Hügel vor sich eine Gestalt in einem flatternden Rock ausmachen.

Isabelle wirbelte herum, als Cara sich ihr rennend näherte. Sie ließ fallen, was sie in Händen hielt, und wollte die Flucht ergreifen. »Nicht, Isabelle«, rief Cara halblaut. »Bei den Häusern lauert die Gestapo.«

Sie sah, wie Isabelle kurz zögerte, dann aber doch loslief. Cara stieß einen grimmigen Laut aus und erhöhte ihr Tempo. Sie rannte hinter der Freundin her, kam schnell näher und warf sich schließlich auf sie. Miteinander fielen sie zu Boden und rollten einen kleinen, aber steilen Abhang hinunter. Um sie her raschelte und knackte es.

Cara gelang es endlich, ihre Rutschpartie zu stoppen. Sie richtete sich auf und presste ihre Hand kräftig auf Isabelles Lippen. Mit schreckgeweiteten Augen starrte die Französin

Cara an. Das Haar hing ihr wirr ins Gesicht, das sich fahl vom dunklen Boden abhob. Eine Schmutzspur zierte ihre Wange.

»Sei still. Ich hoffe, sie haben uns nicht gehört«, zischte Cara und richtete ihren Oberkörper auf, um sich über die Halme hinweg umzusehen. Diese wogten verhalten im Wind und flüsterten leise, als wollten sie ihr zu verstehen geben, dass ihr Geheimnis bei ihnen sicher sei.

Isabelle begann sich gegen die Hand auf ihrem Mund zu wehren, indem sie den Kopf hin und her drehte. Schließlich boxte sie Cara mit der Faust gegen den Hals. Aufkeuchend ließ sie die Freundin los und fuhr sie an: »Spinnst du?«

»Lass mich in Ruhe!«, spie Isabelle ihr entgegen.

»Sei leise. Ich meine es ernst. Doktor Biber und ein Kerl, vermutlich Gestapo, waren vor deinem Haus. Jetzt warten sie beim Manoir darauf, dass derjenige zurückkommt, den sie gesehen haben, wie er in die Felder hineingeschlichen ist. Ziemlich sicher haben sie auch das Flugzeug gehört.«

»Tu nicht so, als ob ausgerechnet du mir helfen möchtest«, zischte Isabelle, war aber zumindest etwas leiser.

»Natürlich will ich das. Du bist meine Freundin. Dir darf nichts passieren. Auch wegen deiner Kinder.«

»Das sagst du nur so. Du hast mich erwischt. Jetzt willst du mich mitnehmen. Weil du dann die Lorbeeren einsammeln kannst.«

Cara funkelte Isabelle aufgebracht an. »Glaub doch, was du willst. Aber wir beide gehen jetzt zurück. Wir nehmen die restliche Lieferung mit und werfen sie über die Klippen. Nichts darf darauf hinweisen, dass du mit dem Widerstand zu tun hast. Du musst sofort damit aufhören.«

»Du hast mir nichts zu befehlen.«

»Das hätte ich sehr wohl, aber ich will es nicht.« Cara seufzte und richtete sich halb auf. Wieder und wieder sah sie sich um, doch um sie her gab es nur wogende Felder. Nichts deutete darauf hin, dass sie gehört worden waren und sich ihnen jemand näherte.

»Alles ruhig. Wir haben wirklich Glück gehabt. Ein zweites Wunder.«

»Lass mich in Ruhe«, murmelte Isabelle, klang nun aber nicht mehr so kämpferisch wie zuvor. Eher wie die zurückhaltende, vorsichtige Isabelle, die Cara von früher kannte. Vielleicht hatte sie eingesehen, dass ihr gar nichts anderes übrig blieb, als der Freundin von einst zu glauben, ihr das eigene Leben und das ihrer Kinder anzuvertrauen. Zumindest hoffte Cara dies, denn wenn Isabelle jetzt unbedacht handelte, konnte das für sie beide böse enden.

»Komm mit, aber leise.« Wie früher übernahm Cara das Kommando. Sie arbeitete sich den kurzen, steilen Hang hinauf und zurück zu der Stelle, an der Isabelle die geheime Flugzeugfracht hatte fallen lassen. Dort angekommen drehte sich Cara um. Isabelle stand noch immer in der Senke, den Kopf in den Nacken gelegt. Allerdings schaute sie nicht Cara an, vielmehr blickte sie in den bewölkten Himmel hinauf.

Dachte sie nach? Rief etwas in ihr sie dazu auf, Cara lieber nicht zu folgen, sondern stattdessen in die andere Richtung zu fliehen? Sie musste doch einsehen, wie sinnlos das war! Immerhin hatte Cara sie hier angetroffen. Und zum Beweis lagen hier und drüben bei der verborgenen Landebahn Grüße von den Alliierten – was auch immer sich in den Päckchen befinden mochte.

Endlich ging ein Ruck durch Isabelle. Sie raffte ihren Rock, stapfte zu Cara hinauf und sammelte die Päckchen ein.

»Kannst du rennen?«, fragte Cara knapp.

»Nicht so schnell wie du, aber es geht.«

Cara nickte und lief los. Bald schon hörte sie Isabelles hart gehenden Atem hinter sich, doch die Französin beklagte sich nicht und wurde auch nicht langsamer. Sie erreichten die Lichtung, wo Cara die restlichen Pakete hochhob. Die kleineren stopfte sie in ihre Hosentaschen, die beiden größeren behielt sie in den Händen. Wieder orientierte sie sich und drang dann in den schmalen Übergang zwischen den Feldern ein, über den sie hierhergelangt war. Erst als Isabelle deutlich zurückfiel, mäßigte sie ihr Tempo. Dennoch dauerte es nicht mehr lange, bis sie den Feldrand und damit die unmittelbare Nähe der Klippen erreichten.

Der erdige Untergrund wechselte sich mit felsigen Anteilen ab, über die der Wind losen Sand blies. Deutlich langsamer und vorsichtiger als zuvor näherten sie sich dem weit nach vorn gewölbten Küstenabschnitt, wo die Flut die Meereswellen gegen dieKalksteinfelsen warf. Cara sah sich nochmals prüfend um und schleuderte dann ein Päckchen nach dem anderen über die Abbruchkante. Die Flut würde sie sich holen. Schließlich forderte Cara Isabelles Pakete ein, die sie ihr nur widerwillig überließ. Als auch sie fort waren, ging Cara weiter, wobei sie erneut der tief eingeschnittenen, schmalen Bucht mit seiner ins Landesinnere versetzten Schlucht gefährlich nahe kamen.

»Cara?«

Cara wandte sich um. Zum ersten Mal, seit sie zurück an der Alabasterküste war, nannte Isabelle sie bei der Kurzform ihres Namens.

»Dieser Weg ist zu gefährlich. Vor allem bei Nacht.«

»Es gibt keinen anderen, um ungesehen zu den Häusern zu gelangen. Und ich denke, du solltest in deinem Bett liegen, falls die Gestapo auf die Idee verfallen sollte, nachzuprüfen, ob du da bist.«

Cara hörte nur undeutlich, was Isabelle murmelte, meinte jedoch »Das sollte ich wohl« verstanden zu haben.

»Bleib direkt hinter mir. Folge genau meinen Fußtritten. Und sieh auf keinen Fall nach unten.«

Isabelle schloss zu ihr auf, also drehte sich Cara um und ging weiter. Sie kraxelten zwischen den schroffen Felsen hindurch und umgingen so nicht nur das Feld, in dem sie verräterische

Spuren hinterlassen hätten, sondern auch eine Erhebung, auf der sie leicht zu sehen gewesen wären. Nachdem sie den Abschnitt passiert hatten und endlich von der Abbruchkante fortkamen, atmete Isabelle gleich weniger hektisch und abgehackt. Kurz bevor sie sich zwischen der Mauer und einem Strauch in den Garten zwängen konnten, blieb Cara stehen und wandte sich dem Meer zu.

Isabelle, wieder auf mehr Abstand bedacht, folgte ihrem Beispiel. Schwarz breitete sich das Wasser vor ihnen aus, rauschte und brodelte um die vorgelagerten Felsen. Größere Wellen liefen in das bei Nacht kaum wahrnehmbare Felslabyrinth hinein, das sich direkt unterhalb der Klippen in der Bucht ausbreitete und Heimat für Algen und Meerestiere wie etwa die delikaten Miesmuscheln bot. Bei Ebbe lag jenes teilweise zwei Meter tiefe Labyrinth frei und man konnte durch dieses hindurchgehen. Dazwischen gab es auch mal sandige Abschnitte, auf denen sie sich als Kinder gern aufgehalten hatten.

»Ich gehe jetzt …«, sagte Isabelle. Sie hörte sich verletzlich an.

»Lass mir bitte die Küchentür offen.«

»Du bist durchs Fenster raus, wie früher schon?«

»Das bietet sich in Henrys Zimmer an.«

Ohne darauf zu reagieren, wandte sich Isabelle um und huschte davon. Kurz darauf war ein verhaltenes Rascheln zu vernehmen, dann verschluckten sie die Zweige der Büsche.

Die Französin reagierte weiterhin abweisend, wenn der Name ihres Bruders fiel. Anfangs hatte Cara angenommen, er sei ebenfalls gefallen, doch davon war sie inzwischen abgerückt. Neben dem kleinen Erinnerungsschrein für Isabelles Ehemann gab es ein Foto von ihren Eltern, die verstorben waren, wie Cedric ihr verraten hatte. Aber keines von Henry. Auch bei den Bildern im oberen Flur, wo ältere und neuere Aufnahmen hingen, gab es nicht ein einziges Foto von ihm. Als hätte es ihn nie gegeben. Isabelle hatte ihren Bruder aus ihrem Leben verbannt. Zwei helle Stellen an der Wand verrieten, dass das noch nicht lange her sein konnte.

Cara suchte den Horizont, konnte ihn aber nur erahnen. Nicht immer gab es eine klare Trennlinie zwischen Gut und Böse. Menschen, die Böses taten, liebten dennoch ihre Familien, konnten auch mal Gutes bewirken. Andererseits waren jene, die sich für gut hielten, nicht frei von Fehlern. Und manchmal musste man sich bewusst für eine Lüge entscheiden. Fürs Betrügen. Fürs Hintergehen. Um andere zu beschützen. Was aber keine Entschuldigung dafür war, den Mitmenschen absichtlich Schmerz zuzufügen.

Cara rieb sich die Arme. Ihr war kalt, nachdem sie bei der Hatz durch die Felder ordentlich ins Schwitzen gekommen war. Den Blick in die schwarze Unendlichkeit gerichtet, dankte sie Gott dafür, dass er die ganze Menschheitsgeschichte hindurch stets fehlerhafte Menschen ausgesucht hatte, um Großes zu bewirken. Da kam sie sich gleich weniger verloren vor.

Sie wandte den Kopf und blickte über die Bäume und Büsche hinweg zu Isabelles Haus, von dem sie nur das Dach sehen konnte – ein scharf abgegrenztes Schwarz vor dem nur wenig lichteren nächtlichen Himmel. Inzwischen musste Isabelle sicher in ihrem Mansardenzimmer angekommen sein. Zeit also, dass auch sie ins Haus zurückkehrte. Immerhin waren es nur noch einige Stunden, bis sie ihre Frühschicht oben bei der Freya-Anlage antreten musste.

~Esta, Gutshaus im Schwarzwald / Deutsches Reich~

Esta eilte die Stufen hinunter und durch die Kellerflure. Sie musste mehrere schwere Holztüren öffnen und wieder schließen. Früher war ihr dieses dunkle Labyrinth unheimlich erschienen, heute kannte sie sich darin aus und verstand es als Schutz. Sie näherte sich dem Kellerbereich, in dem ihr Versteck lag. Gleich war sie wieder bei Maler und Fitzi. Und bei Aleph. Seine ruhige Gegenwart konnte vielleicht ihr aufgescheuchtes Gemüt beruhigen.

Sie ging durch einen weiteren abknickenden Gangabschnitt. Plötzlich ergriff jemand ihren Arm. Hielt sie zurück. Drückte sie gegen die kalte, feuchte Wand. Esta entwich der Atem. Ihr Puls jagte hoch. Sie spürte das Pochen an ihrem Hals, hörte ihr eigenes Herz rasen.

»Wo warst du?!«, herrschte eine tiefe, grollende Stimme sie an.

Aleph! Esta stieß zittrig Luft aus. Jede Kraft schien aus ihrem Körper zu weichen. Sie presste ihre Stirn gegen Alephs Brust. Der Mann stand steif da. Atmete heftig, als wäre auch er erschrocken. Oder eine lange Strecke gerannt. Völlig unvermutet legte er die Arme um sie. Sie zitterte noch mehr, nahm die Einladung aber an. Sie trat einen Schritt vor und lehnte sich in die Umarmung. Ihre Wange ruhte nun an seiner Brust, und als er den Druck seiner Arme verstärkte, fühlte sie sich geborgen. Umhüllt von Aleph. Von Liebe.

»Ich hatte solche Angst um dich. Wir haben alle angenommen, du seist erwischt worden.« Alephs Worte schickten seinen warmen Atem über ihr Gesicht, schienen sie zu streicheln.

»Tut mir leid«, flüsterte sie. Vermutlich hatten die drei nicht nur Sorge um sie, sondern auch maßlose Angst vor einer Kellerdurchsuchung gehabt. Es grenzte an ein Wunder, dass sie überhaupt noch hier waren. Aus Zuneigung zu ihr. Andere hätten wohl ihr Heil in der Flucht gesucht – hätten nicht abgewartet, ob sie zurückkam.

»Was ist denn passiert?«, fragte Aleph.

Er ließ sie nicht los. Esta konnte deutlich spüren, dass er ihr nahe sein wollte, sie fühlen musste. Endlich hatte er seinen Schutzwall durchbrochen – um sie halten zu können. »Ein SS-Mann hat mich erwischt«.

Aleph versteifte sich, hielt sie aber weiterhin fest an sich gepresst. Ohne zu sehr ins Detail zu gehen, erzählte sie, was seit dem späten Nachmittag geschehen war. Aleph hörte einfach nur zu. Dann ließ er sie los, was sie bedauerte. Er ergriff sie an den Oberarmen und musterte sie trotz des unzureichenden Lichts. Was sie in seinen Augen lesen konnte, war für sie nicht zu deuten. Unterdrückter Zorn? Auf sie oder auf den Unterscharführer? Oder war es vielmehr Angst wegen der schrecklichen Situation, in der sie nun steckten?

»Wir müssen mit Maler sprechen und –«

»Wo war er eigentlich? Ich habe ihn gesucht.«

»Irgendwo im Haus. Er ist heute ziemlich rastlos.«

Esta seufzte verhalten.

»Vielleicht wäre es sinnvoll, jetzt gleich den Gutshof zu verlassen. Zu unserer Sicherheit und der der Bibers«, murmelte Aleph.

»Aber wo sollen wir hin?«, begehrte Esta leise auf. »Wir können nicht einfach in den Wäldern leben. Man wird uns finden. Wir würden verhungern. Im Winter erfrieren.«

»Ich weiß es nicht, Esta«, murmelte Aleph.

Anstatt sie nochmals an sich zu ziehen, ließ er sie los. Sie senkte den Kopf und spürte eine Kälte in sich, als hätte der Winter bereits den Sommer abgelöst und den Herbst übersprungen. Dieser wunderbare Mann hatte heute einen ersten Schritt auf sie zugetan, doch ihr Weg zueinander war sicher noch steinig und lang. Ob sie wohl genug Zeit bekamen, ihn bis zu einem glücklichen Ende zu gehen?

~Emmi, Gutshof im Schwarzwald / Deutsches Reich~

Johanna öffnete die Tür, den Zeigefinger an die Lippen gelegt. Als sie Emmis übel zugerichtete Erscheinung sah, hob sie fragend die Augenbrauen.

»Das Gewitter hat … hat mich überrascht, als ich … draußen war«, stammelte Emmi. Sie wollte Alexanders Eltern weder anlügen noch in die Sache hineinziehen.

»Du bist doch sonst nicht so unvorsichtig«, lautete Johannas Kommentar.

Ihr prüfender Blick machte Emmi deutlich, dass sie ihr nicht glaubte, bei einem Spaziergang vom Sturm überrascht worden zu sein. Was verständlich war, immerhin hatte man schon früh die nahende Wolkenfront gesehen. Jene warmen Windstöße, die dem Sommergewitter vorausgegangen waren, hatten ebenfalls auf kommende Wetterturbulenzen hingedeutet. »Es tut mir leid. Ich –«

»Die drei schlafen. Sie fanden es lustig, heute in unserer Stube auf einigen Matratzen und Decken zu nächtigen. Sobald sie morgen früh wach sind, schicke ich sie zu dir runter. Ist dir das recht?«

»Ja, sehr. Vielen Dank.«

»Vielleicht … solltest du ein Bad nehmen.« Johanna strich ihr über das nasse Gesicht, dabei ruhte ihr Blick besorgt und fragend zugleich auf ihr.

Doch sie hakte nicht nach, ließ die Hand nur ein wenig länger als nötig an ihrer Wange ruhen. Emmi atmete tief ein. So viel liebevoller Trost und Anteilnahme in einer Geste!

Johanna ahnte wohl, dass etwas passiert war, was Emmis Leben noch mehr durcheinandergewirbelt hatte. Doch sie überließ es ihr, ob sie darüber sprechen oder es für sich behalten wollte. Emmi dankte es ihr mit einem Lächeln. Dann stapfte sie die Holzstufen hinunter und hinterließ weitere Schmutzflecken, dazwischen auch Erdklumpen, die mit Koniferennadeln bestückt waren. Ein untrügliches Zeichen dafür, wo sie sich aufgehalten hatte.

Emmi entschied sich, erst später ein Bad zu nehmen. Gleichgültig wie erschlagen sie sich fühlte – sie sollte zuerst ihre Kleidung und das im Stall versteckte Tuch waschen. Letzteres konnte sie vorsichtshalber noch zu Putzlappen zerschneiden. Anschließend musste sie im Haupthaus und im Garten alle Spuren von Esta, Polter und ihr beseitigen.

Es war nach Mitternacht, als Emmi endlich das Badewasser erhitzt hatte. Sie ließ sich in die Wanne gleiten und atmete aus. In diesem Moment brach all das, was in den vergangenen Stunden passiert war, wie jener vom Sturm gefällte Baum über sie herein. Ihr gelang es gerade noch, sich zur Seite zu beugen, um sich auf den Badezimmerboden zu übergeben. Ein Zittern befiel sie, von dem sie glaubte, dass es sie wohl für den Rest ihres Lebens begleiten würde.

~Nicolas, auf der Princess Beatrix / Ärmelkanal~

Nachdem er einige Stunden geschlafen hatte, stand Nic wieder auf, packte ordentlich seine Sachen zusammen und verließ die Kabine. Im Gang traf er auf Jack, der ihm freudig die Hand gab. Sie suchten sich einen geschützten Platz an Deck und versuchten schweigend und trotz der Dunkelheit, andere Schiffe ihres Konvois auszumachen. Das Brummen des Motors ausblendend, betrachtete Nic die über die Wellen hüpfenden Spiegelbilder der wenigen Sterne, die zu sehen waren, und wie sie sich in der auseinanderlaufenden weißen Gischtspur auflösten. Die Luft war angefüllt mit salziger Feuchtigkeit, ab und an wehte der Gestank von Abgasen vorbei. »So friedlich«, seufzte er irgendwann.

»Da hast du recht«, pflichtete Jack ihm bei und war offenbar nicht unglücklich darüber, dass Nic das Schweigen gebrochen hatte. »Das hier erinnert mich an die Gottesdienste«, erzählte er leise. »Und wie mein Vater den Kiddusch las. ›Baruch atta adonai‹ … Und an das von meiner Mutter zubereitete Huhn am Schabbat.«

Nic gab einen verstehenden Brummlaut von sich. Er war zwar kein Jude, aber sie glaubten doch an denselben Gott.

»Ob die Deutschen auch beten?«, fragte Jack versonnen.

»Ja«, entgegnete Nic. Er hatte es geliebt, wenn Caras, Alexanders und Waldemars Mutter bei Tisch die Hände gefaltet hatte, um für die Speisen zu danken. Für die Freundschaft über die Ländergrenzen hinweg, für Sonnenschein und Regen …

Jack, der die Unterarme auf die Reling gelegt hatte, richtete sich auf. »Gott schütze dich, Nic. Ich hoffe, wir stehen bald wieder gemeinsam hier.«

Noch ehe Nic etwas sagen konnte, intonierte Jack im Weggehen, was er wohl stets in der Synagoge gesungen hatte: »Ob tausend fallen zu deiner Seite und zehntausend zu deiner Rechten, so wird es doch dich nicht treffen.«

Auf dem Schiff wurde es laut, da das Wecken anstand. Sie befanden sich, so vermutete Nic, etwa siebzehn bis neunzehn Kilometer von der französischen Küste entfernt. Demnach war man unbeschadet durch die Minenfelder gekommen – allen voran die *Princess Beatrix*, da sie als Erstes in der Morgendämmerung anlanden sollte. Gemeinhin nahm man an, dass in dieser Entfernung die Radargeräte der Deutschen nicht bis auf die Wasseroberfläche hinunterreichten.

Während sich die Soldaten aus ihren Hängematten wälzten und sich im Licht der roten Glühbirnen vorbereiteten, ließen Matrosen die Landeboote an ihren Kränen zu Wasser. Es waren flache, etwa elf Meter lange Kähne, die dem Radar entgehen sollten, einige nach amerikanischem Vorbild aus Holz gebaut, was gegen Kugeln und Granaten kaum Schutz bot. Nachdem alle Boote der *Princess Beatrix* auf den schwarzen Wellen schaukelten, dröhnten die Ford-V8-Motoren auf, die doppelten Auspuffrohre spuckten Rauch. An Netzen über die Bordwand geworfen, kletterten die Männer hinab, Nic mitten unter ihnen. Er gesellte sich zu Thrussell und Mavor und schob sich den Stahlhelm weiter in den Nacken. So konnte er sehen, wie auch Silver, Red, Jim und all die anderen aus ihrem Team einstiegen. Smokey trug sein Messer an der Koppel, mit den Zähnen bearbeitete er rhythmisch seinen Kaugummi. Nic war froh, die Soldaten zu sehen – ihre Truppe war vollzählig. Die Männer wussten, was auf sie zukam und was von ihnen erwartet wurde. Nur Jack fehlte.

Nic hörte ihn an der Reling mit jemandem diskutieren. Ein Offizier wollte ihn offenbar von diesem Zug trennen und in ein anderes Boot setzen. Schließlich ignorierte Jack den zeternden Mann und kletterte herunter. Der rief ihm wütend nach: »Ich werde Sie zur Meldung bringen.«

»Von mir aus«, entgegnete Jack und fügte hinzu, als er im Boot war: »Aber bitte erst, wenn ich zurück bin.«

Jack gesellte sich zu Nic und schüttelte den Kopf darüber, dass er beinahe nicht mitgekommen wäre, wobei Lofty ihm versicherte, dass sie nicht vorgehabt hatten, ohne ihn abzufahren.

Nic hockte sich wie die anderen auf den Boden. Bobby nahm neben ihm Platz. Der Junge wirkte nervös. Ob vor Angst oder zurückgehaltenem Feuereifer war nicht auszumachen. Benzingestank umgab sie. Vor ihnen ragte das rostige Schiff auf, während die Wellen an ihrer Nussschale leckten und die Gischt gelegentlich über sie hinweg spritzte. Eine Glocke war zu hören, das Holzgefährt erzitterte, als der Bootsmann in seinem Verschlag Gas gab.

Wie ein Pfeil, der von der Sehne schnellt, schoss das Vehikel voran. Buddy reichte Jack einen Zettel mit den Worten: »Das hier sollen wir jenen Franzosen in die Hand drücken, die wir unterwegs treffen. Da steht wohl drauf, dass dies keine Invasion ist, sondern nur ein Raid. Die Franzosen sollen fernbleiben und sich nicht beteiligen.«

Jack nahm den Zettel und streckte ihn Nic hin. Der kniff die Augen zu und versuchte trotz des mangelnden Lichts, die Zeilen zu entziffern. Daraufhin bestätigte er Jack den Wortlaut. Dieser schob das Papier in seine Brusttasche und sagte: »Vielleicht wäre fernbleiben und sich nicht beteiligen auch ein guter Rat für uns gewesen. Aber jetzt ist es zu spät.«

»Richtig, Jacky Boy«, murmelte Lofty. »Es ist zu spät!«

Jack warf einen langen Blick auf seine Armbanduhr, Nic tat es ihm gleich. Es dauerte, bis er die Zeiger sicher erkennen konnte. Es war halb vier, die Landung am Green Beach war für zehn vor fünf geplant.

Umgeben von seinen Gefährten, weiteren Booten, phosphoreszierenden Schaumspuren und schwarzen Wellen preschte Nics Landungsboot in der Morgendämmerung seiner früheren Heimat entgegen. Und dem vielleicht größten Abenteuer seines Lebens.

16

~Carolina, bei Pourville-sur-Mer, Normandie/Frankreich~

Es war noch vor dem Morgengrauen, als Cara und Frieda das Haus verließen, um ihre Schicht in der Radarstation anzutreten. Sie ergriffen ihre Räder, schoben sie auf den Kiesweg und saßen auf. Kräftig traten sie in die Pedale, um etwas Schwung für den nahen Anstieg zu erlangen. Plötzlich versperrten ihnen zwei Männer den Weg. Frieda stieß einen spitzen Schrei aus. Sie schlingerte und wäre beinahe gestürzt, Cara, die nicht so leicht zu erschrecken war, bremste lediglich scharf ab. Der ihr bereits bekannte Gestapomann blendete sie mit einer handlichen Taschenlampe. Er wirkte mürrisch und übermüdet. August musterte Frieda nur kurz desinteressiert, ehe er sich Cara zuwandte.

Verwundert darüber, dass die beiden noch immer hier waren – zumal der Arzt ja nun wirklich anderes zu tun hatte –, starrte sie ihn an. Dabei fragte sie sich, ob ihr Verwandter schon länger für die Gestapo spionierte. Bei seiner Tätigkeit bekam August es oft mit geschwächten Personen zu tun, die nicht immer kritisch abwogen, was sie sagten. Viele Patienten schenkten ihren Ärzten ein tiefes Vertrauen und erzählten ihnen vielleicht mehr, als gut für sie war. Zumindest in Augusts Fall, sofern Caras Verdacht stimmte.

Manchmal kam es vor, dass sich jemand bei einer illegalen Aktion verletzte und medizinische Hilfe in Anspruch nehmen musste. Konnte der Arzt einschätzen, ob diese Person sich seine Verletzung des Nachts zugezogen hatte? Womit und wobei? Verriet August diese Menschen dann? Verächtlich hob Cara die Augenbrauen, was August zu einem spöttischen Grinsen veranlasste.

»Wo geht es hin?«, bellte der Gestapomann.

»Zur Arbeit«, murmelte Frieda und sah sich Hilfe suchend nach Cara um.

Ihre Aufgabe war als streng geheim eingestuft. Der für sie Verantwortliche bei der Luftwaffe hätte ihnen gehörigen Ärger gemacht, wenn sie mehr als Belanglosigkeiten über ihre Arbeit weitererzählten. Zudem standen darauf drastische Strafen.

»Wir müssen in einigen Minuten unseren Dienst antreten.« Cara sah den Fremden mit einem leichten Lächeln an und deutete auf das Abzeichen an ihrem linken Ärmel.

»Fahren alle hier mit dem Rad?«

»Nein, manche ziehen es vor, zu Fuß zu gehen.« Cara, wieder beide Hände am Lenker, warf einen flüchtigen Seitenblick auf August und zuckte zusammen, weil der sie noch immer taxierte. Er wurde ihr bei jeder Begegnung unheimlicher, allmählich fürchtete sie sich regelrecht vor ihm.

»Gehen sie dann diesen Weg entlang oder querfeldein?«

»Das … weiß ich leider nicht.« Cara wandte sich fragend an Frieda, die ebenfalls mit den Schultern zuckte, aber sagte: »Ich denke, jede von uns hat ihren eigenen Lieblingsweg und nimmt auch mal einen Umweg in Kauf, um abzuschalten und den Blick über das Meer zu genießen.«

»Das könnte erklären, warum bisher niemand zurückgekehrt ist«, warf August ein.

»Zurückgekehrt?« Cara schaute von dem Unbekannten zu August und wieder zurück.

»Vergessen Sie es«, bellte der Mann und reckte so ruckartig den Arm, dass Cara diesmal doch erschrak. »Heil Hitler«, stieß er hervor.

August und Frieda folgten seinem Beispiel sofort, Cara reagierte ein wenig verlangsamt, was ihr erneut einen drohenden Blick ihres Verwandten einbrachte.

»Wir müssen uns sputen«, sagte Frieda, stieß sich ab und trat in die Pedale.

Cara hielt es für ratsam, ihr augenblicklich zu folgen. Erst nachdem sie den Hügel hinter sich hatten, entspannte sie sich wieder ein wenig. Was blieb, war ihre Sorge um Isabelle. Hoffentlich hielt sie sich heute ausschließlich in Haus und Garten auf und versuchte nicht, jene verräterischen Dinge loszuwerden, die sie womöglich noch in den Remisen versteckt hielt. Oder gar Kontakt zu einem ihrer Mitstreiter aufzunehmen. Wer wusste schon, ob dieser nicht unter Beobachtung stand.

Frieda und sie waren beide außer Atem, als sie die Räder an die grasbewachsene Böschung lehnten, sich den Staub von der Uniform klopften und in Richtung der Anlage marschierten, in der sie arbeiteten. Ein schmaler Lichtschein half ihnen bei der Orientierung, einer der Soldaten prüfte ihre Ausweise und ließ sie dann ein.

Cara grüßte die anderen Anwesenden mit einem pflichtschuldigen »Heil Hitler«, zog sich die Kittelschürze über und setzte sich auf den eben frei gewordenen, unbequemen Holzstuhl. Ein fleckiges Wasserglas, einige Krümel, zwei Notizblöcke und mehrere Bleistifte unterschiedlicher Größen bildeten ein buntes Potpourri auf dem Tisch.

Noch immer flatterten ihre Nerven. Sich jetzt auf ihre zumeist eintönige Arbeit zu konzentrieren, war vielleicht das Beste, was ihr passieren konnte. Das würde sie von ihrer Besorgnis ablenken.

~Nicolas, vor der Normandieküste/Ärmelkanal~

Nic konnte spüren, dass nicht nur er zusammenzuckte, als der Himmel hinter ihnen plötzlich grün und weiß erglühte. Geschützdonner grollte über die See. Die explosionsartigen Lichter flammten auf und verloschen wieder, mal mehr, mal weniger intensiv. Die Schiffsartillerie bellte.

Nic besah sich aufgewühlt die grellen Lichtblitze. Hatte sich ihren Mutterschiffen unbemerkt ein deutscher Schiffskonvoi genähert? Hatten die Deutschen das Nahen der Alliierten so frühzeitig entdeckt? War dies das Ende der Operation Jubilee, noch ehe sie richtig begonnen hatte?

Der erhellte Himmel beleuchtete all die Landungsboote, die vorher nur als Schemen zu sehen gewesen waren. Auch jene, die sich nicht in ihrer unmittelbaren Nähe befanden. So weit das Auge reichte, sah Nic Boote, teils mit Mannschaften, teils mit Panzern beladen, dazwischen bewegten sich die mit Flugabwehrkanonen ausgerüsteten Panzerboote. Schwaden von Abgaswolken waberten umher und vermengten sich mit dem Rauch aus den Schornsteinen.

Jack fragte laut, was das Spektakel zu bedeuten habe, worauf Buddy meinte, dass sie wohl entdeckt worden seien.

»So weit kann man von der Küste nicht sehen«, widersprach Lofty. »Nicht bei diesen Lichtverhältnissen und auf eine Entfernung von mehr als fünf Meilen.«

Frenchie wirkte fahrig, als er sagte: »Sechzig wären mir lieber.«

»Mir auch. Das ist alles, nur kein Spaß«, pflichtete Buddy bei.

Bobby prophezeite ungewöhnlich düster: »Jetzt sind wir dran«, woraufhin ein Sergeant zu ihm sagte: »Mein Junge, genau deshalb sind wir hergekommen.«

»Was Sie nicht sagen«, rief Charlie vom Heck her und brachte damit einige zum Lachen. Besonders laut lachte Bobby.

Nic spürte, wie auch bei ihm die Anspannung ein wenig nachließ. Dem Bootsmaat ging es wohl ähnlich, denn er gab wieder mehr Gas, sodass sie, wie zuvor, in fliegender Hast über das Meer jagten.

Mavor, dessen hellblondes Haar unter dem Stahlhelm hervorleuchtete, beugte sich vor und sagte so leise, dass es über den Motorenlärm gerade noch zu verstehen war: »Ich denke, Ihnen ist klar, dass uns oben bei der Radarstation Widerstand erwartet. Die Jerries laden uns sicher nicht zu einer Tasse Tee ein. Also müssen wir *jeden* ausschalten, der sich bei und in der Station aufhält. Nicht nur, weil die das sonst mit uns machen, sondern weil niemand von ihnen verraten darf, dass wir einen Radarexperten dabeihatten, der sich alles genau angesehen hat.«

Jack und Nic nickten nahezu synchron.

~Carolina, bei Pourville-sur-Mer, Normandie/Frankreich~

Als ihr Kollege Freese sich ruckartig aufrichtete, fuhr auch Cara hoch. Sie war müde und nicht so aufmerksam bei der Sache wie sonst.

Der aufgeregte Mann rief Leutnant Weber in seinem Befehlsstand in Puys an und meldete: »Schiffseinheiten auf See, etwa fünfunddreißig Kilometer entfernt. Sie sind zu fünf Kolonnen formiert, Herr Leutnant.«

»Fahren sie?«, konnte sie Weber fragen hören.

»Nein, sie liegen still.«

Cara betrachtete ihren Schirm und nickte dem Kollegen beipflichtend zu.

Frieda war aufgestanden und gesellte sich zu ihnen. »Bei einem einzigen Schiff – oder Flugzeug – wäre ein Irrtum möglich«, flüsterte sie hörbar nervös. »Das hatten wir ja schon häufiger. Vielleicht auch bei einer einzigen Kolonne, aber das da …« Sie deutete auf die Zacken und hob die Augenbrauen.

In der nächsten Stunde rief Weber mehrmals an. Vermutlich informierte er unterdessen die nötigen Stellen, allerdings klang er zunehmend genervter. Glaubte man ihm nicht?

Die Schiffe lagen einige Zeit still, dann bewegten sie sich wieder. In fünf Formationen aufgeteilt näherten sie sich der Küste.

»Eine Invasion, zumindest ein Landemanöver mit fünf selbstständig agierenden Gruppen«, murmelte Freese vor sich hin. Wieder rief Weber an.

»In der Marina weiß man nichts von fünf Kolonnen. Man spricht von fünf aus Boulogne kommenden Schiffen aus unseren Reihen und drei U-Boot-Jägern als Geleitschutz. Sie sollen gegen fünf Uhr in Dieppe einlaufen.« Weber klang noch genervter als zuvor, was Cara ihm nicht verdenken konnte. Alles, was mit den Radaranlagen zu tun hatte, unterlag strengster Geheimhaltung. Wie diese sich nähernde Flotte ausgemacht worden war, konnte deshalb nicht weitergegeben werden. Unter keinen Umständen durfte Weber technische Details darüber verraten, wie sie auf ihre Erkenntnisse gekommen waren. Das machte es schwierig, zweifelnden Offizieren gegenüber die Sachlage zu erklären.

»Das sind nicht nur fünf von unseren Schiffen, Herr Leutnant«, versuchte Freese es erneut. »Es sind viel mehr, und sie kommen aus nördlicher Richtung. Sie nähern sich unaufhaltsam.«

»Mich müssen Sie nicht überzeugen«, knurrte Weber, und Cara konnte vernehmen, wie er den Hörer regelrecht auf die Gabel knallte.

Von Frieda kam ein Kichern, das nicht belustigt, sondern nervös klang. Cara betrachtete die Ansammlung von Schiffen. Irgendetwas Ungeheuerliches ging dort draußen vor sich.

Sie fragte sich, warum sie hier rund um die Uhr vor den Geräten saßen und auswerteten, was Freya im Verbund mit weiteren Systemen lieferte, wenn ihnen dann niemand glauben schenken wollte.

-Nicolas, nahe der Normandieküste/Ärmelkanal-

Aus der Dunkelheit schälten sich dunkle Schatten, die einen näher, die anderen leicht zurückversetzt, ihre Höhe variierte. Die Klippen um Dieppe. Nic spürte, wie die Nervosität in seinem Inneren von prickelnder Aufgeregtheit überlagert wurde. Er war so lange nicht mehr hier gewesen. In der alten Heimat, an die er wunderbare Erinnerungen hatte, an seine Kindheit und Jugend – an ein wildes, keckes, bezauberndes Mädchen …

Ein blinkendes Leuchtfeuer, nur so hell, dass es ankommende Schiffe leitete, aber nicht allzu weit aufs Meer hinaus zu sehen war, ließ ihn aufmerken. Das musste der Leuchtturm von Ailly sein. Noch einmal musterte er die Umrisse der Küste, dann zwängte er sich an den kauernden Soldaten vorbei zum Bootsmann. »Wir sind zu weit westlich«, flüsterte er.

»Unser Abschnitt, Green Beach, ist so markiert«, brummte der Mann.

»Das ist Green Beach, aber wir müssen weiter östlich anlanden«, beharrte Nic.

»Woher wollen Sie das wissen?«

»Hören Sie auf den Mann. Er ist hier aufgewachsen.« Ostens Stimme drang von weiter vorn herbei. Nic zuckte zusammen, als die Schiffsglocke anschlug. Seine Augen flogen zum Festland hinüber, überzeugt davon, dass sie gehört worden waren. Doch alles blieb ruhig. Pourville-sur-Mer lag in Dunkelheit gehüllt vor ihnen. Nur weit oben auf den Klippen schimmerte ein einsames, orangefarbenes Licht. Ob es sich um ein weiteres provisorisches Leuchtfeuer handelte oder jemand die Verdunklung vernachlässigt hatte, erschloss sich Nic nicht. Jedenfalls vermutete er dort oben den ungefähren Standort von Freya – dem Ziel ihrer kleinen Gruppe.

Das Landefahrzeug drehte bei, fuhr parallel zur Küste und näherte sich dann wieder der verschlafenen Ortschaft. Alles war still, dunkel. Offenbar rechnete man nicht mit ihnen. Ein klein wenig beruhigten sich Nics flatternde Nerven. Der Schreck über die laut klingende Schiffsglocke legte sich wieder.

»Befehl vom Captain«, flüsterte jemand. »Fertig machen, wir steigen gleich aus.«

Im Flüsterton gab man die Worte weiter. Nic konnte sehen, wie die Männer die Schultern rollten und ihre von der Überfahrt verkrampften Gliedmaßen lockerten. Es entstand ein leichtes Gedränge in Richtung Laderampe. Jemand ließ eine Feldflasche mit Rum herumgehen, Nic gab sie weiter, ohne einen Schluck zu nehmen. Er mochte Hochprozentiges nicht, und gegen die Kälte des Wassers half es ohnehin nur kurzfristig. Bobby zögerte einen Moment, folgte dann aber Nics Beispiel. Jack nickte ihm zu. Er wirkte zum ersten Mal, seit er ihn kennengelernt hatte, angespannt. Natürlich wollte Jack seine Aufgabe erfüllen, doch Nic meinte, einen Anflug von Furcht in seinen Augen aufflackern zu sehen. Gut so, fand Nic. Gleichgültig wie bewundernswert Jacks Mut auch war, Angst unterdrückte Übermut und führte zu Vorsicht.

Laute Atemgeräusche umgaben Nic. Dazu ein Rascheln und verhaltenes Klappern, da die Männer nochmals ihre Ausrüstung auf Vollständigkeit prüften.

»Fertig machen«, erklang es leise von weiter hinten. »Jungs, viel Glück!«

Etwas klirrte metallisch. Die Haltekabel quietschten, als sie langsam die Rampe hinunterließen, dennoch klatschte diese hörbar auf der Wasseroberfläche auf. Im selben Augenblick bohrte sich der Bug in den Kies. Einige Männer kamen durch den heftigen Ruck ins Taumeln.

»Mir nach!«, feuerte ein Sergeant sie an.

Nic sprang inmitten der anderen in das flache Wasser. Dieses spritzte auf, plätscherte, dann ging es den steil ansteigenden Strand hinauf. Ihre Stiefel verursachten auf dem Kies ein lautes Knirschen, ein Geräusch, das Nic normalerweise liebte, weil es mit so vielen schönen Erinnerungen verknüpft war.

Er hörte einige Soldaten fluchen. Offensichtlich hatten sie nicht damit gerechnet, dass das Rennen auf den nachgebenden Kieselsteinen so anstrengend war. Es fühlte sich an wie ein Albtraum, weil man das Gefühl hatte, nicht wirklich voranzukommen.

Der Geruch von salzigem Tang flutete Nics Lungen. Er rannte weiter, sog sie tief in sich ein. Plötzlich flammte Mündungsfeuer auf. Orangefarbene Blitze, von den Klippen kommend. Rote und grüne Streifen erwachten am Himmel zum Leben. Nic brauchte einen Moment, bis ihm klar war, dass es sich um Leuchtspurmunition handelte. Die Deutschen schossen aus Geschützstellungen in den hoch aufragenden Felsen auf sie. Man hatte sie erwartet!

Sand und kleinere Kiesel spritzten auf. Etwas zischte an Nic vorbei, Bobby neben ihm fiel nach vorn. Es brauchte nur einen Blick, um Nic wissen zu lassen, dass der fröhliche Junge tot war. Nic lief schneller. Er hatte keine Zeit, sich über den Tod seines Freundes Gedanken zu machen. Hier am Strand konnte man sie niedermähen wie eine Herde Schafe.

»Das ist ein Feuerwerk wie am vierten Juli!«, brüllte jemand schwarzhumorig über den Geschützlärm hinweg.

Nic konzentrierte sich auf die Dächer und Schornsteine, die im Licht der Leuchtspurmunition zu sehen waren. Sobald sie die ersten Häuser erreicht hatten, konnten sie Deckung suchen. Das hoffte Nic zumindest. Zuerst aber mussten sie über die Promenadenmauer und durch die Stacheldrahtverhaue.

Drahtscheren waren am Werk. Die Männer halfen sich gegenseitig hinauf, andernorts kamen kleine Leitern zum Einsatz. Und noch immer fällten die gut versteckten Deutschen in den Klippen die anstürmenden Soldaten der South Saskatchewans und Cameron Highlanders.

Nic kauerte mit dem Rücken an der Mauer, das Gewehr in den schwitzenden Händen. Als er an der Reihe war, bestieg er hastig die Leiter und kroch durch eine Lücke im Draht. Über ihnen donnerten Spitfires der RAF im Tiefflug herbei, ihre Bordwaffen ratterten. Weiße Explosionswolken zeigten, dass die Flaks bei Dieppe sie bereits erwarteten. Dies ließ vermuten, dass es ihren Kollegen an den anderen Stränden nicht besser erging als ihnen hier.

Die Deutschen waren gewarnt und in Alarmbereitschaft versetzt gewesen. Das war nicht gut. Nic befürchtete ein Desaster. Dennoch wollte er seinen Befehl ausführen. Unter allen Umständen. Denn ziemlich sicher hatte die sich im Halbkreis drehende Freya-Antenne, die er oberhalb des Dorfes gegen das lichter werdende Schwarz der sich verabschiedenden Nacht sehen konnte, eine Mitschuld an ihrer Misere.

»Hättest dir den Empfang in der alten Heimat wohl etwas freundlicher vorgestellt, was?«, rief Jack ihm zu, der erfreulich gut mithielt. Er war ein zäher Kerl.

Nic sah Cec vor sich. Er bewegte sich auf eine rund hundert Meter hinter der Küstenmauer gelegene Werkstatt zu. Geduckt folgte er dem Freund über einen freien Platz. Wieder fiel neben ihm ein Soldat, dann spürte er, wie ein Ruck durch seinen eigenen Körper ging.

~Alexander, Gefängnis München-Stadelheim / Deutsches Reich~

Wo war Huber? Alexander schaute an dem Mann in SS-Uniform vorbei. Er fragte sich, ob der sich überhaupt schon rasieren musste. Doch seine Augen, so hellblau, dass sie fast wie Eis wirkten, blickten kalt, nahezu tot auf ihn herunter.

»Wird's bald?«, bellte der Uniformierte und trat mit seinem genagelten Stiefel gegen die Pritsche. Die Erschütterung jagte Schmerzwellen durch Alexander und lösten einen neuen Hustenreiz aus. Da er nicht reagieren konnte, riss der Mann ihn von seinem Lager. Alexander stürzte auf die Knie. Er befürchtete, dass seine Lunge demnächst explodierte. Und er verstand nicht, was gerade passierte.

Warum holte man ihn aus seiner Zelle? Wenn er entlassen werden sollte, hätte man ihm das doch vorher gesagt, nicht wahr? Vor allem wäre es dann Aufgabe des Wachpersonals gewesen, ihn zu holen, anstelle dieses glatthäutigen Jünglings mit Augen, die das Blut in Alexanders Adern gefrieren ließen.

»Wo ... Huber?«, japste er zwischen dem bellenden Husten. »Oder ...?« Ihm fiel nicht einmal mehr ein, wie die anderen Männer hießen, die hier waren, wenn Huber freihatte. Ein derber Tritt traf ihn in die Seite. Er fiel um und rutschte ein Stück weit über den schmutzigen Boden. Neuer Schmerz überlagerte kurz den vorigen, ließ dann aber schnell wieder nach. Leider nicht der in seinem Bein und der in der Lunge.

»Raus jetzt!«, befahl ihm der Jüngling und deutete unmissverständlich zur offenen Zellentür, die rechte Hand ruhte auf dem Pistolenholster. Eine nonverbale Drohung. Wer nur hatte diesen wie Maschinen agierenden Dummköpfen so viel Macht übertragen? Das Volk?

Alexander hätte gern seine wenigen Habseligkeiten zusammengepackt und mitgenommen, durfte das aber nicht. Vielleicht kam er ja zurück. Ob er zu einem Verhör musste? Einer neuen Verhandlung? Weil Emmi oder seine Eltern Widerspruch eingelegt hatten – was auch immer. Dabei hatte er gehofft, dass sie so klug waren und stillhielten. Sie durften nicht das Interesse dieser Kreaturen wecken. Das war viel zu gefährlich.

»Was soll das denn?«

Alexander hustete noch immer, nahm aber erleichtert Hubers Stimme wahr. Dennoch taumelte er Richtung Tür, musste sich jedoch an der Zarge festhalten, so schwach war er. Huber musterte ihn grimmig. Allerdings wusste Alexander: Sein Zorn galt nicht ihm, sondern dem Jüngling.

»Der Mann braucht einen Arzt, keine Verlegung. Es sei denn, in ein Krankenhaus.«

»Was kümmert Sie das«, fuhr der Uniformierte Huber an.

Alexander richtete sich mühsam auf. Daran hatte er noch gar nicht gedacht. Kam er endlich in eine Klinik?

Ein Stoß in den Rücken machte Alexander deutlich, dass er weitergehen sollte. Huber wich nur widerwillig zurück. »Wo kommt er hin?«, hörte Alexander den Justizvollzugsangestellten fragen.

»Lager Dachau.«

-Nicolas, Pourville-sur-Mer, Normandie/Frankreich-

Nic rannte weiter und warf sich förmlich gegen eine Hausfassade. Sein Atem ging keuchend. War er getroffen? Er schloss die Augen und fühlte in sich hinein, spürte jedoch keinen Schmerz. Die Kugel hatte wohl lediglich seine Tasche gestreift.

Im Haus hatten sich bereits einige Kanadier verschanzt. Plötzlich hörte Nic seinen Namen und sah sich um. Einer der nassen, staubverkrusteten Männer – inzwischen sahen sie alle gleich aus – winkte ihn herbei. Er hastete hinüber zu einem

Gartenzaun, wo ein junger Franzose kauerte. Im Licht des beginnenden Tages musterte Nic ihn, konnte ihn aber keiner Familie zuordnen.

»Was sagt er?«, fragte der Sergeant.

Nic wandte sich an den Jungen. »Willst du uns etwas sagen?« Der etwa Fünfzehnjährige starrte ihn an. Offenbar irritierte es ihn, dass der Mann in der britischen Uniform so sprach, als wäre er hier im Norden Frankreichs aufgewachsen.

»Gut, dass Sie hier sind«, murmelte der Junge und zog den Kopf ein, da eine weitere Salve aus den erhöhten Stellungen unweit von ihnen die Straße aufriss. »Allerdings erwarten die Deutschen Sie schon.«

»Das merken wir«, knurrte Nic und beugte sich über den Zaun. »Verschwinde von hier. Am besten, du verkriechst dich in einem Kellerraum.«

»Was sagt er?«, fragte der Sergeant erneut und Nic gab wieder, was sie ohnehin bereits wussten. Er hastete geduckt zurück zu seiner kleinen Einheit und kauerte sich unter einer Reihe Fenster mit geschlossenen Läden nieder. Plötzlich wurde links von ihm, direkt über Jack, einer der Holzläden aufgestoßen. Eine Frau schaute heraus, kopfschüttelnd ob des Lärms. Als sie Jack mit seinem Stahlhelm sah, riss sie die Augen auf. »Mon Dieu!«, schrie sie und knallte den Laden wieder zu.

»Wohin nun?«, fragte Jack. Im selben Augenblick zersprang weit draußen auf See eine Leuchtrakete. Grün funkelnd begrüßte sie den neuen Morgen. So schön sie auch anzusehen war, umso schrecklicher war das, was sie signalisierte. Denn nun eröffnete die gesamte deutsche Küstenartillerie das Feuer. Nicht nur in Pourville, sondern zudem bei Varengeville und in Dieppe.

Nic drückte sich fester gegen die Hauswand, wollte gern mit dieser verschmelzen. Die Geschosse schlugen ins Wasser ein und jagten Fontänen hoch. Ganze Gesteinsbrocken spritzten aus der Küstenmauer, das darin enthaltene Quarz und Granat glitzerte vor den wie in Flammen stehenden Klippen, dort wo die Batterien und Maschinengewehrstellungen lagen. Sie schienen jeden Bereich der Bucht abzudecken. Es gab keinen Platz, an dem nicht Steine, Sand, Erde oder Beton zersplitterte und hoch aufspritzte – es sei denn, ein Kanadier stand den Geschossen im Weg. Vor ihnen lag das Meer, wo sich die Landungsboote bereits davongemacht hatten. Bis auf jene, die zerschossen in den Wellen dümpelten oder sogar brannten. Links und rechts der Männer, die es lebend bis in die Ortschaft geschafft hatten, ragten die Klippen als unüberwindbare Hindernisse in den Himmel empor. Sie saßen in der Falle.

Nic wandte sich den Hügeln oberhalb des Kliffs zu, wo sich die Freya-Antenne gelassen auf ihn zu drehte, still stand und sich dann in die entgegengesetzte Richtung abwandte. Und leider lag zwischen ihnen und diesem Ziel der Fluss Scie. Sie waren trotz der Kurskorrektur dennoch zu weit westlich gelandet.

»Wir müssen über die Brücke!«, brüllte Nic gegen den Lärm der Flugzeuge und des Artilleriebeschusses an. Vor ihm riss eine Granate das rote Pflaster auf. Instinktiv schützte er sein Gesicht, indem er den Kopf zwischen den Armen verbarg. Als er wieder aufblickte, sah er, wie Jack sich zu ihrem Begleiter Red hinüberbeugte. Dabei bemerkte Nic, dass dieser verrückte Kerl seine blaue RAF-Tasche bei sich hatte. Ein Soldat ohne irgendein Abzeichen an der Uniform war schon seltsam genug anzusehen. Dass er neben einem Gewehr auch noch eine Pistole hatte – die Waffe, die für gewöhnlich Offizieren vorbehalten war –, machte den verwirrenden Anblick nicht besser. Mit dieser Tasche aber fiel der hellblonde Kerl auf wie ein Rennpferd zwischen zotteligen Ponys.

Nic selbst war vollständig eingekleidet – oder verkleidet – worden. Nichts an ihm zeigte, dass er eigentlich in der falschen Uniform steckte. Aber er hatte einfach mehr Zeit beim SSR verbracht als Jack. Dieser richtete sich wieder auf. Nun sah Nic ein Einschussloch über Reds Auge, aus dem Blut ran. Er schluckte schwer. Der erste Soldat aus ihrer kleinen Spezialgruppe war tot. Behutsam lehnte Jack den Mann an die Hauswand. Trotz des aufgewirbelten Steinstaubs sah Nic, wie Jack etwas murmelte. Ein jüdisches Gebet?

Von dort, wo sie kauerten, konnte Nic beobachten, wie sich im Licht des heraufziehenden Morgens weitere Landungsboote an den Kiesstrand schoben. Soldaten sprangen heraus. Die Maschinengewehrnester fällten die ersten von ihnen, kaum dass sie im Wasser waren, andere fielen auf jene, die bereits auf dem steinigen Strand lagen. Ungeachtet dessen kauerten an einem Hauseck mehrere Funker, um ihre Geräte aufeinander abzustimmen. Die langen Antennen ihrer sperrigen Apparaturen, die sie auf dem Rücken trugen, winkten Nic zu.

In diesem Moment stellte Nic fest, dass er offenbar einen Zuruf überhört hatte, was bei dem herrschenden Lärm nicht verwunderlich war. Als er sah, wie seine Gruppe sich voranbewegte, schloss er sich ihr eilig an. Sie kamen nicht weit, ehe sie erneut vor heftigem Beschuss Deckung suchen mussten.

Nur mit ihrer Unterwäsche bekleidet standen deutsche Soldaten an den Fenstern umstehender Gebäude und feuerten. Plötzlich hörte Nic Hawkins brüllen: »Gehen Sie doch in Deckung!« Jetzt erst sah er einen dicken Mann im Schlafanzug, der, auf einer Zigarre kauend in der offenen Haustür stand. Offenbar hatte der Lärm ihn geweckt und er war neugierig genug, um sich ins Freie zu wagen. Erkannte er denn die Gefahr nicht, in der er sich befand? Jedenfalls verstand er nicht, was Hawkins ihm zubrüllte, also wiederholte Nic seine Worte in Französisch. Endlich trollte sich der übergewichtige Mann.

Inzwischen hatte ein britischer Zerstörer begonnen, die Stellungen der Deutschen zu beschießen. Der beißende, ölige Gestank aus dem Schornstein des Schiffes wehte herüber und tauchte die Bucht von Pourville in dunkle Rauchschwaden. Nic kam das gelegen. Einerseits sahen so die Deutschen in ihren erhöhten Stellungen nicht mehr jede Bewegung auf den Straßen, andererseits verbargen sie halbwegs, was ebenjene seinen Kameraden am Strand und auf der Rue de la Mer angetan hatten.

Wieder bewegte sich der Trupp um Jack vorwärts, immer darum bemüht, im ungewissen Schutz irgendwelcher Hausfassaden zu bleiben. Als Smokey plötzlich die Maschinenpistole anhob, zuckte nicht nur Nic zusammen. Seine Salve mähte einige Deutsche nieder, die bewaffnet aus einem Haus getreten waren. Einer hatte sich gerade noch die Hose zugeknöpft, ein anderer war dabei gewesen, seine Uniformjacke anzuziehen. Offenbar waren sie jetzt erst aus dem Bett gefallen und eilig aus dem Haus gerannt.

Nic wandte die Augen von den leblosen Gestalten ab. All das, was er heute sah, würde sich unweigerlich in sein Gedächtnis einbrennen und all die schönen Erinnerungen an diesen Ort verdrängen. Auslöschen. Ersetzen.

Smokey schob ein neues Magazin in seine Waffe, dabei spuckte er seinen Kaugummi auf die Straße. Nic wünschte sich, er hätte einfach hier in Deckung bleiben können. Dann hätte ihn schon keine Kugel getroffen; keine Granate so nahe eingeschlagen, dass sie ihm etwas anhaben konnte. Doch das war nicht möglich. Sie mussten zur Radarstation. Denn nur, wenn sie herausfanden, wie diese arbeitete, gab es fortan mehr Schutz für sich nähernde Schiffe und überfliegende Flugzeuge.

»Weiter!«, brüllte Osten.

Gemeinsam mit den anderen Männern der A-Kompanie stürmte auch Nic voran, gefolgt von Jack und den verbliebenen Bodyguards.

Nic lief an reetgedeckten Häusern entlang. Vorbei an Holzzäunen und gusseisernen Gartentörchen, an alten Bäumen und üppig blühenden Blumenstauden. Und an weiß gestrichenen Haustüren, die er kannte. Unter dem Eindruck des

Maschinengewehrfeuers und der explodierenden Geschosse um ihn her hatten sie jedoch ihren heimeligen Anblick verloren.

Jack, Nic und ihr Team kamen bis auf Höhe des Hôtel de la Terrasse. Aufgrund des Beschusses entgingen ihnen die spektakuläre Aussicht und ein bewundernder Blick auf die hübsche Architektur und den gepflegten Garten. Sie waren zu sehr damit beschäftigt, nach Deckung zu suchen. Auch hier riss jemand einen Fensterladen auf. Eine herrische Stimme rief: »Reicht es nicht, dass ihr oben im Maison Blanche die ganze Nacht Party macht? Bei dem Lärm kann ja niemand schlafen.«

Nic beugte sich etwas vor und erkannte in dem aufgebrachten Schreihals Emile Sadé, den Hoteleigentümer. Ehe er ihm zurufen konnte, dass er sich und seine Familie in Sicherheit bringen solle, rief jemand anderes: »Die Tommys sind gelandet. Gehen Sie weg vom Fenster!«

»Nix Tommys, Kanadier«, brummte Buddy, der wohl ahnte, was der Unbekannte gerufen hatte.

»Franzose«, murmelte Nic lautlos. Neben ihm rieselte Putz von der Fassade, da ein Geschoss das Hotel getroffen hatte. Gleichzeitig bemerkte er eine hastige Bewegung. Jack war dabei, die Straße zu überqueren. Da das Geschützfeuer gerade verstummte, vielleicht, weil die Artilleristen vor lauter Steinstaub keine Ziele mehr ausmachen konnten, galt es, die Lage zu nutzen. Nic und weitere Männer folgten Jack. Da hörten sie über sich das Nahen einer Granate. Alle warfen sich zu Boden. Das Geschoss schlug ein und löste einen Hagel aus Gestein und Ziegeln aus. Etwas traf Nic im Nacken, und er empfand einen brennenden Schmerz. Als er danach tastete, griff er in warme Nässe. Er blutete.

Noch vor den anderen war er auf den Beinen, doch sie folgten ihm schnell zu den gegenüberliegenden Häusern. Jack rüttelte an einer verschlossenen Haustür. Kugeln jagten in deren Holz. Silver rammte sie mit dem Gewehrkolben auf und sie purzelten beinahe ins Innere.

In der Küche schnappte sich Smokey ein fast leeres Päckchen Gauloise-Zigaretten, Jim, der dem Jungen aus der Hafergerichte-Werbung ähnelte, hob einen Topfdeckel an, verzog aber das Gesicht, weil ihm der Geruch von Kohl entgegenwallte. Loftys an Jack gerichtete Worte, wo er denn hinwolle, ließ Nic aufsehen.

»Muss mal aus der Hose«, antwortete der grinsend und stieg eine Holztreppe hinauf, deren Knarren unverhältnismäßig laut war, unter dem ständigen Geräuschpegel von draußen jedoch regelrecht schüchtern anmutete. Eine Granate schlug ganz in der Nähe ein. Die Druckwelle brachte mehrere Fenster zum Bersten.

»Alles okay, Jack?«, rief Buddy die Treppe hinauf.

»Es gibt hier kein Papier!«

Mehrere Männer lachten auf. Buddy erbarmte sich und zog einige der an Bord verteilten Zettel hervor. In grauenhaftem Möchtegern-Französisch las er vor: »Français! Ceci est un coup de main, pas l'invasion« – Dies ist ein Handstreich, keine Invasion. »Ich habe keine Zeit, den Wisch einem Franzosen in die Hand zu drücken. Nicht mal, wenn er mir im Gegenzug einen Wein anbietet. Also kann er sie besser *dafür* benutzen.«

Nic konnte ein Grinsen nicht unterdrücken. Er warf einen vorsichtigen Blick aus einem zersprungenen Fenster. Draußen rührte sich nichts, bis auf einen verwundeten Kameraden, der sich unter Schmerzen wand. Er war ein Funker, dessen Gerät völlig zerschossen war. Als ihm jemand zu Hilfe eilen wollte, sah Nic das Aufblitzen eines Gewehrs etwa in halber Höhe der rund neunzig Meter über dem Meer aufragenden Klippen. Der Helfer war sofort tot. Offenbar saß dort oben ein Scharfschütze mit rauchloser Munition, denn wenn Nic das Mündungsfeuer nicht gesehen hätte, hätte er nicht sagen können, wo genau sich der treffsichere Deutsche mit dem Mauser-Gewehr samt Zielfernrohr verbarg.

Nic ballte die freie Hand zur Faust. Die Deutschen mussten ein regelrechtes Tunnelsystem in die Felsen gehauen haben. Diese Gänge und Geschützstände waren ziemlich sicher mit Beton ausgelegt. Der Kalkstein allein bot keinen Schutz, da er viel zu weich war.

Jack, zurück von seinem Ausflug auf die Toilette, gesellte sich zu ihm. Von hier aus hatten sie einen guten Blick auf die Brücke über die Scie, die sie überqueren mussten, weil sie leider an der falschen Stelle abgesetzt worden waren. Da Jack Aufnahmen der Gegend gezeigt bekommen hatte, durchschaute auch er das Problem. Er fluchte leise und deutete auf die Hütten und Betonunterstände mit Schießscharten jenseits des Flusses. Dort blitzte regelmäßig Mündungsfeuer auf. Die Einschläge ließen den rötlichen Asphalt hochspritzen. »Solange der Kerl schießt, sieht es mies für uns aus.«

»Der Beton ist ziemlich dick«, vermutete Frenchie.

»Ich mach das schon«, meinte der sonst immer so ruhige Charlie und reichte sein Gewehr weiter. Er riss mit den Zähnen die Sicherungsstifte zweier Handgranaten heraus und spuckte sie in den Raum. Als der Schütze sein Maschinengewehr nachladen musste, rannte Charlie todesmutig über die Brücke zu dessen Unterstand, ließ die Handgranaten in eine der Schießscharten fallen und machte sich auf und davon. Die Explosion riss riesige Löcher in den Schutzbau.

Gerade als Jacks und Nics Gruppe das Haus verlassen wollte, drang von draußen wildes Gebrüll herein.

Mavor war als Erster am nächstgelegenen Fenster. Er zuckte zusammen und rief: »Die Camerons. Handgranate!«

Nic riss den Kopf herum. Weitere Männer der Queen's Own Cameron Highlanders of Canada waren gerade gelandet und hatten den Strand hinter sich gelassen. Um ihnen hier eine Handgranate durchs Fenster ins Haus zu werfen?

17

-Nicolas, Pourville-sur-Mer, Normandie/Frankreich-

Jack war sofort an der Tür und rief hinaus: »Nicht werfen! Das sind eure Leute, keine Jerries!«

Nic hielt den Atem an. Draußen jagten wieder Flugzeuge über sie hinweg. Es war unmöglich, auszumachen, ob es Mustangs, Spitfires oder deutsche Jäger waren – vielleicht beides. Der Lärm war infernalisch. In Nics unmittelbarer Nähe blieb es ruhig. Keine Detonation. Kein Lichtblitz. Kein Schmerz. Er war noch immer am Leben. Weil der Cameron mit der Granate in der Hand noch rechtzeitig kapiert hatte, wen er da auszulöschen versucht hatte.

Also atmete Nic ein weiteres Mal tief durch und schob sich ebenfalls aus der Tür. Er wandte sich der Steinbrücke zu und hob die Augenbrauen. Die Deutschen hatten eine Art Damm in den Fluss gebaut, sodass sich das Wasser staute. Dieses sah tief aus. Jenseits der Brücke, dort, wo sich die Scie ihr Bett durch die Tierweiden gegraben hatte, standen diese und die angrenzenden Felder nun unter Wasser. Für die Churchill-Panzer gab es hier kein Durchkommen. Selbst die Weiden, unter denen

Nic, Henry und die Biber-Brüder öfter einmal gesessen hatten, waren umspült.

Nics Blick wanderte den Hügel hinter dem nun sumpfigen Flusstal hinauf. An seinen grünen Hängen grasten Rinder so friedlich, als wären sie alle hier zu einem Picknick mit harmlosen Wettkämpfen zusammengekommen. Irgendwo dort war früher ein stellenweise tief eingegrabener Feldweg verlaufen, den eigentlich nur die Bewohner des Weilers jenseits von Pourville benutzt hatten. Ob es ihn noch gab?

Wenn er erst einmal oben war, könnte er diesen entlanggehen und anschließend die öffentliche Straße nehmen, vorbei an den in die Hügel gebauten Häusern von Pourville. Von dort stieg die Straße weiter an. Irgendwann musste er dann auf das geschotterte Wegstück einbiegen, das weiterhin anstieg, zuletzt aber steil abfiel und zu jenen Gebäuden führte, wo er einst aufgewachsen war. Von Pourville aus konnte man die Bauernhäuser nicht sehen, da sie sich – obwohl auf den weißen Felsen der Alabasterküste gelegen – hinter noch höheren Klippen verbargen.

Ein klein wenig erleichtert war er, dass man auf den Einsatz von Bombern verzichtet hatte. Wer wusste schon, ob ein RAF-Pilot nicht auch die drei abseits gelegenen Häuser als Ziel auserkoren hätte. Immerhin konnte es sein, dass Henrys und Isabelles Eltern dort noch immer wohnen. Vielleicht sogar die beiden selbst – mit ihren Familien. Denn im Gegensatz zu ihm waren sie sicher nicht unglücklich verliebt, sondern längst verheiratet …

Als er sah, wie eine abgeschossene Spitfire dem Erdboden entgegentrudelte, zog er eine Grimasse. Ein Fallschirm öffnete sich, offenbar war dem Piloten der Absprung gelungen. Die Maschine jedoch ging irgendwo dort hinten zu Boden, wo er sein früheres Zuhause wusste. Ein Feuerball und eine schwarze Rauchwolke stiegen auf.

Nic blickte wieder zu den gelassen kauenden Rindern zurück. Hinter diesen ragten Geschützrohre aus Betonunterständen hervor. Während die ersten Kanadier durch das schlammige Wasser schwammen, belegten jene Geschütze all diejenigen, die die Brücke wählten, mit Feuer. Bald lagen zwischen den beiden Geländern unzählige Tote. Nic stürmte erschrocken einige Schritte nach vorn, als er sah, wie Cec über das Bauwerk rannte. Er bangte um das Leben seines Freundes. Diesem gelang es allerdings, unbehelligt das gegenüberliegende Ufer zu erreichen.

»Los, rüber mit euch, Jungs! Jetzt machen wir sie fertig!«, brüllte Cec anfeuernd. Die Soldaten folgten dem Ruf ihres Colonels, zumal der nun seinen Stahlhelm herunterriss und damit wild winkte. Als wollte er alle Deutschen auffordern, ja auf ihn zu zielen statt auf seine Männer.

Jack, Nic und ihre Begleiter stürmten ebenfalls über die Brücke, wobei sie über die dort liegenden Kameraden hinwegrennen mussten. Glücklich, aber voller Unbehagen kam Nic auf der anderen Brückenseite an und suchte erneut Deckung vor den Scharfschützen. Auch er schoss jetzt auf deren Stellungen, damit seine Gefährten Feuerschutz hatten.

Cec hingegen stand weiterhin mitten im Kugelhagel, schwenkte seinen Helm und feuerte seine Männer an. »Wir brauchen mehr von euch hier drüben! Wer kommt mit mir?«

Wieder stürmte eine Handvoll Soldaten herüber, einige von ihnen brüllten dabei laut, wobei Nic im Lärm der Geschosse und der Luftschlacht über ihm nur ihre weit aufgerissenen Münder sah. Endlich gesellte sich Cec zu ihnen. Als sein Freund ihm die Schulter drückte, kämpfte Nic für einen Augenblick gegen seine hochsteigenden Emotionen an. Es war schlicht ein Wunder, dass der Mann inmitten des Kugelhagels unverletzt geblieben war.

Nics und Jacks Begleiter sammelten sich erneut um den britischen Radarspezialisten. Allerdings fehlte Mavor. Er musste auf der Brücke gefallen sein.

Nic sah suchend zurück und sah, wie England – der Offizier, der mit feinen Lederstiefeln direkt aus London kommend auf das Schiff gegangen war – schwer zu Boden stürzte. Seine Maschinenpistole flog in hohem Bogen über das Brückengeländer. Osten bückte sich über seinen Freund, doch der schien ihn wegzuschicken. Also rannte Osten weiter, denn nichts anderes konnte er tun. Er durfte sich nicht um einen einzelnen Verwundeten kümmern, da er an die Spitze seiner Truppe gehörte. Doch auch Osten traf eine Kugel. Die Wucht des Geschosses ließ ihn taumeln und er stürzte über das Geländer in den aufgestauten Fluss.

Nic hörte Cec neben sich wütend knurren. Dann rief dieser: »Raus aus dem Dreck, Osten!«

Der Mann watete klatschnass zu ihnen und riss einige Schilfhalme aus seinem Koppelgurt. »Weitermachen!«, brüllte er seine Jungs an und klang regelrecht zornentbrannt. Er stapfte die Straße hinauf, auf der sich außer den Böschungen links und rechts kaum eine Deckung bot. Ob er keinen Schmerz verspürte, weil ihn die Sache antrieb, oder er diesen einfach aushielt, wusste Nic nicht. Doch seine Bewunderung für ihn – wie auch für Cec – stieg noch weiter.

Er selbst war bisher um jeden Feindkontakt herumgekommen. Mehr, als mit einem Werkzeug auf ein elektrisches Gerät loszugehen, war von ihm in diesem Krieg nicht gefordert gewesen. Umso mehr erschreckte es ihn, wie kalt er gegenüber dem Tod um ihn her blieb. Er verdrängte den Gedanken, weil er befürchtete, dass sonst die grausame Realität über ihn hereinbrechen könnte. Und das konnte er sich in seiner Lage schlicht nicht leisten. Kraftvoll schritt er aus, als wollte er vor den Habacht stehenden Ängsten und der in ihm lauernden Trauer fliehen.

Bei jedem heftigen Beschuss drückte sich Nic tiefer in die überstehende Böschung, das Lee-Enfield-Gewehr fest an sich gepresst. Gegen die deutschen Mörserstellungen, gut drei Kilometer von ihnen entfernt, war es reichlich nutzlos. Da wären die RAF-Bomber weit sinnvoller gewesen.

Nic bemerkte, wie sich seine Gedanken im Kreis zu drehen begannen. Also sah er sich wieder aufmerksamer um. Die Häuser von Pourville lagen unter ihm. Mit ihren Türmchen, Erkern und Dachgauben sahen sie verspielt aus. Was ihnen aus den offenen Fenstern entgegenschlug, war allerdings tödlich.

Erneut sprang Nic gemeinsam mit den anderen auf und rannte ein Stück die Straße entlang, hügelaufwärts. Hinter ihnen spritzte Erde und Gras auf, also warfen sie sich wieder in Deckung. Dies wiederholte sich mehrmals, bis sie den Garten eines einsam gelegenen Hauses erreichten, auf einer Hügelkuppe zwischen Pourville und der Freya-Station. Früher, so erinnerte sich Nic, hatte hier eine Familie namens Muyssen gelebt. Der Mann war Flame aus Belgien, der mehrere Sprachen studiert hatte, dann aber, der Liebe wegen, hier in Pourville Landwirt geworden war. Plötzlich rief eine Stimme aus dem Garten: »Was ist denn los? Wer sind Sie?«

»Kanadier«, erwiderte Lofty überraschend gelassen. »Und wer sind Sie?«

»Ein Bauer.«

»Das sind wir auch. Warum sprechen Sie Englisch?«

Nic schob sich im Schutz einer Hecke näher an die Stimme heran und machte im Garten frisch gegrabene Löcher aus, die Gräbern ähnelten. In ihnen sah er Muyssen, dessen Frau und zwei Heranwachsende. Hatten sie sich hier eine Art Schutzgraben ausgehoben?

»Gelernt«, konterte Muyssen.

Lofty grinste breit über die lässige Antwort. Als der Belgier jedoch Anstalten machte, herauszuklettern, fuhr er diesen an: »Halten Sie sich aus dem Mist raus. Wir machen das ohne Ihre Hilfe!«

»Na, dann viel Glück bei Ihrem Überfall.«

»Wir wünschen Ihnen auch viel Glück«, rief Jack höflich, ehe sie sich, einer hinter dem anderen, weiter voranbewegten, der Klippe entgegen, auf der die Radarstation thronte.

Wieder jagten ihnen Gewehrkugeln um die Ohren. Ein flüchtiger Blick ergab, dass sie es vor sich auf der Anhöhe mit einigen Deutschen in einem Laufgraben zu tun hatten, die zudem durch einen lang gezogenen Unterstand geschützt waren. Charlie zielte und schoss, doch die Kugeln prallten nahezu nutzlos ab. Irgendwann sackte der frühere Trapper über seinem Gewehr zusammen. Obwohl er bereits tot war, löste sich noch ein einzelner Schuss.

»Das ist übel«, hörte Nic jemanden raunen, konnte aber nicht ausmachen, ob es Silver oder Smokey gewesen war.

»Ich mach das!«, ertönte da Cecs energische Stimme. Sofort schob sich Nic höher und brachte sein Gewehr in Anschlag. Wenn sich nur ein Schatten an einem der Löcher dort drüben zeigte, so nahm er sich vor, würde er schießen. Andere Männer machten es ihm nach. Sie alle wollten ihren mutigen Anführer beschützen.

Cec nutzte einen halbwegs geschützten Winkel, in welchem er sich bis zu dem Betonschutz vorarbeitete. Dort angekommen entfernte er die Sicherung einer Handgranate und ließ sie in einen der Schlitze fallen. Gleich darauf warf er sich Schutz suchend zu Boden. Er wurde bei der nachfolgenden Detonation zwar von einigen Gesteinsbrocken getroffen, blieb jedoch unverletzt, wie Nic im Vorbeieilen feststellen konnte. Er lief hinter Osten her über eine Wiese zur nächsten Anhöhe – jene, auf der sich noch immer überaus geschäftig und zugleich gelassen anmutend die Freya-Antenne drehte.

Obwohl das Gras frisch gemäht war, gab es doch einige Gruben und Löcher, an die Nic sich nicht erinnern konnte. Allerdings waren sie stets über einen Feldweg hier herauf gewandert oder geradelt. Jene Vertiefungen waren geeignet, um ihnen halbwegs Schutz zu bieten, ein Problem aber stellten die schwarzen Ölfässer dar, die auf dem Weg standen und von denen aus sich Stacheldrahtringe über die Felder hinwegzogen. Sie waren dazu gedacht, jeden anstürmenden Feind aufzuhalten, sodass der für die sicherlich gut postierten Schützen ein wunderbares Ziel abgab.

Nic lag in seiner flachen Mulde und genoss einige Sekunden lang die inzwischen am blauen Himmel stehende Sonne. Den Duft nach Gras und einem Gemisch aus Salz und würziger Erde. Diesmal beobachtete er, wie eine Messerschmitt zu Boden trudelte. Der deutsche Pilot hatte – weshalb auch immer – noch den Finger am Abzug seines Bord-MGs.

Aus dem Augenwinkel nahm Nic wahr, wie jemand aus seinen Reihen einen Rauchtopf in der Größe einer Konservendose in Brand setzte und diesen hoch durch die Luft schleuderte. Schon im Flug entstanden dicke Rauchwolken, kaum gelandet, hüllten die Rauchschwaden die Straße und ihre Hindernisse ein.

»Dann mal los«, spornte sich Nic selbst an. Er sprang auf. Lief voran. Die Deutschen feuerten blind in seine Richtung.

~Carolina, bei Pourville-sur-Mer, Normandie/Frankreich~

Freese legte den Hörer auf und drehte sich langsam um. Seine Augen blieben an den beiden Luftwaffenhelferinnen hängen. Cara konnte förmlich sehen, wie es in seinem Gehirn arbeitete. »Was ist los?«, fragte sie.

»Oberstleutnant Bartelt hat die bei Ouville-la-Rivière liegende Reservekompanie zur Verstärkung hinzugezogen.«

»Die ist rund zehn Kilometer von hier entfernt«, sagte Cara, was Freese nachdenklich nicken ließ.

»Sie ist eine äußerst mobile Truppe«, meinte er dennoch, und Cara fragte sich, wem er eigentlich Mut zusprechen wollte. Ihnen oder sich selbst. Ihrer Art entsprechend merkte sie offen an: »Ja, mit Rädern – was auch immer das bringen soll.«

Wieder nickte Freese. »Stimmt. Die Männer fahren diese Diensträder zwar in perfekter Formation, aber gerade kam die Meldung, dass sie noch nie zuvor mit voller Montur gefahren sind. Die Granatwerfer und die zusätzliche Munition hat sich als so schwer herausgestellt, dass so gut wie alle Räder inzwischen … ausgefallen sind.«

Von Frieda kam ein leises Kichern, das unter Freeses Blick jedoch schnell erstarb.

»Wie sieht es denn aus?«, fragte Cara und malte mit der Hand einen Kringel in die Luft. Sie wollte gern wissen, wie die allgemeine Lage stand.

»Der Feind hat hohe Verluste hinnehmen müssen, sagte man mir. Aber auch, dass er regelrecht verbissen weiterkämpft.«

»Und?« Cara wurde das Gefühl nicht los, dass Freese etwas zurückhielt. Erneut glitt sein Blick zu Frieda, dann wieder zu ihr. Die männlichen Kollegen im Raum schienen ihn nicht zu interessieren.

»Angeblich ist eine kleine Stoßtruppe nicht mehr weit von hier entfernt. Womöglich ist es ihr Ziel, die Anlage zu stürmen und zu zerstören.«

Cara biss sich erschrocken auf die Unterlippe.

»Na gut.« Durch Freeses Körper ging ein Ruck. »Sie beide verlassen Freya. Ich gebe Ihnen einen der Wachleute zu Ihrem Schutz mit. Fräulein Biber, Sie kennen sich hier doch recht gut aus? Führen Sie Ihre Kollegin in Richtung … Hautot-sur-Mer. Auf jeden Fall aber weg von der Küste und den Kämpfen. Verstecken Sie sich, bis das ganze Theater vorbei ist. Vielleicht können Sie sich ja auch Zivilkleidung besorgen und sich als

Französinnen ausgeben.« Er deutete auf ihr Schiffchen, das sie wegen der Kopfhörer abgenommen hatte. Der offenbar zutiefst um ihre Sicherheit besorgte Freese zog das oberste Blatt von einem der Notizblöcke und verfasste in kaum leserlicher Handschrift ein entsprechendes Schreiben für Frieda und Cara.

»Den Soldaten schicken Sie aber umgehend zurück. Wir brauchen hier jeden Mann.«

»Jawohl, Herr Leutnant.« Cara streifte den Kittel ab, ergriff Frieda bei der Hand und verließ mit ihr den Unterstand. Draußen begrüßte sie warmer Sonnenschein und ein Geschützlärm, der sowohl von Dieppe, als auch von Pourville heraufgeweht kam. Cara meinte, drüben bei Puys ebenfalls Rauchwolken aufsteigen zu sehen. Wie es aussah, fanden rundum in den Buchten und in der Luft erbitterte Kämpfe statt.

Freese winkte einen der nervösen Wachmänner zu sich und dieser folgte Frieda und ihr überaus bereitwillig, wie es Cara schien. Langsam, sich fortwährend umsehend, da sie nicht wissen konnten, wie weit sich die Alliierten bereits über die Hügel der Klippe oberhalb von Pourville genähert hatten, strebten sie von der Station fort. Sie passierten eine Straßensperre aus stacheldrahtumwickelten Ölfässern, dann entschied Cara, die Straße zu verlassen und querfeldein zu gehen. Im Schutz einiger Büsche, die ein Getreidefeld von einer Viehweide trennten, eilten sie auf ein Mischwäldchen zu. Plötzlich näherte sich ihnen ein Rattern. Der Soldat in ihrer Begleitung warf sich herum, das Gewehr im Anschlag. Doch da war nichts. Dann spritzten Grasbüschel hoch. Friedas Händedruck erschlaffte und ihre Hand entglitt der von Cara. Gleichzeitig gewahrte sie einen Schatten über sich. Die Schüsse hörten auf. Sie legte den Kopf in den Nacken. Ein rauchendes Flugzeug stürzte auf sie zu. »Lauf!«, schrie sie Frieda zu, doch diese kauerte zusammengesunken zwischen den hohen Grashalmen. Blutflecken bedeckten ihre Uniformbluse.

Instinktiv rannte Cara weiter. Kreischend und donnernd schlug das Fluggerät auf der Erde auf. Cara stolperte und fiel in einen Graben. Spitze Steine gruben sich in ihre Seite, etwas schoss heulend über sie hinweg und bohrte sich unweit von ihr in die Grabenböschung. Das scharfkantige Metallteil sirrte.

Cara blieb reglos liegen. Sie zählte ihre Atemzüge, während heiße Tränen über ihre Wangen rollten. Sie hatte Frieda verloren. Jene herzensgute Frau mit der Hoffnung auf baldigen Frieden, auf eine glückliche Zukunft, auf die Erfüllung ihrer Träume. Die in wenigen Wochen hatte heiraten wollen. Die erst heute zu ihr gesagt hatte, dass sie sich eine Welt ohne Grenzen wünsche, nichts als weiten, unendlichen Horizont.

-*Nicolas, bei Pourville-sur-Mer, Normandie/Frankreich*-

Nic musste gegen ein Gefühl von Frustration ankämpfen, dieses verbrüderte sich mit bleierner Müdigkeit. Wehmütig warf er einen Blick über die geliebte Landschaft. Was er sah, waren hässliche Bauten der Deutschen, mit denen sie die Küstenlandschaft verschandelt hatten, tote Soldaten, zerschossene Gerätschaften und Waffen, dazu rauchende Landungsboote auf dem glitzernden Meer in den Buchten. Eine Bewegung neben ihm ließ ihn den Kopf wenden. Jack hatte sich ebenfalls umgesehen, nun heftete er den Blick nahezu grimmig auf die Betonmauern der Freya-Station.

Die Radarantenne drehte sich in einem Halbkreis und schwenkte nach einem kurzen Stopp wieder zurück. Inzwischen konnte man Schützengräben um die Anlage herum ausmachen. Die Deutschen hatten aus den Raids der vergangenen Monate gelernt und schützten ihre sensiblen Einrichtungen nun deutlich besser. Was für Jack – oder für ihn – ein Problem zu werden versprach.

Vor Nic kam wieder Bewegung in die Einheit, also sprang auch er auf. Sie passierten einen wunderschönen Streifen Natur mit Blick auf die Bucht. Hier hatten früher deutsche und englische Touristen ihr Lager aufgeschlagen, um zu lesen, sich zu unterhalten, sich zu verloben und Picknicks abzuhalten – für die Kanadier gab es heute nur tödliches Blei.

Inzwischen hatten auch die Soldaten bei der Radarstation das Feuer auf sie eröffnet, sodass sie kaum noch Deckung fanden. Endlich erreichten sie die Abzweigung, die um die vorstehenden Klippen herum nach Dieppe führte. Hier gab es zumindest halbwegs Schutz. Nic rutschte ein Stück weit die Böschung hinunter und atmete erst einmal durch. Osten formierte seine Soldaten neu, allerdings wirkte er mitgenommen. Der Blutverlust durch seine Schusswunde machte sich wohl allmählich bemerkbar.

Der Captain tippte Jack auf die Schulter und deutete die Klippe hinauf: »Na los. Es ist Ihr Job, in diese verdammte Station zu gelangen.«

Der Brite richtete sich ein wenig auf. Ein abenteuerlustiges Grinsen legte sich auf sein vom Steinstaub graues Gesicht. Nic konnte es nachvollziehen. Es gab noch weit mehr fähige Radiotechniker, doch Jack war derjenige, der dieses gut gehütete Geheimnis der Deutschen ausspähen durfte. Er wirkte zuversichtlich, auch dann noch, als Osten ihm erklärte, dass sie inzwischen zu wenig Männer seien, um gegen die Festung einen Frontalangriff zu starten. Außerdem konnten sie nicht auf Artillerieunterstützung hoffen, da ihrem Funker ein Teil der Antenne weggeschossen worden war.

Zwei MG-Schützen positionierten sich, einige Kameraden hielten sich bereit, ihnen neue Munition zu reichen, sobald sie die ihre verschossen hatten. Thrussell und Hawkins gesellten sich zu Jack. Die drei nickten sich ruhig zu. Vorsichtig, die Gewehre im Anschlag, robbten sie sich aus ihrer Deckung und dem rund neunzig Meter entfernten Ziel entgegen. Sie waren noch nicht weit gekommen, als ein wilder Geschosshagel auf sie niederging. Jack brach die Aktion sofort ab. Jim murmelte etwas über Waterloo. Sie alle waren sich einig, dass sie hier eigentlich die Unterstützung von Panzern gebraucht hätten. Doch diese gab es hier oben nicht. Die meisten waren ohnehin im Kiesstrand stecken geblieben und inzwischen nur noch Wracks.

Jack richtete sich halb auf. »Wir brauchen den Beschuss durch einen Zerstörer von der Seeseite her. Ich gehe zurück und fordere Artilleriefeuer auf Studio.«

»Dass ausgerechnet du gehst, ergibt keinen Sinn«, schaltete sich Nic ein. Einige aus ihrer Truppe sahen überrascht zu ihm herüber, was Nic nicht verwunderte. Immerhin war er dafür bekannt, sich nicht einzumischen. »Du bist der Experte«, fügte er hinzu und nickte in Richtung des sich drehenden Drahtgebildes hinauf.

»Ich bin aber auch für all das hier verantwortlich. Für die Aktion, für die Männer«, widersprach Jack, schenkte ihm dabei jedoch ein Lächeln. Er schätzte Nics Sorge um sein Leben. »Außerdem bist du ja noch hier.« Jack ließ sich von seinem Vorhaben nicht abbringen. Gemeinsam mit Thrussell und Frenchie machte er sich auf den Rückweg. Die beiden wollten dafür sorgen, dass Jack durchkam – und falls nicht, dass er nicht in die Hände der Deutschen fiel.

Angespannt sah Nic von oben aus zu, wie sie all die bereits überwundenen unter Beschuss stehenden Passagen erneut hinter sich bringen mussten. Als die drei Männer an der Scie-Brücke angelangten, glaubte er, seinen Augen nicht zu trauen. Offenbar wollten sie nicht über die dort wie schlafend liegenden Gefallenen hinwegsteigen. Denn alle drei sprangen auf das Geländer und balancierten hinüber, während durch den Beschuss der Beton unter ihren Füßen aufplatzte.

Ohne einen Kratzer abzubekommen, gelang es ihnen, die Scie zu überqueren. Wenig später verschwanden sie hinter den Häusern aus Nics Sichtfeld. Er wandte sich dem tief eingegrabenen Hohlweg zu, den er so gut in Erinnerung hatte. Mittlerweile berührten sich die Zweige der alten Bäume, sodass sie eine Art Tunnel bildeten. Hier, ein wenig geschützt von der heißen Sonne, lag eine große Anzahl verletzter Kanadier. Wie sie diejenigen, die nicht mehr gehen konnten, hier wegschaffen sollten, war Nic ein Rätsel. Ob man sie einfach hierließ?

Einige Kameraden kümmerten sich um die verwundeten Männer, auch Osten hatte sich einen Verband anlegen lassen.

Erstaunlich schnell kehrten Jack und Frenchie zurück, Thrussell aber fehlte. Jack berichtete etwas atemlos, dass sie den Mann, der eigens für diese Operation auf seinen Rang verzichtet hatte, in Pourville unter Granatenbeschuss verloren hatten. Was er weiter zu berichten hatte, war ebenso entmutigend. Die Deutschen hatten es offensichtlich gezielt auf die Soldaten mit den Funkgeräten abgesehen. Sie fingen deren Funksprüche ab und wussten daher, wo sich die Männer aufhielten. Dorthin lenkten sie ihre Granaten.

Außerdem nutzten die Deutschen dieselbe Wellenlänge und gaben falsche Befehle durch. Zwar hatten die Funker gewisse Codewörter, doch in einem Feuergefecht wie diesem war es zu umständlich, sie zu benutzen. Zudem schienen sie auch draußen auf den Schiffen Probleme mit dem Funk zu haben. Demnach konnte ihnen die Bordartillerie nicht zu Hilfe kommen.

Jack warf sich an die Böschung, nahm den Helm ab, der einen tiefen Eindruck auf seiner Stirn hinterlassen hatte. Nic vermutete, dass es dem Mann nicht sonderlich gut ging. Der Verdacht bestätigte sich, als Jack aus seinem Notfallpäckchen eine Aufputschtablette nahm, die er sich in den Mund warf. Nic atmete tief durch. Die Lage war miserabel. Zwar waren sie nur noch einen Katzensprung von Freya entfernt, doch im Grunde saßen sie hier fest. Dabei hatten sie rund die Hälfte der Männer aus der A-Kompanie verloren.

Wieder jagten einschlagende Kugeln Schmutzpartikel und Grasbüschel hoch. Die Scharfschützen der Deutschen hatten sich mittlerweile auf sie eingeschossen. Über die Felder rückten weitere Soldaten näher, demnächst wären sie hier wohl eingeschlossen.

~Emmi, Gutshaus im Schwarzwald / Deutsches Reich~

Emmi riss die Augen auf, als jemand an der Haustür läutete. An diesem Vormittag war sie ein einziges nervöses Wrack, was leider weder der sensiblen Hanna noch Fitzi verborgen blieb. Beide schauten sie an, Hanna neugierig, Fitzi beunruhigt. Prompt erhob sich das Mädchen, stellte die Tasse des Puppengeschirrs weg und griff nach ihrer Stoffpuppe, die einige Zeit lang unbeachtet auf dem Boden gelegen hatte. Dann sah sie sich zunehmend panisch um. In Fitzi war erneut die Angst erwacht, nun befand sie sich auf der Suche nach einem Versteck.

Emmi wusste nicht, wer dort draußen stand. Sie ergriff das Mädchen fest bei der Hand. »Hanna, sieh bitte nach deinem Bruder.« Ohne auf das beipflichtende Nicken ihrer Tochter zu warten, zog sie das Kellerkind hinter sich her durch die Gartentür hinaus ins Freie, um den Eingangsbereich bei der Haustür und der Kellertreppe zu meiden. So nahe wie möglich an der Fassade entlang, um vom Regen nicht patschnass zu werden, eilte sie bis zu jenem Busch mit dem Fenster, durch das Aleph und Esta schon geklettert waren.

»Hier rein, meine Kleine«, flüsterte Emmi Fitzi zu. Diese fragte nicht nach, zögerte keinen Augenblick. Offenbar hatte man ihr eingeschärft, dass sie ihren Fluchthelfern gehorchen musste. Sie setzte sich auf den unteren Holmen und sprang in das Dämmerlicht des Kellers. Emmi hörte, wie ihre Füße auf dem Steinboden aufklatschten, dann drückte sie das Fenster zu. Es war so verzogen, dass es auch ohne Vorlegen des Riegels im Rahmen hielt.

Zurück in der Wohnung wies sie Hanna an: »Geh bitte mit Waldemar in dein Zimmer«. Ihre Tochter betrachtete sie mit weit zur Seite geneigtem Kopf, ergriff dann aber die Hand ihres Bruders und lockte ihn mit sich, indem sie lustige Verrenkungen machte, die er nachahmte.

Wieder läutete es. Emmi eilte in die Küche, tunkte ein Geschirrtuch in das noch lauwarme Spülwasser, wrang es aus und legte es sich über die vom Regen nasse Schulter. Nun erst verließ sie die Wohnung, ging die Stufen hinunter und an die Eingangstür. Sie zuckte zurück, als sie vor sich zwei Männer in SS-Uniformen sah, die sich als Beamte vom Amt Kriminalpolizei zu erkennen gaben.

»Warum dauerte es so lange, bis sie öffnen?«, fragte der Ältere von ihnen, ein grauhaariger Mittvierziger.

»Weil ich kleine Kinder habe. Und einen Haushalt«, gab Emmi zurück und hielt das nasse Geschirrtuch hoch. Dies genügte hoffentlich, um die beiden annehmen zu lassen, sie habe sich in der Waschküche aufgehalten – wo zum Glück die Wäsche an der Leine hing, die sie in der Nacht gewaschen hatte. Etwas freundlicher, wenngleich mit einem flauen Gefühl in der Magengegend und mit zitternden Knien, fragte sie: »Wie kann ich Ihnen helfen?«

»Wohnt hier nicht noch jemand?«, stellte der Jüngere eine Gegenfrage und drängte sich an ihr vorbei in den Vorraum des Treppenhauses.

»Meine Schwiegereltern«, rief Emmi dem Mann hilflos nach, da der bereits auf der Treppe war.

»Das ist ein ziemlich großes Gebäude«, meinte der Grauhaarige und blickte an der Fassade entlang zum Hauptflügel und zum gegenüberliegenden Seitenflügel.

»Das stimmt. Es ist ein ehemaliges Gutshaus. Danach war es mal ein kleines Hotel, eine Art Kurheim.« Emmi wusste, dass sie plapperte. Doch mit jeder weiteren Sekunde, in der sie sich mit den beiden Uniformierten konfrontiert sah, wuchs ihre Panik, zumal sie noch immer nicht gesagt hatten, was sie hergeführt hatte.

Ein Poltern auf der Treppe verriet, dass der Mann mit den derben schwarzen Stiefeln zurückkam. Sie drückte sich an die Zarge und ließ ihn vorbei, gleich darauf gesellte sich Johanna zu ihr.

»Der alte Biber ist unterwegs. Kommt erst gegen Nachmittag wieder«, informierte der Eindringling knapp.

»Was ist hier los?«, fragte Johanna ziemlich unerschrocken, wie Emmi fand. Aber ihre Schwiegermutter hatte in der vergangenen Nacht auch keinen toten SS-Mann in den Wald geschleppt und in eine unzugängliche Klamm geworfen. Allerdings verbarg sie vier Juden in ihrem Keller …

»Wir sind auf der Suche nach Unterscharführer Franz Polter.«

»Nach dem Herrn Unterscharführer?« Johanna hob die Augenbrauen. »Warum … ich meine … warum suchen Sie ihn?«

Emmi war froh, dass ihre Schwiegermutter auf die Nachricht reagierte. Sie selbst hätte vermutlich nicht so unschuldig verwirrt und zugleich neugierig geklungen.

»Er kam gestern Abend nicht nach Hause. Seine Tochter hat heute Morgen in der Schule erzählt, ihr Vater sei nicht da gewesen. Der Lehrer informierte uns, wir haben das überprüft. Das Bett war unberührt, außerdem hat er am Vorabend unentschuldigt eine Sitzung verpasst.«

»Wie seltsam«, fühlte sich Emmi genötigt, zu murmeln.

»Das arme Mädchen«, fügte Johanna hinzu. »Es muss ja ganz verängstigt sein.«

»Der Kleinen geht es gut«, kommentierte der Grauhaarige.

Emmi presste die Lippen zusammen. Sie mochte Helga nicht besonders. Ihr Verhalten und ihre Äußerungen zeigten schon jetzt, unter welch ungutem Einfluss sie gestanden hatte. Deshalb fand Emmi es wenig verwunderlich, dass sich das Mädchen aus dem Verschwinden seines Vaters nicht sonderlich viel machte. Vermutlich kam das erst, sobald Helga klar wurde … Emmi konnte den Gedanken nicht weiter verfolgen. Ihr war plötzlich furchtbar schlecht.

Die kleine Helga hatte schon ihre Mutter verloren, jetzt gab es auch den Vater nicht mehr. Reue, Mitleid und Panik wechselten sich in ihrem Inneren ab und machten es ihr nahezu unmöglich, dem weiteren Gesprächsverlauf zu folgen.

»Sie nimmt das ja ziemlich mit«, sagte der Grauhaarige plötzlich und ergriff sie am Ellenbogen.

Hatte sie etwa gewankt? Sah man ihr an, dass ihr richtiggehend übel war? War das … verdächtig? »Entschuldigen Sie bitte. Mir ist schon seit gestern nicht ganz wohl«, sagte sie wahrheitsgemäß.

»Jedenfalls«, übernahm Johanna wieder das Wort, »haben wir den Herrn Unterscharführer nicht gesehen, nicht wahr, Liebes? Schon seit einigen Tagen nicht mehr.«

Auf Johannas Frage hin musste sie lediglich nicken, worüber Emmi sehr froh war.

»Seltsam finden wir nur, dass Polters Wagen hier ganz in der Nähe steht. Auf einem Feldweg, der auf den Berg führt, aber auf halber Höhe am Waldrand endet.«

Emmi fielen spontan mehrere Gründe ein, die sie anführen konnte, um zu erklären, warum Polters Mercedes dort stand. Waldspaziergänge, Jagen, illegales Brennholz schlagen im Wald der Bibers oder der Versuch, in ihr Schlafzimmer zu sehen. Sie schwieg in der Annahme, dass es weniger auffällig war, Ahnungslosigkeit vorzutäuschen, anstatt durch übereifriges Aufzählen logisch erscheinender Gründe aufzufallen.

Auch Johanna zuckte mit den Schultern. »Das ist nicht verwunderlich, der Herr Unterscharführer hat da häufiger mal geparkt und Spaziergänge unternommen, erklärt aber, weshalb sie uns nach ihm fragen.«

»Hm.« Der Jüngere blickte an der Fassade hinauf in Richtung Dach.

Erwartete er, dass Polter dort hinter einem der Fenster stand? Ein eigentümliches Kichern stieg in Emmi auf. Sie musste diese SS-Männer unbedingt loswerden, bevor sie etwas völlig Verrücktes sagte oder tat.

»Seltsam ist das schon«, hörte sie den Älteren murmeln. Dann grüßten die beiden zackig und strebten auf das Automobil zu, das sie unter der Eiche geparkt hatten. Trotz des Regens gingen sie langsam und sahen sich immer wieder um. Schließlich kam der Grauhaarige nochmals zurück. »Wenn Ihnen etwas einfällt, melden Sie sich, ist das klar?«

»Sicher«, beteuerte Johanna.

»Wir organisieren jetzt einen Suchtrupp, der den Wald durchkämmt. Vielleicht will sich Ihr Mann anschließen, sobald er zurück ist.«

»Das wird er sicher.«

Nach Emmis Ehemann fragte er nicht. Er wusste genau, dass Alexander verhaftet worden war – und weshalb. Wenig später fuhr das schwarze Fahrzeug vom Hof und den Berg hinunter.

»So, Polter ist also verschwunden.« Johanna warf ihr einen eigentümlichen Blick zu, ehe sie mit langsamen, ungewohnt schweren Schritten die Stufen nach oben ging. Vermutlich machte sie sich Gedanken darüber, warum Emmi am Abend zuvor patschnass und viel später als sonst die Kinder hatte abholen wollen.

18

~ Nicolas, Pourville-sur-Mer, Normandie/Frankreich

Über ihnen fochten die dröhnenden Flugzeuge ihre Luftkämpfe aus, der Beschuss durch Artillerie und MGs fand kein Ende. Der Lärm war nach wie vor infernalisch. Dennoch hörte Nic das Stöhnen der Verletzten in dem halbwegs geschützten Hohlweg. Nic sah auf, als Jack zu ihm herüberhuschte.

»Wir schaffen es nicht, die Station zu stürmen.«

Nic pflichtete ihm leise bei. Die Radaranlage war zu gut gesichert, ihre Lage aussichtslos, da der Überraschungseffekt verpufft und die Stellungen der Deutschen in den Klippen weit überlegen waren. Und dabei waren sie kaum mehr neunzig Meter von ihrem Ziel entfernt.

Osten kam herbei. Er wirkte noch angeschlagener als zuvor, hielt aber eisern durch.

Jack deutete mit der Hand auf den Sockel des sich drehenden Radarschirms. »Ich könnte versuchen, diese offen liegenden Telefonkabel zu zertrennen.«

»Was soll das bringen?«, wollte Osten wissen und warf einen kritischen Blick auf den Anstieg und die dort oben angebrachten rostigen Stacheldrahtballen und Sandsäcke.

»Diejenigen, die das Flugmeldegerät bedienen, arbeiten gerade auf Hochtouren, um die abgelesenen Daten an die Kontrollstelle weiterzugeben. Dort versuchen die Jerries, anhand der eingehenden Informationen ihre Piloten zu leiten. Durchtrenne ich die Verbindung zwischen hier und der angegliederten Station, stellen die Jerries womöglich auf Funktelefone um, wie sie sie früher benutzt haben.«

Osten blickte Jack zweifelnd an, dann wandte er sich zu Nic um.

Er nickte dem Captain auffordernd zu. Der Gedanke war nicht schlecht, allerdings brauchte Jack dazu den Feuerschutz von Ostens Männern.

»Im letzten Herbst«, fuhr Jack fort, seinen Plan zu verteidigen, »konnten unsere Abhörstationen in schöner Regelmäßigkeit verschlüsselte Funksprüche von Freya mithören und recht schnell die Codes knacken. Das war ein enormer Vorteil für uns, bis die Deutschen – wie wir selbst – auf Überlandleitungen umstellten. Wenn unsere mobilen Überwachungskommandos an der Küste nun wieder in der Lage wären, die Funksprüche dieser Station abzuhören und zu entschlüsseln, könnte man recht einfach herausfinden, ob das Freya-Gerät inzwischen abgeändert wurde. Oder inwieweit es perfektioniert worden ist.« Jack zog den Kopf ein, als Äste und Blätter auf sie niederregneten.

Nic fand es an der Zeit, den britischen Kollegen zu unterstützten. »Dies zu wagen, Sir, würde uns Radartechnikern helfen, eine Menge Details über die verbesserte Funktionsweise der deutschen Radarsysteme in Erfahrung zu bringen. Unter anderem, wie sie auf einen Ausfall nach einer erfolgreichen Bombardierung reagieren. Ob es dieses mysteriöse dritte Radarsystem wirklich gibt, das die Deutschen im Notfall aktivieren könnten …« Nic holte Luft, schwieg dann aber. In seinen Augen hatte es wenig Sinn, den durchaus interessierten Osten mit mehr Details zu versorgen, zumal die technischen Feinheiten ihn ziemlich sicher überfordert hätten.

»Sie sind beide verrückt«, brummte der Captain.

»Geben Sie mir Feuerschutz?«, lautete Jacks Entgegnung, und an Nic gewandt sagte er: »Ich versuche es als Erster. Wenn ich es nicht schaffe, liegt es an dir.«

Ostens Nicken fiel grimmig und knapp aus.

Hawkins drängte sich vor, ihm folgte Lofty. Wie es aussah, wollten die beiden Jack begleiten. Diese Männer nahmen ihre Aufgabe überaus ernst, gleichgültig, wie groß die Gefahr war, dabei das eigene Leben zu verlieren. Nic konnte nichts anderes als Bewunderung für sie empfinden, allerdings setzte sich Jack durch. Er wollte allein den von den Deutschen penibel abgemähten Berg hinaufkriechen, da er drei Männer für zu auffällig hielt.

Da Nic nicht untätig herumsitzen wollte, schob er sich an all den verletzten Kanadiern vorbei und ging, immer geduckt, ein Stück den Weg entlang. Hier verliefen ebenfalls Telefonleitungen an Holzpfählen, mittels derer die Soldaten in Pourville mit ihren Befehlshabern weiter im Landesinneren kommunizieren konnten. Diese Interaktion zu stören, konnte für ihren späteren Rückzugsversuch durchaus von Nutzen sein.

Also erkletterte Nic die schützende Böschung und huschte geduckt hinter einen Baum, der ihm halbwegs Schutz bot. Er kletterte den rauen Holzmast hinauf, die Drahtschere zwischen den Zähnen. Oben angekommen zerschnitt er die Leitung. Um die Hände wieder freizuhaben, klemmte er sich die Zange erneut zwischen die Zähne. In diesem Moment explodierte Schmerz in seinem Körper. Er spürte, wie er fiel.

~Carolina, bei Pourville-sur-Mer, Normandie/Frankreich~

Cara fühlte sich so angespannt wie selten zuvor. Sie hatte noch nie Angst dabei verspürt, in der Dunkelheit den Weg von ihrer Unterkunft zur Radaranlage einzuschlagen oder von dort den Rückweg anzutreten. Nun aber den Weg von ihrem Versteck im Graben – wo sie bis in die Nacht ausgeharrt hatte und sogar zwischendurch mal vor Erschöpfung eingeschlafen war –, zum Weiler zurückzulegen, erweckte ein mulmiges Gefühl in ihr. Sie fragte sich, ob es hier nicht noch ein paar versprengte alliierte Soldaten gab. Am liebsten hätte sie die Uniform gegen Zivilkleidung getauscht, das Schiffchen hatte sie bereits abgenommen, gefaltet und in eine der Uniformtaschen geschoben. Allerdings, so versuchte sie, sich selbst zu beruhigen, hätte ein Soldat, der sich hier versteckt hielt, wohl kaum auf sie geschossen. Immerhin hätte er sich dadurch verraten und sein Entkommen erheblich gefährdet. Dass schon seit mehreren Stunden nicht mehr geschossen wurde und keine Flugzeuge mehr am Himmel waren, deutete zumindest darauf hin, dass der Angriff der Alliierten abgewehrt worden war. Sicher wissen konnte sie das allerdings nicht.

Zu ihrer Unwissenheit über die momentane Lage kam hinzu, dass sie nach zweiundzwanzig Uhr eigentlich die neue, täglich wechselnde Parole benötigte. Sie musste diese bei einer Kontrolle als Nachweis darüber angeben, dass sie legitim bei Dunkelheit unterwegs war. Wer sie nicht kannte, wurde mitgenommen und eingesperrt. Den Umweg über die Station hatte sie aber nicht gehen wollen, zumal sie nicht wusste, was sie dort vorgefunden hätte. Obwohl sie bezweifelte, dass diese sich in der Hand der Kanadier befand.

Da sie sich restlos ausgelaugt fühlte, schob sie ihr Fahrrad den ansteigenden Weg hinauf. Plötzlich klirrte etwas unter ihren Schuhen. Im Mondlicht sah sie nach. Zu ihren Füßen lagen eine Menge Patronenhülsen, am Wegesrand, halb vom Gras verdeckt, sah sie einen flachen Stahlhelm – den eines Briten oder Kanadiers.

Sie presste die Zähne zusammen und ging schneller. Der Kies knirschte unter ihren Schuhen und den Fahrradreifen. Lagen hier, inmitten der Wiesen und Felder, verletzte und tote Soldaten beider Seiten? Waren sie übersehen worden? Oder waren die Soldaten zum Räumen und Bergen noch gar nicht bis hier herauf vorgedrungen? Weil an den Stränden – dort wo die Angriffswellen erfolgt waren – so viele Tote und Verwundete lagen, dass man noch mit ihrer Bergung beschäftigt war?

Cara rannte nun fast. Ihr Rad klapperte leise. Für sie sah die Landschaft seltsam verändert aus. Weil einige der von der Wehrmacht aufgestellten Zäune niedergerissen waren? Weil kleine Trupps von Soldaten ihre Spuren inmitten von Gras und Feldern hinterlassen hatten? Weil ein Baum, den sie passierte, aussah, als hätte er für ein Zielschießen herhalten müssen?

Endlich erreichte Cara die Hügelkuppe. Sie setzte sich auf den harten Sattel und trat wie wild in die Pedale. Trotz des diffusen Lichts jagte sie in Höchstgeschwindigkeit den ihr vertrauten Weg zwischen den Feldern hindurch, aufwärts, abwärts, über kurze, eben verlaufende Wegstrecken hinweg, dann ging es steil bergab. Sie bremste nicht ab. Den Blick hielt sie in Richtung Klippen gerichtet, dorthin, wo man bei Tageslicht die grasbewachsenen Felskuppen und das Meer sehen konnte; den Horizont. Dies sollte sie davon abhalten, all das wahrzunehmen, was da vielleicht am Wegesrand oder auf den Feldern zu sehen sein mochte.

Ihr Herz blutete. Wegen Waldemar, der tagtäglich diesem Horror ausgesetzt war – weit im Osten. Wegen all der Toten und Verstümmelten des Vortags auf beiden Seiten. Wegen all der Frauen und Kinder, die vergeblich auf die Rückkehr ihrer Ehemänner, Söhne, Väter … warteten. Auf beiden Seiten.

Wegen all der Ungerechtigkeiten und dem sich ständig vermehrenden Hass. Auf beiden Seiten. Und wegen der Liebe, die sie dennoch für all jene Menschen empfand, die sich ihre Feinde schimpften. Diese Liebe gab es sicher nicht nur in ihr, sondern auch in anderen Frauen und Männern. Auf beiden Seiten. Ihrer aller Liebe und Freundschaft, ihr füreinander empfundener Respekt und das gegenseitige Verständnis, der Wunsch nach einem friedlichen und wertschätzenden Miteinander war verraten worden. Seit Jahren war es einem immerwährenden Sterben ausgesetzt.

Die Stimmen derer, die etwas gegen diese Entwicklung hatten unternehmen wollen, waren immer leiser geworden. Sie starben. Aus Angst, aus Verzagtheit, in den Mühlen einer teuflischen Organisationsstruktur, die sich hinter einer Menge unterschiedlicher Buchstabenkürzel versteckte. Und wozu das alles?

Cara kam an die Stelle, wo der Feldweg in die reguläre Straße mündete. Sie bremste so abrupt ab, dass ihr Hinterrad auf dem Gemisch aus loser Erde, Steinen und Sand ausbrach. Schnell brachte sie das Vehikel unter ihre Kontrolle. Auf dem Sattel sitzend, die Füße links und rechts fest auf den Boden gestemmt, lauschte sie einem zunehmenden Brummen. Näherten sich nun, mehrere Stunden nach Ende der Kämpfe, nochmals Flugzeuge? Oder schickte die Luftwaffe als Vergeltungsschlag für den Angriff auf diesen Küstenstreifen Bomberstaffeln hinüber nach England? Vielleicht auch den Schiffen hinterher, denen es gelungen war, zu entkommen? Wenn sie nur gewusst hätte, wie die Lage vor Ort war!

Gleich darauf sah Cara, wie sich auf der Straße ein dunkler Koloss über die Hügelkuppe schob. Diesem folgten weitere. Die Lastenautomobile näherten sich ohne Licht und deshalb kriechend langsam.

Cara wich einige Schritte zurück, legte das Rad auf den Boden und kauerte sich daneben. Vier Fahrzeuge rollten dröhnend an ihr vorbei und bogen, sehr zu ihrer Verwunderung, in die unbefestigte Straße ein, die auch sie nehmen musste.

Befanden sich Isabelle und ihre Kinder in Schwierigkeiten? Wurden die dort stationierten Wehrmachtshelferinnen abgeholt, weil man sie nicht länger in dieser exponierten Stellung nahe der Küste belassen wollte – in Anbetracht der Gefahr, dass bald schon wieder feindliche Schiffe anlanden würden? Aber dafür wäre einer dieser Pritschenwagen ausreichend gewesen. Fuhr man eilig neue, unverbrauchte Truppen hierher, weil es dort bei den drei Häusern doch noch ein Widerstandsnest der Alliierten gab, das beseitigt werden musste? Dann wären Isabelle, die Kinder und Caras Kolleginnen in allerhöchster Gefahr gewesen.

All das Rätselraten brachte nichts. Also hob Cara ihr Rad auf und trat einmal mehr kräftig in die Pedale. Als sie endlich einen halbwegs freien Blick auf den Weiler hatte, sah sie, dass die Fahrzeuge nahe des mit großen Kassettenfenstern und vielen Schornsteinen versehenen Hauses parkten, das ihr als Kind immer wie ein erhabenes Herrenhaus erschienen war.

Cara verlangsamte ihre rasante Fahrt und bremste schließlich vor dem offenen, zwei Meter hohen Gusseisentor ganz ab. Nun, da die Motoren verstummt waren, vernahm sie ein stetes Stöhnen und Klagen, dem sich gelegentlich ein Schmerzensschrei beimengte. Sie wurde Zeuge, wie deutsche Soldaten bei einem der Fahrzeuge die Plane aufwickelten und die Ladeklappe öffneten. Im Licht einer einzelnen, abgeschirmten Lampe sah sie unzählige Arme, Beine, Körper und Köpfe.

Zwei Wehrmachtssoldaten warfen ihr grimmige Blicke zu, interessierten sich aber nicht weiter für sie, wohl weil sie trotz der schlechten Lichtverhältnisse ihre Uniform gesehen hatten. Einer von ihnen stieß mit dem Gewehrkolben gegen eins der

Beine und sagte schneidend und mit breitem alemannischem Dialekt: »Runter mit euch. Aber ein bisschen plötzlich!« Damit hatte Cara endlich Sicherheit über den Ausgang des Angriffs.

Die Gefangenen auf der Ladefläche rührten sich nicht.

»Wird's bald?«, schrie der andere die Soldaten an. Cara konnte sehen, wie sich zwei Männer aufrichteten. Sie trugen lose Kopfverbände, einer von ihnen auch einen bereits völlig durchgebluteten Verband an Arm und Hand. Diese beiden gehörten unverkennbar den alliierten Angreifern an. »Ich denke, wir sollen aussteigen«, sagte der mit der Dreifachverletzung auf Englisch.

»Halt den Mund und komm raus«, bellte der Soldat mit seinem breiten Dialekt erneut und stieß dem verletzten Gefangenen den Kolben so heftig gegen die Brust, dass dieser hintenüberstürzte. Ein anderer Mann, auf den er gefallen sein musste, schrie schmerzgepeinigt auf.

Cara lehnte entschlossen das Rad an die Backsteinmauer und schritt auf die Soldaten zu. Je näher sie kam, umso intensiver vernahm sie eine Melodie des Grauens. Stöhnen, Jammern, verzweifeltes Weinen.

»Die Männer haben nicht verstanden, was Sie von ihnen wollen«, sagte sie zu den Wehrmachtssoldaten. Beide musterten sie erst grimmig, dann neugierig. Der Ältere trat einen Schritt näher. »Ich kenne Sie. Von einem der Musikabende.«

Cara nickte nur. Sie interessierte sich nicht für die Männer, vielmehr wollte sie dafür sorgen, dass sie die Verletzten gnädiger behandelten. »Ich sage den Verwundeten jetzt, was sie tun sollen«, erklärte sie, legte die Hände auf den Pritschenrand und sagte auf Englisch: »Man möchte, dass Sie alle aus dem Wagen klettern. Machen Sie das bitte langsam. Die beiden Soldaten hier sind ziemlich nervös.«

»Danke, Miss«, lautete die Antwort eines Mannes, der klang, als hätte er eine ganze Reihe Rasierklingen verschluckt, so rau war seine Stimme. Ein Kanadier mit Offiziersabzeichen rutschte unbeholfen nach vorn. Erst nickte er ihr dankend zu, dann schien er zu erkennen, dass sie uniformiert war. Daraufhin wurde sein Blick hart.

»Ich bin zufällig gerade vorbeigekommen, vermute aber, dieses Gebäude soll eine Art Lazarett werden«, versuchte sie, mit dem Offizier ins Gespräch zu kommen. Vielleicht konnte er heraushören, dass sie ihm nicht feindlich gesinnt war.

»Was sagen Sie zu denen?«, bellte der aggressivere der beiden Soldaten Cara an.

»Ich habe ihnen nur gesagt, dass dies hier ein Lazarett wird, wo sie medizinisch versorgt werden. Das stimmt doch, nicht wahr?«

»Ja«, lautete die knappe Antwort.

Cara sah zu, wie immer mehr schmerzgepeinigte Männer ins Freie kletterten, teilweise unter tatkräftiger Mithilfe ihrer Kameraden. Die meisten von ihnen waren sehr jung – so wie ihre beiden Wächter. Eigentlich hätten sie zusammen Karten spielen, gegeneinander Fußballspiele bestreiten sollen. Ein Seufzen entwich ihrer Kehle. Daraufhin sah der britische Offizier sie wieder an.

»Ich hoffe, Sie dürfen alle bald zurück in Ihre Heimat«, sagte sie leise zu ihm. Die Kälte aus seinen Augen wich, dann nickte er ihr zu und ergriff einen seiner Untergebenen unter den Armen, da dieser sich kaum aufrecht halten konnte. Dessen Kopfverband leuchtete hell über dem schwarzen, lockigen Haar, sein kantiges Gesicht war von Schmutz und Blut bedeckt, sodass seine Züge noch mehr entstellt wirkten, als das bei diesen Lichtverhältnissen ohnehin der Fall war. Dennoch geschah etwas in Cara. Es war, als hätte jemand sie kräftig mit der Faust gegen den Arm geboxt, um ihre Aufmerksamkeit einzufordern. Vollkommen neben sich stehend sah sie zu, wie der Offizier dem muskulös gebauten Soldaten in Richtung Tür half.

Cara wollte ihnen gerade nacheilen, als jemand rief: »Fräulein Blitzmädel? Können Sie bei uns bitte ebenfalls übersetzen. Je schneller wir die Tommys im Haus haben, umso früher können wir uns unserem Schönheitsschlaf widmen.«

»Ja, sicher«, murmelte Cara und lief zum zweiten Fuhrwerk. Auch dort forderte sie die gefangenen Verwundeten auf, herauszukommen. Diejenigen unter ihnen, die dies allein zustande brachten, folgten ihren Worten umgehend, andere mussten getragen werden. Viele der Soldaten waren zu sehr von ihren Schmerzen, vielleicht auch von ihrer Angst über eine ungewisse Zukunft geplagt, als dass sie ihre Dolmetscherin beachteten. Einige jedoch musterten sie neugierig, ein paar regelrecht finster. Schließlich sah Cara ihre Aufgabe als erledigt an. Sie ging zurück zu ihrem Rad, schob es zu Isabelles Haus und betrat dieses in dem Augenblick, als der erste helle Schimmer über den Hügeln aufglomm und die Nacht vertrieb. Zumindest jene, die im steten Wechsel kam und ging. Die andere, die seit Jahren über diesem Teil der Welt herrschte, blieb.

* * *

Nach sechs Stunden Schlaf erhob sich Cara halbwegs erfrischt und fand sich kurz darauf in der Küche ein. Isabelle werkelte dort, ignorierte sie aber wie immer.

»Geht es dir und den Kindern gut? Ich hoffe, ihr hattet nicht zu viel Angst.«

»Vielleicht zu wenig«, murmelte Isabelle, was Cara die Stirn runzeln ließ. Dann nickte sie verstehend. Isabelle hätte es lieber gesehen, wenn hier weit mehr los gewesen wäre. Ihr hätte eine richtige Invasion besser gefallen. Mit Brückenköpfen, über die immer mehr Alliierte anlanden konnten, mit der Errichtung einer zweiten Front, die die Wehrmacht zwang, in Russland

Soldaten abzuziehen und hierher zu verlegen. Es hätte der Anfang vom Ende von Hitlers Weltmachtstreben sein können.

»Da magst du recht haben«, sagte sie ebenso leise.

Isabelle sah sie nicht an, hielt aber für einige Sekunden mit Kartoffelschälen inne.

»Das Manoir ist jetzt ein Lazarett«, informierte Cara Isabelle. »Vermutlich ausschließlich für alliierte Soldaten.«

»Ich weiß. Hier werden noch mehr von euch einquartiert. Rotkreuzschwestern diesmal.«

Cara freute sich, dass Isabelle mit ihr sprach und ihr Wissen mit ihr teilte.

»Die sind mir lieber. Und wie praktisch, dass gleich eine von euch ihr Zimmer freigemacht hat.«

Cara wirbelte herum, was Isabelle erschrocken zusammenzucken ließ. Für einen Augenblick hielt sie Caras Blick stand, das Messer dabei so fest umklammernd, dass ihre Knöchel weiß hervorstanden. Dann zuckte sie mit den Schultern und setzte ihre Arbeit fort.

»Frieda war immer höflich zu dir!«, fauchte Cara Isabelle an.

»Stimmt. Sie war halbwegs erträglich.«

Cara musterte das Profil der früheren Freundin und sah, wie ihre Gesichtsmuskeln arbeiteten. Sie nahm ihr die harte Frau nicht ab. Es war Isabelle nicht gleichgültig, dass jene Wehrmachtshelferin nun tot war, die sie und die Kinder wirklich anständig, ja zugewandt behandelt hatte. Isabelle mochte nicht den Schmerz in sich spüren, der in Cara eingesickert war wie Regenwasser in weichen Kalksteinfels, aber sie war nicht so hartherzig, wie sie sich gab. Das war nur eine Fassade, eine Schutzmauer, durch die sie auch Cara aussperrte, sehr zu ihrem Bedauern. Deshalb gab es kein Wort des Danks dafür, dass Cara sie zwei Nächte zuvor vor dem Ergriffenwerden gerettet hatte.

Isabelle fürchtete wohl, jenen Schutzwall gänzlich einzubüßen, wenn sie erst einmal einige Steine lockerte oder ganz entfernte.

»Ich habe beim Lazarett ein wenig übersetzt«, begann Cara, unterließ es dann aber, zu betonen, dass sie versucht hatte, die Lage der gefangenen Soldaten zumindest ein wenig zu verbessern. »Deshalb habe ich noch eine Mahlzeit mehr verpasst.« Prompt knurrte Caras Magen. Sie hatte seit dem Frühstück vor Schichtbeginn und dem alliierten Überfall am Vortag nichts mehr zu sich genommen.

Isabelle ignorierte ihre indirekte Bitte nach einer Kleinigkeit zu essen.

»Jetzt sei mal nicht so!« Cara warf die Arme in die Luft. Ihr temperamentvoller Ausbruch lockte den Anflug eines Lächelns bei Isabelle hervor. Sie hatte ihre großen Gesten beim Sprechen schon immer belustigend gefunden, ja sie sogar eine Zeit lang imitiert.

Cara wollte gerade fragen, ob sie sich selbst eine kleine Mahlzeit zubereiten durfte, da deutete Isabelle mit dem Schälmesser über ihre eigene Schulter in Richtung Vorratskammer. »Du weißt, wo das Essen ist.«

»Ich wollte nicht einfach –«

»Du wärst die Erste, die fragt, ehe sie etwas nimmt.«

»Du bekommst Ärger, wenn deine Lebensmittellisten nicht stimmen.«

»Tja«, machte Isabelle nur und verdeutlichte Cara damit, dass ihre Kolleginnen sich darum wenig scherten. Aber offensichtlich war Isabelle trickreich genug, all das, was die Wehrmachtshelferinnen eigenmächtig aus dem Vorrat holten, in die täglichen Verbrauchslisten einzuarbeiten, sodass niemand sie dafür bestrafte.

Die Helferinnen erhielten dieselbe Zuteilung wie die männlichen Kollegen, also auch Rasierwasser, eine Ration

Alkohol und Zigaretten. Letzteres war bei einigen von Caras Kolleginnen beliebt, anderes diente als Tauschmittel.

Cara konnte nur hoffen, dass Evelyne Isabelles Verschleierungspraxis nicht eines Tages durchschaute und der Haushälterin einen Strick daraus drehte – obwohl ja die ihr unterstellten Mädchen die eigentlichen Diebinnen waren und Isabelle das nur zu kaschieren versuchte.

Ihre französische Freundin kämpfte derzeit an vielen Fronten, und einmal mehr war Cara froh, dass sie vor Ort war, um sie ein wenig zu unterstützen. Sie holte sich eine Scheibe Brot und Käse, aß eilig und machte sich dann daran, beim Kartoffelschälen zu helfen, obwohl sie diese Tätigkeit wirklich hasste. Das hatte sich nicht geändert, seit sie und Isabelle als Kinder hin und wieder zur Mitarbeit in dieser Küche verdonnert worden waren, während die Jungen ihre Abenteuer hatten erleben dürfen.

»Gibt es noch irgendetwas in den Remisen, das besser verschwinden sollte?«, fragte Cara leise. Ein Rumoren im Haus verriet, dass sich einige Mädchen für ihre bald beginnende Schicht vorbereiteten.

»Nicht mehr«, lautete Isabelles Antwort.

Obwohl sie so knapp und hart wie üblich klang, meinte Cara einen Anflug von Freundlichkeit wahrzunehmen. Damit konnte sie leben – und weiterhin versuchen, ihrer plötzlich so mutigen Freundin und ihren Kindern beizustehen.

~Alexander, Konzentrationslager Dachau / Deutsches Reich~

Alexander war erst wenige Stunden im Lager gewesen, als er auf die Krankenstation verlegt worden war. Ein Arzt hatte ihn untersucht, dabei jedoch kein Wort mit ihm gewechselt. Jetzt lag er da, hilflos, schwach und umgeben von anderen

Erkrankten, von denen viele erschreckend ausgezehrt aussahen. Wobei er bei seiner Ankunft geglaubt hatte, noch weit jämmerlichere Gestalten gesehen zu haben. Aber vielleicht war das auch nur ein Konstrukt seiner Fantasie. Oder es war einer Art Fieberwahn geschuldet, denn Alexander hatte das Gefühl, dass die Stunden und Tage nur so an ihm vorüberzogen, geprägt von Schmerz, Hustenattacken und Schlaf, der keine Erholung mit sich brachte.

Plötzlich umringten ihn drei Männer. Sie sprachen über ihn, doch Alexander bekam nur Wortfetzen mit. Irgendjemand war verschwunden? Einer sagte etwas von einer privaten Rivalität. Und von unklarer Faktenlage. Von einem angesehenen, verdienten Bürger. Von langjähriger Parteimitgliedschaft. Als Alexander das nächste Mal aus diesem dickflüssigen Nebel auftauchte, der ihn umhüllte und von der Realität abschottete, waren jene Männer fort. Das Lager neben ihm war leer. Ob der Erkrankte genesen war? Oder war er gestorben?

Alexander war allein. Er fühlte sich allein. Verlassen von Gott und der Welt.

~Nicolas, bei Pourville-sur-Mer, Normandie/Frankreich~

Als Nic zu sich kam, gewann er den Eindruck, als säße ihm jemand auf der Brust. Jeder Atemzug schmerzte. Alle Geräusche drangen nur gedämpft zu ihm vor. Oder gab es derer gar nicht viele? Er schlug die Augen auf. Über ihm befand sich eine weißgraue, von Rissen durchzogene Zimmerdecke, verziert durch verschlungene Stuckranken. Es gab keinen blauen Himmel, keine sich jagenden Flugzeuge.

Verwirrt schloss er die Augen wieder und atmete vorsichtig durch. Er nahm weder den Gestank von abgefeuerten Waffen noch den Duft von sommersatten Wiesen wahr. Der Geruch, der ihm in die Nase stieg, war stechend. Unangenehm. Es roch nach … Urin? Gemischt mit etwas, das ihn an seine Mutter erinnerte, die oftmals erkältet war?

Nic riss die Augen wieder auf. Langsam drehte er den schmerzenden Kopf. Er sah eine Reihe Metallbetten. Darin lagen Soldaten mit Kopfverbänden. Zwei von ihnen kannte er flüchtig aus der A-Kompanie. Durch die Tür in seinem Sichtfeld schob sich ein übergewichtiger Mann in deutscher Uniform unter dem nicht mehr ganz weißen Arztkittel. Erneut schloss Nic die Augen. Offensichtlich war er verwundet und lag in einem Lazarett. Somit war er ein Gefangener.

Sein umnebelter Kopf brauchte einige Sekunden, bis ihm klar wurde, dass er am Leben war. Obwohl er das nicht sein durfte. Der Auftrag von Buddy, Silver, Jim, Frenchie, Lofty und Smokey – die anderen waren ja gefallen – lautete eindeutig, ihn und Jack zu töten, bevor sie in Gefangenschaft gerieten. Irgendetwas musste schrecklich schiefgegangen sein.

Wo wohl die anderen waren? Und Jack? War es ihm gelungen, die Leitungen der Freya-Station zu kappen und zurück auf eines der Schiffe zu gelangen? War er mittlerweile wieder auf See, die englische Küste vor Augen? Oder vielleicht schon drüben in London, um Bericht zu erstatten.

Wo war Osten? Und Cec? Wie lange war er selbst ohne Bewusstsein gewesen? Wussten die Deutschen, dass er Spezialist für Radartechnik war?

Vielleicht nicht, denn immerhin lag er hier inmitten der anderen Männer des Regiments, dem er sich angeschlossen hatte. Nic drehte den Kopf in die entgegengesetzte Richtung. Auch dort lagen verwunderte Soldaten.

Er vernahm das Rascheln von Kleidung, das leise Stöhnen eines Mannes mit Schmerzen und die tiefen Atemzüge seines Nebenmanns. Darüber legten sich die bellenden Anweisungen des Arztes, der zuvor den Raum betreten hatte.

Wie es aussah, hatte es geholfen, nicht seine RAF-Uniform mit den Rangabzeichen eines Warrant Officers zu tragen, sondern eine einfache Felduniform der Army. Niemand war auf den Gedanken gekommen, dass er etwas anderes sein könnte als ein Infanterist. Nic entspannte sich ein wenig. Vielleicht gab es eine Chance, heil aus der Sache rauszukommen.

Er hatte rasende Kopfschmerzen und das Atmen fiel ihm schwer. Je wacher er wurde, umso deutlicher nahm er wahr, dass auch mit seinem Bein etwas nicht stimmte. Er wollte sich aufrichten und an sich hinabsehen, doch die Bewegung verursachte einen grässlichen Schwindel in seinem Kopf.

Das Nächste, was Nic mitbekam, war, dass sich ihm der übergewichtige Arzt und eine pausbackige blonde Rotkreuzschwester näherten. Sie waren nur noch zwei Patienten entfernt. Nic konnte hören, wie die Schwester den Soldaten nach seinem Namen fragte. Ihre Sätze klangen ungeübt, ihr Wortschatz schien begrenzt zu sein, der Arzt sprach wohl überhaupt kein Englisch.

Nic presste die Lippen zusammen. Ob es vernünftig war, für sich zu behalten, dass er von hier stammte? Dass sein Englisch zwar gut, aber stark akzentbehaftet war, konnten die beiden vermutlich nicht heraushören. Und falls doch – es gab genug Kanadier, die mit französischem Akzent sprachen. Oder war es sinnvoller, mit offenen Karten zu spielen?

Die Blonde notierte den Namen, der ihr genannt wurde. Da der geschwächte Verwundete keine weiteren Auskünfte gab, schrieb sie die Daten auf dessen Erkennungsmarke ab. Gleich darauf wechselte das Gespann zu dem Mann direkt neben Nic.

Die Schwester wiederholte ihre Fragen nach Namen und Herkunft des Kanadiers. Dieser nuschelte, vermutlich fehlten ihm einige Zähne oder sein Kiefer war verletzt. Jedenfalls verstand Nic nicht, was der Mann sagte, und ganz sicher erging es den beiden Deutschen genauso.

Der Arzt mit dem rotbraunen Haar und dem Höcker auf der Nase tippte ungeduldig mit der Hand auf den Bettrahmen. Als er sich ein wenig umdrehte, weil einer der Verletzten weiter hinten an der Fensterfront plötzlich laut aufschrie, sah Nic den eingestickten Namen auf der Brusttasche des Kittels: »Biber«.

Aufregung machte sich in ihm breit. Unter halb geöffneten Lidern starrte er den Mann an. Doch er war zu alt, als dass Nic annehmen konnte, er habe Waldemar oder Alexander vor sich. Die Gesichtszüge des Arztes waren von einem Leben voller Genuss zu aufgequollen, um eine verwandtschaftliche Ähnlichkeit mit seinen ehemaligen Freunden feststellen zu können.

Nic fing seine davonfliegenden Gedanken ein. Es gab sicher mehrere Familien in Deutschland mit diesem Nachnamen. Zu vermuten, ausgerechnet ein Mitglied jener Familie Biber aus dem Schwarzwald vor sich zu haben, war abwegig.

Die Schwester wollte die Erkennungsmarke des nuschelnden Soldaten ergreifen, doch er trug keine. Da er sich offenbar eine schwere Verletzung an Hals und Gesicht zugezogen hatte, war die Kette vielleicht gerissen. Sie fragte nochmals nach dem Namen, aber auch jetzt blieb die Antwort kaum verständlich. Daraufhin schüttelte die junge Frau grimmig den Kopf. Da winkte der Arzt jemanden herbei, der sich außerhalb von Nics Sichtfeld befand. Die Person ging zwischen seinem Kopfende und dem Fenster vorbei und gesellte sich zu den beiden Deutschen. Die schlanke Frau in der Uniform einer Wehrmachtshelferin wandte ihm den Rücken zu.

Nic musterte sie missbilligend. Dass junge Frauen sich meldeten, um Kranke und Verwundete zu versorgen, fand er gut und richtig. Doch diese Wehrmachtshelferinnen waren aktiv am Krieg beteiligt. Zwar nicht mit einer Waffe in der Hand – zumindest hatte er derlei noch nicht gehört –, aber sie betrieben Suchscheinwerfer und Flaks, ersetzten männliche Funker und weitere Fachkräfte, damit jene Männer frei wurden für Hitlers Kampf um mehr Lebensraum.

Sein Blick glitt an der Frau nach oben. Unwillkürlich zuckte er zusammen. Das graublaue Schiffchen saß keck schräg auf aufgestecktem Haar. Dieses leuchtete in der Sommersonne wie eine rote Warnleuchte. Ein paar widerspenstige Strähnen hatten sich nicht einfangen lassen, sondern kringelten sich im Nacken der Frau und umspielten ihr Gesicht.

Sosehr Nic auch hoffte, dass die drei sich nicht für ihn und seine Identität interessierten – zumal er eine Erkennungsmarke der RCAF um den Hals trug, obwohl er in einer Army-Uniform steckte –, so innig wünschte er sich, diese junge Frau würde sich umdrehen. Er wollte ihr Gesicht sehen.

Nic schalt sich selbst einen Narren. Seine Cara hätte sich *niemals* freiwillig zum Kampf gegen die halbe Welt gemeldet. Seine Cara war nicht hier an der Alabasterküste. Seine Cara war weit weg. Im Schwarzwald auf einem einsam gelegenen Gutshof, der hoffentlich nie von einem RAF-Bomber oder einer amerikanischen Flugzeugcrew als Ziel auserkoren werden sollte!

»Kannst du das Gemurmel des Kerls verstehen?«, fragte der Arzt die Wehrmachtshelferin auf Deutsch. Das zumindest glaubte Nic, verstanden zu haben, zumal sich die Frau nun über den Verletzten beugte. Ihr Englisch war nahezu perfekt, ihre Stimme wohlklingend und warm. Aber auch sie hatte gewisse Verständigungsschwierigkeiten mit dem stark nuschelnden Soldaten. Allerdings erlaubten ihr ihre Sprachkenntnisse, vertiefende Fragen zu stellen. So diktierte sie der Rotkreuzschwester schließlich die Personalnummer, war sich bei zwei Ziffern aber nicht sicher, ob sie diese richtig mitbekommen hatte. Dann sagte sie: »Regina. Ich habe Regina verstanden. Das ist vielleicht seine Ehefrau.«

»Das ist der Ort, aus dem er stammt«, fühlte sich Nic genötigt, zu erklären. Alle drei drehten sich zu ihm um. »Regina ist die Hauptstadt der Provinz Saskatchewan in Kanada.« Er brachte die englischen Worte irgendwie hervor. Wie, das war ihm selbst unklar. Denn vor ihm stand Cara.

Ihre hohen Wangenknochen waren unverkennbar, die Sommersprossen, die kleine gerade Nase und das Funkeln, das in ihren einzigartig schönen, goldbraunen Augen tanzte. Als amüsierte sie sich darüber, dass die Kanadier ihrer Provinzhauptstadt einen Frauennamen gaben. Oder wusste sie, dass man die Stadt früher Knochenhaufen genannt hatte, wegen der dort gefundenen großen Anzahl an Bisonknochen? Dass sie zu Ehren von Königin Victoria nun Regina hieß, dem lateinischen Wort für Königin? Oder hatte sie ihn ebenfalls sofort erkannt?

Offenbar gefiel dem Arzt nicht, dass Nic ihn ignorierte. Vielleicht meinte er aber auch, die Frau beschützen zu müssen, weil Nic sie förmlich mit den Augen verschlang. Jedenfalls schob er sich zwischen ihn und sie. Am liebsten wäre Nic aus dem Bett gesprungen und hätte den aufgedunsenen Kerl beiseitegeschoben. Nichts davon konnte er tun. Dabei wollte er Cara doch unbedingt ansehen.

Er hatte sie mit weniger weiblichen Rundungen in Erinnerung. Erste Fältchen zeigten sich um ihre Augen, wie ihre Mutter es ihr oft angekündigt hatte, weil sie sich ständig ungeschützt der Sonne aussetzte. Auch meinte er, einen Anflug von Melancholie, ja Trauer an ihr wahrzunehmen. Früher hatte er sie immer heiter, ungezügelt wild, ja herausfordernd selbstbewusst erlebt. Nun schien es ihr nichts auszumachen, dass dieser Arzt sie regelrecht beiseite, ja in den Hintergrund drängte. Die kräftige Statur des Mannes verbarg Cara vollständig vor ihm. Unwillkürlich ballte Nic die Hände zu Fäusten.

Sein Unverständnis für ihre Entscheidung, als Wehrmachtshelferin zu dienen, prallte gegen lange verdrängte Sehnsucht. Schmerz, nicht nur der, den er am ganzen Körper verspürte, duellierte sich mit zu lange unterdrückter ungezügelter Zuneigung.

Warum nur steckte sie in dieser grauenhaften Uniform? Was machte sie hier an der Küste? Weshalb spielte sie nicht an einem sicheren Ort Klavier?

Sie bewegte sich. Er sah kurz einige ihrer roten Locken, zarte Haut, betupft von Sommersprossen, den Ärmel ihrer Uniform. Das Abzeichen darauf riss ihn regelrecht in die Senkrechte. Sie gehörte zur Luftwaffe. Luftmessdienst. War sie womöglich …? Nein, das konnte nicht sein! Sie arbeitete doch nicht etwa dort oben in der Radarstation!

Sein reges Gehirn drohte, vor lauter Fragen und Erkenntnissen zu platzen. Erst jetzt wurde ihm so richtig bewusst, dass er keine Ahnung hatte, ob Cec, Jack und all die anderen Kameraden überhaupt noch lebten. War Cara womöglich dort oben gewesen, als sie versucht hatten, den Hügel zu erklimmen und die RDF-Station zu stürmen? Wäre sie jetzt tot, wenn es ihnen gelungen wäre? Denn so hatte der Befehl gelautet: Keine Zeugen in der Station!

Die Rotkreuzschwester baute sich vor ihm auf, während der Arzt einer Schwester, die in der Tür stand, einige Anweisungen zurief. Daher hatte Cara keine Chance, ihn zu hören, als er bereitwillig seinen Namen angab. Anschließend nannte er seine Blutgruppe, seine Religionszugehörigkeit und seine Personalnummer, all das, was auf seiner Erkennungsmarke stand. Nur das Kürzel der Royal Air Force behielt er für sich.

Trotzdem beugte sich die Blonde zu ihm herunter und zog an der Kette um seinen Hals. Er war nur noch einen Bruchteil einer Sekunde von wirklich unangenehmen Fragen und weitreichenden Folgen entfernt. Zumal nun gleich drei Luftwaffenoffiziere hereinstürmten und dem Arzt zuriefen, dass sie die Gefangenen befragen mussten. Man habe am Strand einen Befehlsplan der Kanadier gefunden. In ihm hieß es, dass bei dem Angriff ein Radarspezialist den Auftrag gehabt habe, das Freya-Gerät 28 zu untersuchen. Dieser Mann müsse unbedingt ergriffen werden!

»Machen Sie nur«, rief Biber zurück und wandte sich dann wieder an die Rotkreuzschwester: »Wir haben hier alle Daten. Gehen wir zum Nächsten.« Die Frau gehorchte augenblicklich. Reaktionsschnell legte Nic eine Hand über die Kette und einen Teil der ersten Marke, die eckig und dunkler war als ihr rundes Gegenstück. Der Arzt hatte die Schwester gerade noch rechtzeitig fortgeschickt, ehe sie einen Unterschied zu den anderen Erkennungsmarken hatte erkennen können. Die Hitzewelle, die durch ihn hindurchpulsiert war, kühlte wieder ab.

»Hast du etwas Zeit, Carolina?«, fragte Biber, als er sich bereits abgewandt hatte. »Du könntest hier hilfreich sein.«

»Ein wenig«, gab Cara ernst zurück. Der Arzt, inzwischen musste Nic doch von einem Verwandtschaftsverhältnis ausgehen, sah sie prüfend an. »Tut mir leid, dass du da oben bei der Station eine Kollegin verloren hast.«

Tränen schossen in Caras Augen und trübten das Goldbraun ein. Nic bedauerte es, für diesen Schmerz mitverantwortlich zu sein.

»Aber ich bin froh, dass du rechtzeitig weggeschickt wurdest und dich in den Feldern verstecken konntest.«

Cara nickte. Noch immer ignorierte sie Nic, sodass er sie ungehindert ansehen konnte. Wie gern hätte er sie jetzt tröstend in die Arme gezogen. Aber vermutlich hätte sie ihn von sich gestoßen. Denn er war der Feind. Und im Gegensatz zu ihm schien sie ihn nicht erkannt zu haben. Dass sie ihren einstigen … Verehrer längst vergessen hatte, schmerzte ihn mehr, als er zugeben wollte.

Als sie Biber und der Schwester folgte, hielt sie die Hände im Rücken verschränkt. So sah er, dass sie keinen Ring trug.

Cara war weder verlobt noch verheiratet. Aber dennoch für ihn unerreichbar.

Obwohl die Schmerzen in seinem Bein beinahe unerträglich waren, drehte er sich so, dass er sie beobachten konnte. Sie übersetzte, wo es nötig war. Manchen der jüngeren Soldaten schenkte sie sogar ein aufmunterndes Lächeln. Nic seufzte erleichtert auf. Auch wenn sie ihn vergessen haben mochte und auf die irrwitzige Idee verfallen war, Hitlers Krieg zu unterstützen, so trug sie doch noch immer jenes weite Herz in sich, das er so sehr liebte.

Leider waren die drei in diesem Raum bald fertig damit, die Personalien aufzunehmen. Gleich würde Cara gehen, und vermutlich waren dies die letzten Augenblicke, in denen er sie nochmals ansehen durfte. Danach bestand wohl keine Chance mehr auf ein Wiedersehen.

Wie gern hätte er sich zu erkennen gegeben. Doch das war zu gefährlich. Für ihn und vielleicht sogar für die Frau, die er früher geliebt hatte. Die er liebte, so verrückt das auch war.

Auf dem Weg zur Tür gingen die drei hinter ihm vorbei. Cara blieb am Bett des Mannes mit der Gesichtsverletzung zurück. Wollte sie noch einmal versuchen, seinen Namen herauszubekommen?

Als Biber und die Schwester fast die Tür erreicht hatten, hörte Nic, wie sie etwas flüsterte. Doch die Worte waren nicht für den Kameraden bestimmt. Denn was sie da sagte, konnte einzig und allein er verstehen. Und das nicht nur, weil sie auf ihre Muttersprache zurückgriff.

»Das kannst du aber besser.«

19

~Carolina, bei Pourville-sur-Mer, Normandie/Frankreich~

Nicolas Poulin war hier. Mit den kanadischen Truppen. Die Dieppe überfallen hatten. Verwundet. Aber am Leben. Sie war verwirrt. Mehr als das.

In Caras Kopf herrschte ein heilloses Chaos, von ihrem Herzen ganz zu schweigen. Sie blieb außerhalb des Manoir-Grundstücks stehen, die Hände auf ihre Brust gepresst, wo ihr Herz wild und ungezähmt pochte.

Nic sah verändert aus. Älter. Männlicher. Dennoch hatte sie ihn sofort erkannt und nicht einen Augenblick lang daran gezweifelt, ob sie richtig lag. Sie hätte sich ihm beinahe in die Arme geworfen. Wie gut, dass sie sich hinter August hatte verstecken können, bis sie sich zumindest halbwegs wieder im Griff gehabt hatte.

Mit fliegenden Schritten, sodass der Uniformrock um ihre Beine wirbelte, rannte sie an Isabelles Hauseinfahrt vorbei auf den roséfarbenen Horizont zu. Knapp vor der Abbruchkante der Klippe hielt sie inne und sackte wie kraftlos zu Boden, beide Hände vor das Gesicht geschlagen.

Ja, sie hatte immer gewusst, dass sie in Nic verliebt gewesen war und dass sie nahezu verzweifelt an den wunderschönen Erinnerungen an damals hing. Wie groß der Wunsch in ihr war, Nic wiederzusehen. Aber nicht einmal annähernd hätte sie vermutet, dass sie so heftig auf ein Wiedersehen mit ihm reagieren könnte. Sehnsucht war so rasend schnell, schäumend und quirlig in sie hineingeflossen, wie hier die Flut kam und das Felsenlabyrinth füllte. Dabei wusste sie nichts über den erwachsenen Nic. Was er über sie dachte, ob er womöglich verheiratet war und Kinder hatte.

Cara blickte über ihre Fingerspitzen hinweg aufs Meer hinaus. Die britischen Schiffe waren alle wieder fort, diejenigen, die zerschossen und ausgebrannt waren, hatte man an Land gezogen. Von hier oben konnte sie weder ihre Wracks noch die der beschädigten Churchill-Panzer sehen. Jene mit den extra langen, nach oben gebogenen Auspuffrohren, mit denen sie ein Stück weit durchs Wasser fahren konnten. Ja, die Schiffe waren alle wieder fort, doch Nic war hier.

Er war Teil derer, die Deutschland empfindlich zu schlagen versucht hatten. Er wollte seine frühere Heimat befreit wissen – wobei der Angriff am Vortag keine wirkliche Invasion dargestellt hatte. Das besagten auch die Handzettel, die überall verteilt worden waren. Was also hatte das Bündnis aus Kanadiern, Engländern, Amerikanern, Polen und Exilfranzosen hier gewollt?

Cara blickte an der mal nach vorn verschobenen, mal tiefe Einschnitte bildenden Klippenküste entlang, hinüber zu jenem Felsen, auf dem sich die Radarstation befand. Silberne Drähte blitzten in der hoch am Himmel stehenden Sonne auf.

Ein Kommandotrupp hatte dort hinaufgewollt. Mit einem alliierten Radarexperten. Es hieß, der ganze Überfall an sich sei leichtsinnig, ja von den Alliierten schlecht geplant gewesen.

Trotzdem habe ein Selbstmordkommando die Radarstation stürmen wollen. Und weshalb?

Angeblich hatte ein einzelner Mann – oder eine kleine Gruppe – die Telefonverbindungen der Station durchschnitten. Daraufhin hatte man wieder auf den herkömmlichen Funk umstellen müssen, der schon immer in der Gefahr gestanden hatte, abgehört zu werden. War genau dies das Ziel der Operation gewesen? Ihre Flugabwehr zu schwächen, damit die mit Bomben bepackten Flugzeuge der Royal Air Force nicht mehr so häufig abgefangen werden konnten? Es hieß, die Engländer seien ganz versessen darauf, das deutsche Radarsystem zu verstehen, es zu kopieren, zu stören …

Die verstärkten Sicherungsmaßnahmen hatten dies erfolgreich verhindert. Niemand hatte in das Herz der Anlage eindringen können. Wären demnach auch sie und Frieda dort sicher gewesen? Herzensgute, verliebte Frieda!

Tränen traten in Caras Augen, rollten über ihre Wangen und tropften auf ihre Uniformbluse. Bei jedem Gedanken an die Freundin brach sie in Tränen aus. Dabei war sie dafür überhaupt nicht der Typ. Sie war niemand, der schnell und viel weinte oder sich lange mit Situationen aufhielt, die er nicht ändern konnte. Vielmehr ging sie stets energisch daran, das Problem zu lösen. Sie verstand es, Unangenehmes rasch abzuschütteln und frohen Herzens weiterzumachen. Oft genug hatte sie irgendwelchen Gefahren ins Gesicht gelacht. Cara schüttelte über sich selbst den Kopf. So war sie nicht mehr, seit Alexander verhaftet worden war. Nicht mehr, seit sie mit Isabelle um ihren Ehemann trauerte, sich um die Freundin und deren wunderbare Kinder sorgte. Nicht mehr, seit sie … Nic gesehen hatte.

Ob er sie erkannt hatte? Er hatte sie unübersehbar angestarrt, ja. Aber vielleicht hatte er sie nicht einzuordnen vermocht. Immerhin war nicht nur er inzwischen erwachsen, sondern sie ebenfalls. Auch sie hatte sich verändert. Ob er ihre geflüsterten Worte gehört hatte, jene, mit denen sie ihn früher immer aufgezogen hatte? Erinnerte er sich überhaupt an diese? Wusste er zumindest jetzt, wer sie war?

Es hatte so viel Schmerz in seinen Augen gestanden. Und etwas anderes … Unverständnis? Ekel?

Cara zupfte an ihrem Uniformrock herum. Sie verstand durchaus, weshalb er dies empfand. In seinen Augen gehörte sie zum Feind. Sie trug die Uniform derer, denen er sich entgegenstellte. Die er aus seiner früheren Heimat zu verjagen versuchte, die es zu besiegen galt, um die Welt wieder zu einem friedlicheren, schöneren Ort zu machen. Er konnte ja nicht wissen, wie sehr sie sich ebenfalls danach sehnte. Ob sie womöglich mal mit ihm sprechen konnte, ohne dass eine Krankenschwester oder ein Arzt dabei waren?

Das Motorengeräusch eines Automobils veranlasste Cara, sich umzudrehen. Ein schwarzer Mercedes näherte sich den drei Gebäuden, fuhr aber nicht zum Lazarett, sondern in die Hofeinfahrt von Isabelle. Cara runzelte die Stirn. Was hatte das nun wieder zu bedeuten?

Als gleich vier Männer in SD-Uniform ausstiegen, sprang sie alarmiert auf. Die Gestalten rochen bis zu ihr auf die Klippe herauf nach Ärger. Cara rannte los, wobei sie den schmalen Trampelpfad einschlug, der sie zum Gartentürchen brachte. Sie sah, wie die Männer sich aufteilten. Nur einer betrat das Haus durch den Hauseingang. Zwei stiegen über die Mauer in den Garten, ein dritter umrundete das Gelände und sah sich suchend um. Obwohl sie so schnell wie möglich zu Isabelle wollte, zwang sich Cara, nur noch schlendernd voranzugehen. Sie durfte keine Aufmerksamkeit auf sich ziehen. Der Mann außerhalb des Grundstücks sah sie kommen und hielt sie schließlich auf. »Wer sind Sie?«

Cara nannte ihren Namen und erläuterte, dass sie hier zusammen mit anderen Luftwaffenhelferinnen untergebracht war. Der Kerl mit dem pockennarbigen Gesicht schien das durchaus zu wissen, weshalb sich Cara fragte, ob das RSHA nicht deutlich mehr über die geheimen Radaranlagen wusste, als die Luftwaffe annahm.

»Wo kommen Sie her?«, forschte der Mann weiter nach.

»Ich war dort drüben auf der Klippe«, sagte Cara wahrheitsgemäß und mit gelassenem Tonfall, innerlich stand sie regelrecht unter Strom. Sie hatte keine Ahnung, was im Garten und im Haus vor sich ging. Sie wollte zu Isabelle und den Kindern.

»Was haben Sie da gemacht?«

»Ich habe die Aussicht aufs Meer genossen. Und mich etwas ausgeruht. Der gestrige Tag war … herausfordernd.«

Der Mann nickte, als könnte er das nachvollziehen. Dabei war sich Cara sicher, dass er während der Kampfhandlungen nicht vor Ort gewesen war. Vermutlich war er erst heute aus Paris herübergekommen. Doch zu welchem Zweck? War Isabelle aufgeflogen? Weil einer ihrer Mitstreiter unter Folter andere Mitglieder seiner Gruppe verraten hatte?

»Darf ich erfahren, was Sie hier machen?«, fragte Cara bemüht ruhig.

»Nein, das geht Sie nichts an. Sie dürfen reingehen, müssen aber im Haus bleiben. Oder müssen Sie demnächst zum Dienst?«

»Erst später«, entgegnete Cara. Der Mann hatte sich ein wenig entspannt. Offensichtlich war ihre Frage genau richtig gewesen. Es hätte wohl verdächtig gewirkt, nicht nachzufragen.

»Der Feind erhält aus der Gegend immer wieder Funksprüche. Wir sind schon länger hinter einigen Franzosen her, die gegen uns agieren«, verriet der Uniformierte nun doch. »Wissen Sie etwas darüber?«

Cara schüttelte verneinend den Kopf und ließ den Mann stehen, der außerhalb des Grundstücks blieb, während sie durch das kleine Tor den Garten betrat. Panik lief in kalten Wellen durch sie hindurch. Sie musste sich zwingen, nicht zu rennen. Als sie endlich die nur angelehnte Küchentür erreichte, hörte sie, wie ein Gestapomann Isabelle anherrschte. Er war älter als der Kerl draußen, einige Strähnen seiner blonden Haare wirkten gelb. Er sprach offenbar kein Französisch, Isabelle tat weiterhin so, als verstände sie kein Deutsch. Wie fassungslos hatte sie die Arme zur Seite ausgebreitet und sagte immer wieder, dass sie nicht wisse, was er von ihr wolle.

Tayla hatte sich unter dem Küchentisch verkrochen, beide Arme um ein Tischbein geschlungen. Ihr Gesicht war tränennass, dennoch gab sie keinen Laut von sich. Doch wo war Cedric? Hatte er sich besser verstecken können als seine erst zweijährige Schwester?

»Was ist denn hier los?«, fragte Cara und trat ein.

»Wir suchen nach einem versteckten Funkgerät«, bellte der Mann sie an.

»Konnten Sie hier eines orten?« Aufgebracht funkelte Cara Isabelle an. Sie war doch hoffentlich nicht so leichtsinnig gewesen, einem Résistancefunker zu erlauben, von hier aus nach London zu funken? War das Gerät womöglich in einem der Nebengebäude versteckt?

»In der Nähe«, gab der Gestapomann zurück.

»›In der Nähe‹ ist nicht hier«, konterte Cara.

»Oh doch!«

»Hören Sie, Herr …?«

Der Mann starrte sie aus braunen Augen wütend an. Seinen Namen sagte er ihr nicht. Cara zuckte übertrieben gleichgültig mit den Schultern, ehe sie fortfuhr: »Ich arbeite bei der Luftwaffe im Funkmessdienst und kenne mich ein wenig mit der Materie aus. Wenn irgendjemand dort draußen auf den Klippen oder in einer der Klippenspalten Funksprüche sendet, können Sie das angepeilte Signal nur ungefähr dieser Gegend zuordnen. Wir Luftwaffenhelferinnen wechseln uns in drei Schichten ab. Wir kommen und gehen, auch nachts. Diejenigen von uns, die frei haben, halten sich im Gebäude und im Garten auf. Wir hätten es bemerkt, wenn hier etwas nicht mit rechten Dingen zuginge.«

»Vielleicht sollten wir *Ihnen* nicht trauen.« Die Stimme kam von der Küchentür. Cara drehte langsam den Kopf. Der Kerl, der sie draußen angesprochen hatte, stand im Türrahmen und machte sich dabei so breit, als wollte er ihr einen möglichen Fluchtweg versperren. Was lächerlich war. Sie wäre keine drei Meter weit gekommen, ohne dass einer der vier Eindringlinge ihr zuvor eine Kugel in den Rücken gejagt hätte.

»Oui«, hörte sie Isabelle sagen. Cara war, als stockte ihr das Blut in den Adern. Wollte Isabelle sie ans Messer liefern, indem sie plötzlich zugab, doch Teile der in Deutsch geführten Unterhaltung zu verstehen? Indem sie Cara bezichtigte, gegen die eigenen Landsleute zu agieren, das Deutsche Reich zu verraten? Machte sie das, weil sie sich und vor allem ihre Kinder beschützen wollte?

Cara spürte Wut in sich aufsteigen. Wenn sie sich für diese kleine Familie in Gefahr brachte, tat sie das aus freien Stücken. Es war ihre Entscheidung, nicht aber die von Isabelle.

Die beiden Männer blickten die Französin halb irritiert, halb hilflos an, dann taxierten sie erneut Cara.

»Sie kam von den Klippen«, sagte der Pockennarbige. »Vielleicht hat sie das Funkgerät runtergeworfen.«

»Sag ihnen, dass ich manchmal nachts jemanden über die Klippen klettern sehe«, sagte Isabelle auf Französisch zu Cara.

»Sie soll …« Der Ältere brach ab, fluchte unflätig und fauchte dann seinen Kollegen an: »Warum ist Franz nicht hier? Wir brauchen einen Dolmetscher.«

»Wir nehmen einfach beide mit.«

»Ich spreche Französisch«, ging Cara schnell dazwischen. »Frau Aubertin hat mir gerade anvertraut, dass sie nachts gelegentlich jemanden hat über die Klippen klettern sehen.«

»Das können wir nun glauben oder auch nicht.« Der Jüngere trat vor und packte Isabelle grob am Arm. Er bog diesen nach hinten, sodass sie vor Schmerz aufschrie. Tayla jammerte und erhielt dafür einen Tritt.

»Sie sollen meine Kinder in Ruhe lassen!«, schrie Isabelle.

»Was sagt sie?«, fragte der Ältere.

»Sie bittet Sie darum, das Kind nicht zu treten. Ich kann diese Bitte nur unterstützen. Frau Aubertin ist eine angenehme Haushälterin und Köchin. Sie unterstützt uns, wo sie kann, und ihre Kinder haben eine solche Behandlung nicht verdient.«

»Wer was verdient, entscheiden wir, nicht Sie, Blitzmädchen.«

Cara hörte die Geringschätzung in der Stimme des Pockennarbigen. Sie stemmte die Hände in die Seite und ignorierte Isabelles warnenden Blick.

»Vielleicht hat Ihre Mutter Ihnen nicht beigebracht, wie man sich Damen gegenüber verhält, aber vermutlich hatten Sie einfach zu wenig Respekt vor ihr und behandeln darum andere Frauen in gleicher Weise. Wir alle hier, die Helferinnen und unsere Hauswirtin, leisten wertvolle kriegswichtige Arbeit. Erst gestern befanden wir uns mitten in Kampfhandlungen und haben dabei sogar eine Kollegin verloren. Wo waren Sie gestern? In Sicherheit? Weit weg von hier? Ich denke, wir haben einen gewissen Respekt, wenn nicht gar Dankbarkeit verdient.«

Der Kerl schleuderte Isabelle auf seinen Kollegen und baute sich drohend vor Cara auf. In diesem Moment ging die Tür zur Halle auf. Evelyne trat ein, gefolgt von einem dritten Gestapomann.

»Meine Kollegin hat recht. Treten Sie bitte zurück!«, fuhr Evelyne den Pockennarbigen an, das Nicken des Mannes hinter ihr ließ diesen tatsächlich entsprechend handeln.

»Gehen wir in mein Büro«, schlug Evelyne vor. Sie klang noch immer hart und unnachgiebig. Offenbar – und das freute

Cara – stellte sie sich als ihre Führerin schützend vor sie. In diesem Fall war es Evelyne egal, dass sie beide gelegentlich ihre Probleme miteinander hatten.

»Wir lassen die Französin besser nicht aus den Augen«, bellte der Ältere.

»Diese Frau ist harmlos. Eine Mutter, die ganz sicher niemals ihre Kinder in Gefahr bringen würde, und zudem unsere Haushälterin. Sie kommt hier nie weg, weil alle Lebensmittel angeliefert werden. Dieses Haus liegt so weit abseits, dass ich oder eine meiner Kolleginnen es bemerken würden, wenn sie Kontakt zu jemandem außerhalb unterhielte. Ihre Kinder gehen noch nicht mal zur Schule, also besteht auch dahingehend keine Möglichkeit einer Kontaktaufnahme. Nun lassen wir mal die Kirche im Dorf und überlegen gemeinsam, welche Alternativen es gibt.«

»Ich gehe zu den Klippen und prüfe, ob dort jemand ein Funkgerät versteckt hat. Oder gerade entsorgt.« Der Jüngste warf Cara einen grimmigen Blick zu.

»Tun Sie das.« Der Wortführer stapfte davon, offenbar erwartete er, dass der Blonde und Evelyne ihm unverzüglich folgten.

»Sammeln Sie besser mal Ihr anderes Balg ein. Nicht dass der Junge Schwierigkeiten bekommt«, empfahl Evelyne Isabelle auf Französisch. Dann nickte sie Cara zu und verließ ebenfalls die Küche.

Cara konnte sehen, wie Isabelle förmlich in sich zusammenfiel. Als Tayla jedoch auf sie zugerannt kam, ging die Mutter in die Hocke und nahm sie hoch. Der Pockennarbige trat durch die Küchentür zurück in den Garten. Isabelle zischte hinter ihm her: »Hoffentlich trittst du auf eine von euren Minen!«

Cara schüttelte den Kopf. Sie hatte angenommen, Isabelle habe die Männer auf die Klippen und die unterhalb gelegene, versteckte Bucht hingewiesen, weil sie den Landeplatz inmitten der Felder schützen wollte. Aber vielleicht lag sie da falsch.

»Wo ist Cedric?«

»Oben. Er hat ein wenig Fieber.«

»Dann geh zu ihm und bleib dort. Vermutlich durchsucht der vierte Mann schon das Haus.«

»Und die Mahlzeit?«

»Niemand wird dir deshalb Probleme machen. Wir bekommen ja am eigenen Leib zu spüren, wie unmöglich die Männer sich aufführen.« Cara trat nahe zu Isabelle, die mit dem Oberkörper zurückwich, als müsste sie unbedingt jede Berührung mit ihr, der deutschen Frau, vermeiden. »Da ist doch nichts in den Nebengebäuden?«

»Wie ich schon sagte: nichts mehr.«

»Das muss aufhören, Isabelle. Du bringst nicht nur dich und mich in Gefahr, sondern auch deine beiden Kleinen.«

»Zum allerersten Mal finde ich es gut, dass diese Evelyne Haare auf den Zähnen hat.« Isabelle, die gelegentlich wegen Evelynes harscher Art zusammengezuckt war, drückte Tayla fest an sich, verließ aber nur zögernd ihre Küche. Cara konnte das nachvollziehen, immerhin wusste die Französin nicht, wo im Haus sie als Nächstes auf einen rüpelhaften Deutschen stoßen konnte.

Da Cara nicht nochmals auffallen wollte, unterließ sie es, an Isabelles statt die Mahlzeit vorzubereiten. Sie ging in den sonnendurchfluteten Garten und setzte sich auf einen der Liegestühle. Von dort konnte sie zusehen, wie der Gestapomann die Klippen erstieg und bald in eine der tief eingegrabenen Spalten kletterte. Normalerweise wünschte Cara niemandem etwas Schlechtes, dennoch verspürte sie in diesem Augenblick den Wunsch, dass der weiche Kalkstein genau jetzt abbrechen möge. So wie damals unter Alexanders Gewicht.

Sie seufzte laut auf und schloss die Augen, um Gott für diesen üblen Gedanken um Verzeihung zu bitten. Die Ereignisse der vergangenen Tage setzten ihr zu und gingen mit ihren Gefühlen um, als säße sie in einer jener Achterbahnen. Sie konnte nur hoffen und beten, dass die Gestapomänner bald wieder wegfuhren und ihr Leben fortan zumindest ein klein wenig ruhiger verlaufen durfte.

Über diesen Wunsch musste sie leise auflachen. Sich ein Dasein zu erhoffen, das beschaulich verlief, widersprach allem, was sie bisher gelebt und gewollt hatte. Und da behauptete Alexander immer, sie könne sich niemals ändern.

Alexander … Wo er jetzt wohl war? Wie es ihm erging? Und Emmi und den Kindern? Ihren Eltern? Vielleicht sollte sie die derzeitige Lage nutzen und darum bitten, ein Telefongespräch führen zu dürfen. Vielleicht konnte sie mit dem Förster, der einen Anschluss besaß, einen gemeinsamen Telefontermin mit ihrer Familie ausmachen. Sie wollte ihren Lieben gern mitteilen, dass sie den Überfall gut überstanden hatte. Anders als Frieda … Und wieder kamen ihr die Tränen.

~Emmi, Gutshaus im Schwarzwald / Deutsches Reich~

Die Kellergäste waren noch immer im Haus, da ihr Schwiegervater nicht wusste, wo er sie sonst unterbringen konnte. Sein Kontaktmann, zu dem er früher schon einmal einen Gast weitergereicht hatte, war verhaftet worden. Albert hatte nie wieder etwas von ihm gehört. Und genau das war es, was Emmi zunehmend den Schlaf raubte.

So gern sie Esta, Aleph und Maler, besonders aber Fitzi hier wusste, sie bedeuteten eine Gefahr für sie und ihre Kinder. Dennoch brachte sie es nicht übers Herz, darauf zu bestehen, dass sie das Gutshaus verließen. Wo sollten sie auch hin? Sie wegzuschicken, wäre vermutlich ihrem Todesurteil gleichgekommen.

Und dann war plötzlich erneut ein SS-Mann aufgetaucht und hatte ihr eine Holzkiste mit all jenen Briefen überreicht, die sie und ihre Schwiegereltern an Alexander verfasst hatten, dazu allerlei Päckchen für den Inhaftierten. Diese Kiste hatte auch Briefe von Alexander aus dem Gefängnis enthalten, und so hatte Emmi schließlich erfahren, dass es ihrem Mann von Woche zu Woche schlechter ergangen war.

Obwohl Polter ihre Post nicht länger abfangen konnte, trafen seit über einer Woche dennoch keine Briefe von Alexander ein. Emmi befürchtete das Schlimmste.

Der SS-Mann hatte Polters Verhalten nicht erklären können, sich aber auch nicht für ihn entschuldigt. Offensichtlich hatte er das alles für eine private Fehde zwischen dem Unterscharführer und dessen Parteikameraden Alexander gehalten.

Emmi fühlte sich elend. Sie wachte jetzt nachts immer häufiger schweißgebadet auf. Stets träumte sie davon, dass Polter aus der Schlucht kletterte, sie packte, vergewaltigte und dann hinunterwarf. Manchmal war es auch Esta, über die er sich hermachte, einmal sogar Fitzi. Letzteres brachte Emmi so sehr aus der Fassung, dass sie den Rest der Nacht bei Kerzenschein am Küchentisch saß, vor sich die aufgeschlagene Bibel. Sie flehte Gott um Vergebung an. Nun befand sie sich auf dem Weg hinunter ins Dorf, um sich nach Polters Tochter zu erkundigen mit dem Vorhaben, das nun elternlose Kind bei sich aufzunehmen. Doch Helga lebte inzwischen bei einer unverheirateten Tante mütterlicherseits in Hessen.

Als es am frühen Nachmittag an der Tür läutete, packte Esta Fitzi fest bei der Hand. Die beiden flüchteten in Sekundenschnelle durch das Kellerfenster aus dem Garten. Auf Emmi wirkte dies, als hätte Esta nur darauf gewartet, dass jemand Einlass begehrte – einem Wettläufer an der Startlinie gleich, der auf das Startsignal wartete.

Emmi eilte durch ihre Wohnung, riss die Tür zum Treppenhaus auf und stürmte förmlich die Stufen hinunter. Nicht noch einmal wollte sie Misstrauen schüren, nur weil es lange dauerte, bis sie die Eingangstür öffnete. Sie prallte zurück, als sie vor sich einen Mann sah, der ihr gänzlich unbekannt war. Er war so unauffällig gekleidet, dass sie nicht recht wusste, was sie von ihm halten sollte. Entsprechend misstrauisch fiel ihr »Grüß Gott« aus.

»Heil Hitler«, bellte der Mann sie an und Emmi beeilte sich, den Deutschen Gruß zu wiederholen.

»Sind Sie Frau Biber? Emmi Biber?«

Emmi nickte zögernd. Ihre Knie zitterten. Wollte der Mann sie verhaften? War er vom RSHA? Von der Gestapo? Hatte man Polter gefunden? Dazu verräterische, auf sie hinweisende Spuren? Waren sie und Esta gar beobachtet worden?

»Es geht um Alexander Biber.«

Emmi spürte, wie sie schwankte. Schnell stützte sie sich mit der Hand an der tiefen Türlaibung ab. Alexander war tot. Da Polter, der Bürgermeister des Ortes, nicht mehr da war, hatte man jemand anderen beauftragt, sie darüber zu informieren.

»Es geht ihm nicht gut, dennoch hat man entschieden, ihn nicht länger im Münchner Krankenhaus zu lassen, sondern ihn hierherzubringen.« Der Mann zuckte mit der Schulter, als verstände er das Vorgehen nicht. »Ich habe hier einen Medikamentenplan des behandelnden Arztes, sein Entlassungsschreiben und …«

Emmi hörte nicht länger zu. In ihren Ohren rauschte das Blut. Inzwischen hatte ein zweiter Mann die hintere Tür eines im Hof parkenden Wagens geöffnet, sodass Emmi das Rote Kreuz darauf sehen konnte.

»Hilf mir endlich mit dieser Person!«, rief dieser mit einem rollenden R und beugte sich dann in das Fahrzeug hinein.

»Sie müssen uns zeigen, wo wir Ihren Gatten hinbringen sollen.«

Der Unbekannte an der Tür drückte Emmi eine Papiertüte in die Hand. Wie durch einen Nebel hindurch sah sie zu, wie die beiden Alexander aus dem Wagen halfen und ihn mehr schleppten als trugen. Dabei war ihr Mann so dünn, dass er kaum viel wiegen konnte. Sein Haar war zerzaust, und er hatte Kleidung am Leib, die nicht seine war. Seine Augen lagen tief in den Höhlen, doch als sich ihre Blicke trafen, leuchtete darin ein Funke Lebenswillen auf.

»Wohin?«, keuchte der eine Träger. Emmi presste die Tüte mit den Medikamenten und wenigen Habseligkeiten ihres Mannes an sich – weil sie ihn nicht an sich drücken konnte. Sie wirbelte herum und ging vor den schwitzenden Helfern die Stufen hinauf.

Angelockt durch den Lärm kamen Alexanders Eltern von oben herunter. Johanna betrachtete ihren Sohn und sagte an niemanden bestimmten gewandt: »Ich koche eine kräftige Hühnerbrühe. Die braucht der Junge jetzt.« Damit wandte sie sich um und stapfte wieder hinauf, wobei ihre Schritte immer schneller und lauter wurden. Emmi ahnte, dass ihre Schwiegermutter ihre Tränen verstecken wollte.

»Wo ist sein Bett? Eine Schwester im Krankenhaus hat ihn noch gebadet. Er ist also sauber.«

Emmi wollte lieber nicht nachfragen, warum der Fremde diesen Umstand eigens betonen musste. Sie führte die Männer in ihr Schlafzimmer, deckte das Bett auf und sah zu, wie sie Alexander reichlich unsanft darauf fallen ließen. Dann drehten sie sich wortlos um und verließen die Wohnung. Auf Emmi wirkte es, als hätten sie ein furchtbar schlechtes Gewissen. Wegen Alexanders Zustand und all dessen, was ihm angetan worden war. Aber immerhin hatten sie den wirklich weiten Weg auf sich genommen, um ihn von München hierher in den abgelegenen Winkel des Schwarzwalds zu fahren.

Nachdem die Wohnungstür ins Schloss gefallen war, wurde Emmi gewahr, dass auch Albert sie allein gelassen hatte. Sie näherte sich dem Bett und setzte sich behutsam auf die Matratze.

Alexander beobachtete sie, dann berührten seine Finger ihren Arm, glitten an diesem hinauf, liebkosten ihren Hals, streichelten über ihr Gesicht. »Meine Emmi«, sagte er mit heiserer Stimme, gleich darauf überfiel ihn ein schrecklicher Husten.

Emmi schüttete die Medikamente auf die Bettdecke, wusste aber nicht, wofür sie waren, was sie ihm geben konnte.

»Geht … gleich …«, japste Alexander.

Voller Panik legte Emmi ihre Hände auf seinen Brustkorb. Er wirkte, als könnte er den Anfall nicht überleben. Sein Gesicht war schmerzverzerrt, die Adern an seinem Hals traten hervor.

»War schon … schlimmer«, versuchte er, sie zu beruhigen – sie konnte es kaum glauben.

Aber wie es aussah, war ihr Mann trotz seiner angeschlagenen Gesundheit weit zäher, als sie das jemals vermutet hätte. Der Hustenreiz klang ab und Alexander schenkte ihr jenes breite Lausbubenlächeln, in das sie sich verliebt hatte. Es wirkte verzerrt, was kein Wunder war.

»Gib mir einen Kuss, Emmi. Nur das. Alles andere muss leider warten.«

Emmi erfüllte ihm gern diesen Wunsch. Als ihre Lippen sich berührten, war es, als wäre ihr Herz über eine lange Zeit hinweg eingefroren gewesen und taute nun endlich wieder auf. Alexander war ihre Sonne. Sie schmiegte sich an ihn und schloss die Augen. Er roch nach einer seltsam süßlichen Seife, das Hemd, das er trug, war von liederlicher, rauer Qualität. Aber wen sollte das stören? Ihr geliebter Alexander war wieder bei ihr.

So wunderbar nah. So lebendig. Sie und Johanna würden ihn schon aufpäppeln.

Plötzlich legte sich ihr eine Hand auf die Schulter. »Papa?« Richard klang fragend, dann zwängte er sich an Emmi vorbei, nachdem sie sich rasch aufgerichtet hatte, und umarmte seinen Vater. Hanna tat es ihm gleich, Waldemar brauchte einige Zeit, ehe er sich neben ihn setzte und die kleine Hand in seine große legte.

»Wir sind wieder vereint.« Alexander sagte es leise, doch seine Dankbarkeit schwang deutlich in seiner Stimme mit.

»Ich lasse jetzt deine Eltern rein. Sie werden dich ebenfalls dringend umarmen wollen.«

»Gern, Emmi. Ich freue mich auf Mutters Hühnerbrühe.«

»Und dann berichtest du, wie es dir ergangen ist.«

Ein Schatten huschte über Alexanders Gesicht. Seine Augen warnten Emmi. Offenbar war das, was er zu erzählen hatte, nicht für Kinderohren und -herzen geeignet.

~Alexander, Gutshaus im Schwarzwald / Deutsches Reich~

Emmi kuschelte sich an seinen Rücken, ihre Arme hatte sie fest um ihn geschlungen. Er seufzte hörbar auf. Lange hatte er seinen Eltern und Emmi von seinen Erlebnissen im Gefängnis erzählt, seinem kurzen Aufenthalt im Konzentrationslager Dachau und den beiden Tagen in einer Klinik. Er verstand noch immer nicht, weshalb es zu dieser Wendung gekommen war, entsprechende Fragen an Emmi und seine Eltern waren ebenfalls ohne eine befriedigende Antwort geblieben. Albert vermutete, dass der Gesinnungswandel der Behörden etwas mit dem plötzlichen Verschwinden von Franz Polter zu tun hatte – immerhin hatte man ihnen auch die »verloren gegangene« Post gebracht. Irgendjemand musste eingesehen haben, dass Polter einen Rachefeldzug gegen Alexander und seine Frau unternommen hatte.

Alexander seufzte verhalten. Nun war er frei. Und ja, er war unendlich froh darüber, dennoch schlummerte das sorgenvolle Gefühl in ihm, das etwas hierbei nicht mit rechten Dingen zugegangen war.

Das lag sicher nicht an dem Begleitumstand, dass Polter wie vom Erdboden verschluckt war, und die ganze Gegend rätselte, was ihm zugestoßen sein mochte. Oder daran, dass Emmi nun von den Juden im Keller wusste und sich sogar mit ihnen angefreundet hatte. Wobei er hier um ihr sensibles Herz fürchtete, denn eines Tages würde wohl der Zeitpunkt kommen, an dem man die Versteckten fortbringen musste. Wie bei all den anderen, die zuvor schon im Gutshaus Unterschlupf gefunden hatten, würden sie auch bei Maler, Aleph, Esta und Fitzi niemals erfahren, wie es ihnen weiterhin ergehen mochte. Ob sie noch am Leben waren oder womöglich den Weg in die Freiheit – zum Beispiel in die Schweiz hinüber – hatten einschlagen können.

Nein, irgendetwas daran, wie er »einfach so« entlassen worden war, stimmte ihn argwöhnisch. Leider war es ihm unmöglich, hinter jenes seltsame Gefühl zu blicken. Dass er seit Jahren misstrauisch war und dies nicht zu Unrecht, half nicht gerade dabei, die latente Beunruhigung loszuwerden.

Das, was sein Informant aus Berlin ihm und anderen an internem Wissen zugespielt hatte, sprach sich allmählich in der Bevölkerung herum. In dicht besiedelten Gebieten war das früher geschehen, und bald hatten viele Bürger mit eigenen Augen verfolgen können, dass die Gerüchte der Wirklichkeit entsprachen. In den eher abgelegenen, ländlichen Gegenden – so wie hier – war das schwieriger. Hier verlief das Dasein gemächlicher. Es gab nur vereinzelt jüdische Mitbürger oder Personen anderer Volksgruppen, die ebenfalls auf Hitlers Abschussliste standen. Nur wenige Bewohner dieses Landstrichs waren politisch engagiert, und wer gewisse sexuelle Vorlieben hatte, behielt es für sich.

Zwar wurden am Stammtisch und sonntags nach dem Gottesdienst verschiedenste Themen diskutiert, aber die Inhalte waren selten einmal politisch oder gesellschaftskritisch. Hier ging es um Alltägliches – um das, was Landwirten, Waldarbeitern, Wirtshausbetreibern, Bäckern, Fleischern … am nächsten lag.

Deshalb hatte man Männern wie ihm die Wahrheit übermittelt, damit sie versuchten, die Bevölkerung für das zu sensibilisieren, was in den Städten des Landes begonnen hatte und – in kleinerem Rahmen – auch auf die Ortschaften mit weniger Einwohnern übergriff. Sie sollten aufzeigen, dass das, was wie ein schlechter Güllegestank durch die Straßen wehte und dann wieder verflog, nicht nur ein übles Gerücht war, sondern grausame Realität für so viele Menschen in Deutschland und den besetzten Gebieten. Es ging denjenigen ans Leben, die sich politisch nicht auf Linie bringen ließen, und jenen, die nicht Hitlers Rasseideal entsprachen.

Alexander schmiegte sich noch näher an die weichen Rundungen seiner Frau. Wie sehr hatte er das vermisst! Die von ihrem Körper und ihrem Herzen ausgehende Wärme, das Gefühl wertvoll und wertgeachtet zu sein.

Er musste dringend mit Emmi sprechen, mit ihr klären, inwieweit er auch künftig eine mahnende Stimme sein konnte. Denn obwohl ihn sein Gefängnisaufenthalt und die kurze Zwischenstation im Konzentrationslager zugesetzt hatten, durfte er sich doch nicht davon abbringen lassen, die Wahrheit unter die Leute zu bringen; ihnen die Augen zu öffnen. Doch das war ihm nur möglich, wenn Emmi sich ebenfalls dafür entschied. Bisher hatte er sie nicht einbezogen, was gut gemeint, aber nicht richtig gewesen war. Jetzt kannte sie die Gefahren, wusste um die Versteckten im Keller. Als Ehepaar mussten sie ab sofort gemeinsam entscheiden, ob er sich weiterhin dem Risiko aussetzen durfte, oder ob dieses inzwischen zu groß war. Denn eines stand Alexander klar vor Augen: Einen zweiten Gefängnisaufenthalt wie den vergangenen würde er ganz sicher nicht überleben.

Bei der Überlegung, was dann aus Emmi und seinen Kindern werden würde, zog weit mehr Furcht in sein Herz ein, als er jemals zuvor verspürt hatte. War es nicht besser, endlich stillzuhalten? Waren jetzt nicht andere an der Reihe, ihr Leben für die Wahrheit zu riskieren?

Alexander spürte, wie in seinem Inneren der nächste Hustenanfall aufstieg. Er rollte sich ein wenig ein, Emmis Arme umfingen ihn noch fester. Sie schien zu spüren, was los war und wollte ihm Halt geben. Während der Husten ihn schüttelte, entschied Alexander, dass er sich zuerst einmal erholen musste, ehe er sich gemeinsam mit Emmi der Frage stellte, wie er weiter verfahren sollte.

20

~Carolina, bei Pourville-sur-Mer, Normandie/Frankreich~

Es war bereits Abend, als Cara erneut das Behelfslazarett betrat. Rege Geschäftigkeit herrschte, inzwischen waren noch mehr Ärzte und Pflegerinnen eingetroffen. Cara war erleichtert angesichts der medizinischen Versorgung, die die gefangenen Soldaten erhielten. Ihre Kämpfe an dieser Küste waren anspruchsvoll, ja schwierig, wenn nicht gar von vornherein aussichtslos gewesen. Sie hatten in den Reihen der Kanadier eine große Opferzahl gefordert. Dennoch hatten sie nicht einfach aufgegeben. Sie hatten mutig, ja verwegen weitergekämpft, gleichgültig wie hoffnungslos ihre Situation auch ausgesehen hatte. Manch ein deutscher Offizier hatte einem gefangenen kanadischen Offizier respektvoll die Hand gedrückt.

Vorsichtig, um niemandem im Weg zu stehen, ging Cara den Flur entlang zum hinteren Salon. Dort wusste sie Nic. Sie zog es förmlich zu ihm, wobei sie hier eigentlich nichts zu suchen hatte. Die einzige Ausrede war die, sich wieder als Dolmetscherin zur Verfügung zu stellen, obwohl sie annahm, dass man inzwischen einige Englisch sprechende Rotkreuzschwestern und Ärzte hierher verlegt hatte. Alternativ hätte sie nach ihrem Cousin fragen können, allerdings wusste sie nicht, was sie mit ihm zu besprechen gehabt hätte, ganz abgesehen davon, dass sie nicht sonderlich erpicht auf ein Wiedersehen mit ihm war. August war ihr unheimlich, seine Verpflichtung, die er offenbar mit der Gestapo eingegangen war, widerte sie an.

Unschlüssig blieb sie vor einer der abzweigenden Türen stehen. Sie wollte Nic nicht in Gefahr bringen. Immerhin hatte er verschwiegen, dass er gebürtiger Franzose war und die Gegend hier kannte wie kaum ein anderer. Warum er der Schwester, die seine Personalien aufzunehmen hatte, so eilfertig Auskunft gegeben hatte, dann jedoch – so hatte es auf sie gewirkt – seine Erkennungsmarke nicht hatte vorzeigen wollen, erschloss sich ihr nicht. Sollte sie besser auf der Stelle kehrtmachen, um keinerlei Aufmerksamkeit auf Nic zu lenken? Aber wenn sie ihn jetzt nicht aufsuchte, lief sie Gefahr, ihn nicht mehr sprechen zu können, da man ihn sicher bald schon in ein Gefangenenlager überführte. Dann wäre er erneut ebenso plötzlich aus ihrem Leben verschwunden wie damals.

Alles in Cara sträubte sich dagegen, dies zuzulassen. Obwohl ihr Verstand ihr sagte, dass er nie mehr als eine Art geschwisterliche Zuneigung für sie empfunden hatte. Und selbst diese war ihm nicht wichtig genug gewesen, um ihr zu schreiben, um seine neue Adresse zu hinterlassen. Dieser Vernunftgedanke sagte ihr auch, dass sie zwar den Jungen von damals kannte, nicht aber den Mann von heute. Und dass jemand wie Nic garantiert vergeben war.

Wie absonderlich ihre überschäumenden Gefühle für ihn doch nach all der Zeit waren! Ihr Herz schlug so laut und kräftig für Nic, dass es die Stimme der Vernunft von Minuten zu Minute mehr übertönte.

Cara zuckte zusammen, als sie August hörte, der aufgebracht polterte: »Ich verstehe den Aufstand nicht, Schwester

Annette. Der Kerl ist ein gewöhnlicher Infanterist, wie all die anderen, die dort drüben liegen.«

»Eben nicht!«, ereiferte sich eine Frauenstimme.

Neugierig, wie Cara nun mal war, trat sie näher an die Türzarge und spitzte durch den Spalt der nicht gänzlich geschlossenen Tür. Sie sah einen überfüllten Schreibtisch und dahinter August. Links von ihm schien mindestens ein Soldat zu stehen, zumindest sah sie einen uniformierten Arm. Die Frau saß auf einem Stuhl. Als diese sich nun vorbeugte, erkannte Cara jene pausbackige blonde Rotkreuzschwester, die am frühen Morgen die Personalien aufgenommen hatte.

August schlug sichtlich genervt mit einer Hand auf den Tisch. »Was ist nur los mit Ihnen?«, fuhr er die Schwester an. Sie zuckte nicht einmal zurück. »Einige der hier liegenden Verletzten tragen französische Namen. Das ist in Kanada nicht eben ungewöhnlich.«

»Es geht mir nicht um den Namen, sondern darum, dass er als Einziger ganz bereitwillig alle Daten angegeben hat. Und –«

»Schwester Annette, viele der Männer dort draußen sind schlicht nicht in der Verfassung, sich mit uns zu unterhalten. Poulin ist es. Seien Sie doch dankbar, wie höflich er Ihnen entgegengekommen ist.«

Cara riss die Augen auf. Das Gespräch handelte von Nic? Vorsichtshalber zog sie sich ein wenig zurück, jedoch nur so weit, dass ihr nichts entging, was in dem kleinen Büro besprochen wurde. Eine Schwester eilte herbei und warf ihr einen fragenden Blick zu. Also lächelte Cara und deutete mit dem Kopf auf ebenjene Tür, in der Hoffnung, dass die Frau annähme, sie warte darauf, eingelassen zu werden. Die Rotkreuzschwester nickte ihr zu und ging weiter.

»Es geht nicht um den Namen«, begehrte Annette auf. Ihr etwas schriller Tonfall führte dazu, dass August sich räusperte, ein Rascheln ließ Cara vermuten, dass auch der zweite Mann im Raum ungeduldig reagiert hatte.

»Ich habe einen Teil seiner Erkennungsmarke gesehen. Sie sah … anders aus. Außerdem konnte ich die Buchstaben R und A lesen!« Annette klang triumphierend, drinnen blieb es erst einmal still.

»Das kann nicht sein«, sagte schließlich eine Stimme, die Cara unbekannt war. »Der Mann war nachweislich Teil einer Infanterieeinheit, die oben beim Caude Côte aufgerieben wurde, und er trägt die entsprechende Uniform. Weshalb sollte er eine Marke der britischen oder kanadischen Luftwaffe tragen?«

»Sehen Sie! Das ist seltsam«, stieß Annette Beifall heischend hervor. »Mit dem Kerl stimmt etwas nicht!«

»Na gut. Wir behalten ihn unter Beobachtung und informieren …«

Cara stob so leise wie möglich davon. Dass Nic bei der Air Force war, ergab für sie Sinn. Schon als Junge hatte ihn alles fasziniert, was mit elektrischen Geräten und Flugzeugen zu tun hatte. Er hatte Radios zerlegt und repariert und eine Menge über Funk und all die neuen technischen Errungenschaften gelesen. Weshalb also sollte er als einfacher Soldat in der Armee dienen, wenn er sich schon früh weitreichende Kenntnisse in jenen Bereichen angeeignet hatte. Und dass er oben, nahe Freya, verwundet aufgegriffen worden war, fand sie mehr als verdächtig. Für sie stand nun fest: Nic war einer der Männer, die in die Radarstation hatten eindringen wollen. War er womöglich sogar jener in den Befehlsplänen genannte Radarexperte? Was für ein Husarenstück hätte es abgegeben, wenn es ihnen gelungen wäre! Und welch herber Rückschlag für die Luftwaffe und den gesamten Atlantikwall.

Cara rieb sich beide Wangen, die sich vor Aufregung – und Bewunderung – erhitzt anfühlten. Waren ihre Überlegungen zu kühn, zu weit hergeholt? Ihrer Fantasie geschuldet und der Tatsache, dass sie Nic trotz seiner bedachten, zurückhaltenden Art schon immer für einen … Korsaren gehalten hatte?

Sie zögerte einen Augenblick, dann änderte sie die Richtung. Sie verließ das Manoir nicht, sondern ging hinüber in den Salon und zwischen den sich teilweise unter Schmerzen windenden Soldaten hindurch zur Fensterreihe.

Nic sah ihr entgegen. Seine hellblauen Augen schienen jede ihrer Bewegungen aufzusaugen. Wieder bildete sie sich ein, dass sie ihm nicht gleichgültig sein konnte. Kein Mann sah eine Frau so an, wenn er nicht tiefe Gefühle für sie hegte.

Cara rief sich selbst zur Räson. Vielleicht schaute ein Mann eine Frau so an, die er seit Kindesbeinen kannte und für die er deshalb eine Art … Beschützerinstinkt besaß. Den hatte er nämlich schon damals gezeigt. Bewundert hatte er sie ebenfalls, weil sie, anders als die meisten Mädchen, eine wilde, abenteuerlustige Natur an den Tag gelegt hatte. Mehr konnte sie wohl nicht erwarten. Nicht nach all den Jahren der Trennung. Dennoch meinte sie, im Blau seiner Augen förmlich zu versinken.

Cara ging an seinem Lager vorbei und lehnte sich an den Fenstersims, den Blick nach draußen auf den Garten und die dahinterliegenden Felder gerichtet. Niemand sollte sehen, wie sie sich mit einem der Gefangenen unterhielt. Nics Kameraden, jene, die links und rechts von ihm lagen, konnten sie sicher hören, aber nicht verstehen. Ohnehin stand nicht zu erwarten, dass sie ihn an die Deutschen verpfiffen.

»Sie diskutieren, ob du zur Royal Air Force gehörst«, sagte sie langsam und deutlich. Sie hatte keine Ahnung, wie viel von ihrer Muttersprache er wirklich im Gedächtnis behalten hatte. »Sie sind darüber beunruhigt. Das könnte Ärger für dich bedeuten.«

~Nicolas, bei Pourville-sur-Mer, Normandie/Frankreich~

Nic wollte so gern den Kopf drehen, um Cara ansehen zu können. Nach ihren ersten Worten wagte er das jedoch nicht mehr. Hitzewellen fluteten seinen Körper. Irgendetwas musste ihn verraten haben. Das war übel. Sehr übel. Mit der Hand tastete er nach seiner Erkennungsmarke. Er sah sich um, doch keine der anwesenden Schwestern achtete auf ihn. Also zog er sich die Kette über den Kopf. Die kleinen Kettenglieder rasselten, die beiden aus fester Pappe hergestellten Anhänger, mit einer Schnur aneinandergebunden, klapperten leise.

Eine Bewegung hinter ihm machte ihm deutlich, dass Cara ihn beobachtet hatte. Jetzt ging sie an ihm vorbei. Ihre Finger streiften seinen nicht bekleideten Arm. Die Hitze, die nun seinen Körper erfasste, war eine völlig andere, als jene panische von zuvor, und drohte ihn zu verbrennen. Die Berührung dauerte nur einen winzigen Augenblick, für ihn bedeutete sie die Welt. Cara hätte das nicht tun müssen. Sie hatte ihn spüren wollen.

Heimlich nahm sie ihm die Marken aus der Hand, bückte sich und schob sie in einen ihrer robusten Schuhe. Sie war genauso gewieft wie früher. Und noch viel schöner, stellte er fest, als sie an der Pritsche seines Nachbarn vorbeiging, wo die tief stehende Abendsonne sie in ein warmes Licht tauchte. Ihre Locken, halbwegs ordentlich zurückgebunden, leuchteten auf, als stünden sie in Flammen. »Feuerkopf« hatte Waldemar sie manchmal genannt und dabei mehr auf ihren Charakter denn auf ihre Haarfarbe angespielt.

»Vielleicht kann ich dich hier rausholen«, sagte sie, während sie hinter ihm vorüberging.

»Nein«, stieß er halblaut auf Deutsch hervor, weil er nicht wollte, dass sie sich seinetwegen in Gefahr brachte. Sie ging davon, wandte aber nochmals den Kopf und schenkte ihm jenes breite Lächeln, das ihn immer so fasziniert hatte. Es passte viel mehr zu einem Lausbuben als zu einem behütet aufgewachsenen Mädchen und schon gar nicht zu einer bezaubernden Frau, wenngleich in Uniform. Doch genau dies zeigte ihm: Sie würde alles versuchen, um ihn zu befreien.

Der Gedanke erschreckte ihn so nachhaltig, dass er sich hastig aufrichtete. Er musste ihr nachgehen. Schließlich konnte er nicht zulassen, dass sie sich seinetwegen einer Gefahr aussetzte. Doch das verletzte Bein zitterte zu stark. Er ließ sich auf sein Lager zurückfallen, um nicht zu stürzen.

»Was soll das werden, Nicky-Boy«, raunzte ihn ein Mann eine Reihe vor ihm an. Dieser kannte Nic von den Landungsübungen, wusste aber nicht, wer er wirklich war. »Willst du, dass wir alle an die Wand gestellt werden?«

»Nein, natürlich nicht«, flüsterte Nic zurück. »Ich kenne sie von früher.«

»Deshalb euer deutsches Getuschel? Ich dachte schon, ich liege neben einem Spion.«

Nic hörte an der Stimmlage des Kameraden, dass der den Gedanken nicht gänzlich verworfen hatte. Jetzt blühte ihm dahingehend womöglich auch noch Gefahr. Er legte sich zurück und schloss die Augen, so heftig schmerzte sein Bein, aus dem die Ärzte gleich drei Geschosse herausoperiert hatten. Sein Kopf hämmerte an der Stelle, die bei seinem Sturz vom Telefonmast unglücklich auf einen Felsen aufgekommen war.

Ob er es wollte oder nicht – er musste erst einmal abwarten, ob sich Caras Befürchtung bewahrheitete. Wenn er tatsächlich zu einer Befragung abgeholt werden sollte, konnte er immer noch handeln. Entweder, indem er einen Fluchtversuch unternahm, bei dem die wachhabenden Soldaten ihn hoffentlich erschossen und nicht nur anschossen. Sicherer war es aber, wenn er einem der deutschen Offiziere die Pistole abnahm und sich selbst eine Kugel in den Kopf jagte.

~*Carolina, bei Pourville-sur-Mer, Normandie/Frankreich*~

Die Dämmerung legte sich als lichtes blaues Tuch über das Meer und verwandelte die Klippenküste in ein schwarzes Massiv. Sie nahm die Wärme des Sommertags mit sich. Cara stand in Isabelles Garten und betrachtete den hellen, sanft-gelben Schimmer weit im Westen. Er bezeugte, dass die Sonne weiterhin existierte, gleichwohl sie nicht zu sehen war. So erging es ihr gelegentlich mit der Hoffnung auf leichtere Tage, mit ihrem Glauben an einen liebenden Gott und an das Gute in den Menschen. Obwohl von alldem oft kaum mehr zu erkennen war, als ihr augenblicklich jene schmale Horizontlinie zwischen Himmel und Erde zeigte, so glaubte sie dennoch fest daran, dass dies alles weiterexistierte.

Mehrmals warf sie einen Blick über ihre Schulter, doch noch immer sickerte ein Lichtschein durch das Mansardenfenster, wo die Verdunklung nicht richtig schloss. Isabelle hatte zuvor den Boden im Atrium geschrubbt, nun nutzte sie eine kurze Verschnaufpause, in der sie ihre Kinder zu Bett brachte.

Natürlich gönnte Cara der Familie ihre gemeinsam verbrachte Zeit, doch alles in ihr drängte danach, mit Isabelle zu sprechen. Der Plan, den sie sich zurechtgelegt hatte, war nicht durchführbar, sofern die Freundin ihr nicht half. Was Cara vorhatte, war risikobehaftet, das wusste sie, aber für Nic wollte sie diese Gefahr auf sich nehmen. Gleichzeitig hoffte sie inständig, dass sie dadurch nicht auch noch andere in Schwierigkeiten manövrierte; es war schwer, das abzuschätzen.

Cara zuckte zusammen. Neben ihr raschelte es im hohen Gras. Ein Feldhase sprang in langen Sätzen vorbei. Gleich darauf fegte eine heftige Windbö über die Klippen und drückte die trockenen Halme dem Boden entgegen. Die Blätter in den Bäumen brausten kurz auf, verfielen dann aber in Schweigen.

Für einen Moment herrschte Stille, ehe ihr Flüstern wieder einsetzte.

So friedlich die Natur in diesem Augenblick auch anmutete, in Caras Herzen sah es völlig anders aus. Sie hatte Nic wiedergesehen! Ihren Korsaren. Er war tatsächlich über das Meer zurückgekommen. Allerdings war er in der Gefahr, ihr erneut entrissen zu werden. Gewaltsam. Er hatte zwar auf ihren Verdacht hin nichts entgegnet, doch seine Bestürzung war ihm deutlich anzusehen gewesen. Ihr konnte er auch heute noch nichts vormachen.

Nic war kein einfacher Soldat. Er gehörte zur RAF und hatte dort eine wichtige Position inne. Und diese hatte vermutlich etwas mit Radartechnik zu tun. Wenn das herauskam …

Sicher wollten die Alliierten nicht, dass ihre eigenen geheimen Forschungen in die Hände der Deutschen gerieten. Nic würde diese nicht freiwillig offenbaren. Und genau das verhieß nichts Gutes!

Der Lichtschein hinter dem Fenster der Dachgaube erlosch. Cara löste sich umgehend von ihrem Aussichtspunkt und eilte durch den Garten und die Küche. An der Treppe im Foyer bedeutete sie Isabelle, ihr zu folgen, kaum dass diese die oberste Stufe des letzten Treppenabsatzes betreten hatte. Die Französin quittierte die nonverbale Aufforderung mit dem Zusammenpressen ihrer Lippen. Aber sie verließ hinter Cara das Haus und folgte ihr auch aus dem Garten auf ein freies Stück Land nahe der steil abfallenden Küste.

»Was willst du?«, fragte Isabelle leise und nicht eben freundlich.

Cara fand es gut, dass sie ihr gegenüber weiterhin wie gewohnt auftrat, weil alles andere das Misstrauen der Wehrmachtshelferinnen auf sie beide hätte ziehen können. Hier draußen, so fand Cara, war das nicht nötig. Da Isabelle jedoch auch jetzt bei ihrer abweisenden Haltung blieb, musste Cara annehmen, dass die Französin ihr zwar dankbar war, ihr aber weiterhin argwöhnisch gegenüberstand.

»Hast du noch Kontakt zu einem Résistance-Funker?«

»Nein!«

Die Antwort kam schnell und herrisch. Zu schnell? Zu herrisch? Cara hoffte es, wenngleich diese Hoffnung ihrem Wunsch widersprach, Isabelle möge den Widerstand fortan anderen überlassen.

»Ich brauche ein Flugzeug! Es muss einen gefährdeten Mann von hier weg und hinüber nach England bringen.«

Trotz der inzwischen hereingebrochenen Dunkelheit konnte Cara sehen, dass Isabelle sie erst ungläubig, dann wütend ansah.

»Das geht nicht«, wiegelte die Französin ab.

»Ich denke, der Mann ist ein Geheimnisträger und steht kurz vor der Entdeckung. Wenn das passiert, wird er … verhört werden.«

»Das ist sein Risiko.«

»Bitte, Isabelle. Es ist wichtig, ihn von hier fortzuschaffen.«

»Die Flugzeuge landen nicht. Sie werfen nur Pakete ab. Auch die eingeschleusten Spioninnen springen ab.«

»England lässt Frauen hierherbringen?«

»Oft sind es Frauen, ja. Die Briten sind überzeugt, dass sie weniger auffallen, sich leichter einfügen, sich besser verstellen und verstecken können. Sie wirken harmloser.«

Cara war froh, dass Isabelle sich ein wenig entspannte und sich gesprächiger zeigte. »Ich weiß, dass dort draußen schon eines gelandet ist.«

»Ja«, gab die Französin gedehnt zu. »Wenn sie einen geflohenen Alliierten rausschaffen. Oder einen Funker oder Agenten, der kurz vor der Enttarnung steht.«

»Dann müssen sie jetzt einen verletzten, gefangenen alliierten Soldaten hier wegschaffen. Dringend.«

Isabelle stemmte die Hände in die Seiten und musterte sie. Ihr Misstrauen war ihr deutlich ins Gesicht geschrieben.

»Du willst nur den Funker schnappen. Und den Piloten. Unsere Kommunikationswege ausspionieren!« Isabelle zeigte ihr gegenüber plötzlich erneut eine gehörige Portion Skepsis. Ihr wechselhaftes Verhalten spiegelte die Unsicherheiten ihrer Zeit wider. Ein ungutes und verwirrendes Gemenge aus Vertrauen und Misstrauen. »Deshalb hast du so getan, als würdest du mir helfen.«

»Dann müsste ich dich jetzt verhaften lassen.«

Isabelle nickte. Trotzig zwar, aber dennoch mit vor Panik flackernden Augen.

Cara schüttelte traurig den Kopf. »Ich bin nicht die, für die du mich hältst. Ich bin wirklich auf deiner Seite.«

»Warum haben wir hier dann plötzlich all die Komplikationen? Seit du hier angekommen bist?«

»Das liegt nicht an mir.«

Isabelle schnaubte verächtlich, drehte sich um und stapfte in Richtung der drei Häuser davon.

»Du kennst den Mann, den ich retten will«, sagte Cara leise, wenngleich deutlich akzentuiert hinter ihr her.

Isabelle blieb ruckartig stehen und drehte sich wieder zu ihr um. Im fahlen Sternenlicht konnte Cara die Zweifel in ihrem Blick sehen. Aber auch Neugierde. Cara folgte ihr, und als sie die Freundin erreichte, flüsterte sie: »Es ist Nic. Nicolas Poulin.«

Sie hörte, wie Isabelle nach Luft schnappte. Die Französin wandte den Kopf in Richtung des leer stehenden Hauses zwischen ihrem und dem Manoir. Aus Letzterem drangen trotz der Verdunklungsvorschriften Lichtpunkte aus den Fenstern in die Nacht hinein.

»Nic?«, kam es heiser über Isabelles Lippen. Eine Bö trug den Namen davon.

»Ich glaube, er ist Radiotechniker. Drüben bei den Kanadiern und Briten. Ein Fachmann also. Wie du weißt, war ich oben in der Station, während die Truppen landeten. Ich habe mitbekommen, wie verbissen ein kleines Kommando versucht hat, zu uns zu gelangen. Obwohl das eigentlich ein aussichtsloses Unterfangen war, so wie das Gelände abgesichert ist. Sie wollten –« Cara brach ab, als sie Isabelles Nicken sah.

Hatte sie womöglich davon gewusst? Weil London den Widerstandskämpfern bei Dieppe eine entsprechende Andeutung hatte zukommen lassen?

»Wirst du Nic helfen?«

»*Ihm* schon«, sagte Isabelle fest.

Cara fühlte den Schmerz tiefster Kränkung in ihrem Inneren, schob das grässliche Gefühl jedoch energisch beiseite. Sie hatte Verständnis für die verletzte Französin und wollte ihr nichts vorwerfen. Schuld an alldem trug nun mal Hitlerdeutschland. »Wie schnell kann ein Flugzeug herüberkommen?«

»In drei Nächten. Hoffe ich. Das kommt unter anderem auf das Wetter an.«

»Gut, dann organisiere das bitte. Ich kümmere mich darum, dass Nic auf der Lichtung ist.«

Isabelle nickte ihr zu und entfernte sich einige Schritte, kam aber wieder zurück. Ihre Gesichtszüge waren hart wie Stein. »Du hast mir gerade nichts vorgemacht, oder? Es ist wirklich Nic? Du willst helfen und uns nicht drankriegen und verraten?«

»Es ist so, wie ich es dir gesagt habe.«

Isabelle musterte sie grimmig. »Schwöre es. Auf deinen Vater Albert, deine Mutter Johanna, auf Alexander und Waldemar. Auf die Bibel. Die ist euch allen doch so wichtig.«

»In der Bibel steht, unsere Worte sollen stets ein klares Ja oder ein klares Nein sein. Nichts dazwischen. Unser Leben soll ohne Trug und Lüge sein. Auf die Bibel zu schwören, würde bedeuten, dass ich ansonsten gern mal die Unwahrheit sage.«

»In diesen Zeiten lügen und betrügen wir alle. Weil wir nur so am Leben bleiben, weil wir nur so etwas bewegen können. Und wir hoffen dabei, Gott versteht das und erkennt es an.«

»Da hast du wohl recht. Und ich verstehe, dass du mir nur schwer dein Vertrauen schenken kannst. Aber ich muss dich jetzt um dieses bitten. So wie früher, als ich dich auf meine Streifzüge mitgenommen habe. Als ich dich an der Hand gehalten habe, und dir versprochen habe, dass du nicht fallen wirst, weil ich dich halte.«

»Hm.«

»Ich halte dich, Isabelle.« Cara zögerte kurz. Ihr war bewusst, dass sie wirklich ehrlich zu der Freundin sein sollte, also fügte sie hinzu: »Soweit es in meiner Macht steht.«

Isabelle nickte erneut und wandte sich ab. Wie eine Schattengestalt huschte sie am Gartentor vorbei, eilte an der äußeren Mauer entlang und wurde bald von der Dunkelheit verschluckt. Obwohl Cara müde war, begab sie sich in die Küche und setzte sich auf einen Stuhl. Sie wollte wach bleiben, bis Isabelle von ihrem Botengang zurückkam. Denn niemand hier im Haus durfte Verdacht schöpfen.

~Emmi, Gutshaus im Schwarzwald / Deutsches Reich~

Seit vier Tagen war Alexander nun wieder bei ihnen. Die Kinder waren überglücklich, Johanna und Albert besorgt über seinen angeschlagenen Gesundheitszustand und Emmi … beunruhigt.

Ihr kam es eigenartig vor, dass man Alexander so plötzlich entlassen hatte, nachdem Polter – als letzte Handlung sozusagen – sogar dafür gesorgt haben musste, dass er aus dem Münchner Gefängnis in ein Konzentrationslager verlegt worden war.

Den Worten der Beamten, die ihren kranken Gatten nach Hause gebracht hatten, hatte sie entnommen, dass die Behörden annahmen, Polter habe eine private Fehde gegen Alexander ausgetragen. Was einerseits ja der Wahrheit entsprach. Andererseits hatte ihr Ehemann Kritik an ihren Machthabern geäußert, ja gelegentlich sogar versucht, einige von Polter und seinen Parteigenossen getroffenen Entscheidungen rückgängig zu machen oder zu umgehen. Darunter war nichts Aufsehenerregendes gewesen, meist war dies im Geheimen abgelaufen. Die von Alexander und auch von Cara initiierten Aktionen hatte Albert einmal als »Bauernschläue« bezeichnet. Vielleicht hatte Polter diese Vorgänge nie nach oben weitergegeben, da er dabei »der Dumme« gewesen war. Derlei hatte garantiert an seiner Ehre gekratzt. Oder hatte der Unterscharführer über all die Vergehen der Geschwister Biber zwar Buch geführt, sie aber vorerst für sich behalten, weil er sie eines Tages anderweitig nutzen wollte? Als Druckmittel? Um an sie, Emmi, heranzukommen? An den Gutshof?

Diese Fragen würden wohl für immer ungeklärt bleiben. Die damit einhergehende Ungewissheit nagte an Emmis Nerven.

Emmi litt darunter, dass sie Alexander nicht erzählen konnte, was mit Polter passiert war. Ein Geheimnis vor ihrem Ehemann zu wahren – und dann gleich eines in diesem Ausmaß – war nichts, was ihr gefiel. Doch er war geschwächt. Er musste sich zuerst einmal richtig erholen, bevor sie ihm von Estas und ihrem schrecklichen Erlebnis und den daraus resultierenden Folgen erzählen konnte.

An diesem Abend waren Johanna und Albert bei einem befreundeten Ehepaar der Kirchengemeinde eingeladen, sodass es an Emmi war, die Kellergäste mit einer Mahlzeit zu versorgen. Sie trug ein Tablett mit Schalen voll dampfendem Getreidebrei und eingemachten Birnen die Stufen hinunter und die langen

Kellerflure entlang. Als Lichtquelle diente ihr einzig eine kleine Stalllampe, deren Metallbügel sie zusätzlich zum Tablettgriff in der Hand hielt. Diese warf durch ihre schaukelnde Bewegung unwirkliche Schatten an die Steinwände.

Emmi war unwohl zumute, ohne zu wissen, woher dieses Gefühl stammte. Sie war schon des Öfteren im Dunkeln hier entlanggegangen, doch nie zuvor hatte sie sich dabei so angespannt gefühlt. Als spürte sie eine Gefahr hinter der nächsten Abzweigung oder einer der geschlossenen Türen auf sie lauern.

»Nun stell dich mal nicht so an, Emmi Biber. Hier gibt es nichts, wovor du dich fürchten musst«, sprach sie sich selbst Mut zu. Mit dem Ellenbogen drückte sie eine Türklinke hinunter. Dabei schlug das Metallgestell der Stalllampe gegen das Holz. Der dumpfe Schlag hallte in dem Gang wider. Prompt erschauerte Emmi. Weshalb nur war sie an diesem Tag so schreckhaft und aufgewühlt?

Die Tür ging auf, und Emmi huschte vorsichtig hindurch. Da sie auf demselben Weg zurückgehen musste, mühte sie sich nicht damit ab, den Durchlass hinter sich zu schließen. Die Absätze ihrer Halbschuhe verursachten ein gedämpftes Geräusch auf dem Steinboden. Irgendwo raschelte es, vermutlich suchte eine Maus das Weite.

Emmi erreichte die Tür, hinter der sich der Aufenthaltsraum der Geflohenen befand. Sie öffnete diese erneut mit dem Ellenbogen und wurde vom flackernden Lichtschein zweier Kerzen begrüßt. Wie immer waren die verängstigten Blicke der Gäste auf sie gerichtet, als sie eintrat, also lächelte sie beruhigend in die Runde.

Esta und Aleph saßen weit voneinander entfernt auf zwei Hockern. Maler und Fitzi auf je einer umgedrehten Holzkiste an dem provisorischen Tisch. Offenbar war an diesem Tag der ältere Mann mit Lehren an der Reihe. Emmi vermutete, dass er Fitzi eine Einweisung in den Tanach gab, damit sie zumindest ein paar Grundzüge dessen lernte, wofür man sie verachtete, verfolgte und umbringen wollte.

Fitzi war durch Emmis Eintreffen abgelenkt. Sie reckte den Kopf, weil sie zu sehen hoffte, was auf dem Tablett war, dann strahlten ihre Augen begeistert auf. »Ich liebe eingemachte Birnen«, sagte sie, sprang auf und stolperte über ihre eigenen Schuhe, die sie vor der Kiste ausgezogen hatte. Geschickt fing sie sich ab, sodass sie sich kaum wehtat.

Emmi lächelte. Das Mädchen konnte sich eine Menge Dinge spielend leicht einprägen, wirkte jedoch oft ziemlich tollpatschig. Aber gerade diese Kombination machte sie umso sympathischer, zumal sie, wie jetzt, oft genug über ihre eigene Ungeschicklichkeit lachen konnte. Ihr leises, fröhliches Auflachen streichelte einmal mehr Emmis aufgewühlte Seele. Sie war so glücklich, dass sie Fitzi ein Stück weit ein Zuhause, eine Familie und einen Zufluchtsort bieten konnte. Ein Dasein, das, obwohl weit weg von der Normalität, ihr dennoch Sicherheit und Liebe vermittelte, sodass sie wieder lachen konnte.

Maler dachte wohl ganz ähnlich, denn er lächelte Emmi dankbar an.

»Dann darfst du etwas von meinen Birnen haben«, bot Aleph dem Kind an und erhob sich. »Ich mag eingelegtes Obst nicht sonderlich. Aber ich werde tapfer ein oder zwei Stücke essen.« Der Lehrer zwinkerte Emmi verschwörerisch zu. Dies war eine der wenigen Begegnungen mit ihm, bei denen sie verstand, was Esta in dem immer etwas grimmig dreinblickenden Mann sah, der oft genug überaus deprimiert, ja hoffnungslos wirkte.

Esta behauptete, dass er früher einmal ein geselliger und sehr humorvoller Mann gewesen sein musste und dass dies noch tief in ihm schlummere. Wenn er erst Frieden, Freiheit und Liebe erfahre, so hatte die junge Frau zu Emmi gesagt, würden bei ihm all seine wunderbaren, guten Seiten wieder zum Vorschein kommen. Emmi hatte daraufhin nichts entgegnet, sich aber im Stillen gefragt, wie lange es wohl noch dauern mochte, bis all das in ihrer aller Leben zurückkehrte.

»Guten Appetit wünsche ich.« Emmi hielt das Tablett, während Maler die Schüsseln und Löffel nahm und auf dem Tisch verteilte. In der Zeit, in der die vier aßen, leerte Emmi den Fäkalieneimer und stellte ihn zurück in den nebenan gelegenen Kellerraum. Kaum, dass die Kellergäste ihre Mahlzeit beendet hatten, sammelte Emmi die Küchenutensilien ein. Nichts durfte hier unten bleiben, was Anlass zu der Vermutung gab, die Bibers wüssten von der Anwesenheit der hier verborgenen Personen.

»Eine gute Nacht euch«, sagte sie schließlich.

»Schlaf gut.« Esta lief zu ihr und umarmte sie gewohnt überschwänglich, Maler nickte ihr zu, Aleph schenkte ihr ein knappes, aber dankbares Lächeln.

Fitzi kam ebenfalls herbei und schlang ihre Arme um Emmis Beine. »Ich hab dich lieb«, flüsterte sie, ohne Emmi dabei anzusehen.

Gerührt klemmte sich Emmi das Tablett zwischen Arm und Hüfte und strich der Kleinen sanft über die Wange und das Haar. »Ich dich auch, Fitzi. Sehr sogar«, gab sie zurück.

Erst als sie draußen im Gang war und die Tür hinter sich geschlossen hatte, erlaubte sie den in ihr aufsteigenden Tränen, über ihre Wangen zu rollen. Dieses arme, verlorene Kind hatte so viel Liebe zu verschenken. Emmi hoffte inständig, dass ihre vier Gäste so lange hierblieben, bis diese Schreckensherrschaft ein Ende fand. Danach konnten Alexander und sie Fitzi bei sich aufnehmen und ihr für immer ihre Liebe schenken. Und eine neue Familie.

Nur – wann würde es so weit sein? Denn im Augenblick kam eine militärische Siegesmeldung nach der anderen über die Goebbelsschnauze herein.

Zurück in ihrer Wohnung spülte Emmi und schaute nach ihren schlafenden Kindern. Sie lagen sicher und wohlbehütet in bequemen Betten. Etwas, das Fitzi und die Erwachsenen dort unten schon lange nicht mehr kannten.

Traurig und glücklich zugleich, ein Gemenge, das sie früher niemals für denkbar gehalten hätte, strich sie Richard über das blonde Haar. Sie küsste Hanna auf die Stirn und deckte Waldemar richtig zu. Sie wusch sich, zog sich um und glitt in ihr Ehebett, so nahe wie möglich zu Alexander. Der zog sie an sich und küsste sie. Erst sanft, dann immer leidenschaftlicher. Seine Hand wanderte unter ihr Nachthemd zu ihrer Brust, die er fest umschloss. Emmi seufzte sehnsuchtsvoll auf. Bisher hatte Alexander sich zu geschwächt gefühlt, um sie zu lieben, doch offenbar hatte sich das nun geändert.

Von der Wohnungstür kam ein lauter Knall, dann krachte diese gegen die rückwärtige Flurwand. Alexander und Emmi fuhren erschrocken hoch. Stiefeltritte polterten durch den Flur. Mit schreckgeweiteten Augen, aber unfähig, sich zu rühren, schaute Emmi zur Schlafzimmertür.

Alexander umfasste ihr Gesicht und zwang sie, ihn anzusehen. Sie sah nicht mehr als diffuse Umrisse. »Egal, was passiert: Bleib ruhig. Wehr dich nicht gegen sie. Kümmere dich um die Kinder. Sie sind das Wichtigste. Ich liebe dich, Emmi. Für immer.«

21

~Carolina, bei Pourville-sur-Mer, Normandie/Frankreich~

Freya verrichtete weiterhin ihren Dienst, Cara und ihre Kolleginnen hatten sich beruhigt. Obwohl das Meer noch immer Leichen und Ausrüstungsgegenstände an die Strände spülte, hatte an der Alabasterküste wieder Alltag Einzug gehalten.

Hitler verbuchte die Abwehrschlacht als einen großen Erfolg für seinen Atlantikwall und brüstete sich damit, dass niemals eine Invasion an dieser Küste gelingen könne. Der Überfall war an Überheblichkeit der Verantwortlichen in London kaum zu überbieten gewesen und kam, nahezu stümperhaft geplant, einem Desaster gleich. Dies hatte vielen Soldaten, vorrangig Kanadiern, das Leben gekostet.

Dass auch auf deutscher Seite nicht alles glatt gelaufen war, verschwieg man natürlich. Ohnehin hatten mehr der Kieselstrand und die engen Buchten mit ihren hohen Klippen dazu beigetragen, dass die Verteidiger sich so gut geschlagen hatten. Aber genau mit diesen geologischen Schwierigkeiten hätten die Planer der Operation rechnen müssen – fand Cara.

Nur wenige französische Zivilisten hatten mit den Angreifern kollaboriert – entweder, weil sie die von den Truppen an sie ausgegebenen Ratschläge befolgt hatten, aus Angst oder weil sie es nicht wollten. Jedenfalls hatte Oberst Bartelt zwei Tage nach dem Raid das Diepper Stadtoberhaupt zu einem Gespräch einbestellt. Da sich die Bürger zurückgehalten und einige Verluste erlitten hatten, hatte Hitler angeordnet, der Gemeinde zehn Millionen Franc zur Verfügung zu stellen. Der Bürgermeister zeigte sich erfreut, gab aber zu verstehen, dass die Einwohner es vorgezogen hätten, wenn die gut tausend Kriegsgefangenen aus ihrer Stadt freigelassen worden wären. Hitler gab dem Wunsch statt, verweigerte jedoch Inhaftierten aus den benachbarten Gemeinden Berneval und Varengeville eine Amnestie, da dort den Kanadiern und Briten nachweislich geholfen worden sei.

Als Cara zu später Stunde die Station verließ und mit dem Rad den tief eingegrabenen Feldweg nutzte, um hinüber zu dem kleinen Weiler jenseits von Pourville zu fahren, spürte sie in sich einen Anflug von Angst und wilder Entschlossenheit. In dieser Nacht wollte ein britischer Pilot auf dem versteckten provisorischen Rollfeld landen und Nic mitnehmen. Cara hatte seine Flucht geplant, aber keine Gelegenheit gefunden, ihn darüber zu unterrichten.

Dass Nic überhaupt noch mit den anderen Verletzten zusammenlag und nicht längst zu einem Verhör abgeholt worden war, glich in ihren Augen einem Wunder. Offenbar hatte ein Arzt auf Nics Krankenblatt vermerkt, dass er kaum ansprechbar sei, was, wie Cara wusste, nicht stimmte. Vielleicht simulierte Nic, weil er befürchten musste, enttarnt worden zu sein, obwohl Cara seine Erkennungsmarken hatte verschwinden lassen. Oder der Arzt hatte bei den vielen Patienten den Überblick verloren. Schließlich verstarben manche der Verwundeten. Dies hatte zur Folge, dass man die Krankenbetten umräumte, und Soldaten an einen anderen Platz legte, weil so die Pflege besser zu organisieren war. Außerdem war Schwester Annette, jene blonde Rotkreuzschwester, die ihr Misstrauen Nic gegenüber zum Ausdruck gebracht hatte, nach Dieppe in ein anderes Krankenhaus versetzt worden. All das hatte wohl dazu geführt, dass Nic noch immer unbehelligt im Behelfslazarett lag, in direkter Nachbarschaft zu dem Haus, in dem er aufgewachsen war.

Nun musste Cara dringend zu ihm vordringen, damit er endlich erfuhr, dass er in dieser Nacht nach England ausgeflogen werden sollte. Ob er mit seiner Bein- und Kopfverletzung die Flucht überhaupt angehen konnte, wusste sie allerdings nicht. Dagegen stand ihr umso klarer vor Augen, dass der Fluchtversuch nicht scheitern durfte. Denn das konnte sie, vielleicht auch Isabelle, teuer zu stehen kommen.

Kaum bei den drei auf den Klippen gelegenen Häusern angekommen, lehnte sie das Rad an die Außenmauer des Manoirs und betrat das Behelfslazarett. Das Licht der Deckenlampen blendete sie nach der draußen herrschenden Dunkelheit so sehr, dass sie zuerst einmal stehen bleiben und ihre Augen an die Helligkeit gewöhnen musste. Wie schon zuvor, wurde sie aufgrund ihrer Wehrmachtsuniform nicht aufgehalten, obwohl eine Rotkreuzschwester sie kritisch musterte, sich dann jedoch erneut über einen Kanadier mit Kopfverletzung beugte.

Cara bewegte sich behutsam zwischen den Pritschen hindurch. Sie entdeckte Nic, dessen Lager zwar weiter links war als zuvor, aber noch immer direkt unter den Fenstern. Erleichtert atmete Cara auf und lehnte sich an den Fenstersims. Sie tat so, als suchte sie etwas in ihrer Umhängetasche. »Bist du wach?«, fragte sie in Nics Muttersprache.

»Ja«, kam es leise zurück.

»Gut.«

»Warum trägst du diese schreckliche Uniform?«

»Darüber sprechen wir ein anderes Mal. Hör einfach nur zu. Ich habe keine Ahnung, weshalb du noch immer nicht zu einem Verhör weggebracht worden bist. Aber das ist gut.«

»Was weißt du?«, kam es leise zurück. Beunruhigt, wie sie meinte.

»Du warst bei den Soldaten, die man nahe der Freya-Station gefangen genommen hat. Das, dein Interesse an allem, was mit diesen Dingen zu tun hat, und deine RAF-Erkennungsmarke sagen mir genug.«

Nic murmelte etwas, was sie nicht richtig verstehen konnte. In ihren Ohren hörte es sich an wie: »Wo sind nur die, die mich töten sollten? Und meine Zyankalikapsel?«

Cara hatte keine Zeit für Nachfragen, da sie im Türrahmen August entdeckte. Der Arzt machte sich auf, zu ihr zu gelangen. Erneut beugte sie sich über ihre Umhängetasche. »Wenn es heute Nacht unruhig wird, kletterst du aus dem Fenster. Wir treffen uns bei eurem Versteck von früher.«

»Cara …«

Ohne ihn anzuhören, stieß sie sich vom Sims ab und ging August einige Schritte entgegen. Sie verspürte zwar keine Lust, sich mit ihrem Verwandten zu unterhalten, wollte seine Aufmerksamkeit aber keinesfalls auf Nic lenken.

»So spät noch auf, meine Liebe«, begrüßte August sie so laut, als versuchten nicht einige verletzte Männer, ein wenig Schlaf abzubekommen.

»Ich bin nicht *deine Liebe*«, gab Cara zurück und wollte an ihm vorbei. Sein selbstherrlicher Besitzanspruch, den er ihr gegenüber an den Tag legte, ärgerte sie. In Kombination mit der Macht, die er offenbar hatte, und seinen Beziehungen zum RSHA war er eine Bedrohung für sie und Isabelle. Und inzwischen auch für Nic. Wobei sich Cara sicher war, dass Alexander nicht ahnte, weshalb sie erneut hier hereingekommen war. Immerhin wusste er, wie gern sie sich um jene kümmerte, die

Hilfe benötigten. Selbst dafür hatte er sie ja schon verspottet. Allerdings war sich Cara sicher, dass auf lange Sicht gesehen ein Leben, das den Mitmenschen zugewandt war, glücklicher machte als eines, das nur auf den eigenen Vorteil bedacht war. Ein friedliches, frohmachendes und gelingendes Zusammenleben gab es nur durch gegenseitiges Geben und Nehmen. Durch Akzeptanz, Respekt und Vergebungsbereitschaft. Sie selbst war darin ganz sicher keine Meisterin – sie lernte noch –, doch in Augusts Leben schien all das nicht von Bedeutung zu sein.

»Was tust du hier?«, fragte er prompt.

»Ich bin gerade mit meiner Schicht fertig und wollte sehen, ob hier Hilfe gebraucht wird.«

»Inzwischen haben wir zwei Ärzte und eine Rotkreuzschwester mit Englischkenntnissen. Bei einigen der Männer komme ich auch mit meinem Französisch durch.«

»Das ist gut«, sagte Cara und wollte an August vorbei. Der stellte sich ihr in den Weg. Da die Durchgänge zwischen den Pritschen nur schmal waren, musste Cara ihren Versuch aufgeben.

»Ich bin mir nicht sicher, was ich von deinem Auftauchen hier halten soll.« Augusts graublaue Augen blickten sie kalt an. »Oder davon, dass du den Ärger, der dir im Schwarzwald angehangen hat, offenbar mit hierherbringen musstest.«

»Wie bitte?« Cara stemmte die Hände in die Seiten.

»Du weißt genau, wovon ich spreche. Immerhin hat die Gestapo deine Unterkunft durchsucht.«

»Ich kann nichts dafür, wenn die meinen, dass es dort etwas für sie Relevantes zu finden gibt. Was lächerlich ist, schließlich ist das die Bleibe von freiwilligen Wehrmachtshelferinnen.«

»Und die deine.«

»Richtig, aber nicht die deine. Weshalb ich mich frage, warum du dort herumschleichst. In zwielichtiger Begleitung«, gab sie Kontra. Augusts Augen verengten sich zu schmalen

Schlitzen, auf seiner Stirn entstanden tiefe Falten. Cara hatte den Eindruck, der Mann sezierte sie förmlich mit seinem Blick. Kalte Angst kroch ihr den Rücken hinauf. War sie zu weit gegangen? Wieder einmal war ihr Temperament mit ihr durchgegangen.

»Woher willst du das wissen, wenn du nicht selbst herumgeschlichen bist?«

»Wir arbeiten in immer wechselnden Schichten. Das bringt meinen Schlafrhythmus durcheinander. Manchmal bin ich mitten in der Nacht wach, schaue aus dem Fenster oder gehe sogar ein paar Schritte im Garten.« Cara schaute ebenso grimmig zurück, obwohl sie sich innerlich für diese Antwort gratulierte. Tatsächlich hatte sie zu Beginn ihrer Tätigkeit in der Radarstation einige schlechte Nächte durchlebt, inzwischen hatte ihr Körper sich an die unterschiedlichen Wach-Schlaf-Phasen gewöhnt.

»So, du gehst des Nachts spazieren?«

August klang lauernd. Diesmal wich Cara seinem Blick aus. Sie sah, dass einer der verletzten Gefangenen sie besorgt musterte, obwohl er sicher kein Wort verstand. Im Hintergrund hatte sich Nic auf die Ellenbogen geschoben und ließ sie nicht aus den Augen. Sein düsterer Gesichtsausdruck unter dem weißen Kopfverband verriet ihr, dass ihm nicht gefiel, was er sah.

Cara strich sich eine lose Locke hinters Ohr. Als sie die Hand senkte, machte sie mit dieser eine – wie sie hoffte – unauffällige Bewegung, die Nic hoffentlich so verstand, dass alles in Ordnung war und er sich ruhig verhalten solle.

Eine Schwester trat herbei und sagte: »Ein Telefongespräch für Sie, Doktor Biber.«

August nickte dankend, dann beugte er sich vor und kam damit ihrem Gesicht unangenehm nahe. In seinen Augen schien ein wildes Feuer zu flackern, als er mit ruhigem Tonfall, den sie als Warnung auffasste, sagte: »Allzu neugierige Mäuschen sind diejenigen, die in der Mausefalle landen.« Damit richtete er sich auf, wandte sich um und ging davon.

Cara stand reglos zwischen den Pritschen. Ihre Hände zitterten. Sie hatte August einmal zu viel gereizt. Dabei hatte sie angenommen, dass er ihre Gespräche stets als Schlagabtausch zweier entfernter Verwandter verstand, die sich nicht sonderlich gut leiden konnten. Offenbar hatte August nicht vor, dem Beispiel seines Vaters zu folgen. Das wusste Cara nun mit Gewissheit. Sobald sie auch nur einen Fehler beging, wollte er sich auf sie stürzen. Und wie es aussah, hatte August ausgerechnet in dieser Nacht Dienst.

-August bei Pourville-sur-Mer, Normandie/Frankreich-

Aufgebracht über Caras Frechheiten, stapfte August in das winzige Büro, das man ihm im Hilfslazarett zugewiesen hatte. Die anderen Ärzte und die Schwestern hielten sich zumeist im Raum nebenan auf. Der schwarze Telefonhörer lag auf einem Stapel Akten. August setzte sich auf den unbequemen Holzstuhl mit der halbrunden Lehne, drückte sich den Hörer ans Ohr und meldete sich mit seinem Rang und vollem Namen.

»Ich bin es«, sagte eine ihm allzu vertraute Stimme.

August hob die Augenbrauen. Normalerweise rief er nie an. Er hielt sich daran, dass man diese Leitungen ausschließlich für dienstliche Zwecke nutzte. Irgendetwas musste vorgefallen sein.

»Ich hoffe, es geht dir gut?«

Er ließ August keine Zeit, die Frage zu beantworten, was bei ihm ein Stirnrunzeln hervorrief.

Die Stimme fuhr fort: »Die Katze hat die Vögel gefressen.«

»Das ist nicht schön«, antwortete August.

»Sie ist sehr hungrig.«

»Dabei wird sie so gut gefüttert, nicht wahr?«

»Ich wollte es dir nur sagen.«

»Danke.«

Der Anrufer legte auf.

August hielt den Hörer noch eine Zeit lang in Händen, ehe auch er ihn auf die Gabel drückte. Er lehnte sich zurück, den Blick auf das Waschbecken an der gegenüberliegenden Wand gerichtet. Im Spiegel darüber sah er sich selbst. Er lächelte sich grimmig zu.

Nein, er liebte Cara nicht, fand sie aber begehrenswert. Außerdem gab es da nun mal verwandtschaftliche Beziehungen. Was im Augenblick auf sie zurollte wie eine gewaltige, zerstörerische Woge, tat ihm deshalb leid.

~Emmi, Gutshof im Schwarzwald / Deutsches Reich~

»Was –« Die Tür flog auf und knallte gegen die Kommode. Die Gegenstände darauf klapperten, fielen um, rollten über die Fläche und schlugen auf dem Boden auf.

»Aufstehen«, bellte die Stimme des schwarzen Schattens im Türrahmen. »Anziehen! Und zwar schnell.«

Aus dem Nebenzimmer erklang lautes Schreien. Hanna und Waldemar weinten, Richard beschimpfte die Eindringlinge. Dann hörte Emmi zwei klatschende Geräusche, die den tapferen Jungen zum Verstummen brachten. Panik und Wut flammten wie heiße Glut in ihr auf. Sie warf die Decke von sich. Hektisch ergriff sie den Morgenmantel und schlüpfte hinein, während Alexander mit seiner Hose kämpfte. Offenbar wollte er sich beeilen, bekam das in seinem Zustand aber nicht wirklich hin. Ob sie ihm helfen sollte? Doch sein Auftrag war klar gewesen: Kümmere dich um die Kinder!

Barfuß stapfte sie auf den Mann im Türrahmen zu. »Ich will zu meinen Kindern«, sagte sie laut, aber mit zitternder Stimme.

»Halten Sie die ruhig«, bellte der Eindringling sie an und ließ sie passieren.

Emmi eilte durch den Flur und ins Kinderzimmer. Dort prallte sie in einen weiteren Mann. Dieser trug die Uniform des SD und hatte das Licht angeknipst. Hanna kam angelaufen, doch ein zweiter Kerl in Zivil fing sie mit einem Arm ab. Sie jammerte auf und zappelte mit den Beinen in der Luft. Richard lag mit geröteten Wangen und einem allmählich zuschwellenden Auge auf dem Boden und rieb sich unter Tränen den Hinterkopf. Er musste durch die Schläge gestürzt und gegen den Bettrahmen gefallen sein. Waldemar stand schreiend in seinem Kinderbett und streckte seine Ärmchen in ihre Richtung. Doch sie konnte nicht zu ihm. Die Panik in seinen Augen zerriss Emmi das Herz.

»Lassen Sie mich bitte zu meinen Kindern«, würgte sie hervor.

»Halten Sie die Bälger still, bis wir hier fertig sind«, befahl ihr der Uniformierte, dann nickte er dem anderen zu. Der ließ Hanna fallen, als handelte es sich bei ihr um eine heiße Kartoffel, nicht um ein kleines Mädchen. Sie kam hart auf dem Boden auf.

Emmi musste an sich halten, um dem Mann nicht mit ihren Fingernägeln das Gesicht zu zerkratzen. Mit Alexanders eindringlicher Warnung im Ohr ballte sie lediglich die Hände zu Fäusten. »Gott, steh uns bei«, murmelte sie, als sie endlich Hanna schnappen und hochnehmen konnte. Mit dem anderen Arm zog sie Waldemar an sich, dann kauerte sie sich zu Richard, der sofort seinen schmerzenden Kopf in ihren Schoß bettete. Zu viert hockten sie zwischen einer Truhe und Richards Bett, klammerten sich aneinander und mussten mit ansehen, wie die Eindringlinge die Wohnung durchwühlten.

Geschirr zersprang in der Küche, da es offenbar achtlos zu Boden gefegt wurde. Töpfe und Besteck folgten. Jemand verschob Schränke, manche warf er wohl um. Bei jedem Bersten zuckten die Kinder in Emmis Armen zusammen. Sie selbst fühlte sich jedoch wie erstarrt. Nichts von all dem, was die Männer von der Gestapo zertrümmerten oder mitnahmen, war wichtig. Nur Alexander. Und Johanna und Albert, denn in der Wohnung über ihnen ging unüberhörbar dasselbe vor sich.

Der Uniformierte blieb die ganze Zeit im Kinderzimmer. Er durchsuchte die Kommode mit den Kinderkleidern, leerte die Spielzeugkiste auf Hannas Bett aus, nachdem er es von der Wand gezogen hatte, dann rückte er auch Waldemars Bett weg. Die Bodendielen knarrten, also gab er dem Möbel mit dem Fuß einen Tritt, sodass es gegen die Kommode knallte, kniete sich auf ein Bein und tastete die Bretter ab. Eines war locker, dieses hebelte er gewaltsam heraus, fand darunter aber nichts. Nun erst erschloss sich Emmi, was dieser Überfall bedeutete: Die Männer suchten jemanden. Ihre Kellergäste! Doch woher wussten sie von ihnen?

Unwillkürlich presste sie ihre Kinder noch fester an sich. Diese schluchzten, Hanna und Waldemar laut, Richard leise. Nur das Zucken seines Körpers verriet seine Angst.

Emmis Gedanken rotierten panisch. Wenn sie Esta, Aleph, Maler und Fitzi fanden, war dies für die vier das sichere Todesurteil. Und für Johanna und Albert, Alexander und sie selbst? Doch was geschah dann mit ihren Kindern? Emmi war plötzlich eiskalt. Ob man Richard, Hanna und Waldemar wohl Caras Obhut anvertraute? Oder standen Cara und Waldemar – obwohl der an der Front war – ebenfalls kurz davor, verhaftet zu werden? Als … Mittäter? Sippenhaft, so nannten sie das doch.

Emmis Gedanken fuhren Karussell und Schiffschaukel zugleich. Sie zitterte am ganzen Körper, maßlose Angst wechselte sich mit zorniger Verständnislosigkeit ab. Noch nie zuvor in ihrem Leben hatte sie sich so hilflos, aber auch voller Energie gefühlt. Als der Uniformierte auf sie zukam, erhob sie sich, zwei

Kinder im Arm, das dritte verbarg sie hinter ihren Beinen. Sie reckte die Schultern und funkelte den Mann warnend an. Der musterte sie und deutete mit dem Kinn in Richtung Fenster.

Emmi kam seiner Aufforderung nach, indem sie leise zu Richard sagte: »Komm mit uns, hinüber ans Fenster.« Der Junge gehorchte. Dort angekommen, setzte Emmi die beiden Kleinen auf den tiefen Sims, ihr Ältester und sie selbst stellten sich davor.

Sie sahen zu, wie der Mann auch noch das letzte Bett verschob, die Wand und den Boden prüfte und dann wieder zur Tür ging, wo er mit dem Rücken zu ihnen wartete. Ob ihr stummer Protest, ihr Aufzeigen, dass sie gewillt war, ihre Kinder zu verteidigen, ihn ein wenig beeindruckt hatte? Ja, dass er jetzt sogar dort vorn Wache stand, damit die anderen Männer hier nicht mehr eindringen konnten. Aber das war natürlich Blödsinn.

Diese Typen kannten kein Pardon. Kein Mitgefühl. Allerdings fragte sie sich, ob er, immerhin wohl Mitte dreißig, nicht selbst verheiratet war und Kinder hatte. War es ihm möglich, die Liebe für seine eigene Familie zu unterdrücken, sobald er und seine Kameraden andere Frauen und Kinder derart behandelten, wie dies hier geschah?

Über all den Lärm und das Chaos hinweg vernahm Emmi plötzlich das grollende Bellen von Hunden. Vor Verzweiflung versagten ihr beinahe die Beine. Sie musste sich schwer mit der Schulter an die Wand lehnen. Mit den Händen umklammerte sie den Sims, auf dem Hanna und Waldemar zusammengerollt lagen und noch immer weinten. Die Augen der beiden waren weit aufgerissen und sahen ihre Mutter Hilfe suchend an. Doch sie war nicht in der Verfassung, ein tröstendes Wort für sie zu finden. Das Hundegebell verriet, dass noch mehr Männer vor Ort waren und den Rest des Gebäudes durchsuchten. Die Kellergäste hatten keine Chance.

Ergeben schloss Emmi die Augen. Es war vorbei. Für Aleph, Maler, Esta und die kleine Fitzi. Für ihre Schwiegereltern. Für Alexander und sie. Für … sie alle!

Vor der Kinderzimmertür entstand Unruhe. Johanna taumelte herein, vermutlich hatte man sie gestoßen. Sie kam sofort zu ihnen und nahm Richard hoch, obwohl der groß und schwer war. Aber vielleicht musste sich ihre Schwiegermutter an dem Jungen festhalten. Oder sie brauchte die Nähe eines Menschen, von dem sie wusste, dass er sie liebte.

Johanna beugte sich zu Emmi und raunte: »Albert ist unten. Das wird nicht gut für ihn aussehen.«

»Wenn er den Lärm hört, kann er doch woanders hingehen. Er kann sagen, er habe im Haus nach dem Rechten geschaut. Oder dass er etwas gehört habe und nachsehen wollte«, gab Emmi zurück, wohl wissend, dass die Gestapo dem kaum Glauben schenken würde. Nicht, nachdem sie im Keller auf vier Juden gestoßen war.

»Er kommt dort nicht weg. Ich habe, als die bei euch die Tür eingetreten haben, zum Fenster rausgeschaut. Die sind mit drei Lastenautos gekommen. Da passen eine ganze Menge Männer und Hunde drauf. Vermutlich sind sie überall gleichzeitig eingedrungen.«

»Oh Gott!«, murmelte Emmi verzweifelt.

»Ich habe einen sagen hören, dass die gefundenen Unterlagen bei Polter daraufhindeuteten, dass Alexanders Verhaftung direkt gegen uns gehe. Polter hatte wohl Umbaupläne für den Gutshof in der Schublade. Außerdem Fotografien von dir. Das hat dazu geführt, dass man Alexander entlassen hat. Nun aber hat ein Partei- und Trinkkumpan angegeben, Polter habe ihm gegenüber den Verdacht geäußert, hier oben gebe es mehr Menschen als gemeldet. Illegale Subjekte.«

Der Mann an der Tür drehte sich zu ihnen um, also lehnte Emmi ihren Kopf an Johannas Schulter, um zu vertuschen, dass sie sich unterhielten. Sein grimmiger Blick traf sie wie eine jener eisigen Windböen, die im Winter gern mal durch die Ritzen der Fenster eindrangen.

Sie schwiegen nun, verängstigt, zitternd und voller unguter Vorahnungen. Miteinander wurden sie Zeuge, wie alle Männer bis auf ihren schweigsamen Wächter fortgingen. Wie die Hunde bellten, weiter entfernt grobe Hände Möbel verrückten oder zerstörten. Gnadenlos waren sie auf der Hatz nach ihrer Beute.

Da Hanna noch immer herzerweichend schluchzte, drehte Emmi sich um, beugte sich vor und umarmte das Mädchen. Dabei stützte sie die Stirn gegen das kühle Fensterglas. In allen Zimmern des Haupthauses mussten die Deckenlampen an sein, ihr Widerschein warf lang gezogene, helle Vierecke in den Garten.

Emmi kniff die Augen zu Schlitzen zusammen, als sie neben der Sandkiste ihrer Kinder eine Bewegung wahrnahm. War das ebenfalls ein Hund? Witterte er diejenigen, die sich dort gemeinsam mit den Hausbewohnern aufgehalten hatten? Fand er das Fenster, durch das diese manchmal den Keller verlassen oder diesen wieder betreten hatten?

Erneut sah sie einen flüchtigen Schatten durch eines der Lichtrechtecke auf der Wiese huschen. Es war ein Kind. Fitzi!

Emmis Herz schlug nahezu schmerzlich gegen ihre Rippen. Sie konnte zusehen, wie sich das Mädchen hastig voran bewegte. Es kam der Mauer immer näher. Vor Trauer und Bangigkeit um das Kind biss sich Emmi die Unterlippe blutig. Sie konnte den Blick nicht von ihm abwenden. Emmis Herz schickte einen brennenden Schmerz aus. Wunderbare, liebe Fitzi …

Was hatte sie vor – in ihrem verzweifelten Versuch, den Häschern zu entkommen? Obwohl flink und beweglich, war sie nicht in der Lage, die hohe Mauer zu übersteigen. Und falls doch, war der Sprung auf die andere Seite gefährlich. Immerhin war dort drüben der Abstand zum Boden ungleich größer als im

Garten. Und gleich neben einem schmalen Pfad fiel der Hang steinig und steil zum See hin ab.

Für einen Augenblick verschwand Fitzi aus Emmis Sichtfeld, dann sah sie, wie sie an dem wilden Wein an der Mauer zerrte. Dort gab es jenen Spalt, von Regenwasser und Schnee ins Gestein getrieben, weil der obere Mauersturz beschädigt war. Wollte Fitzi durch diesen fliehen? Das war unmöglich! Selbst das kleine Mädchen konnte sich da nicht hindurchzwängen. Als Versteck konnte es ihr dienen, jedoch nur so lange, bis man die Hunde in diesen Teil des Gartens ließ.

Verzweifelt ob der Tatsache, dass sie Fitzi nicht helfen konnte, und doch auch gebannt, verfolgte Emmi Fitzis mit dem Mut der Verzweiflung ausgeführten Fluchtversuch. Nun schob sie sich in den aufgesprengten Mauerspalt. Stück um Stück zwängte sie sich tiefer hinein. Die Ranken und Blätter legten sich wieder über den Spalt, als wäre es ihr größtes Bestreben, das Kind zu verbergen.

Obwohl Emmi eigentlich nicht zusehen wollte, wie die Hunde Fitzi witterten und eine dieser Gestalten sie aus ihrem Versteck zerrte, behielt sie die Stelle wie paralysiert im Blick. Bald darauf tauchte das erste Tier auf. Ein bulliger Rottweiler folgte zielstrebig Fitzis Spur zur Mauer. Vermutlich, weil diese ganz frisch war.

Der Mann, der den Hund an der Leine hielt, zerrte die Lianen beiseite und leuchtete mit einer Lampe in den Spalt.

Emmis Herz stolperte über seinen eigenen Rhythmus. Damit war auch für Fitzi die Flucht vorbei. Was wohl mit ihr geschehen würde? Emmi wünschte sich sehnlichst, sie hätte von Alexander niemals erfahren, was die Nazis planten …

Der Häscher drehte sich um und sagte etwas zu einem zweiten Gestapomann, den Emmi nicht sehen konnte. Gleich darauf schüttelte der Hundeführer den Kopf. Völlig entgeistert riss Emmi die Augen auf. Bedeutete das Verhalten des Häschers, dass Fitzi fort war? Gab es keine weitere Verfolgung, weil er annahm, niemand könne sich dort hindurchdrücken? Zu Recht, wie Emmi fand. Fitzi musste es dennoch gelungen sein!

Emmi streichelte Hannas Rücken und umklammerte mit der anderen Hand die des inzwischen wieder schlafenden Waldemar. Ihren Blick hielt sie weiterhin nach draußen gerichtet. Auf das wenige, was das Mondlicht ihr zu sehen anbot.

Als auf dem vormals still daliegenden See plötzlich kleine Wellen tanzten, über die silbrige Sterne sprangen, konzentrierte sie ihren Blick auf den Ufersaum. Sie entdeckte Fitzis Silhouette und wurde Zeuge, wie sie ins Wasser watete. So tief, dass nur noch ihr Kopf zu sehen war. Manchmal verlor Emmi das Mädchen aus den Augen. Ein Entenpaar floh vor ihr. Emmi hielt den Atem an. Doch außer ihr schien niemand das Geschehen dort unten zu beachten. Weil kein anderer wusste, dass einem der Kellergäste die Flucht gelungen war.

Bald schon erschloss sich Emmi, was Fitzi als Ziel auserkoren hatte: ein breites Schilfdickicht. Und da sie das Ufer gemieden hatte, sich vielmehr ausschließlich im Wasser bewegte, konnte kein Spürhund ihr folgen.

»Kluges Kind«, flüsterte Emmi tonlos gegen die Scheibe. Schwingende Halme zeigten Fitzis Weg durch das Röhricht, dann geschah nichts mehr. Das Schilf stand stoisch gelassen am seichten Ufer, die Wasseroberfläche beruhigte sich allmählich. Bald schon lag der See als einzige dunkle Fläche da, über die der Mond eine lange Lichtspur legte.

Emmi vermutete, dass Fitzi eine Erhebung inmitten des Schilfbewuchses gefunden hatte. Einen großen Stein, eine Erderhöhung, die nicht vom Wasser überspült war, ein verlassenes Schwanennest. Dort hatte sie wohl vor zu bleiben, bis die Hatz auf sie vorüber war. Und dann?

Mit einem Mal war Emmi klar, dass Fitzi nicht zurückkehren durfte. Und das wusste sie wohl ganz genau. Derlei hatte man ihr eingeschärft, seit sie im Untergrund lebte. Doch wo sollte sie nun hin? Wo war sie fortan in Sicherheit? Wer würde für sie sorgen?

Emmis Herz weinte heimlich. Fitzi mochte jetzt die Flucht gelungen sein. Aber für wie lange? Vermutlich würde Emmi niemals erfahren, ob die kleine Felicitas Jecklin – falls dies wirklich ihr Nachname war – es geschafft hatte.

Nachdem sie tief durchgeatmet hatte, wandte Emmi ihre Aufmerksamkeit wieder dem Geschehen im Haus zu. Jetzt galt es, zu hoffen und zu beten, dass man sie nicht alle mitnahm, verhaftete und verschwinden ließ – um ihrer eigenen Kinder willen.

~Nicolas, bei Pourville-sur-Mer, Normandie/Frankreich~

Die geballten Fäuste und angespannten Armmuskeln verschlimmerten seine Kopfschmerzen. Also zwang Nic sich, beides zu lockern. Als zuerst dieser NS-Arzt, der denselben Nachnamen wie Cara trug, dann Cara selbst den Raum verlassen hatten, legte er sich wieder hin.

Was hatte das alles zu bedeuten? Erst Caras Anweisungen an ihn, die von ihr gut gemeint waren, sie aber in beträchtliche Schwierigkeiten manövrieren konnten, und dann dieser widerliche Kerl im weißen Kittel, der sie bedrängt hatte. Hoffentlich war dieses Zusammentreffen, von dem er nur Wortfetzen verstanden hatte, ihr eine deutliche Warnung. Sie durfte seinetwegen in dieser Nacht nichts unternehmen. Das wollte er nicht.

Seit er angeschossen worden war, war er ein toter Mann. Eigentlich. Denn die Realität sah so aus, dass er noch lebte. Seine und Jacks Leibwächter hatten versagt. Niemand hatte ihn erschossen. Und die gut versteckte Zyankalikapsel, die sowohl Jack als auch er ausgehändigt bekommen hatten, war ihm mitsamt seinem Gepäck abhandengekommen. Es war also nicht richtig, dass Cara seinetwegen ihr Leben aufs Spiel setzte. Zumal er sich nicht vorstellen konnte, wie sie ihn von hier wegbringen wollte. Andererseits …

Nic rieb sich nachdenklich über die Bartstoppeln an seinem Kinn. Bei einem Fluchtversuch erschoss man ihn sicher, ohne zuvor Fragen zu stellen. Vielleicht sollte er Caras Anweisungen nachkommen. Sofern er lebend das Gesträuch zwischen den Feldern erreichte, konnte sie ihm zumindest noch erklären, warum sie in dieser unsäglichen Uniform steckte. Wenn sie eine Anhängerin Hitlers war, würde es ihm umso leichter fallen, anschließend über die Klippen in den Tod zu springen.

Vorsichtig bewegte er sein verletztes Bein. Solange er still lag, spürte er kaum etwas von den Wunden, doch bei der geringsten Belastung verbrüderte sich der Schmerz aus seinem Kopf mit dem in seinem Unterschenkel. Es war fraglich, ob er nach einem Sprung aus dem Fenster den Weg bis hinaus zu dem von dichtem Gebüsch überwucherten Graben schaffen konnte. Zumal man ihn sicher nicht einfach davonkommen ließ. Und: Falls die wachhabenden Soldaten ihm folgten, wäre Cara dann besonnen genug, sich von ihm fernzuhalten? Den Dingen ihren Lauf zu lassen, ohne sich einzumischen? Vernunft war schon früher nicht gerade ihre Stärke gewesen – was ihm gefallen hatte. Aus dem verwegenen Mädchen von einst war eine mutige – oder vielmehr übermütige – Frau geworden.

Nic verbrachte die nächste Stunde damit, abzuwägen, welche Risiken er eingehen wollte und wie groß diese für Cara waren. Da er überhaupt nicht einschätzen konnte, wie diese abenteuerlustige Person zu handeln gedachte, falls ihr gut gemeinter, jedoch aberwitziger Fluchtplan misslang, kam er zu keinem Ergebnis. Als vor dem Lazarett plötzlich etwas laut krachend explodierte, zuckte er ebenso zusammen wie die Männer neben ihm. War eine Fliegerbombe hochgegangen, die verborgen zwischen Felsen, Hügeln oder in einer Hecke gelandet, aber nicht detoniert war? Hatte jemand eine Handgranate geworfen?

Erst als er die aufgeregten Rufe und polternden Schritte über sich und im Flur vernahm, verstand er, dass dies Caras Ablenkungsmanöver sein musste. »Verrückte, wunderbare Cara!«, murmelte er und stemmte sich aus dem Bett. Da ihm schwindelig war und sein Bein sofort stechende Schmerzen aussandte, taumelte er mehr zum Fenster, als dass er ging.

»Gott mit dir, Nicky-Boy!«, hörte er hinter sich eine Stimme, doch er drehte sich nicht um. Der Fensterflügel öffnete sich quietschend. Nic stemmte sich auf den Sims, schwang die Beine hinüber und sprang. Er machte sich auf weitere Schmerzen gefasst, landete allerdings recht weich auf einer Ladung aufgeschichtetem, frisch geschnittenem Gras. Er drückte das zur Verdunklung mit Pappe abgeklebte Fenster wieder zu und humpelte in die Dunkelheit hinein.

Nach dem hellen Licht im Haus konnte er anfangs kaum die Hand vor Augen sehen. So stieß er gegen einen Blumenkübel, der knirschend verrutschte. Gleich darauf klapperte etwas. Nic griff danach und bekam zwei gepolsterte Holzkrücken zu fassen. Offenbar hatte Cara an alles gedacht und dafür gesorgt, dass er sich hier den Fuß anstieß.

Hoffnung keimte in Nic auf, als er sich der Gehhilfen bediente, um schneller voranzukommen und sein Bein zu schonen. Womöglich wusste dieses wunderbar verrückte Mädchen tatsächlich einen Fluchtweg für ihn. Dann konnte er ihr vielleicht sogar ihren Dienst in der Wehrmacht verzeihen.

Immer schneller, getrieben von dem Wunsch, der Gefangenschaft oder dem sicheren Tod zu entkommen, arbeitete sich Nic durch den Garten. Allmählich gewöhnten sich seine Augen an das wenige Licht. Er rollte sich über die Mauer und ignorierte den explodierenden Schmerz in seinem ganzen Körper, als er ungeschickt mit der Schulter auf einem Felsbrocken aufkam. Er hastete weiter.

Die Sterne und der Mond beschienen seinen Weg, der sich tief in sein Gedächtnis eingegraben hatte, wenngleich die Anordnung der Felder eine andere war. Nicht ein einziges Mal sah er zurück. Allerdings verriet ihm ein zuckender Lichtschein, dass seine Fluchthelferin eines der Nebengebäude des Manoir in Brand gesteckt haben musste.

Sein Atem ging inzwischen keuchend, seine Arme schmerzten, waren sie es doch nicht gewohnt, fast sein ganzes Körpergewicht zu stützen und voranzuwuchten. Dennoch kam er der Vertiefung stetig näher. Schon hoben sich vor ihm die schwarzen Silhouetten von Buschwerk und Bäumen ab, die in den vergangenen Jahren kaum gewachsen waren, aber noch windschiefer aussahen als früher.

Bei jedem Meter, den er hinter sich brachte, flutete ein anderer Gedanke sein Gehirn: Wenn er erst einmal dort war, konnte er verschnaufen. Und diese eigenwillige Frau fragen, was sie eigentlich geplant hatte. Vielleicht durfte er sie wenigstens ein einziges Mal in den Armen halten. Danach konnte er sich dennoch über die Klippen stürzen. Oder in die Freiheit fliehen. Er hob den Kopf. Nur noch rund einhundert Meter …

~August, bei Pourville-sur-Mer, Normandie/Frankreich~

August glaubte nicht einen Moment daran, dass in dem Lagerschuppen versehentlich etwas explodiert war. Was sollte es in dem heruntergekommenen Manoir schon geben? Außer vielleicht ein Waffendepot der Résistance. Aber selbst das ging nicht einfach so in die Luft.

Jemand musste nachgeholfen haben, um das nun herrschende Chaos zu verursachen. Als er die Soldaten sah, die das

Gelände um den Brandherd absicherten, drehte er sich zum Haus um. Die Rotkreuzschwestern im Dienst, aber auch jene, die in der Mansarde schliefen, standen an den von zuckenden Flammen beleuchteten Fenstern. Gerade verließ ein Kollege von ihm das Gebäude, die Uniformjacke notdürftig über den Pyjama gezogen. Alle Augen waren auf das Flammenmeer gerichtet.

Und da verstand August, was vor weniger als zwei Stunden zwischen Cara und diesem kanadischen Gefangenen abgelaufen war. So schnell es seine nicht gerade sportliche Statur zuließ, hastete er zurück ins Haus und in den großen Salon. Ein einziger Blick genügte, um zu sehen, dass Nicolas Poulins Lager leer war. Dahinter schwankte das Fenster leicht im Wind, der durch die offen stehende Haustür eindrang.

August stieß einen unflätigen Fluch aus und rannte wieder ins Freie. Er orientierte sich kurz und wählte dann den Spazierweg um die Außenmauer herum, zwischen den beiden angrenzenden Gebäuden hindurch. Keuchend eilte er bis zum Feldrand. Über dem Brausen des Winds und dem Rascheln der Bäume drang das Geräusch der an die Küste schlagenden Wellen nur verhalten bis hier herauf. Von der anderen Seite des Hauses vernahm er das Prasseln des Feuers und einige aufgeregte Stimmen, all das verhinderte, dass er einen einzelnen fliehenden Mann hören konnte. Doch da bemerkte er oberhalb eines Hügels eine Bewegung. August kniff die Augen zu. Konnte jemand mit einem Beinschuss so schnell nach dort oben gelangen? Der Mond kroch hinter einer Wolke hervor und beleuchtete den Fliehenden. Offenbar hatte er Achselkrücken.

Entschlossen streifte August den hellen Arztkittel ab, warf ihn auf die Steinmauer und öffnete den Verschluss seines Pistolenholsters. Er zog seine Luger hervor und drang in den winzigen Ackerstreifen zwischen zwei erntereifen Feldern ein.

In Gedanken zerpflückte er schon einmal Luftwaffenhelferin Carolina Biber, die sich gerade als Fluchthelferin betätigte. War ihr denn nicht bewusst, dass Soldaten den Flüchtenden verfolgen konnten? Diese hätten, ohne zu zögern, auch auf sie geschossen.

22

-Carolina, bei Pourville-sur-Mer, Normandie/Frankreich-

»Wo bleibt denn das Flugzeug?« Cara stand vor dem ehemaligen Versteck der Jungen und ließ den Himmel in Richtung Norden nicht aus den Augen. Nervosität machte sich in ihr breit. Sie hatten nur diese eine Chance, Nic von hier fortzubringen.

»Philippe kommt schon«, beschwichtigte Isabelle.

»Du kennst den Piloten?«

»Ja.«

»Woher? Ist er Franzose oder hast du seinen Namen nur französisch ausgesprochen?«

»Seine Mutter war Französin.«

»Und weiter.«

»Nichts weiter.«

»Ich habe den Eindruck, du magst ihn.«

»Er ist glücklich verheiratet.«

»Mit einer Britin?«

»Nein, mit einer Niederländerin.«

Cara trat von einem Bein auf das andere. Sie hoffte, dass dieser Philippe wirklich kommen, unentdeckt landen und wieder abheben konnte. Allerdings war Nic ebenfalls noch nicht eingetroffen. Ob er eine Flucht überhaupt wagen wollte? Oder war diese gescheitert? Beunruhigt rupfte sie einige Nadeln von einer windschiefen Kiefer.

»Du machst mich nervös«, zischte Isabelle.

»Dann rede mit mir. Das lenkt mich ab. Woher kennst du diesen Philippe?«

Isabelle seufzte leise. »Er war früher manchmal für einen Kurzurlaub hier, mit seiner Frau.«

»Und?«

»Er hat während des Ersten Weltkriegs für Fokker Jagdflugzeuge entworfen und ist selbst ein guter Pilot. Er trainiert die Jungs von der Royal Air Force.«

»Dann ist er ein Offizier?« Interessiert ergriff Cara Isabelles Arm, die ihre Hand jedoch abschüttelte.

»Er war Offizier im deutschen Kaiserreich, in England hat er einen Expertenrang inne. Wie Nic wahrscheinlich ebenfalls, sollte er wirklich derjenige sein, für den du ihn hältst.«

Unweit von ihnen raschelte es. Sofort zogen sich Cara und Isabelle tiefer in das Unterholz zurück. Das Knistern kam näher, dann polterten einige lose Steine übereinander. Das Geräusch drang weit durch die Nacht. Cara war nur froh, dass dort drüben bei den Häusern noch immer eine gewaltige Geräuschkulisse herrschte. Denn sicher waren inzwischen auch einige neugierige Wehrmachtshelferinnen zum Nachbargrundstück hinübergegangen. Sie konnte nur hoffen, dass niemand sie vermisste oder gar ihr Zimmer betrat, um zu fragen, ob sie nicht mitkommen wolle. Doch seit Frieda nicht mehr lebte, war diese Gefahr äußerst gering. Die Freundin hätte sicher … Cara verdrängte die schmerzlichen Erinnerungen an Frieda, zumal sich ihnen eine große männliche Gestalt mit Krücken näherte.

Isabelle war noch vor ihr bei Nic und warf sich förmlich in seine Arme. Cara gelang es gerade so, eine umfallende Gehhilfe aufzufangen. Nic machte sich schnell wieder von der früheren Nachbarin frei, deren Überschwang Cara einigermaßen verwunderte. Und der ein äußerst ungutes Gefühl in ihr wachrief, welches sie als Eifersucht ausmachte.

»Folge mir.« Isabelle übernahm die Führung.

Nic warf Cara einen Blick zu, der zwischen Irritation und Belustigung zu schwanken schien, was ihr ein Grinsen ins Gesicht zauberte. Ja, Isabelle hatte eine erstaunliche Entwicklung durchgemacht – geboren aus Verlustschmerz, Wut auf die Besatzer und Beschützerinstinkt für ihre Kinder.

»Es ist gut, euch beide zusammen zu sehen«, raunte Nic Cara zu. »Nur warum du in dieser Uniform steckst, musst du mir erklären.«

»Vielleicht, damit ich hier bei Isabelle sein kann und sie ein wenig in ihrer Abenteuerlust bremse.«

Von Nic kam zuerst ein ungläubiges Schnauben, gleich darauf ein leises Lachen. »Dann hat man den Bock zum Gärtner gemacht.«

»Oder um dir das Leben zu retten.«

»Ich verstehe es dennoch nicht.« Jetzt klang er wieder düster, ja nahezu drohend. Der Korsar war zurück.

»Kommt endlich«, beendete Isabelle den leise geführten Schlagabtausch. »Ich glaube, das Flugzeug ist in der Nähe. Ich muss das Signal setzen.«

»Lauf voraus, wir kommen nach«, riet Cara im Flüsterton. Gleich darauf verschluckte die Dunkelheit die Französin. »Soll ich dich stützen?«

Nic baute sich vor ihr auf und sah auf sie hinunter. Im schwachen Lichtglanz der Himmelslichter sah Cara das attraktive Gesicht des Mannes vor sich, den sie über viele Jahre hinweg schmerzlich vermisst hatte.

»Mit den Krücken geht es auf dem engen Pfad besser, als wenn du mich stützt.« Nic machte keine Anstalten, sich umzudrehen und Isabelle zu folgen. Vielmehr musterte er sie intensiv. »Leider«, fügte er noch hinzu. Er hob den Arm.

In der Annahme, er wolle ihr die zweite Gehhilfe abnehmen, streckte Cara ihm diese hin. Doch Nic schob ihr eine ihrer Locken hinters Ohr. Dann glitten seine Fingerspitzen liebkosend über ihre erhitzten Wangen. Er zeichnete ihr Kinn nach, wobei er sich näher zu ihr beugte.

In diesem Augenblick gab es jenseits des Verstecks ein Geräusch, als stürzte etwas Schweres zu Boden. Ein eigentümliches Knirschen folgte, wieder polterten Steine übereinander. Alarmiert zuckten Cara und Nic auseinander. War jemand Nic gefolgt? Ein Zittern lief durch Caras Körper.

Nic ergriff die Krücke, dabei raunte er ihr ins Ohr: »Wenn es brenzlig wird, dann sieh zu, dass du wegkommst. Ich bin ohnehin seit Tagen ein toter Mann.«

Cara schob sich an ihm vorbei, um vorauszueilen. Gemeinsam, aber darum bemüht, jeden verräterischen Laut zu vermeiden, folgten sie dem abschüssigen Feldrand. Caras Sinne waren alarmiert. Doch außer dem Rascheln und Keuchen des Mannes, der ihr folgte, konnte sie keine weiteren Geräusche ausmachen. Dennoch war sie sich sicher: Dort hinten war jemand!

Sie erreichten die provisorische Landebahn in dem Moment, als ein leises Sirren in der Luft lag. Isabelle hatte Blechdosen aufgestellt, in denen winzige Kerzenreste flackerten. Gleich darauf flog etwas an Cara vorbei. Das Holzkonstrukt ähnelte einem Doppeldecker, den sie einmal bei einer Ausstellung über den Krieg in den Jahren 1914 bis 1918 gesehen hatte, wirkte aber deutlich moderner. Kein Wunder, dass es dem Radar entging, da an diesem Flugzeug offenbar fast nirgends Metall verbaut war.

Knapp vor Ende der Landebahn wendete das Gerät geräuschlos und kam zum Stehen. Der Pilot, ein großer, breitschultriger Mann in einer dicken, fellgefütterten Lederjacke kletterte aus dem Vehikel. Die Schutzbrille schob er hinauf auf die Lederkappe mit Ohrenschutz. Fasziniert beobachtete Cara, wie dieser Philippe Isabelle begrüßte, dann aus der vorderen Sitzaussparung eine ähnliche Montur zog, wie er sie trug, und sie wortlos vor Nic ablegte. Der begann sofort damit, die wärmende Kleidung überzuziehen.

Für Cara war es nur schwer vorstellbar, wie man mit dieser klapprigen Kiste den Ärmelkanal überqueren konnte. Andererseits hatten die Helden der Lüfte im ersten großen Krieg wilde Luftkämpfe mit derlei konstruierten Flugzeugen ausgefochten. Cara schüttelte ihre Verwunderung ab und gesellte sich zu dem Piloten, den sie auf Anfang vierzig schätzte. Aus der Nähe wirkte er ähnlich verwegen wie Nic. Die beiden gaben sicher ein gutes Gespann ab. »Ich fürchte, jemand ist hinter uns her«, sagte sie an Philippe gewandt.

»Dann helfen Sie dem Warrant Officer«, riet Philippe knapp und kletterte wieder auf den hinteren Pilotensitz.

Cara gesellte sich zu Nic und stützte ihn, während er sich einen langen Schal um den Hals wickelte. »Ich wünschte, ich könnte dich und Isabelle mitnehmen«, raunte er ihr zu, dabei ging sein Blick über sie hinweg. Er suchte den Feldrand ab, in Erwartung, dort demnächst bewaffnete Deutsche auftauchen zu sehen.

»Isabelle hat Kinder.«

»Dann wenigstens dich«, brummte Nic grimmig, während sein Blick weiterhin alarmiert die Umgebung absuchte.

»Mit der Kiste geht das nicht«, sagte Cara, was offensichtlich war. Außer dem Piloten gab es nur einen einzigen weiteren Platz.

»Sieh zu, dass ihr beide ungesehen hier wegkommt.«

Cara nickte, während sie Nic hastig die Jacke schloss. »Sehen wir uns wieder? Eines Tages?« Ob Nic heraushören konnte, wie wichtig ihr ein Wiedersehen war?

Von Philippe kam ein ungeduldiges Geräusch. Nic beugte sich vor und presste seine Lippen hart auf ihre. Der Moment war so schnell vorbei, dass Cara einen Augenblick brauchte, ehe sie verstand, was geschehen war. Sie folgte Nic, der mit den Krücken an die Seite des Flugzeugs eilte, derweil löschte Isabelle die provisorischen Positionslichter und verbarg sie in einem Erdloch, über das sie eine lose Grasnarbe legte.

Noch ehe Cara überhaupt wusste, wie sie Nic in den Flieger helfen konnte, kletterte er mit zusammengebissenen Zähnen, um jeden Schmerzenslaut zu unterbinden, in die Maschine. Als er endlich saß, glänzte sein Gesicht schweißnass.

»Los jetzt!«, kam ein scharfer Befehl von Philippe.

Cara hatte fälschlicherweise damit gerechnet, dass sie helfen mussten, den Motor zu starten, indem sie – wie einst nötig – den vorderen Propeller andrehten. So fiel sie fast hin, da Isabelle sie an der Hand ergriff und hinter sich her zog. Offenbar war der Eigenbau weit moderner, als es den Anschein hatte.

Isabelle und Cara rannten in jenen Pfad hinein, der in einem großen Umweg zur benachbarten Bucht führte und erneut eine Kletterpartie durch die Klippenausläufer von ihnen verlangte. Jetzt blieb Cara nur zu hoffen, dass Philippe und Nic schnell genug starten und aus der Nähe der Küste verschwinden konnten, ehe derjenige, der ihnen gefolgt sein musste, Alarm schlug. Und auch für sie und Isabelle war die Gefahr, erwischt zu werden, noch lange nicht vorbei.

Kurz darauf hörte Cara das Motorengeräusch eines Flugzeugs. Extrem niedrig, dabei das Risiko in Kauf nehmend, gegen einen Baum oder einen aufragenden Kalksteinfels zu stoßen, schoss es als schwarzer Schattenriss über die Hügel, dann über die Küstenfelsen hinweg aufs offene Meer hinaus.

-August, Dieppe, Normandie/Frankreich

Im Osten lag bereits ein heller Schimmer, als August endlich seine Suite im Hotel betrat. Fluchend zog er sich die schmutzige, zerfetzte Uniformhose aus und betrachtete die blauen Flecken an seinen Schienbeinen und das aufgeschlagene Knie. Zum Glück hatte man im Lazarett angenommen, seine Verletzungen entstammten dem Versuch, die Scheune zu löschen. Sein Rücken schmerzte, da er sich diesen bei seinem Sturz in einen mit Geröll gefüllten Graben verrenkt haben musste. Einer der Bauern hatte an dieser Stelle alte Ziegel, zersprungene Backsteine, eine Menge Feldsteine und sogar einen verrosteten, uralten Pflug entsorgt. Oder war dieser Unrat zwischen den Feldern erst kürzlich von der Résistance dort abgeladen worden? Als Stolperfalle für einen Verfolger?

Jedenfalls hatte er bei seinem Sturz eine Menge Lärm verursacht. Er hatte sich verletzt und war hilflos dagelegen, Gesäß und Rücken tiefer als Kopf, Arme und Beine. Bis es ihm endlich gelungen war, sich aus dieser Position auf den Bauch zu drehen und auf allen vieren aus dem Graben zu krabbeln, war geraume Zeit vergangen. Er hatte sich gefühlt wie jene Schildkröten, die dem Nachbarsmädchen in Baden-Baden gehört hatten, ein Geschenk irgendwelcher Sowjets, die früher in deren Hotel abgestiegen waren. Als Kind hatte August die Panzertiere mit Vorliebe auf den Rücken gedreht, um mit anzusehen, wie sie verzweifelt versuchten, wieder auf die Beine zu kommen.

Als er sich endlich hochgerappelt hatte, war das Flugzeug und mit ihm Nicolas Poulin bereits entwischt gewesen.

August schnaubte aufgebracht. Diese verdammte Carolina! In seinen Augen war sie wunderschön, begehrenswert, herrlich eigenwillig und deshalb eine Gefahr für ihn. Er hätte es besser wissen und darauf bestehen müssen, dass man sie nicht hierher versetzte, sondern an die Ostfront. Dort wäre sie kaum in der

Lage gewesen, Schaden anzurichten. Wobei offenbar vielmehr ihre Eltern …

August, der gerade Jod über sein aufgeschlagenes Knie träufelte, zischte schmerzerfüllt auf. Er war eine fette, verweichlichte Memme geworden. Nichts, worauf er stolz war. Heute hatte ihn das sogar in Gefahr gebracht. Nein, widersprach er sich in Gedanken selbst. Carolina war diejenige, von der drohendes Unheil ausging. Und ihre Familie.

Sein Anrufer Stunden zuvor hatte ihm in verschlüsselten Worten von deren Verhaftung berichtet. Die Katze stand für den SD, die Vögel, die gefressen worden waren, für die Bibers. Jetzt lauerte die Katze darauf, sich Carolina zu holen. Möglicherweise kam sogar jemand auf den Gedanken, den verschwundenen kanadischen Soldaten ebenfalls bei ihr zu vermuten. Und damit rückte vielleicht auch Isabelle Aubertin erneut in den Fokus. Aber besser die beiden als er – mit seinem missratenen Versuch, den Helden zu spielen.

~Emmi, Gutshof im Schwarzwald / Deutsches Reich~

In dieser Nacht kam Emmi nicht zur Ruhe. Wie hätte sie das auch angesichts dessen gekonnt, was sie durchlebt hatte. Sie hatte alle drei Kinder zu sich ins Ehebett geholt. Richard bewegte sich unruhig und Hanna schreckte immer wieder hoch, sodass Emmi sie in den Armen wiegte, während sie sich erneut in den Schlaf weinte. Nur Waldemar schlief ruhig, von einem gelegentlichen unverständlichen Murmeln einmal abgesehen.

Emmi bestürmte den Himmel mit ihren Gebeten, obwohl eine leise Stimme in ihrem Kopf fortwährend raunte, dass es keine Hoffnung gab. In diesen Zeiten schien Gott machtlos zu sein, und es bedeutete für Emmi wenig Trost, dass in der

Bibel stand, er wolle beim letzten Gericht alle zur Rechenschaft ziehen.

Beim ersten Morgengrauen schliefen die Kinder endlich friedlicher. Also erhob sich Emmi leise. Durch all das Chaos hindurch, das jenes nächtliche Überfallkommando angerichtet hatte, eilte sie aus dem Haus und den Hügel hinunter zum See. Wie Fitzi in der Nacht zuvor watete sie vom Steg aus durch den seichteren Uferabschnitt zum Schilf. Vorsichtig drang sie zwischen das Röhricht ein.

Knatternd bewegten sich die Halme, ihre rostfarbenen Fahnen schwangen hin und her und das Wasser leckte an Emmis Schenkeln. Scharfe Blattkanten ritzten ihr die Haut auf, spitze Kiesel drückten sich unangenehm in ihre Fußsohlen. Doch nichts davon konnte Emmi aufhalten.

Sie durchkämmte das Dickicht aus Röhricht, das sich hinter ihr immer wieder schloss, bis sie einen Abschnitt erreichte, an dem sich der Seeboden zu einer kleinen Insel erhob. Das dort wachsende Gras war niedergedrückt, doch Fitzi war fort.

Erschöpft, traurig und voller Sorge setzte sich Emmi auf die Erhöhung, die Füße behielt sie weiterhin im kühlen Nass. Über ihr spannte sich der blaue Himmel. Schwalben wirbelten auf der Jagd nach Insekten durch die Lüfte. Das träge Quaken einer Ente drang herbei, die Wellen gluckten leise gegen die Kiesel, während eine leichte Brise die Schilfhalme in Bewegung setzte und ihnen ein Flüstern entlockte. Die Natur atmete Frieden, der Mensch dünstete Hass und Verderben aus.

Emmi verbarg ihr Gesicht in den Händen und weinte bittere Tränen. Um Aleph, einen jungen, intelligenten Mann, der in den vergangenen Jahren mehr als nur seine Lehrtätigkeit verloren hatte. Um Maler, einen weisen Gelehrten, der nie etwas anderes gepredigt hatte als Gottes Liebe zu den Menschen. Um Esta, die sich trotz aller Verfolgung ihre Hoffnung auf ein gutes Leben und auf die Liebe bewahrt hatte. Die Freude verströmt hatte, obwohl ihre kleine Welt zusammengebrochen war. Um Fitzi, ein herzensgutes Mädchen, das sich in dunklen Kellern verstecken musste und nun allein durch einen Wald floh. Dabei sollte sie doch lachen, spielen und zur Schule gehen. Um Johanna und Albert, zwei wundervolle Menschen mit Herzen, die überquollen vor Zuneigung und Liebe, die beides großmütig und aller Gefahr zum Trotz an jene verschenkt hatten, die mit Hass überzogen wurden. Um Alexander, der sie mit all ihren Unzulänglichkeiten von Herzen geliebt hatte und der diese erneute Gefangenschaft ganz sicher mit dem Tod bezahlte. Um ihre Kinder, der die Familie geraubt worden war und die in eine Zukunft voller Trauer, Schmerz und Armut blickten. Um Cara …

Emmi fuhr hoch. Sie musste Cara warnen! Irgendwie! Denn garantiert wusste jemand darum, dass nicht nur Alexander aufrührerische Reden gehalten hatte und Polter gelegentlich in die Parade gefahren war. Ihre Schwägerin war bisher nur unbehelligt geblieben, da sie sich freiwillig als Wehrmachtshelferin gemeldet hatte. Und weil sie in der Normandie war. Doch der Arm des RSHA reichte weit. Auch zu Waldemar bei der Heeresgruppe Nord in der Sowjetunion und zu Caras Einsatzstelle in Frankreich.

Energisch wühlte sich Emmi aus dem Schilf ans Ufer. Im Vorbeirennen schnappte sie sich Schuhe und Strümpfe und kämpfte sich über den schmalen Fußweg den steilen Anstieg hinauf. Zwischendurch musste sie mehrmals innehalten, um Atem zu schöpfen und ihren Beinen ein wenig Ruhe zu gönnen. Schließlich erreichte sie die hohe Außenmauer. Sie lief an dieser entlang, um den bewohnten Wohnflügel herum und in den Innenhof. Als sie gerade unter den weit ausladenden Ästen der Eiche hindurchrannte, sah sie auf der Stufe zur Haustür eine Gestalt sitzen. Abrupt stoppte Emmi ab. Den Kopf gesenkt, das Gesicht in den Händen verborgen, die Ellenbogen auf die

Oberschenkel gestützt, saß dort Alexander – nicht mehr als ein Häuflein Elend.

»Alexander?«, rief sie fragend und freudig zugleich. Ihr Mann erhob sich, wankte, blieb aber stehen. Sein Gesicht war bedeckt mit getrocknetem Blut. Doch er war zurück. Lebend. Halbwegs unversehrt.

Emmi ließ Schuhe und Strümpfe fallen, raffte ihren Rock und rannte mit ihren ohnehin zerschundenen Füßen über Pflastersteine, Moospolster und spitze Steinchen hinweg. Ihr Ehemann breitete die Arme aus und sie flog hinein. Da sie viel Schwung hatte, fiel er rücklings gegen die geschlossene Tür. Dennoch hielt er sie weiterhin fest umschlungen, das Gesicht in ihre Halsbeuge gepresst. Sie zitterten beide. Emmi schluchzte auf, vor Trauer, Verwunderung, Freude und aus einem Ahnen heraus, dass all ihre Empfindungen gleich in ein tiefes Loch stürzen würden.

»Sie haben mich gehen lassen«, sagte Alexander nahe an ihrem Ohr. Seine Stimme klang brüchig wie altes Leder. Der Schmerz darin rieselte in ihr Herz.

»Weil du so schwer krank bist?«

Von Alexander kam ein trockenes, ja nahezu hämisches Auflachen. Emmi sah es ihm nach. Sie hatte eine unbegründete Hoffnung ausgesprochen, einfach nur, weil sie sich doch an irgendetwas festhalten musste. Außerdem litt er, das war offensichtlich.

»Weil meine Eltern alles gestanden haben. Und weil sie beteuern, dass wir von den versteckten Menschen im Keller nichts gewusst haben.«

»Oh!«, stieß Emmi hervor.

»Ihr Geständnis hat dazu geführt, dass man sie nicht gefoltert hat«, flüsterte Alexander und griff sich unwillkürlich an die klaffende Verletzung an seinem Haaransatz. »Und dass man uns in Ruhe lassen wird. Nicht unbeobachtet, aber …« Ihm versagte die Stimme. Nun war es an Emmi, ihn festzuhalten.

»Ich weiß nicht, ob sie überhaupt eine dieser schnellen Verhandlungen bekommen, die nichts mehr mit Rechtsprechung zu tun haben. Ebenso wenig konnte ich in Erfahrung bringen, ob sie in ein Konzentrationslager überführt oder …« Er sprach es nicht aus, doch Emmi verstand ihn auch ohne Worte.

Vielleicht wollte man ihre Schwiegereltern hängen. Oder erschießen. Womöglich lebten sie schon nicht mehr. All das, was Alexander gehört und kritisch beleuchtet hatte, was eine Kehrtwende seiner Ansichten hervorgerufen hatte, war die reine Wahrheit. Was Emmi anfangs für überzeichnete üble Nachrede und unhaltbare Gerüchte gehalten hatte, hatte sich bestätigt. Die roten Fahnen, die vielerorts an den Häusern hingen, waren aus Blut gewoben. Die schwarzen Hakenkreuze ein Symbol für Folter, Krieg und Tod.

Zwar mochte vieles von dem, was in den Städten geschah, nicht in ihren abgelegenen Winkel im Schwarzwald vordringen, der Strudel, der sie alle ins Verderben riss, war aber dennoch allgegenwärtig. Er machte nicht Halt vor wogenden Heuwiesen und reißenden Flüssen. Vor blau schillernden Seen, dunkel bewaldeten Bergen und den Fachwerkhäusern und reetgedeckten Dächern pittoresker Schwarzwalddörfer. Er fraß all jene, die noch zu hoffen glaubten. Die liebten – nicht nur sich selbst, sondern auch ihre Nächsten, egal wie deren politische Überzeugung war, woher sie stammten, welcher Religion sie angehörten, welche Vorlieben sie hatten, welchen Lebenswandel sie pflegten. Jene, die sich schützend vor die Verlorenen stellten, waren selbst verloren.

Emmi schreckte aus ihren Gedanken hoch, als sie Hanna durch ein offenes Fenster nach ihr rufen hörte. Sie drückte sich von Alexander fort und sagte: »Was ist mit Waldemar und

Cara. Können wir sie warnen? Oder bringt das nichts, weil sie ohnehin nirgends hinkönnen?«

»Cara wird gewarnt. Aber du hast recht. Mehr, als sich darauf vorzubereiten, zu einem Verhör abgeholt zu werden, kann sie nicht tun. Ich hoffe, sie fortzuschicken war genug Schutz für sie – ebenso wie ihre Unwissenheit, was das Kellerversteck anbelangt.«

Irritiert sah Emmi Alexander an. »Was heißt das – sie wird gewarnt?«

»Derjenige, von dem ich meine Informationen erhalten habe, hat vermutlich schon von unserer Verhaftung gehört. Er hat Kontakte in die Normandie und wird versuchen, Cara eine Warnung zukommen zu lassen.«

»In was bist du da nur hineingeraten?«, flüsterte Emmi überfordert.

»In das Leben«, raunte Alexander. »In eines, das ich mir so nicht gewünscht habe. Vor allem nicht für meine Ehefrau und meine Kinder.«

»Aber auch nicht für die Frauen, Söhne und Töchter anderer?«

Alexander nickte mit einem Blick auf die massive Eingangstür des mittleren Gebäudetrakts, in dessen Keller die Versteckten gewohnt hatten. »Übrigens sind nur Esta und Maler aufgegriffen worden. Irgendwie ist es Aleph und Felicitas gelungen, zu entkommen.«

»Aber nicht zusammen. Ich konnte sehen, wie sich Fitzi unten am See im Schilf versteckt hat«, berichtete Emmi.

»Hoffen wir, dass die beiden einander gefunden haben und weiterhin gemeinsam auf der Flucht sind. Das wäre gut für die Kleine.«

Emmi folgte Alexander in den Eingangsbereich und die Stufen zu ihrer Wohnung hinauf. Dort schlossen sie ihre drei Kinder fest in die Arme, wohl wissend, welch großes Geschenk es war, dass sie einander noch hatten. Auch wenn diese Sicherheit – bei all der Willkür, die herrschte – brüchiger war als Glas. Morgen schon konnte alles anders sein. Also galt es, das Heute zu leben.

~Nicolas, London/Großbritannien~

Nic humpelte über den Flur des Luftfahrtministeriums. Er kam gerade aus dem Büro von Air Commander Tait, und wie es aussah, hatte er Jack nur um wenige Minuten verpasst. Allerdings war ein Wiedersehen zwischen ihnen beiden unerwünscht. Jack durfte – genau wie er – niemandem erzählen, welchem Auftrag sie beigewohnt hatten. Es gab ohnehin nicht mehr viele Männer, die davon wussten. Soweit Nic hatte in Erfahrung bringen können, waren von ihrer kleinen Gruppe bis auf ihn selbst, Jack und Roy Hawkins, der erst während der Überfahrt zu ihnen gestoßen war, alle tot. Um elf Uhr morgens war der Raid abgebrochen worden, und dennoch hatten Tausende Männer es nicht bis nach England zurückgeschafft. Unter ihnen auch Cec.

Mit einem dumpfen Gefühl in seinem Inneren setzte sich Nic auf einen der im Flur stehenden Stühle, ohne zu wissen, zu wessen Wartebereich diese gehörten. Er rieb sich das schmerzende Bein und schloss die Augen. Trauer hatte sein Herz umfangen. Nicht nur, weil er Cara für wenige Augenblicke wiedergesehen, ja sie im Arm gehalten und geküsst hatte, nur um sie dann erneut zu verlieren. So wie vor Jahren, als seine Eltern recht überstürzt entschieden hatten, der Bitte einer Verwandten zu folgen und nach Kanada zu ziehen.

Um sein Herz vor zu großem Verlustschmerz zu schützen, hatte er kategorisch jeden Kontakt in die alte Heimat abgebrochen. Was gut funktioniert hatte – bis auf den rebellischen Teil seines Herzens, der sich immerfort nach Cara gesehnt hatte.

Nun hatte er sie wieder zurücklassen müssen. Im von Deutschen besetzten Frankreich, sie in der Gefahr wissend, die jedem drohte, der sich gegen das Regime erhob.

Er trauerte um all die gefallenen Kameraden, gute, fleißige, treue Kanadier, zumeist junge Männer … Und er litt unter dem Verlust von Cec. Zwar sprach man davon, dass der Lieutenant Colonel in Gefangenschaft geraten sei, nachdem er heldenhaft gekämpft habe, doch dies waren nicht mehr als Gerüchte. Vielleicht auch das Wunschdenken jener, die zu Cec aufgesehen hatten und ihm bedingungslos gefolgt waren.

Nic fuhr sich mit beiden Händen durchs Haar. Wenn er erst zurück in Vancouver war, würde er sich um Cecs Frau und die Kleinen kümmern, nahm er sich fest vor.

Zumindest war ihr Teil des Raids, Operation Freya, kein voller Misserfolg geworden. Jack war es gelungen, die Telefonkabel zu durchtrennen. Dies hatte wie erhofft dazu geführt, dass die Deutschen auf Funktelefone umgeschaltet hatten.

Die Abhörstationen an der britischen Südküste hatten jene Funksignale abgefangen und analysiert, woraus sie wichtige Informationen erhalten hatten. Unter anderem die, dass es kein drittes geheimes Radarsystem gab. Die Alliierten wussten nun über die Eigenschaften der Freya-Geräte Bescheid. Sie hatten Erkenntnisse darüber, wie viele feindliche Flugzeuge Freya erfassen konnte und wie viel Zeit die Deutschen in den angeschlossenen Anlagen benötigten, um diese Daten zu verarbeiten und an ihre Piloten weiterzugeben. All das hatten sie während der Jubilee-Luftschlacht über der Normandie aus den Funksprüchen der Deutschen – die nicht mehr auf die Telefone hatten zugreifen können – entnehmen können. Zudem wusste man, was passierte, falls es Bombern oder einer Truppe bei einer Invasion gelang, Freya lahmzulegen. Dies half entscheidend dabei, weitere Luftangriffe zu planen und mit einer höheren

Sicherheit für die Flugzeugbesatzungen durchzuführen – weil fortan die Stationen gestört werden konnten.

Nic rührte sich nicht, als einige Personen vorübergingen, zu tief versunken war er in seine schrecklichen Erinnerungen an jene wenigen Stunden des Kampfes in Pourville-sur-Mer. »Strände der Hölle«, hatte jemand das getauft, was ihm lieb gewonnene Heimat war.

Zu all dem erlangten Wissen über Freya und wie man die alliierten Bomber sicherer ans Ziel führen konnte, ohne dass die deutschen Abfangjäger sie frühzeitig entdeckten, gab es noch eine weitere Erkenntnis. Zumindest hoffte Nic, dass die militärische Führung diese ebenfalls sah: Eine groß angelegte Invasion, um eine zweite Front zu eröffnen, durfte nicht noch einmal in einem Gebiet mit Kiesstrand und steil aufragenden Klippen erfolgen. Und niemals ohne eine Bombardierung der feindlichen Artillerie. Alles andere kam einem Selbstmordkommando gleich – denn genau in ein solches waren jene Truppen, die Dieppe überfallen hatten, hineingeworfen worden.

Nic sah auf. Er fand, dass die Planer für Jubilee, Männer wie Mountbatten, Haydon, Robb, Ellis und Hughes-Hallett, all jenen etwas schuldeten, die sie dorthin geschickt hatten. Und damit auch ihm.

Er erhob sich und eilte trotz seines schmerzenden Beins aus dem Gebäude. Nic hatte vor, diese Schuld sofort einzufordern. Indem er dafür sorgte, dass man Cara dort wegholte. Selbst wenn er bis zu Churchill persönlich vordringen musste – der, so hatte er von Isabelle und Philippe erfahren, heimlich Agenten und Spione ausbilden und nach Frankreich schicken ließ, damit sie den dortigen Widerstand unterstützten.

Einen Moment lang zögerte Nic, dann wandte er sich um und lief in die entgegengesetzte Richtung. Ja, er würde Churchill persönlich aufsuchen. Und zwar mit der tatkräftigen Unterstützung des waghalsigen Piloten Philippe

Meindorff. Denn dass der nicht einfach nur ein Flugzeug gebaut hatte, mit dem er nahezu unsichtbar unter dem Radar hindurchfliegen konnte, um für die Résistance Funkgeräte und Ausrüstungsgegenstände abzuwerfen und sogar Funker und Agenten abspringen zu lassen, war Nic nun klar. Dieser Mann war viel tiefer in dieses geheime Netzwerk involviert.

23

~Nicolas, London/Großbritannien~

Gegen Spätnachmittag saß Nic wie auf Kohlen in einem kleinen Warteraum im Kriegsministerium in Whitehall. Er wartete seit Stunden auf Philippes Rückkehr, und mit jeder Minute, die verstrich, vervielfältigte sich seine Angst um Cara.

Nic hatte durchaus mit Widerstand gerechnet, auch, dass man ihn nicht einmal in Churchills Nähe ließ. Zumal es dessen Cabinet War Rooms wohl tatsächlich gab. Also übte er sich in Geduld, während Philippe – das hatte Nic durch ein Fenster beobachtet – das Gebäude verlassen hatte. Offenbar erhielt er Zugang zu jenen höchst geheimnisvollen Räumen.

Jetzt endlich kam Philippe auf ihn zu. Der breitschultrige Mann in der blauen RAF-Uniform wirkte so dynamisch, wie Nic ihn in der Nacht zuvor kennengelernt hatte. Sein Gesichtsausdruck ließ allerdings all seine Hoffnung zerplatzen wie Seifenblasen. Philippe setzte sich neben ihn und schwieg für geraume Zeit, vielleicht um sein eigenes aufgewühltes Gemüt zu beruhigen. Jedenfalls konnte Nic beobachten, wie der Mann seine Hände knetete. Endlich hob er den Kopf.

Philippes Gesicht wirkte bedrohlich grimmig, doch in seinen Augen stand Freundlichkeit und Mitgefühl, als er sagte: »Die Verantwortlichen können sich nicht darüber einigen, ob eine deutsche Wehrmachtshelferin gerettet werden soll. Auch wenn sie dir geholfen hat und Kontakte zum Widerstand unterhält.«

Der Mann rieb sich den Nacken. Unübersehbar hätte er Nic gern bessere Neuigkeiten überbracht.

»Bei dem, was du mir über Cara erzählt hast, habe ich den Eindruck, sie ist meiner Ehefrau ziemlich ähnlich. Wenn du nur halb so viel für sie empfindest, wie ich für meine Frau …« Philippe stockte, schüttelte den Kopf und sprang dann auf. Mit vor der Brust verschränkten Armen blickte er zum Fenster hinaus auf die Sperrballone.

Nic atmete tief durch. Sein Herz schmerzte so sehr, dass er sich unwillkürlich die Stelle rieb, hinter der es schlug.

Offenbar gab es keine Möglichkeit, Cara von dort drüben wegzuholen. Ihm blieb nur zu hoffen und zu beten, dass sie sich vorsichtiger verhielt, als es ihrer Natur entsprach. Und dass Gott auf sie achtgab.

»Man argumentierte mir gegenüber, es gehöre nun mal zum selbst gewählten Risiko, dass Personen im Widerstand von den Deutschen aufgegriffen werden. Wie bei den Agenten, Spionen und Funkern, die sich ausbilden lassen und über Frankreich abspringen, bei uns Piloten und all den in den Krieg ziehenden Soldaten.«

Philippe nahm die Arme herunter und schob die Hände in die Hosentasche seiner Uniform. Nic konnte sehen, dass er sie geballt hatte. »Ich danke dir. Du hast es mit so viel Vehemenz versucht.«

»Ich wurde hinausbegleitet, nachdem ich ziemlich deutlich geworden bin.« Philippe zuckte mit den Schultern, ein schiefes Grinsen huschte über sein Gesicht. »Deine Cara wird von den meisten Entscheidungsträgern als zu unwichtig für einen Rettungsflug eingestuft. Einer von ihnen hat sogar die Befürchtung geäußert, sie könne eine deutsche Spionin sein, die sich geschickt Zugang zu den Radartechnikern hier in England sichern will. Denn natürlich, so argumentierte er, seien Techniker wie du begierig darauf, die Frau herzuholen und zu befragen, da sie in einer Freya-Station arbeite.«

»Womit er nicht ganz unrecht hat.«

»Auch mit der Spionin?«

Nic schüttelte den Kopf. Auf Philippes bohrenden Blick hin erklärte er: »Anfangs war ich schockiert, sie in dieser Uniform zu sehen. Das passte nicht zu dem Mädchen, in das ich mich damals verliebt hatte. Doch –«

Philippe hob die Hand. »In Zeiten wie diesen ist oft nichts so, wie es auf den ersten Blick scheint.«

Nic pflichtete leise bei. Er wusste, dass Philippe hübsche junge Frauen, die für die Deutschen absolut harmlos erscheinen mussten, über Frankreich abspringen ließ. Sie waren zuvor gut ausgebildet worden, dessen war er sich sicher.

»Also gibt es keinen Flug für Cara«, resümierte Nic und erhob sich. Ob es für ihn eine Möglichkeit gab, nach Frankreich zurückzukehren und für sie und Isabelle da zu sein? Allerdings war dies ein absolut unsinniger Wunsch, denn seine Anwesenheit konnte die beiden nur noch mehr in Schwierigkeiten bringen. Demnach war er zur Untätigkeit verdammt. Er konnte nur auf das Kriegsende warten und darauf hoffen, dass Cara am Leben blieb.

»Ich muss zu meinem Posten zurück«, murmelte Nic deprimiert. In seinem Inneren schien sich alles zusammenzuziehen, und das daraus entstehende Knäuel sandte schmerzliche Stiche in seinen ganzen Körper aus. »Ich werde daran arbeiten, dass wir deren Radarsysteme so vehement wie nur möglich stören, damit unsere Flugzeuge und Schiffe sicherer an ihr Ziel kommen. Dann gewinnen wir diesen furchtbaren Krieg möglichst schnell.«

»Guter Mann«, brummte Philippe und deutete in Richtung Tür. »Aber nicht mehr heute. Du kannst bei uns übernachten.«

Die Aussicht, Philippes Frau und Kinder kennenzulernen, freute Nic. Zudem durfte er so auf eine anständige Mahlzeit hoffen und auf ein bequemes Bett oder eine Couch, anstatt auf eine harte, durchgelegene Pritsche. »Das Angebot nehme ich gerne an.«

Philippe lächelte knapp und ging ihm voraus zur Tür.

~Carolina, bei Pourville-sur-Mer, Normandie/Frankreich~

Bei ihrer Schicht in der Radarstation war Cara unkonzentriert, was nicht auf ihre Müdigkeit zurückzuführen war. Von Evelyne misstrauisch beobachtet, riss sie sich zusammen, ohne verhindern zu können, dass ihre Gedanken immer wieder abwanderten. Zu Nic. Zu seinem Kuss. Zu dem Bild des klapprig wirkenden Flugzeugs, das versuchte, unentdeckt von Freya und Würzburg oder feindlichen Abfangjägern und deutschen Schiffen den Ärmelkanal zu überqueren.

Sie wusste nicht, ob es Philippe und Nic gelungen war. Ob die beiden sicher auf der Insel angekommen waren. Außerdem befürchtete sie, dass Nic nun erneut, wie schon Jahre zuvor, einfach aus ihrem Leben verschwand. Er würde zu seiner Arbeit bei der RCAF zurückkehren und eines Tages nach Kanada zurückversetzt werden – oder wohin auch immer – während sie hierbleiben musste.

Hatte sie damals als junges Mädchen schon einen heftigen Verlustschmerz verspürt, so war er diesmal schlicht grausam. Und dies, obwohl sie kaum mehr als einige wenige Sätze miteinander gewechselt hatten. Was liebte sie an Nic nur so sehr?

Die Erinnerung an leichtere Tage? Das war es nicht, resümierte Cara. Immerhin hatte es die auch nach seinem Weggang noch gegeben. Irgendetwas hatte dieser besonnene, aufmerksame und willensstarke Nic an sich, was ihr Herz samtweich umfing und es nicht mehr loslassen wollte.

Als sie sich nach Dienstende auf dem klappernden Rad dem Weiler näherte, wünschte sie sich, sie hätte die Arme ausstrecken, über die Klippe hinausfahren und hinüber nach England fliegen können. Zu Nic.

Bekümmert lehnte sie das Rad an die Hauswand und wollte über die Stufen Isabelles Haus betreten. Ein Zischlaut ließ sie den Kopf drehen. Zwischen der Fassade und einer Kiefer sah sie eine Frauenhand, die ihr bedeutete, über das Mäuerchen in den Garten zu kommen.

Cara änderte umgehend die Richtung. Sorge keimte in ihr auf. Natürlich hatte man nach Ende der ganzen Aufregung um die kleine Gaskocherexplosion im Stall festgestellt, dass einer der Verletzten entkommen war. Mehrere Soldaten waren auf der Suche nach dem Flüchtenden ausgeschweift – vergeblich. Auch die Hausdurchsuchung bei Isabelle war schnell und ergebnislos beendet gewesen, zumal die Wehrmachtshelferinnen beteuert hatten, dass sie einen Eindringling bemerkt hätten. Immerhin hatten die Explosion und das nachfolgende Feuer sie ebenfalls geweckt und an die Fenster getrieben. Dennoch war es Cara gelungen, unentdeckt ins Haus zu schlüpfen.

Einige der in die Felder und Hügel ausschwärmenden Soldaten waren auf den unbebauten Wiesenstreifen gestoßen. Zum Glück war der Boden seit Tagen so trocken, dass keine Radspuren vorhanden gewesen waren. Dennoch hatte man Isabelle aus dem Bett geholt – wie sicher auch die beiden Landwirte, die direkt in Pourville lebten und denen oberhalb des Dorfes und der Klippen ebenfalls Felder gehörten.

Isabelle hatte angegeben, dass sich dieser Streifen nur schwer mit Nutzpflanzen bebauen ließ, da zu wenig Erde über Felsgestein lag und sie zudem mit vielen großen Steinen durchmischt war. Deshalb hatte schon ihr Vater beschlossen, jenen Abschnitt als Heuwiese zu nutzen.

Die Erklärung war plausibel, zumal Isabelle Unterlagen vorweisen konnte, an wen sie in den vergangenen Jahren Heu verkauft hatte – immerhin hielt sie außer einigen Hasen und Hühnern kein Vieh mehr. Ob diese Papiere echt waren, wusste Cara nicht, doch der Feldwebel, mit dem Isabelle sich hatte auseinandersetzen müssen, hatte sich mit der Ausführung der Französin zufrieden gezeigt.

Während Cara die Zweige zur Seite drückte und über die Natursteinmauer stieg, fragte sie sich voller Sorge, ob doch noch ein Verdacht auf Isabelle gefallen war. War jemand im Haus, vor dem die Freundin sie warnen wollte?

Cara sah sich suchend um und entdeckte die Französin halb verdeckt vom offenen Türflügel in einem der Nebengebäude. Kaum in der Tür angekommen, ergriff Isabelle sie am Unterarm und zog sie hinter sich her, vorbei an leeren Verschlägen, in denen früher einmal Kühe gestanden hatten. Sie scheuchte sie eine wackelige Holzleiter hinauf auf den Heuboden und bedeutete ihr, sich still zu setzen. Cara gehorchte. Inzwischen rauschte ihr das Blut in den Ohren. Was war nur geschehen?

Wenn sogar Isabelle, die sich ihr gegenüber zwar nicht mehr ganz so abweisend verhielt, aber dennoch zurückhaltend agierte, dermaßen um ihren Schutz sorgte, dann musste etwas Verheerendes vorgefallen sein.

Isabelle hatte inzwischen eine Luke geöffnet. Von hier aus konnten sie den ganzen Garten überblicken, zudem alle Fenster der diesseitigen Gebäudefront. Gleich darauf öffnete die Französin den gegenüber gelegenen Verschlag und prüfte, ob sich jenseits des Grundstücks jemand in ihrer unmittelbaren

Nähe aufhielt. Schließlich kam sie zurück und ließ sich neben Cara nieder. Sie beugte sich vor und flüsterte: »Ihr habt auf dem Gutshof Juden versteckt?«

Cara blinzelte irritiert, dann nochmals. Obwohl Isabelle ihren Satz als Frage formuliert hatte, klang ihre Stimme, als wäre dies eine Gewissheit. Cara wollte verneinend den Kopf schütteln, unterließ es aber. Auf einmal ergab alles Sinn. Die eindringlichen Bitten ihrer Mutter, sich nicht überall einzumischen. Ihre Mahnung, dass Cara mehr als nur sich selbst in Gefahr brachte, wenn sie sich Polter zum Feind machte. Alexanders seltsames Verhalten. Mal hatte er das System angeprangert, dann wochenlang stillgehalten. In dieser Zeit hatte er sich fast ebenso besorgt wie ihre Eltern gezeigt, sobald Cara ungeschönt gesagt hatte, was sie gedacht oder wenn sie jemandem geholfen hatte, der von Polter und Konsorten unschön behandelt worden war.

Hatten in jenen Zeiten, in denen Alexander so eigenartig zurückhaltend aufgetreten war, Fremde im Gutshaus gewohnt, die des Schutzes bedurften? Waren diese Schutz Suchenden der Grund, warum ihre Eltern beschlossen hatten, Augusts Vater zu kontaktieren?

Cara rieb sich mit beiden Händen die Wangen. Sie fühlten sich unangenehm heiß an. Aus Scham, weil sie all das nie durchschaut hatte. Anstatt darauf zu dringen, dass ihr Johanna und Albert erklärten, warum sie die Versetzung in die Wege geleitet hatten, hatte sie mal wieder ihren Trotzkopf durchgesetzt. Sie hatte nach anfänglicher Verwirrung erfolgreich so getan, als ginge sie das alles nichts an. Als wäre ein solcher Dienststellenwechsel zwar irritierend, aber nicht weiter aussagekräftig. Schließlich hatte sie sich darauf gefreut, hierher in die Normandie zurückzukehren. Und wie es ihrer Art entsprach, hatte sie in der Familie Aubertin bald schon eine für sie wichtig erscheinende Aufgabe gefunden. Dies hatte die Frage nach dem Warum in den Hintergrund gedrängt. Vielmehr hatte sie angenommen, aus gutem Grund hier zu sein. Was stimmte – in zweierlei Hinsicht, wie sie nun wusste. Aber wirklich nachgefragt, weshalb ihre Eltern so gehandelt hatten, hatte sie dennoch nie. Wohl weniger, weil sie die Antwort gefürchtet hatte – immerhin fühlte sie sich von ihrer Familie geliebt –, sondern da das ihrem Dickkopf und ihrem etwas ungestümen Charakter entsprach.

Cara zupfte an einer aus dem Haarband gerutschten Locke herum. Nachdenklich zog sie diese gerade und ließ sie los, sodass sie sich wieder einkringelte. Sie hatte im Schwarzwald also nicht nur sich selbst gefährdet, sondern zugleich die Versteckten – und dadurch die ganze Familie Biber. Damit erschloss sich ihr auch, weshalb weder Alexander noch ihre Eltern ihre Entscheidung, sich als Wehrmachtshelferin zu melden, je infrage gestellt, ja diesen Schritt vielmehr begrüßt hatten. Weil ihr freiwilliges Engagement eine Art Schutzschild bedeutet hatte. Genauso wie die Tatsache, dass Alexander trotz seiner Kehrtwende, trotz seiner Argumentation gegen die NSDAP und Hitler, gegen die Säuberungen, Verhaftungen und Verschleppungen durch das RSHA nie aus der Partei ausgetreten war.

»Cara?«, brachte sich Isabelle in Erinnerung.

»Sie haben also Juden im Haus versteckt«, murmelte Cara, noch immer überwältigt von dem Gedanken, dass Alexander und ihre Eltern wohl seit Monaten Geflohene bei sich verbargen. Wenn man diese aufspürte … »Woher? Ich meine …?« Cara wollte aufspringen, doch Isabelles Hand legte sich schraubstockartig um ihren Arm und hielt sie zurück. Gleichzeitig presste sie warnend einen Finger auf ihre Lippen. »Diejenigen, die in eurem Keller lebten, sind entdeckt und deine Eltern verhaftet worden.«

»Oh mein Gott!«, stieß Cara heiser hervor. Eine Welle der Panik rollte durch sie hindurch. Tausenderlei Fragen bestürmten sie, doch sie brachte nicht eine davon über die Lippen. Ihr Blick hing flehend an der Freundin.

»Deine Eltern haben die alleinige Schuld auf sich genommen. Alexander wurde zwar misshandelt, aber wieder freigelassen. Er ist zurück bei seiner Familie, steht jedoch unter strengster Beobachtung. Er darf sich nicht den kleinsten Schnitzer erlauben. Deine Eltern hingegen …« Isabelle schluckte hörbar. Trauer und Mitgefühl lagen plötzlich in ihren blauen Augen.

Cara presste beide Hände auf ihre Brust. Ihr war, als fiele ein scharf gemachter Hund über sie her und zerfetzte ihr Herz.

Isabelle rückte nochmals näher und ließ zu, dass Cara den Kopf an ihre Schulter lehnte. Im Flüsterton sagte die Französin: »Mein Kontakt hatte gehofft, ihr Ansehen, das sie in der Gegend genießen, könne sie schützen. Aber dem war wohl nicht so.«

»Kontakt? Nach Deutschland?«

Isabelle richtete sich auf und rutschte vor sie, sodass Cara sich nicht mehr anlehnen konnte. Dafür umgriff die Freundin mit beiden Händen Caras Gesicht, um ihre ungeteilte Aufmerksamkeit zu erlangen, was schwierig war, flogen ihre Gedanken doch wie aufgescheuchte Möwen umher.

»Wir sind gut organisiert, Cara. In unserer Gruppe gibt es sogar einen Deutschen, der uns Informationen zuspielt. Er hat mich vor dir gewarnt, weil er sich nicht sicher war, auf welcher Seite du stehst. Immerhin haben deine Eltern dich fortgeschickt. Der Kontakt wusste anfangs nicht, ob sie das getan haben, weil sie befürchteten, du könntest eines Tages über die versteckten Juden im Gutshaus stolpern und sie verraten.«

Cara wollte aufbegehren, doch Isabelle verstärkte warnend den Griff um ihr Gesicht. »Ich weiß längst, dass du nicht so bist. Aber zu vertrauen, kann in diesen Zeiten das Leben kosten.«

Cara nickte verständnisvoll.

»Hör mir gut zu: Der deutsche Kontakt hat mich gebeten, dich zu warnen.«

»Wer ist er?«

»Das weiß ich nicht. Wir arbeiten mit Tarnnamen. Seiner ist Belette – Wiesel. Oft genug nutzen wir geheime Briefkästen. Wir treffen uns möglichst nicht persönlich. Auf diesem Weg kommuniziert auch der Deutsche. Zu seiner eigenen Sicherheit. Er schreibt, dass du für deine Eltern nichts mehr tun kannst.« Isabelle atmete tief ein und hörbar wieder aus. »Trauern musst du später. Jetzt geht es darum, dich zu retten.«

»Mich?«

»Sei nicht naiv, Cara. Alexander und seine Frau sind verschont geblieben, weil deine Eltern alle Schuld auf sich genommen haben. Vielleicht auch, weil Alexander einige Zeit im Gefängnis gesessen hat, dazu gesundheitlich erheblich angeschlagen ist. Offenbar nimmt man an, dass er deshalb mit den versteckten Juden nichts zu tun gehabt haben kann.« Isabelle hielt inne, neigte den Kopf und schien zu lauschen. Doch außer der üblichen Melodie in Küstennähe war nichts zu hören. Sie fuhr fort: »Der Unterscharführer in eurem Dorf hat nie etwas über Alexander notiert. Dennoch hat er dafür gesorgt, dass er ins Gefängnis kam. Das warf einige Rätsel auf. Offenbar haben diesen SS-Mann vielmehr persönliche Gründe geleitet – das zumindest nimmt der deutsche Kontaktmann an, weshalb Alexander dann auch wieder entlassen wurde. Über deine Eltern und dich hat dieser Unterscharführer allerdings eine Akte angelegt. Er hegte den Verdacht, dass auf eurem Gutshof Verbotenes vor sich ging.«

»Das ist …« Cara verbarg ihr Gesicht in den Händen. Ihr war schlecht. Man hatte ihre Eltern verhaftet. Die Chance, dass man gnädig mit ihnen verfuhr, war gering. Und selbst Alexander und Emmi, obwohl vorerst außer Gefahr, mussten nun jeden Tag damit rechnen, doch noch abgeholt zu werden.

Cara schluchzte auf. Die Gesichter ihrer Neffen und der Nichte standen ihr deutlich vor Augen. Was sollte dann aus ihnen werden?

»Sie werden jemanden herschicken«, raunte Isabelle Cara zu und riss sie damit aus ihren verzweifelten Überlegungen. »Um dich mitzunehmen. Zu verhören. Und glaube mir: Das willst du nicht. Zumal diese Leute die Wahrheit so auslegen können, wie es ihnen in den Kram passt. Die Nazis haben Freiheit, Gerechtigkeit, Nächstenliebe, Toleranz und Hoffnung ermordet.«

Cara zitterte inzwischen am ganzen Körper und war froh, dass Isabelle sie weiterhin festhielt, drohte sie doch zu stürzen. In ein Tal, gefüllt mit Schmerz, Trauer, Wut und Panik. Sie, die immer die Verwegene, Abenteuerlustige und Stärkere gewesen war, schaute die französische Freundin Hilfe suchend an. »Was soll ich tun?«, brachte sie mühsam über die bebenden Lippen.

»Philippe kommt heute Nacht. Er bringt eine Lieferung, die schon lange geplant ist. Wenn ich die Lichter in einer bestimmten Anordnung aufstelle, wird er uns nicht nur überfliegen, sondern landen.«

»Ich soll mit ihm nach England fliegen?« Fassungslos starrte Cara Isabelle an. »Und ist der Landeplatz dort draußen überhaupt noch sicher?«

»Das ist die einzige Möglichkeit, die du hast, um unbeschadet aus der Sache rauszukommen. Und so schnell können wir uns nicht nach einer anderen Landemöglichkeit umsehen. Ein Risiko besteht immer.«

»Aber wäre mein Verschwinden nicht gleichbedeutend mit einem Schuldeingeständnis?«

»Sicher.«

»Was wird dann aus Waldemar? Aus Alexander, Emmi und den Kindern.«

Isabelle zuckte mit den Schultern. »Vielleicht ändert sich dadurch nichts, vielleicht bringt es sie in neue Schwierigkeiten. Dennoch bin ich mir sicher: Sie würden wollen, dass du diese Chance, dich zu retten, ergreifst.«

Cara setzte zum Sprechen an, schloss den Mund aber wieder. Isabelle, die ihre Überlegungen wohl durchschaute, nickte ihr beipflichtend zu. Jetzt war es fast wie früher: Sie verstanden sich ohne viele Worte. Denn eines stand Cara klar vor Augen: Wenn sie floh, konnte das Folgen für ihre Brüder haben – musste es aber nicht. Wenn sie blieb und verhört, ja überdies gefoltert wurde, brachte sie ihre Familie nur noch zusätzlich in Gefahr. Denn wer wusste schon, was sie unter Schmerz zuzugeben bereit sein mochte? Womöglich sogar mehr als die Wahrheit. Irgendwann konnte sie vielleicht so am Ende sein, dass sie alles zugab, was man sie fragte, nur damit die Qualen endlich aufhörten.

Dennoch zögerte Cara. War es nicht feige, sich aus dem Staub zu machen? Möglicherweise war Isabelles Kontakt nicht richtig informiert. Oder Isabelle zu vorsichtig. Unter Umständen waren die Häscher damit zufrieden, dass sich Johanna und Albert geständig zeigten und beteuerten, dass außer ihnen niemand von den Versteckten gewusst hatte. Dann konnte sie hierbleiben und sich weiterhin um Isabelle, Cedric und Tayla kümmern. Oder sogar mehr tun als nur das. Immerhin hatte sie nun Zugang zu einer Widerstandsgruppe.

»Cara?« Isabelle hatte inzwischen ihre Hände zurückgezogen und blickte prüfend zu den beiden offenen Luken, obwohl sie von hier aus nicht das ganze Gelände einsehen konnte. Sie schien immer nervöser zu werden, je länger Cara mit einer Antwort zögerte. Zutiefst aufgewühlt und unschlüssig blickte Cara auf.

»Nic wird dort sein.« Ein flüchtiges Lächeln, das wehmütig anmutete, huschte über Isabelles Gesicht. »Sein Kuss und deine Reaktion darauf sahen für mich verheißungsvoll aus. Auch wenn ich nicht verstehe, wie ihr eure Liebe über die Jahre hinweg bewahren konntet.«

»Du hast das damals bemerkt?«

»Ich war deine Freundin. Und Nic von klein auf mein Nachbar und Henrys bester Freund. Natürlich habe ich mitbekommen, wie er dich angesehen hat. Dass er deine Nähe suchte. Dass er deinetwegen versuchte, Deutsch zu lernen. Und wie sich im letzten Jahr vor seinem Umzug auch bei dir etwas getan hat.«

»Du warst schon immer die bessere Beobachterin von uns beiden. Sensibler und aufmerksamer.«

»Natürlich war ich das, du wildes Huhn. Und jetzt komm. Ich gebe dir etwas zu trinken und Verpflegung. Du verbirgst dich bis heute Nacht im Versteck der Jungen.«

»Darf ich mich von deinen Kindern verabschieden?«

Isabelle lächelte. Offenbar gefiel es ihr, wie zugewandt Cara ihren beiden Kleinen war. Auch das hatte die tapfere Widerstandskämpferin gut zu verstecken gewusst.

»Du darfst sie kurz umarmen. Aber kein Wort zu ihnen, nicht die kleinste Andeutung dazu, dass du uns verlässt. Sie könnten etwas verraten.«

Cara nickte. Zu dem Schmerz wegen ihrer Eltern und den Fragen, wie lange es dauern würde, bis sie Alexander, Emmi und die Kinder wiedersehen durfte – wenn das überhaupt geschehen würde –, und ob Waldemar eine Chance hatte, zu überleben, kam nun auch noch der Abschied von Isabelle und deren Kindern.

»Wir sehen uns wieder«, flüsterte sie hoffnungsvoll. Eines fernen Tages. Sobald die grauen Wolken sich verzogen hatten und die Sonne aus Frieden und Freiheit aufging. Sobald Nationen nicht mehr unüberwindbar getrennt waren, sondern sich so nahe kamen wie Himmel und Erde am Horizont.

Hintereinander kletterten sie die Stiege hinunter. Gertrud und Marlena sonnten sich auf Liegestühlen im Garten, ignorierten Cara und Isabelle jedoch desinteressiert, als sie den Stall verließen und durch die Küche das Haus betraten.

Während Isabelle die Verpflegung vorbereitete, fand Cara die Kinder im Atrium, wo sie friedlich spielten. Cedric reichte ihr sofort eines seiner Holzautos, doch Cara beschäftigte sich nur kurz damit, ehe sie den Jungen schweigend umarmte, was er widerstrebend zappelnd über sich ergehen ließ. Tränen schimmerten in ihren Augen, weil sie schlicht nicht wusste, ob sie ihn jemals wiedersehen durfte. Vor allem, falls seiner Mutter etwas zustoßen sollte …

Sie zog Tayla auf ihren Schoß. Das Mädchen kuschelte sich an sie und nahm ihr das Auto ab, glücklich, es ergattert zu haben. Cara küsste Tayla aufs Haar und betete im Stillen um Schutz für sie, Cedric und Isabelle. Schließlich musste sie sich schweren Herzens von ihnen lösen. Jede Minute, die sie länger blieb, erhöhte sich die Gefahr, dass jemand von der Gestapo eintraf, um Cara mitzunehmen.

Sie nahm die Treppe nach oben und zog ihre Reithose und die dunkle Bluse an. Anschließend rollte sie einen warmen Pullover und einen Schal zusammen – das eine hatte ihre Mutter, das andere Emmi für sie gestrickt. Mehr private Kleidung hatte sie nicht mitgenommen. So ausgerüstet verließ sie das Zimmer.

In der Küche drückte Isabelle ihr ihre prall gefüllte Ledertasche in die Arme. »Geh durch die Vordertür. Deine beiden Kolleginnen sind noch im Garten. Aber lass dich vom Lazarett aus nicht sehen.«

»Ich bekomme das schon hin.«

»Gut. Ich komme direkt zur Lichtung und stelle die Lichter auf. Dann gehe ich wieder. Es ist von Vorteil, dass Philippe dich letzte Nacht kennengelernt hat. So wird er weniger misstrauisch sein. Die Positionslichter verstecke ich am frühen Morgen.«

Cara nickte verstehend. Falls bei Philippes Landung etwas schiefging, war zumindest Isabelle nicht auch noch vor Ort.

»Hast du deine Armbanduhr?«

Cara nickte.

»Um elf Minuten nach eins heute Nacht musst du bei der Wiese sein. Philippe kann nicht auf dich warten. Jede Landung ist ein zusätzliches Risiko.«

»Ich habe verstanden.«

Schweigend sahen beide sich an. Schließlich war es Isabelle, die Cara in eine lange, feste Umarmung zog.

~August, bei Pourville-sur-Mer, Normandie/Frankreich~

Es war kurz nach Mitternacht. Diesmal hatte August keinen Dienst, dennoch fuhr er von Dieppe in Richtung Pourville und von dort die kurvige Bergstraße hinauf zum Lazarett. Die meisten der gefangenen Soldaten hatten nach Envermeu hinübermarschieren müssen, teilweise barfuß, manche mit ihren Schwimmwesten am Körper. Allein die Schwerverletzten lagen noch hier und in Dieppe.

August parkte auf einem Feldweg bei einem kleinen Waldstück, weit genug von den drei Häusern entfernt, sodass niemand seinen Wagen sehen konnte. Ihm war schlecht. Diesmal nicht, weil er zu viel gegessen oder getrunken hatte. Nein, er hatte panische Angst. Zu viel war in den vergangenen Tagen schiefgelaufen. Und all das fiel jetzt auf ihn zurück.

Er stieg aus, schloss so leise wie möglich die Wagentür und sah sich suchend um. Bei Nacht wirkte die Landschaft, als rollten schwarze Wellen auf ihn zu. Der kräftige Seewind verfing sich in den Bäumen und im hoch stehenden Getreidefeld, setzte sie in Bewegung und entlockte ihnen ein stetes Rascheln. Er wusste die Klippen in der Nähe und wie gefährlich ein Fehltritt war. Deshalb hielt er sich vorerst möglichst weit von diesen entfernt.

August folgte dem Feldweg, bis er meinte, auf der richtigen Höhe zu sein, und kletterte keuchend durch einen tiefen Graben.

Dahinter trafen zwei Felder aufeinander, das Getreidefeld, an dem er entlanggegangen war, und ein Flachsfeld, dessen verwelkte Stängel zu Leinengewebe verarbeitet werden konnten.

Langsam und so leise wie möglich ging er voran. Schließlich setzte er sich auf einen Grenzstein, der unter seinem Gewicht leider auf einer Seite nachgab und wackelte. Bequem war das nicht, aber besser, als auf dem Boden zu hocken. Immerhin wusste er nicht, wie schnell er auf die Beine kommen musste.

Das Rascheln und Flüstern erfüllte die trockene, staubige Luft, das Zirpen der Grillen schmerzte bald schon in seinen Ohren, zumal er angestrengt auf ein nahendes Motorengeräusch wartete. Er hatte erfahren, dass in dieser Nacht erneut ein Flugzeug von England herüberkommen würde. Beladen mit einer wertvollen Fracht. Und diesmal würde er vor Ort sein und nicht unglücklich in einem Graben landen.

~Carolina, bei Pourville-sur-Mer, Normandie/Frankreich~

Der Wind fuhr in die Getreidehalme und gaukelte Bewegungen vor, die es nicht gab. Caras Herz klopfte wie wild. Noch einmal hob sie den Arm, sodass sie im fahlen Mondlicht auf die Uhr sehen konnte. Es war eins. Allmählich sollte sie los.

Schaudernd vor Furcht blieb sie in ihrem Versteck. Ein ganz und gar ungutes Gefühl hatte von ihr Besitz ergriffen. Ob sie ihm besser Beachtung schenken sollte? Indem sie zusah, dass sie hier wegkam?

Diese Nacht erschien ihr alles andere als ruhig und friedlich. Konnte sie es wirklich wagen, zur Landebahn zu gehen, obwohl diese tags zuvor entdeckt worden war? Hätte sie Isabelle nicht davon abhalten sollen, diesen Fluchtplan für sie in die Tat umzusetzen? Wenn dort drüben nun jemand auf sie wartete? Wenn dieser Jemand Isabelle schnappte, sobald sie die Lichter aufgestellt hatte? Oder den Piloten, kaum dass er gelandet war? Oder sie, in dem Moment, in dem sie sich dem Flugzeug näherte?

Cara machte sich nichts vor: Was sie vorhatte, war tollkühn. Noch riskanter war nur, zu bleiben. Demnach war dieser Fluchtversuch die bessere Option.

Sie legte sich den Riemen ihrer Ledertasche über Hals und Schulter, zog den Pullover darüber und wickelte sich den Schal um. Zwar geriet sie in dieser Aufmachung sofort ins Schwitzen, doch je weniger Zeit sie nachher benötigte, um sich für den Flug warm einzupacken, umso schneller konnten sie und Philippe abheben. Dies verringerte die Gefahr, dass man ihrer habhaft wurde.

Behutsam schälte sie sich aus dem Gestrüpp und arbeitete sich auf allen vieren aus dem tiefen Bodeneinschnitt. Oben angekommen verharrte sie. Hielt den Atem an. Lauschte. Sah sich suchend um.

Außer den sich wiegenden Getreidehalmen und deren verhaltenem Flüstern war nichts zu sehen oder zu hören. Cara erhob sich. Geduckt eilte sie den versteckten Pfad entlang, bog ab und näherte sich unablässig ihrem Ziel. Ein leises Brummen lag in der Luft. Philippe war früh dran. Ob das gut war? Normal? Waren Isabelles Lichter, die das Flugzeug davon abhalten sollten, einfach nur den Landstrich zu überfliegen und die Fracht per Fallschirm abzuwerfen, denn bereits aufgestellt? Wenn nicht, würde der wagehalsige Pilot nicht landen. Dann war ihre Chance auf Rettung dahin.

Unwillkürlich lief Cara schneller. Sie erreichte die Wiese. Täuschte sie sich oder hatte sie am gegenüberliegenden Feldrand eine Gestalt gesehen? Jemand, der sich nun niedergekauert hatte? Sich verbarg?

Cara legte sich flach auf den Boden. Nur noch eine dünne Reihe Halme trennten sie vor einer Entdeckung. Hatte die

Person dort drüben sie entdeckt? Sollte sie versuchen, zu fliehen? Oder war das Isabelle?

Kaum wahrnehmbare Lichtpunkte, verstreut wie Leuchtkäfer, verrieten, dass die Konservendosen an ihrem Platz standen. Da sich nichts mehr rührte, konnte Cara doch annehmen, dass sie lediglich Isabelle gesehen hatte, die sich auf den Rückweg gemacht hatte? Auf jenem gefährlicheren Pfad an den Klippen entlang, damit sich ihre Wege nicht kreuzen konnten? Eine weitere Vorsichtsmaßnahme. Oder saß sie gerade einem Wunschdenken auf?

Cara blieb geduckt liegen. Zitternd, flach atmend, gequält von Zweifeln und unbändiger Angst. Das Motorengeräusch kam näher. Dann schoss das Fluggerät tief fliegend und wie ein schwarzer Drache aus einer Sage über sie hinweg. Ein Windwirbel zauste die Halme, rief lautes Brausen und Rascheln hervor. Innerhalb von Sekunden war der Spuk vorbei, das Flugzeug fort. Nur sein Brummen blieb.

Hatte Philippe die angekündigte Fracht doch nur abgeworfen? Machte er sich auf und davon, ohne zu liefern? Weil er von dort oben etwas gesehen hatte, was ihn beunruhigte?

Nun erstarb auch das Geräusch – ebenso wie eine Hoffnung auf Rettung. Ergeben presste Cara die Stirn auf den Boden. Spürte kleine Steine auf ihrer Haut, atmete erdigen Geruch ein. Plötzlich gerieten die Halme erneut in Unruhe. Ein Schatten senkte sich, etwas sirrte. Cara riss den Kopf hoch. Das Flugzeug rollte hopsend an ihr vorbei und bestritt am Ende der Lichtung eine enge Kurve. Wie schon in der Nacht zuvor brachte Philippe seine Maschine sofort in Startposition. Er war gekommen! Sie war gerettet!

Cara sprang auf und eilte über die Wiese auf das Flugzeug zu. Sie war nur noch zehn Meter entfernt, als aus dem gegenüberliegenden Feld – genau dort, wo sie zuvor den Schatten gesehen hatte – eine füllige, männliche Gestalt hervortrat. Cara unterdrückte den Aufschrei, der ihr in die Kehle stieg.

Bei der Flugmaschine erwachte Hektik. Philippe kletterte wieder auf seinen Pilotensitz. Eine zweite Person, unverkennbar eine Frau mit einem Fallschirm auf dem Rücken und einem mobilen Funkgerät in den Armen, wollte es ihm nachtun. Diese Agentin oder Funkerin hatte wohl ursprünglich abspringen wollen.

»Warten Sie, Falcon«, rief der Mann, der sich ungelenk näherte. Fassungslos blieb Cara stehen. August war hier? Und er nannte den Piloten Falcon? War das Philippes Tarnname? Woher kannte er diesen? Weil seine Gestapokollegen die Funksprüche der Résistance-Gruppe abgehört hatte? Doch weshalb war dann August hier – ein Arzt. Allein? Wo war die Gestapo?

Jedenfalls hatte die Nennung des Namens dazu geführt, dass Philippe nicht startete und die Frau nicht davonstürmte. Cara, fassungslos wie sie war, verharrte ebenfalls. Als August beim Flugzeug eingetroffen war, sah sie, wie er zusammenzuckte. Dann hob er beide Arme in die Luft. Bedrohte Philippe den Mann mit einer Pistole?

Da keine weiteren Gestalten die Landebahn stürmten, wagte es Cara, sich dem Flugzeug zu nähern. Die Frau sah ihr fragend entgegen, richtete ihre Frage aber an den Arzt: »Was ist los?« Ihr Französisch klang akzentfrei.

August taxierte Cara. Er schien nicht verwundert, sie hier zu sehen. An die Spionin gewandt sagte er: »Gehen Sie zu Ihrem Ersatztreffpunkt. Hautot-sur-Mer ist zu unsicher.«

Cara wusste schlicht nicht, was sie von der Situation halten sollte. Sie schrak zusammen, als August sich an sie wandte. »*Ich* bin Belette, der Informant, und muss von hier verschwinden. Wegen deiner Eltern. Mein Vater hat mit Alexander kommuniziert, jetzt fällt der Verdacht auf ihn und mich. Mein Vater ist bereits verhaftet worden«, versuchte August, in knappen

Worten zu erklären, was Cara an Wissen über ihn, den mächtigen Mann bei der Luftwaffe in Berlin und die gemeinsamen Beziehungen nicht gewusst hatte.

»Ich wusste, dass Falcon heute Nacht kommt.« Er deutete nicht auf Philippe, sondern auf die Agentin. Als wäre dies ihr Stichwort, orientierte sie sich kurz und machte sich auf und davon.

»Als ich gesehen habe, dass der Flieger landet, anstatt Falcon abspringen zu lassen, sah ich eine Chance zur Flucht«, fuhr August fort. Sein Gesicht glänzte schweißnass.

Hilflos blickte Cara zu dem Piloten auf, der seine Waffe noch immer in der Hand hielt, jedoch nicht mehr direkt auf August gerichtet. Von Isabelle wusste Cara, dass Philippe, obwohl in Frankreich geboren, makellos Deutsch sprach. Demnach verstand er, was der Arzt gesagt hatte und von ihm wollte. Isabelle hatte für sie diese Fluchtmöglichkeit aufgetan, doch nun beanspruchte August ihren Platz. Offenbar hatte sie ihn völlig falsch eingeschätzt. Er hatte seine Tarnung perfekt aufrechterhalten. Auch ihr gegenüber. Sogar dann noch, als er sich – wie Isabelle – sicher sein konnte, dass sie keine Gefahr für ihn darstellte. Da das Netzwerk um Johanna und Albert dabei war, aufzufliegen, wollte er die sich ihm bietende Chance nutzen und sein Leben retten.

Cara senkte den Kopf. Sie musste bleiben. Immerhin war August ein wichtiges Bindeglied im Widerstand, während sie einfach nur eine Frau war, die sich in Schwierigkeiten manövriert hatte. Wieder ging ihr Blick zu Philippe. Ob er eine Möglichkeit sah, zwei Passagiere mitzunehmen?

Der Mond beleuchtete das Gesicht des Piloten, das heute noch grimmiger wirkte als gestern. Dann las sie Bedauern in seinen Augen, das leichte Schulterzucken besagte, dass Philippe zu demselben Schluss gekommen war: August, dessen Vater offenbar als Verräter enttarnt worden war, musste um jeden Preis gerettet werden. Zumal die Spuren aus Berlin sicher hierher in die Normandie und zu dem Arzt führten. Cara war weit weniger wichtig, die Gefahr für sie geringer, da ihre Eltern gestanden hatten, allein für die Unterbringung der Juden verantwortlich zu sein. Von Caras neuen Kontakten in die Résistance konnte dagegen niemand wissen.

In dem tröstenden Bewusstsein, dass Nic sicher in England angekommen war, wandte sie sich langsam um.

»Wo willst du hin?«, fuhr August sie verhalten, aber dennoch harsch an. Cara wirbelte um ihre eigene Achse.

»Steig sofort da ein.«

Philippe reagierte schneller als Cara. Er warf ihr eine Ledermütze mit Fellohrenklappen und eine Fliegerjacke zu. Gleich darauf die Schutzbrille. Cara zog die Sachen mehr mechanisch denn willentlich über. August trat nahe zu ihr. »Du arbeitest mit Freya, ich bin nur Mediziner. Du verfügst über Wissen, das sie da drüben dringend brauchen. Außerdem gibt es da ja noch diesen Nicolas Poulin.«

»Woher weißt du von Nic?«, fragte sie völlig entgeistert.

»Denkst du, ich kann mich nicht an seinen Namen erinnern? Deine Eltern haben früher öfter einmal von den Poulins erzählt. Als mein Vater deine Versetzung hierher in die Wege leitete, sorgte er dafür, dass die neuen Blitzmädchen bei Isabelle untergebracht wurden. Das verschaffte ihr ausreichend Nahrungsmittel und einen gewissen Schutz – vor allem für ihre geheimen Unternehmungen. Allerdings wusste Isabelle nicht, wer ich war. Sie kannte mich nur als Belette. Ich habe dafür gesorgt, dass Poulin weder abgeholt noch verlegt wurde, indem ich die Krankenakte fälschte. Er hieß plötzlich anders, seine Verletzungen waren weit gravierender. Und diese neugierige Rotkreuzschwester habe ich nach Dieppe versetzen lassen.«

»Aber du warst in jener Nacht dort und …«

»Manchmal musste ich meinen ›Freunden von der Gestapo‹ kleine Happen hinwerfen. So ist das, wenn man für beide Seiten arbeitet.«

Philippe klopfte mit einer Hand ungeduldig gegen den Flugzeugrumpf. Es war höchste Zeit, dass sie endlich wegkamen. Sie standen schon viel zu lange hier, zumal eine Landung nicht einmal eingeplant gewesen war.

»Was wirst du jetzt tun?«, drängte es Cara, zu erfahren. August war ihr noch immer nicht sonderlich sympathisch, einige seiner Charakterzüge empfand sie schlicht als widerwärtig, doch all das, was er getan und gewagt hatte, sorgte dafür, dass sie eine Menge Respekt für ihn empfand. Zudem ließ er sie fliehen, während er bleiben musste, das war ihr nur zu bewusst.

»Ich mache einen Spaziergang an den Klippen und denke darüber nach«, sagte August und hob grüßend die Hand – eine Geste, die Philippe erwiderte.

Cara kletterte über den Flügel in die vordere Aussparung. Kaum, dass sie saß, erwachte der Motor zum Leben. Die Maschine vibrierte, als versprühte sie eine Menge Energie. Nein, das war nicht einfach nur ein Nachbau eines alten Doppeldeckers. Gleich darauf nahmen sie Geschwindigkeit auf. Der Pilot und Cara als Passagierin wurden heftig durchgeschüttelt. Sie rasten an August vorbei, der tatsächlich in Richtung Küste ging, ehe sie abhoben.

Knapp oberhalb der Felsen überflogen sie die Klippen, dann breitete sich unter ihnen das schwarz schimmernde Meer aus, über ihnen der Himmel mit seinen funkelnden Sternen und irgendwo vor sich, jenseits des in Dunkelheit getauchten Horizonts, wartete auf sie die Freiheit.

Trotz der schützenden Kleidung war es eiskalt. Cara machte sich so klein wie möglich. Wieder und wieder durchdachte sie das Ungeheuerliche, das sie gerade von und über August erfahren hatte. Sie war sich jetzt sicher, dass er sie damals – auf der

Mauer stehend –, zu seinen Füßen kauernd gesehen hatte. Er hatte sie und auch Isabelle vor einer Entdeckung durch den Gestapomann beschützt.

Cara hatte sich selbst in Schwierigkeiten manövriert, allerdings war auch von Augusts Résistance-Tätigkeit eine nicht zu verachtende Gefahr für sie ausgegangen. Immerhin waren sie verwandt; jemand hätte annehmen können, sie steckten unter einer Decke. August hatte dem vorgebeugt, indem er durch sein unmögliches Verhalten ihr gegenüber dafür gesorgt hatte, dass sie sich von ihm fernhielt. Er hatte sie mehrmals gewarnt – auf eine recht unheimliche und unangenehme Art, die sie damals nicht verstanden hatte. Und mindestens ebenso oft hatte er ihr das Leben gerettet.

Cara schnappte nach Luft. Mit einem Mal war ihr klar, dass seine ausweichende Antwort auf ihre Frage, was er nun zu tun gedenke, eine eindeutige Auskunft enthalten hatte: August wollte wirklich zu den Klippen. Erschrocken, entsetzt, bewundernd und dankbar – und mit einem Anflug von Zuneigung –, presste sie die Lippen zusammen.

Vermutlich schwemmten die Wellen bald schon den Körper ihres Verwandten in eine der normannischen Buchten.

~Nicolas, London/Großbritannien~

Nic hatte das gemeinsame Frühstück mit Philippes Frau genossen, die eine ähnliche ungebändigte Energie ausstrahlte wie Cara. Auf seine Frage, wo denn ihr Ehemann zu dieser frühen Stunde sei, hatte er von ihr lediglich ein verschwörerisches Lächeln als Antwort erhalten. So wie er ihr gegenüber verschwieg, warum er, der Kanadier, hier in London war und welche Aufgabe er in der Air Force hatte, so hielt auch sie ihr Wissen über die geheimnisvollen Aufträge ihres Ehemanns zurück, die er für

England ausführte. Unangenehm war ihr Gespräch aber dennoch nicht verlaufen.

Nun stand er vor dem Stadthaus, dessen Fassade durch eine Bombardierung der Deutschen gelitten hatte, und wartete darauf, dass man ihn abholte. Anscheinend hatte jemand einen Chauffeur für ihn organisiert.

Als ein schwarzer, viertüriger Ford direkt vor ihm hielt, beugte er sich hinunter und musterte den Fahrer. Es handelte sich um Philippe, der ihn so breit angrinste, wie er das bei ihm niemals für möglich gehalten hatte. Also stieg Nic ein, zog die Tür hinter sich zu und nickte grüßend der Frau in kanadischer Uniform zu, die auf der Rückbank saß. Er hatte sich schon wieder nach vorn gedreht, als ihm bewusst wurde, wer die Uniformierte mit den roten Locken war. Er drehte sich ruckartig um und starrte sie so entgeistert an, dass von ihr ein Kichern kam.

»Cara? Wie ist das möglich?«

»Ich habe heute Nacht …« Philippe winkte ab, fuhr aber fort: »Die Signallichter zeigten an, dass ich nicht nur überfliegen, sondern landen solle. Das habe ich getan. Und plötzlich hatte ich eine Passagierin in meiner Maschine sitzen.«

Obwohl Philippe gerade anfuhr, riss Nic die Autotür auf. Der Wagen rollte, als er hinaussprang, die Tür zuknallte und hinten einstieg. Cara strahlte ihn an. Von ihr ging ein nahezu betörendes Leuchten aus. Es umhüllte sein Herz mit Wärme und gab diesem ein Zuhause. Sie ergriff seine beiden Hände, die er ihr gern überließ. »Danke, dass du dich so für mich eingesetzt hast.«

»Ich habe nichts erreicht«, sagte er mit einem Seitenblick auf den breit grinsenden Chauffeur.

»Philippe hatte eine Nachricht zum Abwerfen vorbereitet, als die Agentin mit dem Fallschirm abspringen wollte. Er hätte mich in der darauffolgenden Nacht abgeholt. Isabelle ist ihm nur zuvorgekommen.«

»Ist Isabelle sicher?«

Cara wackelte unschlüssig mit dem Kopf. »Ich fürchte, das ist sie nur, wenn sie ihre Tätigkeit bei der Résistance aufgibt. Was sie vermutlich nicht tun wird. Aber wir können sie nicht auch noch dort wegbringen, das hat sie deutlich gesagt. Vor allem wegen ihrer Kinder.«

»Wer hätte das gedacht. Die vorsichtige Isabelle.«

»Das Leben war nicht immer gut zu ihr. Sie hat entschieden, eine Kämpferin zu sein, anstatt aufzugeben oder zu verbittern.«

Nic streichelte mit beiden Daumen über ihre Finger. Er würde sich später mit seiner früheren Nachbarin befassen. Im Augenblick galt seine ganze Aufmerksamkeit Cara. Sie war hier. Bei ihm. In Sicherheit. Und sie hielt seine Hände so fest umklammert, als wollte sie ihn nie wieder loslassen. »Was geschieht jetzt mit uns?«, fragte er leise.

Cara schenkte ihm jenes kecke Lächeln, das früher schon sein Herz entflammt hatte. Mit fester Stimme sagte sie: »Was immer es auch sein wird, ich möchte nicht, dass du noch einmal einfach aus meinem Leben verschwindest.«

»Das habe ich nicht vor. Allerdings denke ich, dass wir beide einige Zeit brauchen, um uns neu kennenzulernen. Als die Menschen, die wir heute sind. Dann … sehen wir weiter.« Nic sprach aus, was er für richtig hielt. Was seine Vernunft ihm sagte. Sein Herz protestierte heftig klopfend gegen seine eigenen Worte.

»Das ist vermutlich nicht verkehrt«, entgegnete Cara mit übermütig blitzenden Augen.

Wahrscheinlich fand sie seine Zurückhaltung, die ihr die Freiheit schenkte, den erwachsenen Nic kennenzulernen und es gegebenenfalls bei einer reinen Freundschaft zu belassen, sehr großmütig – und kein bisschen mutig. Es passte zu ihr, sich ohne Weiteres in ein neues Abenteuer stürzen zu wollen – mit ihm.

»Bevor ihr irgendwelche Pläne schmiedet, müsst ihr mir zuhören«, mischte sich Philippe ein. Cara wandte sich nach vorn, also blieb auch Nic nichts anderes übrig, als seinen Blick von ihrem Gesicht und dem in der Morgensonne leuchtenden Haar abzuwenden.

»Ich halte es für keine gute Idee, wenn wir dich – als geflohene Luftwaffenhelferin mit Tätigkeit in einer Radarstation – den Militärs überlassen. Obwohl ihre Verhöre anders verlaufen als die bei den Deutschen, so befürchte ich dir gegenüber doch eine Menge Misstrauen. Schon gestern sprach man von Spionage.«

Nic biss die Zähne zusammen. Caras Wissensschatz konnte ein großer Gewinn für sie sein, aber er wollte keineswegs, dass man sie als Feind behandelte. Außerdem war Deutschland – trotz allem – ihr Heimatland.

»Ich habe für euch beide einen Platz auf einem Frachter, einem Truppentransport nach Kanada, organisiert.«

»Oh!«, kam es von Cara.

Nic konnte nur ahnen, was in ihr vorging. Sie hatte sich mit ihrer Flucht vom Festland zwar in Sicherheit gebracht, aber auch ihre Familie verlassen. Wenn sie nun nach Kanada fuhr, war sie weit fort von ihrer Heimat.

Nic ergriff ihre Hand, mit der sie nervös über die ungewohnte Uniformhose strich. Jetzt erschloss sich ihm zumindest, weshalb sie in dieser steckte. Welche Kontakte dieser geheimnisvolle Pilot auch immer pflegte, sie gingen weit tiefer, als Nic das bisher angenommen hatte. Vielleicht gab es sogar Personen in entscheidenden Positionen, die ihm Gefallen schuldeten. Vorstellen konnte er sich das durchaus – vor allem, nachdem er dessen Ehefrau kennengelernt hatte. Ein ereignisloses Leben war garantiert nichts für die beiden.

Nic grinste schief. Vermutlich würde seines, falls er Cara einmal heiraten würde, auch alles andere als eintönig verlaufen.

Bei dem Gedanken, diese aufregende Frau fortan immer an seiner Seite zu haben, verstärkte er noch einmal den Druck seiner Hand. Sie schenkte ihm ein Lächeln. Durchschaute sie, dass er seinen eigenen bedachten Worten von zuvor zuwiderhandelte?

»Nic, du hast einige Wochen Urlaub. Du bringst Cara zu dir nach Hause. Ich denke mal, deine Familie hat nichts dagegen, oder?«

»Gewiss nicht«, beteuerte er. Seine Eltern waren sicher hocherfreut, wenn er mit einer Frau an seiner Seite nach Hause kam. Und da es sich dabei auch noch um Cara handelte, die sie früher schon ins Herz geschlossen hatten …

»Alles Weitere liegt nicht in meiner Hand. Vielleicht kannst du von Kanada aus deine Forschungen und Entwicklungen am Radar vorantreiben. Mit Caras Hilfe. Von der aber nie jemand erfahren sollte. Zumindest nicht, bis dieses ganze Chaos ein Ende gefunden hat. Sie ist in einer ähnlichen Position wie du und Jack und jene Männer eures kleinen Sonderkommandos, die überlebt haben sollten. Ihr dürft nicht über das sprechen, was in den vergangenen Tagen geschehen ist.«

»Ich denke eher, dass die Air Force mich nach meinem Urlaub wieder hierher nach England zurückschicken wird.«

»Vermutlich«, pflichtete Philippe bei und steuerte den Wagen an mehreren Militärwagen vorbei durch das Hafengelände. »Ich möchte euch bitten, dass ihr auf dem Schiff keinen Kontakt zueinander habt. Du, Nic, bist bei den Jungs auf Heimaturlaub untergebracht, Cara bei einigen Frauen, die dem kanadischen Militär angehören und in ihre Heimat zurückreisen. Mit an Bord ist auch eine Handvoll britische Krankenschwestern. Sie sind für die Versorgung der mitreisenden Verwundeten zuständig, für die der Krieg definitiv zu Ende ist. Versuche, dich möglichst unauffällig zu verhalten, Cara, damit sich keine dieser Gruppen näher mit dir beschäftigt.«

Nic konnte ein leises Auflachen nicht unterdrücken. Diese Bitte war, als plante man, eine stachlige Rose inmitten von zarten Lilien zu verstecken. Prompt erhielt er von Cara einen festen Knuff gegen die Schulter. Sogar Philippe wandte sich kurz um. Sein Grinsen verriet, dass er die Lage durchschaute, wobei er gleichzeitig etwas über seine Ehefrau murmelte. Gleich darauf parkte er in der Nähe eines Dampfers, auf dem hektische Geschäftigkeit herrschte.

Schon wieder auf einem Schiff durch von U-Booten verseuchte Gewässer schippern zu müssen, gefiel Nic nicht sonderlich, aber die Aussicht darauf, Cara in seine Heimat zu bringen, hielt das Unbehagen in Grenzen.

»Bleibt sitzen. Ich hole euch, sobald ihr an Bord könnt. Je weniger Menschen Cara sehen und ansprechen, umso besser.« Philippe stieg aus und knallte die Tür mit viel Schwung hinter sich zu.

»Das heißt dann wohl, dass wir uns schon wieder trennen müssen. Bis wir in Kanada an Land gegangen sind.« Cara klang alles andere als begeistert, was Nic durchaus gefiel. Offenbar wollte sie so viel Zeit wie möglich mit ihm verbringen.

»Und selbst da muss ich mich erst offiziell zurückmelden, ehe ich die Heimreise antreten kann. Deshalb gebe ich dir sofort die Adresse meiner Eltern. Du musst versuchen, dich allein zu ihnen durchzuschlagen. Aber keine Sorge. In Kanada gibt es viele Menschen mit einem Akzent. Dort wirst du nicht weiter auffallen. Ich hoffe nur, du hast in dieser Reisetasche auch etwas anderes zum Anziehen als diese Uniform. Die ich übrigens weit sympathischer finde als deine vorige. In Kanada angekommen, solltest du die loswerden. Nicht, dass dich jemand nach einer Urlaubsberechtigung oder deinem Soldbuch fragt. Oder über militärische Belange mit dir sprechen will, die du nicht kennst.«

»Philippe hat an alles gedacht«, beruhigte Cara ihn.

Sie klang traurig, vermutlich, weil sie an ihre Familie dachte. Daran, dass sie fortan von allen Nachrichten aus Deutschland abgeschnitten war. Doch dann blitzte es in ihren Augen wieder auf. Bald schon, das wusste er, würde sie trauern müssen, aber dieser Augenblick – ihr Wiedersehen – war dafür nicht geschaffen.

Sie raunte ihm verschwörerisch zu: »Ich glaube ja, Philippe war im Krieg von 1914 bis 1918 selbst ein Spion, obwohl er das mir gegenüber abgestritten hat.«

»Es passt zu dir, dass du ihn gleich darauf angesprochen hast.«

»Warum passt das zu mir?«, fragte sie und wandte sich noch weiter zu ihm um. Ihre Knie berührten seinen Schenkel, was einen wohligen Schauer durch ihn hindurchjagte. All die glühende Sehnsucht nach ihr, die er über Jahre hinweg klein gehalten hatte, drohte nun, ihn förmlich zu verbrennen. Cara war ihm so wunderbar nahe, ihm unübersehbar zugeneigt. Er konnte gar nicht anders, als seine Hände an ihre Wangen zu legen. Die Wärme und Zartheit ihrer Haut berauschten ihn.

»Warum?« Sie wiederholte ihre Frage. Offensichtlich war ihr die Antwort wichtig.

»Es passt zu deinem Mut. Zu deiner direkten Art und deinem Charakter, der sich gern mal über Konventionen hinwegsetzt. Zu –«

»Genau!«, bekräftigte sie, beugte sich vor und küsste ihn.

Nic war völlig perplex. Doch dieser Zustand dauerte nur den Bruchteil eines Augenblicks an. Dann zog er sie ruckartig an sich, was ihr ein Kichern entlockte. Er beendete es, indem er sie voller Leidenschaft küsste – ein Versprechen für das, was noch kommen sollte.

Mai 1956

Epilog

~Carolina, bei Pourville-sur-Mer, Normandie/Frankreich~

Cara sah zu, wie Nic, mit dem sie seit elf Jahren verheiratet war, den Feldweg zwischen einem blau blühenden Flachsfeld und niedrig stehendem Getreide heraufkam. Er war zuerst auf jenem Friedhof gewesen, auf dem seine kanadischen Kameraden bestattet worden waren, um dann unten am Strand von Pourville – dem Green Beach, wie er damals bei der Operation Jubilee geheißen hatte – jener zu gedenken, die gefallen waren.

Ihr Mann hatte Jack Nissenthall nicht wiedergesehen, wohl aber Corporal Les Thrussell, den er eigentlich für tot gehalten hatte. Somit hatten außer ihm und Jack zwei weitere Soldaten aus ihrer kleinen, verschworenen Gemeinschaft überlebt.

Cec, mit dem Nic noch immer eng befreundet war, war nach Ende des Kriegs als hochdekorierter Held aus der Gefangenschaft heimgekehrt. Inzwischen war er zum Kronanwalt ernannt worden und galt als einer der angesehensten Juristen Kanadas.

Die Stimmen hinter ihr ließen Cara von der Gartenmauer springen und zu den anderen zurückkehren, die sich in dieser Woche bei Isabelle und ihrem zweiten Ehemann trafen. Cedric und Tayla unterhielten sich mit Hanna und Waldemar, während

Richard bei seinen Eltern Emmi und Alexander am Tisch saß und bereits das dritte Stück von Isabelles Apfeltarte verschlang. Henry und seine Familie wollten in zwei Tagen dazukommen, was Cara freute.

Isabelle und ihr Bruder hatten über längere Zeit ein schwieriges Verhältnis zueinander gehabt. Isabelle hatte nur schwer verzeihen können, dass Henry sich auf die Deutschen eingelassen hatte. Er war heute ein reicher Mann, der Grundstein seines Reichtums lag in jener Zeit.

Dieses Jahr jedoch stand im Zeichen des Wiederfindens und der Versöhnung.

Cara schlenderte an der gemütlich beisammensitzenden Gesellschaft vorbei zur anderen Seite des Gartens und warf einen Blick auf ihre beiden Töchter. Sie tollten außerhalb der Mauer, aber weit genug von den Klippen entfernt, mit dem Hund herum. Ihre und Nics Zwillinge waren zwei wilde Geschöpfe, die in ihrem Heimatstädtchen in Kanada gern mal für Wirbel sorgten. Ihre roten Haare waren brav zu Zöpfen geflochten, ihre einst hellblauen Kleider waren von Staub bedeckt, Schuhe und Strümpfe lagen vermutlich irgendwo zwischen den Grashalmen, die sich unter den mal leichten, mal kräftigen Böen duckten. Cedrics Hund bellte tief und ausgelassen. Ihm gefiel die lustige Jagd auf die beiden Mädchen, die kaum jemand auseinanderhalten konnte.

Cara ließ sich auf diesem Teil der Gartenmauer nieder und baumelte mit den Beinen. An Tagen wie diesen fehlten ihr ihre Eltern besonders. Ihr Vater war während seines Verhörs gestorben, in dessen Verlauf er doch noch gefoltert worden war, ihre Mutter an den grauenhaften Verhältnissen im Konzentrationslager Bergen-Belsen, nachdem sie eine wahre Odyssee durch mehrere Gefängnisse und Lager hinter sich gebracht hatte. Beide waren niemals von ihrer Aussage abgerückt, dass nur sie allein von dem Kellerversteck gewusst hatten. Liebe in ihrer reinsten, mutigsten Art.

Alexanders und Caras älterer Bruder Waldemar galt seit dem gnadenlosen Stalingrader Winter als vermisst.

Emmi war allerdings mit wunderbaren Neuigkeiten angereist, denn Esta hatte ihr geschrieben. Sie hatte überlebt, ebenso Aleph. Maler jedoch war tot, gestorben in einem KZ. Dass von Fitzi jede Spur fehlte, stimmte Emmi hoffnungsfroh, obwohl Alexander das anders sah – was er aber nur Cara und Nic gegenüber äußerte. Denn Emmi lebte in der Hoffnung, dass das kleine Mädchen nicht nur den Krieg, sondern auch die Shoa überlebt hatte und jetzt irgendwo zu einer wunderbaren jungen Frau mit einer glücklichen Zukunft heranwuchs.

Vom Tisch klang Gelächter herüber. Cara wandte den Kopf und sah, dass Nic eingetroffen war. Er zwinkerte ihr zu, was ihr ein Lächeln entlockte. Ihre Liebe zu diesem nach wie vor stillen Mann wuchs noch immer. Die Jahre ihrer Trennung und ihre Erlebnisse im Krieg hatten sie reifen lassen. Beides hatte sie vorbereitet auf eine Zukunft, in der sie Freude und Leid miteinander teilten und die Stürme des Lebens gemeinsam bewältigten. All das hatte ein unzerbrechliches Vertrauen zueinander in ihre Herzen gelegt, in das sie auch ihre Kinder und all ihre Freunde einschlossen. In Frankreich, Deutschland, England und Kanada.

Cara wandte sich wieder um, kurz darauf legte ihr Nic die Hände an die Hüfte. Wer weiß, überlegte Cara, vielleicht würden eines Tages noch weitere Freunde aus anderen Ländern, Kulturen und Religionszugehörigkeiten dazukommen. In Israel und Amerika. Womöglich sogar in der Sowjetunion. Denn wer wusste schon, was die Zukunft noch für sie bereithielt – jenseits des Horizonts, wo Himmel und Erde sich berührten.

»Wer immer ein Menschenleben rettet, hat gleichsam
eine ganze Welt gerettet.«
(Talmud)

Nachwort

Operation Jubilee

Für Jubilee wurde – nach dem Training für Rutter – erneut die 2. Kanadische Division unter Leitung von Major General John H. Roberts ausgewählt. Es war geplant, nach der erfolgten Landung bei Pourville-sur-Mer und Puys einen Frontalangriff auf Dieppe durchzuführen. Westlich von Dieppe gelegene Verteidigungsstellungen, bei Varengeville-sur-Mer und Quiberville, und östlich, bei Berneval-le-Grand, sollten zuvor durch Kommandoeinheiten ausgeschaltet werden.

30 Kampfpanzer des Typs Churchill waren für die Bodenunterstützung vorgesehen. 252 britische Schiffe eröffneten das Unterstützungsfeuer; die RAF, RCAF und die 8th Air Force boten 74 Flugzeugstaffeln auf. Insgesamt sollten 6 100 Soldaten – darunter auch Polen, Exilfranzosen und rund 5 000 Kanadier – an der Küste anlanden.

Zur Verteidigung auf deutscher Seite stand die 302. Infanteriedivision, insbesondere das Infanterieregiment 571 mit etwa 1 500 Soldaten bereit.

Um kurz vor 11 Uhr gab die alliierte Führung den Rückzugsbefehl. Bis dahin hatten die Angreifer bereits erhebliche Verluste erlitten. (Geschätzt: 4 359 Soldaten)

Die britische RAF und die kanadische RCAF büßten 119 Flugzeuge ein, dem gegenüber standen 74 verlorene Flugzeuge der deutschen Luftflotte 3. Die Verluste auf deutscher Seite lagen bei etwa 500 Mann, einschließlich der Verletzten.

Nach dieser desaströsen Niederlage war sich Großbritannien sicher, dass die von Stalin geforderte zweite Front in Westeuropa nicht bereits im Jahr 1942 aufgebaut werden konnte.

Die deutsche Propaganda übertrieb bei ihrer Berichterstattung maßlos, was das Ausmaß der Kämpfe und die Anzahl der angreifenden Truppen anbelangte. In der Wochenschau (Nr. 628) hieß es, dass dieser lange erwartete, groß angelegte Invasionsversuch, um eine zweite Front zu errichten, gegen jegliche militärische Logik verstoßen und rein politischen Zwecken gedient habe.

Damit hatten die Deutschen – trotz aller Übertreibung und Verfälschung – durchaus recht. Heute ist man sich einig, dass der Überfall vom 19. August 1942 auf Dieppe militärisch keinen Sinn ergab. Der Angriff erfolgte vielmehr, um die Sowjetunion und die USA zu beschwichtigen und der britischen Bevölkerung aggressive Entschlossenheit zu demonstrieren. Und wohl auch, um das Ansehen des COHQ zu steigern.

Und ja, der Dieppe-Angriff lieferte wichtige Erkenntnisse für die spätere Operation Overlord, auch bekannt als D-Day. Doch dies war bei den Planungen von Rutter und Jubilee nie Thema oder Ziel gewesen. Erst nach dem Krieg versuchte Mountbatten, den Raid und die vielen toten Soldaten zu rechtfertigen – und damit seine Reputation aufzupolieren –, indem er die Aktion als Probelauf für die richtige Invasion »zurechtbog«.

Wehrmachtshelferinnen

Lassen Sie mich ein paar Worte zu den freiwilligen oder dienst-/zwangsverpflichteten Wehrmachtshelferinnen sagen. Ihre Rolle im Zweiten Weltkrieg wurde lange totgeschwiegen – auch von den betroffenen Frauen selbst. Vielleicht, weil sie sich schämten, vielleicht, weil sie diese Zeit schnell vergessen wollten. Manche hatten wohl ein schlechtes Gewissen, weil sie »das bessere Leben« gehabt hatten. Sie waren weit fort gewesen vom ständigen Bombardement der deutschen Städte, hatten fremde Länder kennengelernt und einen großen zwischenmenschlichen Zusammenhalt genossen. Andere hatten ihre jugendliche Unbeschwertheit verloren, waren oft genug von Tod und Elend umgeben. Manche von ihnen hatten auf der Flucht vor vorrückenden feindlichen Truppen eine wahre Odyssee hinter sich. Deshalb die Verdrängung?

Wussten Sie, liebe Leserin, lieber Leser, dass es bei den drei Waffengattungen der Wehrmacht während des Krieges mehr als 500 000 Frauen gab? Die teilweise (ca. 45 000) Suchscheinwerfer und sogar die Flaks bedienten? Das war nicht ungefährlich und passte eigentlich nicht zum NS-Frauenbild.

Leider wurden diese Frauen und Mädchen nach dem Krieg von der Gesellschaft vergessen.

Warum meldeten sich damals junge Frauen freiwillig zum Kriegsdienst? Ein paar Gründe sind im Roman bereits angerissen. Diese reichten von dem Wunsch nach einem besseren, abwechslungsreicheren Leben, dem, in fremde Länder zu reisen oder eine angesehene Tätigkeit auszuüben, bis hin zu der Überzeugung, das Richtige zu tun. Versprochen wurde den Helferinnen eine wunderbare Gemeinschaft mit ihren Kameradinnen. Meine Recherche ergab, dass dies größtenteils der Fall war. Einige Frauen lockten zudem die schicken Uniformen mit dem »Schiffchen«, wobei sie sicher wussten, dass sie damit dem Wehrmachtsgefolge angehörten, also auch dem Kriegsstrafrecht unterlagen. Und es gab diejenigen, die einer Zwangsverpflichtung zuvorkommen wollten. Wobei es offenbar vielen Frauen gelang, sich davor zu drücken, vorrangig jenen aus der höheren Gesellschaftsschicht.

Ihre Tätigkeit für die Luftwaffe, die Kriegsmarine oder das Heer sollte man den Frauen meiner Meinung nach nicht zum Vorwurf machen. Obwohl es uns heute schwerfällt, ihre Beweggründe zu verstehen. Doch es waren Menschen, die in einer ganz anderen Zeit lebten und mit anderen Problemen groß wurden als wir. Sie waren von Vorbildern/Vorgesetzten/Politikern … mit zweifelhafter Ideologie umgeben, die sie nachhaltig beeinflussten.

Es ist schwer, sich gegen die breite Masse zu stellen, die in Begeisterung für »eine Sache« oder »einen Menschen« verfällt. Oder sicher zu unterscheiden, was oder wer gut oder böse ist. Ich denke nicht, dass man diesen Frauen vorwerfen sollte, sie seien nicht kritisch genug gewesen, hätten die Lage nicht genau geprüft. Sie alle wuchsen in Nazi-Deutschland auf. Wir nicht. Deshalb wage ich es nicht, mit Sicherheit zu sagen, wie ich damals reagiert, was ich getan hätte. Freiwillig, aus dem Zeitgeist heraus oder gegen die alltägliche, schon in der Schule beginnende Manipulation. Oder geleitet von Angst.

Diese Mädchen und Frauen damals »Blitzmädchen« oder »Blitzmädel« zu nennen, war nicht respektvoll, sondern vielmehr verächtlich gemeint. Es ging das Gerücht, dass die Helferinnen nur wegen ihres Interesses an den Soldaten ihren Dienst versahen, weshalb sie gerne als »Offiziersmatratzen« beschimpft wurden. Doch die Überwachungsstruktur und Unterbringung der Helferinnen ermöglichten meist keinen engen Kontakt zu den Soldaten. Etwaige Treffen, wie im Roman beschrieben, unterlagen strengen Vorschriften, auf deren Einhaltung die Führerinnen stets pochten. Dennoch gab es natürlich auch hier Ausnahmen, dazu Helferinnen, die Ehen mit Männern eingingen, die sie bei ihrem Einsatz kennengelernt hatten.

Mit dem drohenden Kriegsende versuchten viele Offiziere, die Wehrmachtshelferinnen zu schützen beziehungsweise in die Heimat zurückzuschicken. Vor allem geboten war das an der Ostfront. Dennoch waren viele von ihnen den Angriffen durch Tiefflieger, Bomber und Partisanen ausgeliefert oder gerieten in die Hände der vorrückenden Roten Armee. Die genaue Zahl der in ihrer Tätigkeit als Wehrmachtshelferinnen gefallenen Frauen ist nicht auszumachen. Vielleicht, weil schlicht nie ein Interesse bestanden hat, dieses Thema aufzuarbeiten. Einem Recherchebuch entnahm ich, dass man mit etwa 20 000 verstorbenen Wehrmachtshelferinnen allein in sowjetischer Gefangenschaft rechnet. Die Dunkelziffer der im Einsatz getöteten Helferinnen dürfte demnach recht hoch sein.

Was ich noch sagen möchte …

Ich liebe es, meine Romanfiguren oder Schauplätze immer wieder in andere Romane einzubinden. Hier sind es die Familie Biber und der Gutshof im Schwarzwald, das kleine Mädchen Fitzi und Philippe Meindorff, der verwegene Pilot. Gern lade ich Sie dazu ein, mehr über den Gutshof und die Familie Biber zu erfahren. Zum einen in meinem Roman »Die Magd des Gutsherrn«, der in den 1860er Jahren spielt, und in dem kleinen Wohlfühl-Winterroman »Unter dem Mitternachtsmond«.

Wen die Geschichte von Philippe Meindorff interessiert, findet sie in der Ersten-Weltkriegs-Trilogie »Die Meindorff-Saga« (»Himmel über fremdem Land«, »Sturmwolken am Horizont«, »Hoffnung eines neuen Tages«). Fitzis (Felicitas') Werdegang, nachdem Emmi sie in diesem Roman aus den Augen verloren hat, gibt es ebenfalls bereits in Buchform. Und zwar in »Mehr als nur ein Traum«. Fitzi findet auch noch Erwähnung in »Im Schatten der Vergangenheit«, dem losen Nachfolgeroman von

»Mehr als nur ein Traum«. »Im Schatten der Vergangenheit« stand sogar auf der Shortlist für den DELIA-Literaturpreis.

Wer ein wenig mehr über den »ATS«, die Frauenabteilung der britischen Armee, und über »SOE«, Churchills geheime Spezialorganisation, erfahren möchte, mit der er Agenten und Spione für den Widerstand in Frankreich ausbilden ließ, oder aber über die Arbeit in den »Cabinet War Rooms«, darf gern zu meinem Roman »Der Sommer danach« greifen.

Zum Schreiben eines historischen Romans gehört stets eine Menge Recherche. Normalerweise nenne ich keine der unzähligen Bücher, Filme, Dokumente oder sonstigen Quellen, die ich dabei verwende. Da sich auch in »Die Weite des Horizonts« eine große Portion Fantasie mit den historischen Fakten vermischt, halte ich es hier genauso.

Erwähnen möchte ich aber, dass viele der Gespräche, die Jack oder seine »Bodyguards« führen – in abgewandelter Form und eigenständig interpretiert –, sowie Jacks Synagogengebet folgendem Buch entnommen sind: »Operation Freya/ James Leasor, Hoffmann und Campe Verlag, Hamburg 1975«. So auch kleine Szenen, die ich von Jack auf Nic übertragen habe, wie das kurze Genießen der Sommersonne und der Düfte seiner alten Heimat, während um ihn her der Kampf tobt. Oder das Tragen der RAF/RCAF-Erkennungsmarke. Wobei Jack tatsächlich sogar das J für seine jüdische Religionszugehörigkeit beibehalten hat.

Ich hoffe, ich kann diesen mutigen Männern (Cec, Osten, Jack und seinen »Bodyguards«) und Frauen (Wehrmachtshelferinnen, Agentinnen und jenen im Widerstand …) mit dem Buch ein kleines Denkmal setzen.

Dazu noch ein kleiner Hinweis: Ich habe zugunsten der Erzähldynamik und Spannung mehreren Personen deutlich mehr »Wissen« über die Operation Jubilee und Operation

Freya angedeihen lassen, als das in Wirklichkeit der Fall war. Außerdem habe ich viele Begebenheiten, die durchaus erzählenswert gewesen wären, gekürzt, angepasst oder weggelassen. (Der Roman ist so schon dick genug.) Das mögen mir fachkundige Leser bitte nachsehen.

Dies ist nun der Platz, an dem ich mich herzlich für alle Unterstützung bedanken möchte, die es gebraucht hat, damit Sie diesen Roman nun in Händen halten können.

Dazu gehören Diana Itterheim von litmedia.agency, Lena Woitkowiak, Daniel Habeland, Nicole Tschierschke, Fabian Knecht, Ute Köhler, Anna, Mauricio und viele weitere Personen, die bei Tinte & Feder / Amazon Publishing im Hintergrund arbeiten, zudem die Grafikabteilung und Nadine Mutz von VLG Verlag & Agentur für das Lektorat sowie das ebenfalls bei VLG Verlag & Agentur angesiedelte Korrektorat.

Ein großes Dankeschön gebührt meiner Familie, die wie immer tatkräftige Mitarbeit geleistet hat. Danke an Niklas, Marika, Natalie, Michal, Silas und Christoph für Grafiken, Testlesen und Recherche-Unterstützung, vor allem, was die englischsprachige Lektüre betrifft! Danke für eure Hilfe bei Bürokram, Kontaktarbeit, einem Überarbeitungsschritt … für jede Ermutigung, alles Anfeuern, jeden Scherz – auch auf meine Kosten – und jedes Lachen!

Ein herzliches Dankeschön geht an alle Leser und Leserinnen meiner Rundbriefe, die mir häufig Hilfe anbieten und geben.

Ein spezielles Dankeschön möchte ich denjenigen sagen, die uns bei unserem Umzug geholfen und uns in der neuen Heimat willkommen geheißen haben.

Vielen Dank auch Ihnen, liebe Leser und Leserinnen, dass Sie sich haben mitnehmen lassen in das Jahr 1942.

Ich schreibe immer wieder über diese schreckliche und verwirrende Zeit, weil ich es wichtig finde, dass das, was in jenen Jahren geschehen ist, niemals in Vergessenheit gerät. Wir sind nicht mehr schuld an alldem, aber wir sind es all den Menschen schuldig, die damals ihr Leben verloren haben, ihrer zu Gedenken und mit unseren Möglichkeiten dafür einzutreten, dass sich die Ereignisse nicht wiederholen.

Deshalb schreibe ich mit Herzblut über Geschichtliches. Vielen Dank, dass Sie mich – und meine Autorenkolleginnen und -kollegen – darin unterstützen, indem Sie diese Romane kaufen und lesen.

Weitere Zitatquellen:

Dante Alighieri: Drei Dinge sind uns aus dem Paradies geblieben: die Sterne der Nacht, die Blumen des Tages und die Augen der Kinder.

Alle im Text enthaltenen Bibelzitate entstammen der *Lutherbibel 1912.*

Talmud, Sanhedrin 73a: Wer immer ein Menschenleben rettet, hat gleichsam eine ganze Welt gerettet.

Adolf von Harnack. Das Wesen des Christentums (1900), in: Die Vergangenheit der Weltgeschichte. Universalhistorisches Denken in Berlin 1800-1933, hg. v. W. Hardtwig u. Ph. Müller, Göttingen 2010, 241-250: Man müsse nicht an Jesus glauben, sondern wie er glauben, nämlich glauben an die Vaterliebe Gottes und den unendlichen Wert der Menschenseele.

Historisches Personenregister

Abercrombie, Lascelles: (1881 – 1938) Englischer Lyriker, Journalist und Literaturwissenschaftler.

Arco auf Valley, Anton Graf von: (1897 – 1945) deutsch-österreichischer Adeliger, ermordete Kurt Eisner.

Bartelt, Hermann: (1896 – 1944) Oberstleutnant, 571. Infanterieregiment der 302. Infanteriedivision.

Bing, Stephan: Floh (vermutlich 1933) vor dem Antisemitismus aus Deutschland nach England. Dort führte er das von Hitlerdeutschland liquidierte Familienunternehmen (weltweit größter Spielzeughersteller Bing-Werke, Nürnberg) unter dem Namen Trix-Twin-Railways fort.

Blackwell, Amaranth »Blacky«: Sergeant SSR. Überlebte Jubilee.

Buchanan, George Bruce »Buck«: Lieutenant SSR. Überlebte Jubilee.

Crerar, Henry Duncan Graham: (1888 – 1965) Kommandeur 1. Kanadisches Armeekorps, Nachfolger von Montgomery.

Cox, Charles: (1913 – 1997) Flight Sergeant, nahm als Radarfachmann an der Operation Biting teil. Das Kommando konnte bei Bruneval wichtige Bestandteile des Würzburg-Radargeräts abbauen und mitnehmen.

Dietrich, Josef »Sepp«: (1892 – 1966) Kommandeur der Leibwache (Leibstandarte SS Adolf Hitler), danach SS-Oberst-Gruppenführer und Generaloberst der Waffen-SS; Ranghöchster Offizier in der Waffen-SS.

Ellerman, 2. Baronet John Reeves: (1909 – 1973) Reeder und Nagetierforscher, galt als einer der reichsten Männer Großbritanniens. Da er jüdischen Flüchtlingen half, landete er auf der Sonderfahndungsliste des RSHA.

Eisenhower, Dwight D.: (1890 – 1969) US-amerikanischer Army-General, Oberbefehlshaber der Alliierten Expeditionsstreitkräfte während des Zweiten Weltkriegs, später 34. Präsident der USA.

Eisner, Kurt: (1867 – 1919) Anführer der Novemberrevolution 1918 in München. Bis zu seiner Ermordung erster Ministerpräsident des Freistaats Bayern.

Ellis, Robert: (1901 – 1981) Captain. Stellvertretender Leiter des COHQ.

George, Lloyd: (1863 – 1945) Während des Ersten Weltkriegs zum Premierminister Großbritanniens gewählt.

Harnack von, Adolf: (1851 – 1930) Protestantischer Theologe, Kirchenhistoriker.

Haydon, Charles: (1899 – 1970) Generalmajor, stellvertretender Leiter des COHQ und Kommandeur der Special Service Brigade des COHQ.

Hughes-Hallet, John: (1901 – 1972) Befehlshaber der Marine während Jubilee (COHQ), später Marinestabschef bei den Planungen zu Overlord.

Heydrich, Reinhard: (1904 – 1942) SS-Obergruppenführer und General der Polizei (Leiter des RSHA); einer der Hauptorganisatoren der Shoa.

Lewis, Clive Staples: (1898 – 1963) Irischer Schriftsteller, Literaturwissenschaftler und einflussreicher christlicher Apologet der Neuzeit. Lehrte an den Universitäten von Oxford und Cambridge. Bekannt für seine Kinderbuchserie »Die Chroniken von Narnia«.

Merritt, Charles Cecil Ingersoll: (1908 – 2000) Lieutenant Colonel des SSR, Träger des Victoria Kreuzes, verliehen in Gefangenschaft nach Jubilee.

Montgomery, Bernard: (1887 – 1976) Unter anderem Oberbefehlshaber der britischen 8. Armee in Afrika, plante die alliierte Landung in der Normandie (Overlord) mit. Nach Kriegsende Oberbefehlshaber der britischen Besatzungstruppen in Deutschland.

Mountbatten, Lord (Haus Battenberg) Louis: (1900 – 1979) Flottenadmiral, letzter Vizekönig von Indien, Generalgouverneur von Indien, Generalstabschef Großbritannien. Onkel von Prinz Philip, dem Ehemann von Königin Elizabeth II. Ab Januar 1942 »Chief of COHQ«.

Nissenthall (Nissen), **Jack**: (1919 – 1997) Flight Sergeant bei der RAF. Als Elektronik- und Radarspeziallist war er der Experte, der innerhalb von Jubilee die Aktion Freya anführte und versuchen sollte, in die Radarstation oberhalb von Pourville-sur-Mer / Dieppe zu gelangen. Der Sohn jüdischer Einwanderer verkürzte nach dem Krieg seinen Nachnamen zu »Nissen«. Er heiratete und lebte einige Jahre in Südafrika, später in Kanada, wo er auch starb.

~Jacks »SSR-Leibwächter«~

Hawkins, Roy: Er stieß erst zu Beginn der Operation Jubilee zu der Truppe um Jack. Als Sergeant bei der Field Security Section ist er nicht in der SSR-Liste für Operation Jubilee gelistet. Er überlebte den Einsatz.

Mavor, Graham: Corporal, fiel während Jubilee.

Sawden, Charles »Charlie«: Fiel während Jubilee.

Smokey, Lofty, Frenchie, Red, Buddy, Silver, Jim: Ihre Realnamen sind nicht bekannt. Sie alle starben während ihres Auftrags, Jack zur Freya-Station hinaufzubringen. Ob sie den Experten getötet hätten, bevor er den Deutschen in die Hände gefallen wäre, sei dahingestellt. Die im Buch verwendeten Beschreibungen zu ihrer Person entstammen dem im Nachwort angegebenen Recherchebuch.

Thrussell, Leslie Robert »Les«: überlebte Jubilee.

* * *

Osten, Thomas Murray: Captain SSR, geriet während Jubilee verwundet in Kriegsgefangenschaft.

Pétain, Philippe: (1856 – 1951) Französischer Politiker und Militär. Von 1940 – 1944 Staatschef des mit dem Deutschen Reich kollaborierenden Vichy-Regimes. 1945 zum Tode verurteilt, wurde die Strafe in lebenslange Freiheitsstrafe abgewandelt.

Preist, Don: (fälschlicherweise oft Priest geschrieben) war ein Pionier der Radarentwicklung, arbeitete beim TRE und war bei Operation Biting derjenige, der die Bergung des Radars von der Küste aus überwachte. Er verfügte über ein weit größeres Wissen, was Radartechnik anbelangte, als Cox, weshalb er in »sicherem« Abstand bleiben sollte.

Robb, James: (1895 – 1968) Vizemarshall der RAF, unter Mountbatten stellvertretender Leiter des COHQ.

Roosevelt, Franklin D.: (1882 – 1945) 32. Präsident der USA. Er ist – kriegsbedingt – der einzige Präsident mit drei Amtszeiten.

Roberts, John Hamilton: (1891 – 1962) Kommandierender General der 2. Kanadischen Division. Roberts kämpfte in beiden Weltkriegen. Während Jubilee war die *HMS Calpe* sein Kommandoposten. Aufgrund schlechter Funkverbindungen hatte er keine Übersicht über das desaströse Geschehen, schickte aber dennoch weitere Truppen an Land, was die Zahl der Toten noch erhöhte. Später wurde er seines Kommandos enthoben und als ungeeignet für ein Kampfkommando eingestuft.

Röhm, Ernst: (1887 – 1934) Offizier, Politiker (NSDAP) und langjähriger Führer der SA. Hitler ließ ihn nach Querelen mit der Wehrmacht ermorden, indem er vorgab, einem von Röhm angezettelten Putsch zuvorzukommen.

Rundstedt, Gerd von: (1975 – 1953) Generalfeldmarschall, als Oberbefehlshaber Süd marschierte er am 1. September 1939 in Polen ein (Beginn des 2. Weltkriegs). Als Oberbefehlshaber West (ab 1941) eingesetzt für die Verteidigung Frankreichs. Entgegen geltendem Völkerrecht übergab er die Gefangenen nach Jubilee an die Gestapo.

Schirach, Baldur von: (1907 – 1974) Reichsjugendführer der NSDAP. Zudem Gauleiter und Reichsstatthalter in Wien. Dort verantwortlich für die Deportation der Wiener Juden. Von Schirach war einer von 24 Angeklagten im Nürnberger Prozess, verurteilt zu 20 Jahren Haft wegen Verbrechens gegen die Menschlichkeit.

Stalin, Josef (1878 – 1953) eigentlich: Iosseb Bessarionis dse Dschughaschwili; Stalin ist lediglich sein 1912 angenommener Kampfname. Oberster Befehlshaber der Roten Armee. Während seiner diktatorischen Regierungszeit (1927 – 1953) in der Sowjetunion starben im Rahmen von »Säuberungen« mehrere Millionen Menschen.

Stülpnagel, Carl-Heinrich von: (1886 – 1944) Infanteriegeneral der Wehrmacht; Militärbefehlshaber in Frankreich. Ihm gelang es während des Hitler-Attentats vom 20. Juli 1944, die wichtigsten Führer der SS, des Sicherheitsdienstes des Reichsführers SS und der Gestapo in Paris festzunehmen. Von Stülpnagel unternahm einen Selbstmordversuch, den er schwer verletzt überlebte. Er starb, nach einem Urteil des Volksgerichtshofs, in Plötzensee durch Erhängen.

Tait, Victor: (1892 – 1988) Kanadischer Air Commodore, Radarchef der Royal Air Force und vieles mehr. 1928 nahm er als Eishockeyspieler für England an den Olympischen Winterspielen in St. Moritz teil.

Watson-Watt, Robert: (1892 – 1973) Schottischer Physiker. Er ließ sich 1919 die Ortung von Objekten anhand von Radiowellen (Radar) patentieren, 1935 konnte er einen anfliegenden Bomber (Handley Page) mittels Radars orten. Watson-Watt war maßgeblich für die Entwicklung der britischen Radaranlagen im Zweiten Weltkrieg verantwortlich.

Weber, Willi: Leutnant, laut oben genanntem Recherchebuch Dienststellenleiter der Radarstation bei Pourville-sur-Mer und Puys.

Glossar

Adonai: Im jüdischen »Ersatzname« für Gott, um die Aussprache des Eigennamens JHWH zu vermeiden.

Boche: (franz. Kraut); herablassende, häufig diffamierende Bezeichnung für Deutsche.

Chain Home: Deckname des britischen Radarsystems während des Zweiten Weltkriegs.

COHQ: Combined Operations Headquarters. Ab Juli 1940 entstandenes Hauptquartier für Einsätze mit allen Teilstreitkräften gemeinsam. Unter dem Kommando des COHQ fanden mehrere blitzartige Überfälle (Raids) im besetzten Europa statt.

DJ – deutsches Jungvolk (ab 10 Jahren); **HJ** – Hitlerjugend (14 – 18 Jahre): Dienten der Erfassung von Heranwachsenden in einer Organisation der NSDAP. Die weiblichen Gegenstücke waren der JM – Jungmädelbund und der BDM – Bund deutscher Mädel (14 – 17 Jahre); ab 1938 die Sondereinheit »Glaube und Schönheit«.

Dünkirchen: Ende Mai bis Anfang Juni 1940 stattfindende Schlacht um Dünkirchen im Zuge des Westfeldzugs. Die Hauptstreitkraft der Briten und Teile der belgischen und französischen Armee waren dort zwischen dem Ärmelkanal und der deutschen Armee eingeschlossen, sodass ihr Befehlshaber die Wahl hatte, entweder den verbündeten Franzosen weiter beizustehen und damit das Leben seiner Soldaten aufs Spiel zu setzen oder zu versuchen, über die See zu entkommen. Rund 340 000 alliierte Soldaten entkamen, indem sie mit allen erdenklichen Schiffen, teils Fischerbooten und privaten Jachten, abgeholt wurden. Dabei wurden 226 Schiffe versenkt, die meisten durch Luftangriffe der Deutschen.

Einsatzgruppen: Mobile Polizeieinheiten aus den Reihen der SiPo, des SD, der SS und der Gestapo. Sie spürten »Gegner« in den besetzten Ostgebieten auf und exekutierten diese. Hauptsächlich Juden, kommunistische Funktionäre, Sinti, Roma und Jenische, politische Führer und die Intelligenz.

État français (= französischer Staat) bzw. Vichy-Regime: Nach der Teilung Frankreichs in einen Nord-/Westteil unter deutscher Militärverwaltung und einen unbesetzten Südteil, wurde die Stadt Vichy zum Sitz der »neuen französischen Regierung«. Diese verlor ihren Einfluss im November 1942, als Deutschland und Italien auch diese bisher »freie« Zone Frankreichs besetzten. Leider erließ das Vichy-Regime nur wenige Tage nach seiner Gründung eine Reihe von Gesetzen gegen die im Land lebenden Juden …

Ethnische Flurbereinigung: Floskel in der SS-Rhetorik. Im Osten sollte ein riesiger deutscher Siedlungsraum entstehen, unter anderem auch für »Volksdeutsche« aus anderen Ländern. Dafür sollten die ursprünglichen Bewohner dieser Landflächen weichen beziehungsweise getötet werden.

Gestapo: Geheime Staatspolizei, mit unkontrollierten weitreichenden Machtbefugnissen, deren Aufgabe darin bestand, die NS-Herrschaft zu sichern. Berüchtigt war sie für ihre brutalen Foltermethoden sowie ihre Hauptverantwortlichkeit für Shoa und Porajmos. 1939 wurde die Gestapo in das RSHA eingegliedert.

Goebbelsschnauze – Volksempfänger: Radioapparat im Auftrag von Reichspropagandaleiter Joseph Goebbels entwickelt und damit eines der wichtigsten Instrumente der NS-Propaganda. Durch seinen günstigen Anschaffungspreis stand er bald in vielen deutschen Haushalten. Entgegen dem Gerücht, dass der Volksempfänger keine ausländischen Sender empfangen konnte, war das durchaus möglich, wenngleich in sehr begrenztem Rahmen. Auf das Hören solcher »Feindsender« standen drakonische Strafen bis hin zur Todesstrafe.

Green Beach: Bezeichnung der Bucht von Pourville-sur-Mer während Operation Jubilee. Dort landeten das South Saskatchewan Regiment und die Queen's Own Cameron Highlanders of Canada an.

Graue Busse: Nach 1945 gebräuchliche Bezeichnung: Aktion T4. Systematischer Massenmord an körperlich, geistig oder seelisch beeinträchtigten Menschen in Deutschland von 1940 – 1941. (Opfer bis dahin: mehr als 70 000 Personen, insgesamt bis 1945: über 200 000). Diese Opfer wurden in grauen Bussen aus ihren Pflegeanstalten et cetera abgeholt.

Jerries: Neben Fritz, Hun, Heini (US: Kraut/F: Boche) der Spitzname für die deutschen Soldaten. Dieser entstand bereits im Ersten Weltkrieg. Vermutlich entstammte er dem Wort »German« im Verbund mit dem ähnlich klingenden Vornamen Jerry. Eine andere Annahme ist, dass der deutsche Stahlhelm an einen umgedrehten Nachttopf erinnerte, der umgangssprachlich Jerry heißt.

Krätzchen: Auch »Schiffchen«. Feldmütze ohne Schirm in Form eines Boots.

Mosquitos: zweimotoriges, zweisitziges Flugzeug der RAF mit Holz als Baumaterial, um kriegswichtige Materialien einzusparen.

Organisation Todt: Bautruppe, benannt nach ihrem Führer Fritz Todt. Sie bestand hauptsächlich aus Zwangsarbeitern, Kriegsgefangenen und KZ-Häftlingen.

RAMC: Royal Army Medical Corps: Spezialkorps der britischen Armee, die in Kriegs- und Friedenszeiten die medizinische Versorgung aller Armeeangehörigen leistet.

RAF: Royal Air Force, Luftstreitkräfte von Großbritannien.

RCAF: Royal Canadian Air Force, Luftstreitkräfte von Kanada.

RDF: Radarsysteme. In Großbritannien: *Range and Direction Finding* (RDF) – Entfernungs- und Richtungsmessung. In Deutschland: Funkmess.

RSHA: Reichssicherheitshauptamt. Im Jahr 1939 als Dachorganisation für nichtmilitärische Geheimdienste gegründet.

Darin vereint waren SD, SiPo, Kripo, Teile der SS und Gestapo.

Rutter: Die ursprüngliche Planung von Operation Jubilee trug den Namen Rutter. Diese wurde jedoch kurzfristig abgesagt.

SD: Sicherheitsdienst. Geheimdienst der NSDAP, nicht zu verwechseln mit der Gestapo, die eine Polizeirolle innehatte. Allerdings arbeiteten beide so eng zusammen, dass eine Unterscheidung praktisch unmöglich war.

SiPo: Sicherheitspolizei. Offiziell unterstand sie der Regierung, arbeitete aber in Wirklichkeit mit dem SD und der Gestapo zusammen und somit mit der SS.

Sperrballon: Mit einem leichten Gas gefüllter Fesselballon. Die Seile, die Sperrballons am Boden hielten, dienten dem Schutz vor Flugzeugangriffen.

SSR: South Saskatchewan Regiment. Infanterieregiment der kanadischen Streitkräfte von 1936 bis 1968.

Scie-Brücke: Heißt nun: Lieutenant Colonel Cecil »Cec« Merritt, VC Bridge.

Studio: Codename für die Freya-Station bei Pourville-sur-Mer.

Tanach: Hebräische Bibel.

Tommys: Bezeichnung eines einfachen britischen Soldaten, der auch von den Deutschen übernommen wurde. Entstanden ist der Name vermutlich, weil im 19. Jahrhundert »Thomas

Atkins« als Platzhalter in Formularen verwendet wurde, insbesondere in Soldbüchern für die Infanterie. Vergleichbar mit unserem Max Mustermann.

TRE: Telecommunications Research Establishment. Britische Forschungs- und Entwicklungseinrichtung für Funknavigation, Radar, Infrarotdetektion für wärmesuchende Flugkörper der Royal Air Force.

US-Rangers: Spezialkräfte der US-Army.

Würger: Spitzname für das deutsche Jagdflugzeug Focke-Wulf Fw 190.

Zeiss Silvamar: Fernglas von Carl Zeiss Jena.

Bibliografie Noa C. Walker

Du, ich und die Farben des Lebens
Der Tanz unseres Lebens
Die Farben meines Herzens
Der Klang deiner Liebe

Die Frauen der Alabasterküste:
Träume im Wind
Tanz im Blütenmeer

Die Wieland-Familie:
Der Duft von Nelken
Der Schatten eines Sommertags
Das Bild der Vergangenheit

Weitere zeitgenössische und historische Romane sowie kleine Wohlfühlromane schreibe ich unter dem Namen Elisabeth Büchle.

Schauen Sie gern auf meiner Homepage vorbei (www.elisabeth-buechle.de) oder besuchen Sie mich auf Instagram und Facebook.

Folge der Autorin auf Amazon

Wenn dir dieses Buch gefallen hat, folge Noa C. Walker auf Amazon. Dann erhältst du eine Benachrichtigung, wenn die Autorin ihr nächstes Buch veröffentlicht. Um der Autorin zu folgen, gehe bitte folgendermaßen vor:

Desktop:

1) Suche auf Amazon.de oder in der Amazon App nach dem Namen der Autorin.
2) Klicke auf den Namen der Autorin, um auf die Autorenseite zu gelangen.
3) Klicke auf den »Folgen«-Button.

Smartphone und Tablet:

1) Suche auf Amazon.de oder in der Amazon App nach dem Namen der Autorin.
2) Klicke auf einen Titel der Autorin.
3) Klicke auf den Namen der Autorin, um auf die Autorenseite zu gelangen.
4) Klicke auf den »Folgen«-Button.

Kindle eReader und Kindle App:

Wenn du dieses Buch auf einem Kindle eReader oder in der Kindle App liest, wird dir automatisch angeboten, der Autorin zu folgen, nachdem du die letzte Seite des Buches gelesen hast.

FSC
www.fsc.org
MIX
Papier | Fördert gute Waldnutzung
FSC® C083411

Zeitfracht Medien GmbH
Ferdinand-Jühlke-Straße 7
99095 Erfurt, Deutschland
produktsicherheit@kolibri360.de

Druck:
CPI Druckdienstleistungen GmbH
im Auftrag der
Zeitfracht Medien GmbH
Ein Unternehmen der Zeitfracht - Gruppe
Ferdinand-Jühlke-Str. 7
99095 Erfurt